"十四五"时期国家重点出版物出版专项规划·重大出版工程规划项目

变革性光科学与技术丛书

Semiconductor Lighting
Technologies, Industry and Future Developments

半导体照明
技术、产业和未来发展

陈良惠　主编

清华大学出版社
北京

内容简介

本书是中国工程院重点咨询项目的成果,系统总结了 2003 年至 2019 年期间我国半导体照明产业的发展成就及经验,并对激光照明、OLED 等照明技术进行了分析,总结了半导体照明技术和产业发展在材料外延、芯片制备、封装技术以及在通用照明、智慧照明、新型显示、可见光通信、健康照明、农业照明、医疗照明等方面的着力点,提出了促进我国固态照明产业发展的政策建议。

本书可作为高等院校、科研院所电子信息科学与技术、光电子学、光学和光学工程、物理电子学、固体电子学、显示技术、通信技术、室内外照明、农业照明、医疗健康技术等相关专业的教师、研究生和本科生的参考书,也可供相关领域的科技工作者参考。

版权所有,侵权必究。举报: 010-62782989,beiqinquan@tup.tsinghua.edu.cn。

图书在版编目(CIP)数据

半导体照明技术、产业和未来发展/陈良惠主编. —北京:清华大学出版社,2023.3(2023.6重印)

(变革性光科学与技术丛书)

ISBN 978-7-302-61952-9

Ⅰ. ①半⋯ Ⅱ. ①陈⋯ Ⅲ. ①半导体发光灯－照明技术－产业发展－研究－中国 Ⅳ. ①F426.63

中国版本图书馆 CIP 数据核字(2022)第 178931 号

责任编辑: 鲁永芳
封面设计: 意匠文化・丁奔亮
责任校对: 赵丽敏
责任印制: 宋　林

出版发行:清华大学出版社
网　　址:http://www.tup.com.cn,http://www.wqbook.com
地　　址:北京清华大学学研大厦 A 座　　邮　编:100084
社 总 机:010-83470000　　邮　购:010-62786544
投稿与读者服务:010-62776969,c-service@tup.tsinghua.edu.cn
质量反馈:010-62772015,zhiliang@tup.tsinghua.edu.cn
印 装 者:小森印刷(北京)有限公司
经　　销:全国新华书店
开　　本:170mm×240mm　　印　张:22.75　　字　数:418 千字
版　　次:2023 年 3 月第 1 版　　印　次:2023 年 6 月第 2 次印刷
定　　价:179.00 元

产品编号: 085590-02

丛书编委会

主　编

罗先刚　　中国工程院院士，中国科学院光电技术研究所

编　委

周炳琨　　中国科学院院士，清华大学

许祖彦　　中国工程院院士，中国科学院理化技术研究所

杨国桢　　中国科学院院士，中国科学院物理研究所

吕跃广　　中国工程院院士，中国北方电子设备研究所

顾　敏　　澳大利亚科学院院士、澳大利亚技术科学与工程院院士、
　　　　　中国工程院外籍院士，皇家墨尔本理工大学

洪明辉　　新加坡工程院院士，新加坡国立大学

谭小地　　教授，北京理工大学、福建师范大学

段宣明　　研究员，中国科学院重庆绿色智能技术研究院

蒲明博　　研究员，中国科学院光电技术研究所

丛 书 序

光是生命能量的重要来源，也是现代信息社会的基础。早在几千年前人类便已开始了对光的研究，然而，真正的光学技术直到400年前才诞生，斯涅耳、牛顿、费马、惠更斯、菲涅耳、麦克斯韦、爱因斯坦等学者相继从不同角度研究了光的本性。从基础理论的角度看，光学经历了几何光学、波动光学、电磁光学、量子光学等阶段，每一阶段的变革都极大地促进了科学和技术的发展。例如，波动光学的出现使得调制光的手段不再限于折射和反射，利用光栅、菲涅耳波带片等简单的衍射型微结构即可实现分光、聚焦等功能；电磁光学的出现，促进了微波和光波技术的融合，催生了微波光子学等新的学科；量子光学则为新型光源和探测器的出现奠定了基础。

伴随着理论突破，20世纪见证了诸多变革性光学技术的诞生和发展，它们在一定程度上使得过去100年成为人类历史长河中发展最为迅速、变革最为剧烈的一个阶段。典型的变革性光学技术包括激光技术、光纤通信技术、CCD成像技术、LED照明技术、全息显示技术等。激光作为美国20世纪的四大发明之一（另外三项为原子能、计算机和半导体），是光学技术上的重大里程碑。由于其极高的亮度、相干性和单色性，激光在光通信、先进制造、生物医疗、精密测量、激光武器乃至激光核聚变等技术中均发挥了至关重要的作用。

光通信技术是近年来另一项快速发展的光学技术，与微波无线通信一起极大地改变了世界的格局，使"地球村"成为现实。光学通信的变革起源于20世纪60年代，高琨提出用光代替电流，用玻璃纤维代替金属导线实现信号传输的设想。1970年，美国康宁公司研制出损耗为20 dB/km的光纤，使光纤中的远距离光传输成为可能，高琨也因此获得了2009年的诺贝尔物理学奖。

除了激光和光纤之外，光学技术还改变了沿用数百年的照明、成像等技术。以最常见的照明技术为例，自1879年爱迪生发明白炽灯以来，钨丝的热辐射一直是最常见的照明光源。然而，受制于其极低的能量转化效率，替代性的照明技术一直是人们不断追求的目标。从水银灯的发明到荧光灯的广泛使用，再到获得2014年诺贝尔物理学奖的蓝光LED，新型节能光源已经使得地球上的夜晚不再黑暗。另外，CCD的出现为便携式相机的推广打通了最后一个障碍，使得信息社会更加丰富多彩。

20世纪末以来,光学技术虽然仍在快速发展,但其速度已经大幅减慢,以至于很多学者认为光学技术已经发展到瓶颈期。以大口径望远镜为例,虽然早在1993年美国就建造出10 m口径的"凯克望远镜",但迄今为止望远镜的口径仍然没有得到大幅增加。美国的30 m望远镜仍在规划之中,而欧洲的OWL百米望远镜则由于经费不足而取消。在光学光刻方面,受到衍射极限的限制,光刻分辨率取决于波长和数值孔径,导致传统i线(波长为365 nm)光刻机单次曝光分辨率在200 nm以上,而每台高精度的193光刻机成本达到数亿元人民币,且单次曝光分辨率也仅为38 nm。

在上述所有光学技术中,光波调制的物理基础都在于光与物质(包括增益介质、透镜、反射镜、光刻胶等)的相互作用。随着光学技术从宏观走向微观,近年来的研究表明:在小于波长的尺度上(即亚波长尺度),规则排列的微结构可作为人造"原子"和"分子",分别对入射光波的电场和磁场产生响应。在这些微观结构中,光与物质的相互作用变得比传统理论中预言的更强,从而突破了诸多理论上的瓶颈难题,包括折反射定律、衍射极限、吸收厚度-带宽极限等,在大口径望远镜、超分辨成像、太阳能、隐身和反隐身等技术中具有重要应用前景。譬如,基于梯度渐变的表面微结构,人们研制了多种平面的光学透镜,能够将几乎全部入射光波聚集到焦点,且焦斑的尺寸可突破经典的瑞利衍射极限,这一技术为新型大口径、多功能成像透镜的研制奠定了基础。

此外,具有潜在变革性的光学技术还包括量子保密通信、太赫兹技术、涡旋光束、纳米激光器、单光子和单像元成像技术、超快成像、多维度光学存储、柔性光学、三维彩色显示技术等。它们从时间、空间、量子态等不同维度对光波进行操控,形成了覆盖光源、传输模式、探测器的全链条创新技术格局。

值此技术变革的肇始期,清华大学出版社组织出版"变革性光科学与技术丛书",是本领域的一大幸事。本丛书的作者均为长期活跃在科研第一线,对相关科学和技术的历史、现状和发展趋势具有深刻理解的国内外知名学者。相信通过本丛书的出版,将会更为系统地梳理本领域的技术发展脉络,促进相关技术的更快速发展,为高校教师、学生以及科学爱好者提供沟通和交流平台。

是为序。

罗先刚

2018年7月

序: 圆梦之路二十载,双碳时代新征程

本书是中国工程院重点咨询项目《我国固态照明现状及技术、产业和应用发展战略研究》的成果总结,由罗毅院士率其团队韩彦军、李洪涛、汪莱等组织调研并主笔完成。

2002年,固态照明刚刚萌芽,我作为项目负责人联合邬贺铨、杜祥琬、庄松林、金国藩、牛憨笨、薛鸣球、梁骏吾、黄尚廉、李同保、陆建勋、吴澄、范滇元和李国杰等13位院士,在中国工程院立项固态照明首个咨询项目,并于2004年基于研究成果向中共中央、国务院及相关部门领导提出了《发展固态照明 改善生活质量 节约电力资源》的院士建议。国家发改委和科技部等有关政府部门对我们的建议高度重视,相继出台了一系列政策和措施,有力地推动了固态照明的发展。该建议也成为国家半导体照明工程启动之初的一份重要文件。该建议核心是:用15年时间(2020年前),加强固态照明的研发和生产,推动绿色照明运动,通过节约照明用电,实现年节约用电1000亿 kW·h。其效果相当于再建一座"照明节电的三峡电力工程",可以大大改善人民生活质量。通过LED照明人的艰苦努力,当年的规划都已超额完成,国人记住了半导体照明节电量是以三峡年发电量为单位的。

当前是固态照明产业转型升级的关键节点,"总结过去,展望未来"是本书的初心和要义所在。本书在介绍固态照明技术和产业内涵的基础上,总结我国固态照明技术和产业取得的巨大成就,分析国外固态照明技术和产业的现状以及我国固态照明技术和产业的优劣势,阐明固态照明未来的技术和市场发展趋势,并探讨与固态照明技术竞争的其他照明技术的发展情况,预测我国固态照明技术和产业发展目标与面临的挑战,提出下阶段发展我国固态照明技术和产业的战略建议。

在半导体照明成功发展的今天,过往的点点滴滴时时涌现心头:

忘不了,2000年和2002年分别在厦门和青岛召开的光电子行业协会的学术会议,会上显露"半导体照明"思想萌芽。

忘不了,2002年我在中国工程院提出固态照明咨询项目,并在徐匡迪院长参加的咨询项目答辩会上通过热烈讨论,得到立项支持。

忘不了,此后不久,在中国工程院召开的全国第一次关于固态照明的研讨会上的热烈发言,记得到会的有郑敏政、罗毅、江风益、彭万华、张国义、范玉钵、唐国庆、

刘虹等学术界和产业界专家。

忘不了,当年参观江风益教授实验室。实验室的全部家当是一台自己组装的MOCVD,可他敢于突破被日本、欧美专利垄断的宝石衬底与SiC衬底的LED传统技术,开拓Si衬底LED照明之路。这匹我早就看好的黑马,不但得到2015年全国唯一的国家技术发明奖一等奖,而且在橙黄红光LED的高光效上,也取得国际领先的惊人成就,令诺贝尔物理学奖得主中村修二赞佩不已。

忘不了,在LED发展之初,三安光电股份有限公司创业者林秀成先生,从钢铁业向LED转型扩展的敏锐嗅觉和创业魄力,我和北京工业大学的沈光地教授还专程探访过他的创业基地,当时那里只有一片待建的工地,看今日已是繁荣发展的上市公司,数百台MOCVD,数百亿年营业额,真是令人感佩不已。

忘不了,我的朋友《中国电子报》的梁红兵主编,她一直关注LED的发展,还把LED人的奋斗足迹汇编成册,让我题写了"让历史告诉未来"的书名,我把此书当作造就LED产业的英雄谱。可惜她英年早逝,我们永远怀念她。

忘不了,在半导体照明得到重大推进时,我和甘子钊院士多次呼吁,终在深圳罗毅教授主持的论坛上,正式提出发展"泛半导体照明科技与产业"的建议,其内涵核心的宽禁带半导体就是多年后国内立项发展的第三代半导体。

忘不了,范玉钵、李晋闽、吴玲、阮军等有识之士,从组织国家半导体照明工程研发及产业联盟,到国际半导体照明联盟,再到第三代半导体产业技术创新战略联盟,对推动我国半导体照明产业的发展做出了巨大贡献。

忘不了,关键设备MOCVD被美国Veeco和德国Aixtron垄断几十年,终被尹志尧、郭世平带领的中国科学院微电子研究所突破,使外延片生长设备不但完全实现国产化,还在国际半导体照明设备市场独占鳌头。

忘不了,中国照明学会高飞副理事长组织开展的2016和2017 LED照明的市场占有率调研,为本书照明节能的计算提供了必要的依据。

20年间,我国陆续启动了"半导体照明工程""十城万盏"等重大项目,通过跨越式发展,我国固态照明产业已成长为战略性新兴产业,共有9项固态照明方面的研究成果荣获国家奖,涉及LED业务的上市公司达70余家。2011年11月,国家发改委公布淘汰白炽灯路线图,自此我国LED照明市场渗透率增速明显,目前已达50%以上。自2018年起,我国半导体照明总产值达7000亿元上下。习主席2020年在联合国大会上关于"二氧化碳排放力争于2030年前达到峰值,努力争取2060年前实现碳中和"的承诺,是我们半导体照明人的奋斗目标。照明用电虽不属于高能耗行业,但其占比14%的耗电量仍不容小觑,节约照明用电应是实现我国双碳目标的最重要路径之一。半导体照明对节能减排贡献突出:以半导体照明灯具光效保守的估值100lm/W核算,每年节电量和至今累计节电量分别至少达 3 座和 20 座三峡水电站的年发电量*。以用电量来估算，推动半导体照明以来累计节约用电量更是惊人。目前，全球 80% 以上的半导体照明产品都产自中国。我国半导体照明芯片由完全依赖进口发展到全面国产化完全自主可控，已成为世界固态照明产业第一大国，并进入固态照明强国行列。单从半导体照明节能无与伦比的贡献一项，我要为半导体照明人点大大的赞，我要为半导体照明人请大大的功！

LED 光源技术的发展，Mini/Micro-LED、高光效橙黄红光 LED 和 UVLED 将带动新型显示和健康照明，值得重重关注。随着 5G 建设、物联网应用和智慧城市建设的深入，LED 光源将突破传统照明界限，更加关注超越照明的相关应用和技术手段。把人工智能引入 LED 照明则为基于 LED 光源的智能照明，这必将引领未来照明的发展，在智能家居、智能学校、智能景观、智能城市等方面大显身手，不仅将进一步大幅节省电力资源，也将改善人民的生活质量。而领域的开拓首先在于健康照明和农牧照明，前者涵盖 UVLED 消毒杀菌、医疗健康、舒适健康家居环境等领域，必将迎来新的创新，并进一步提升人们的生活幸福感；后者基于照明对植物和家畜生长影响机理的成功研究，用光赋能乡村振兴，打造农牧业生态链，建设全新植物工厂，这是 LED 人响应习主席关于全面推进乡村振兴，建设农业强国的指示的实际行动，也是值得关注的最新发展方向。

怀揣中国梦的半导体照明人，圆梦之路二十载，双碳时代新征程。是为序并以此感谢各方领导、专家、朋友对咨询项目及本书的支持与帮助，感谢为半导体照明努力过、奋斗过、拼搏过的各界人士。

陈良惠
2023 年 5 月 6 日于北京

---

* 节电量没有统一计算方法，参照物可以是节能灯、白炽灯或社会综合光效，此处的节电量是根据北京华通人商用信息有限公司和中国照明学会提供的综合光效数据得出的。正文中的参照物是白炽灯，节电量会增加。

鸣　　谢

感谢中国工程院副院长钟志华院士，信息电子工程学部前主任卢锡城院士、现主任费爱国院士、李天初院士、范滇元院士、方家熊院士、周寿桓院士、邬江兴院士、龚惠兴院士、余少华院士、丁文华院士、陈杰院士、姜会林院士、许祖彦院士、王沙飞院士、樊邦奎院士、谭久彬院士、刘永坚院士等，中国科学院甘子钊院士、郑有炓院士、江风益院士，中国工程院前局长安耀辉，三局局长易建，中国工程院战略咨询中心主任陈磊，中国工程院信息电子学部办公室高祥主任及张佳等对中国工程院重点咨询项目《我国固态照明现状及技术、产业和应用发展战略研究》的支持与帮助。

感谢国家能源局任志武副局长，原信息和产业化部郑敏政副司长及前处长关白玉，国家发改委绿色照明办公室黄凯主任，国家节能中心高红处长，国家半导体照明工程研发及产业联盟吴玲秘书长、范玉钵执行主席、阮军常务副秘书长、郝建群院长，中国节能协会房庆副理事长，中国照明电器协会刘升平执行理事长，国家发改委能源研究所刘虹研究员，中国节能协会王京主任，中国照明学会前理事长王锦燧及半导体照明应用创新中心穆欣主任，上海市政工程设计研究总院梁荣欣高工，上海城市市容管理局景观处丁勤华处长等，对本书信息调研等的帮助。

感谢中国科学院半导体研究所李晋闽研究员、陈弘达研究员、王国宏研究员、吴南健研究员，厦门大学校长张荣教授，中国照明学会半导体照明专委会主任木林森执行总经理唐国庆，中国农业科学院杨其长研究员，中国电子工业标准化研究院赵英研究员，中国标准化研究院蔡建奇副研究员，中国科学院苏州生物医学工程技术研究所武晓东研究员、熊大曦研究员，北京大学张国义教授，同济大学吴志强副校长、肖辉教授，苏州大学廖良生教授、丁磊博士，清华大学段炼教授、宋健教授、胡永岚高工，南昌大学刘军林研究员，中国科技大学徐正元教授，浙江大学叶炜教授、翟其彦博士，武汉大学刘昌教授，解放军信息工程大学邬东强博士、张帆博士，福建农林大学刘银春教授，福建信息职业技术学院江吉彬院长、林杰前书记、孙学耕处长、林志斌主任、林火养副教授，中国建筑科学研究院罗涛博士等，对本书数据收集等的帮助。

感谢厦门华联电子股份有限公司原总工程师彭万华教授级高工，华为公司周欣研究员，光联照明公司王刚，上海邦奇公司刘继武，上海三思光电公司王鹰华，北京利亚德公司朱保华、徐有苏、马莉,中国光学光电子行业协会LED显示应用分会关积珍理事长,三安光电股份有限公司林科创总经理、蔡伟智、李水清、周启伦,深圳市洲明科技股份有限公司李江海,华灿光电股份有限公司王江波,中微半导体公司郭士平总经理,北方华创纪安宽副总裁,安徽亚格盛徐昕董事长,深圳矽电杨波副总经理,东莞勤上光电股份有限公司蒋国柱,木林森总经理助理李颖,北京华通人商用信息有限公司杨闯副总监,上海蓝湖照明科技有限公司杨毅,福建蓝蓝高科技发展有限公司黄尔南、吴元芬,福建中科晶创光电科技有限公司梁万国,福建瑞晟电子科技有限公司王国福,福建慧丰照明科技有限公司熊胜群,漳州市益光照明科技有限公司许文聪,福建鸿博光电科技有限公司黄登茂,深圳市国显科技有限公司闫学众,以及莫庆伟博士、邵嘉平博士等,对产业实时信息的提供与帮助。

感谢中国科学院半导体研究所宋国峰、徐云、李彤、李川川参与项目的大量工作。

此外,还有许多领导专家为本项目的顺利完成做了大量工作,难以在此一一列举。在此对大家的帮助表示衷心的感谢!

目 录

第1章 半导体照明技术和产业的内涵 ············· 1

  1.1 半导体照明和 LED 显示的基本原理 ············· 1
    1.1.1 LED 的基本原理及其发展历史 ············· 1
    1.1.2 半导体照明的基本原理 ············· 2
    1.1.3 LED 显示的基本原理 ············· 3
  1.2 半导体照明产业的内涵 ············· 5
    1.2.1 半导体照明产业呈现不断拓展的规律 ············· 5
    1.2.2 半导体照明产业链 ············· 6
  1.3 小结 ············· 8

第2章 2003—2018 年我国半导体照明技术和产业取得的巨大成就 ············· 9

  2.1 我国半导体照明方面的支持政策和发展规划综述 ············· 9
  2.2 我国半导体照明技术的发展情况 ············· 12
    2.2.1 我国半导体照明技术的专利授权统计与分析 ············· 12
    2.2.2 我国半导体照明达到的技术水平 ············· 17
    2.2.3 历年在半导体照明方面获得的国家级科技奖励统计 ············· 125
  2.3 我国半导体照明各产业链产值 ············· 129
    2.3.1 材料外延和芯片产业产值变化趋势 ············· 130
    2.3.2 LED 封装产业产值发展趋势 ············· 131
    2.3.3 LED 应用领域产值 ············· 132
  2.4 我国半导体照明产业的兼并重组情况及其影响分析 ············· 136
  2.5 我国半导体照明的市场占有率、照明用电量和半导体照明节电量统计调研 ············· 139
    2.5.1 统计样本量估算 ············· 139

        2.5.2 实施方案 ·· 140
        2.5.3 2016 年和 2017 年我国在用照明光源的状况 ············· 141
        2.5.4 2016 年和 2017 年半导体照明光源的占有率 ············ 149
        2.5.5 我国半导体照明节电量统计调研结果 ······················· 152
    2.6 我国半导体照明产业发展情况（2017—2018 年）与 2002 年
        中国工程院咨询报告提出指标的对比情况 ······························ 154
    2.7 小结 ·· 155

第 3 章 国外半导体照明技术和产业现状 ··· 156

    3.1 国外半导体照明技术、政策和产业现状概述 ························· 156
    3.2 美国的半导体照明技术、政策和产业现状 ···························· 156
        3.2.1 美国半导体照明方面的研究计划 ································ 156
        3.2.2 美国的照明产业现状 ·· 158
    3.3 日本的半导体照明技术、政策和产业现状 ···························· 162
        3.3.1 日本的半导体照明支持政策和计划 ···························· 162
        3.3.2 日本的半导体照明产业现状 ······································· 164
    3.4 欧洲的半导体照明技术、政策和产业现状 ···························· 166
        3.4.1 欧洲的半导体照明支持政策和计划 ···························· 166
        3.4.2 欧洲的半导体照明产业现状 ······································· 169
    3.5 韩国的半导体照明技术、政策和产业现状 ···························· 172
    3.6 其他国家和地区的半导体照明技术支持政策或产业现状 ····· 173
    3.7 小结 ·· 175

第 4 章 中国半导体照明技术和产业的优劣势分析 ···························· 176

    4.1 半导体照明的专利对比分析 ··· 176
        4.1.1 授权趋势对比分析：中国起步晚，增速快 ················ 176
        4.1.2 全球专利布局对比分析：中国专利国际化程度还有待
              加强 ·· 179
        4.1.3 申请人对比分析：中国企业专利有待加强，缺少专利龙头
              企业 ·· 180
        4.1.4 产业链环节对比分析：中国上游领域仍处于劣势，下游
              应用领域数量上有所突破 ·· 184

4.1.5 核心专利分析：以白光 LED、LED 路灯、Si 基 LED 技术
              为例 ··· 187
        4.1.6 中国 LED 专利态势分析 ·· 200
    4.2 半导体照明技术的国内外比较 ·· 209
        4.2.1 材料外延、芯片制备和封装技术 ·· 209
        4.2.2 半导体通用照明技术 ·· 210
        4.2.3 半导体健康照明与光医疗技术 ··· 211
    4.3 半导体照明各产业链产值的对比分析 ··· 212
        4.3.1 材料外延和芯片产值对比分析 ··· 212
        4.3.2 LED 封装产值对比分析 ·· 213
        4.3.3 LED 照明产品产值对比分析 ·· 215
    4.4 半导体照明各产业链利润率的对比分析 ····································· 216
    4.5 我国半导体照明产业经历的"337 调查"、召回事件以及在
        中美贸易战中的地位 ·· 218
    4.6 我国半导体照明技术和产业的优劣势分析 ·································· 228
        4.6.1 我国半导体照明技术和产业的优势 ····································· 228
        4.6.2 我国半导体照明技术和产业的劣势 ····································· 229

第 5 章 半导体照明未来的技术和市场发展趋势分析 ························ 231

    5.1 LED 材料外延和芯片的技术及市场发展趋势 ······························ 231
        5.1.1 硅基 LED 技术和产业的发展方向 ······································ 231
        5.1.2 AlN 紫外材料 ··· 232
        5.1.3 低温 GaN 材料外延技术 ·· 247
        5.1.4 MicroLED ··· 250
        5.1.5 纳米 LED 技术 ·· 254
    5.2 LED 封装技术和市场发展趋势分析 ·· 261
        5.2.1 荧光粉制备技术 ·· 261
        5.2.2 大功率 LED 模块封装技术 ··· 261
        5.2.3 晶圆级封装及直接白光技术 ··· 262
        5.2.4 大功率 LED 封装散热设计 ··· 262
        5.2.5 LED 封装可靠性试验及寿命评估 ·· 262
    5.3 LED 照明光源技术和市场发展趋势分析 ······································ 262
        5.3.1 智能 LED 照明 ·· 263

5.3.2　LED"可见光照明＋通信"技术 ··· 267
　　　5.3.3　车用 LED 照明 ·· 268
　　　5.3.4　农业 LED 照明 ·· 273
　　　5.3.5　医疗健康 LED 照明 ·· 274
　　　5.3.6　人工智能中的 LED 技术 ··· 276
　5.4　LED 显示技术和市场发展趋势 ·· 279
　　　5.4.1　常规 LED 显示屏 ··· 279
　　　5.4.2　MicroLED 显示技术 ·· 281
　5.5　小结 ··· 286

第 6 章　与半导体照明技术竞争的其他照明技术分析 ································ 287

　6.1　其他竞争性照明技术概述 ··· 287
　6.2　激光照明技术 ··· 287
　　　6.2.1　激光照明的概念和方案 ··· 287
　　　6.2.2　激光照明产业的现状 ·· 294
　　　6.2.3　激光照明的技术和市场发展趋势 ·· 296
　　　6.2.4　激光照明与 LED 照明的比较 ·· 298
　6.3　OLED 照明技术 ·· 298
　　　6.3.1　OLED 照明的工作原理 ·· 298
　　　6.3.2　OLED 照明的产业现状 ·· 303
　　　6.3.3　OLED 照明技术面临的问题 ·· 308
　　　6.3.4　OLED 照明技术和市场的未来发展预测 ··································· 313
　　　6.3.5　OLED 照明的竞争力分析 ··· 318
　6.4　小结 ··· 318

第 7 章　我国半导体照明技术和产业发展的目标预测与面临的挑战 ············ 319

　7.1　我国半导体照明技术和产业发展的目标预测 ····································· 319
　　　7.1.1　技术目标预测 ··· 319
　　　7.1.2　产业目标预测 ··· 319
　　　7.1.3　市场占有率预测 ·· 319
　　　7.1.4　照明节电率预测 ·· 319
　7.2　我国半导体照明技术和产业面临的挑战 ·· 320

    7.2.1 我国 MicroLED 和 MicroLED 显示技术面临的问题 ········ 320
    7.2.2 发展纳米 LED 技术和产业方面面临的问题 ·············· 320
    7.2.3 健康照明技术方面面临的挑战 ························· 322
    7.2.4 农业照明方面面临的挑战 ···························· 323
    7.2.5 汽车照明发展面临的挑战 ···························· 324
    7.2.6 LED 可见光通信面临的问题 ·························· 324
  7.3 人才培养与有序流动面临的挑战 ···························· 327
  7.4 标准及其执行方面面临的挑战 ····························· 334
  7.5 高端装备方面面临的挑战 ······························· 335

第 8 章 发展我国半导体照明技术和产业的战略建议 ··············· 337

  8.1 半导体照明技术和产业下一步发展的重点 ······················· 337
  8.2 半导体照明市场环境建设 ······························· 338
  8.3 半导体照明重点推广的地区和领域 ·························· 338
  8.4 半导体照明技术人才培养 ······························· 339

索引 ·· 340

附录 ·· 341

半导体照明技术和产业的内涵

1.1 半导体照明和 LED 显示的基本原理

1.1.1 LED 的基本原理及其发展历史

发光二极管(light emitting diode,LED)是基于半导体 pn 结形成的发光器件,在一定的正向偏置电压和注入电流下,注入 p 区的空穴和注入 n 区的电子在扩散至有源区后经辐射复合而发出光子,将电能直接转化为光能,如图 1.1.1 所示。

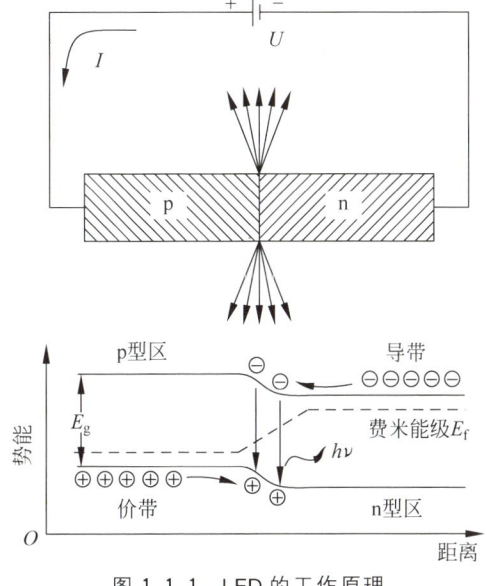

图 1.1.1 LED 的工作原理

基于半导体材料制作成的二极管在正向导通时发光的物理现象早在1907年就被观察到了,但直到1968年才制作出具有实用价值的GaAsP基红光LED。此后,随着材料外延生长技术的改进、结构的优化以及器件制备技术的发展,AlGaInP基红、黄、橙光LED的性能逐步提高。20世纪90年代初期,氮化镓(GaN)基蓝、绿光LED的研发成功,不仅使LED发光的颜色扩展到整个可见光波段,而且使半导体照明成为可能。

目前,LED可以发出红外光、红光、橙光、黄光、绿光、蓝光、紫光以及紫外光。其中,红外LED可应用于遥控、安全监控等领域;紫外和深紫外LED可应用于杀菌、固化和防伪、通信、国防等领域;可见光LED可以广泛应用于信息指示、大屏幕全彩显示、液晶显示器(liquid crystal display, LCD)背光源、城市景观照明以及通用照明等。LED发光的颜色取决于电子与空穴辐射复合所释放出来的光子能量大小,由所用半导体材料的带隙决定。LED的发光颜色与相应的材料见表1.1.1。这些材料基本上属于高发光效率、直接带隙的Ⅲ-Ⅴ族化合物半导体。同时,上述材料的特性也决定了LED一般为低压(通常小于3.5 V)、恒流(通常为20 mA或350 mA)驱动。

表1.1.1 LED的发光颜色与发光层材料、衬底类型及其用途

LED的发光颜色	发光层材料	衬底类型	用 途
红外	AlGaAs、InGaAsP	GaAs、InP	遥控器、安全监控器等
红	GaP、GaAsP、AlGaAs、AlInGaP	GaAs	信息指示、大屏幕全彩显示、LCD背光源、交通灯、夜景装饰、半导体照明等
黄	GaAsP、AlInGaP		
橙	GaP、AlInGaP		
绿	InGaN	蓝宝石、碳化硅(SiC)、GaN	
蓝	InGaN		
紫	InGaN		
紫外	GaN、AlGaN		杀菌、固化、防伪等

1.1.2 半导体照明的基本原理

GaN基蓝、绿光LED性能的稳步提升,使得以LED为核心的半导体照明成为可能。如图1.1.2所示,目前实现半导体白光照明的主要技术路线有三条:

(1) 把红、绿、蓝(RGB)三色LED芯片集成封装在单个器件之内,通过调整三色LED的工作电流产生白光;

(2) 采用超高亮度的近紫外或紫外LED泵浦三基色荧光粉产生红、绿、蓝三基色,混合形成白光,此种方式非常类似于荧光灯的工作原理;

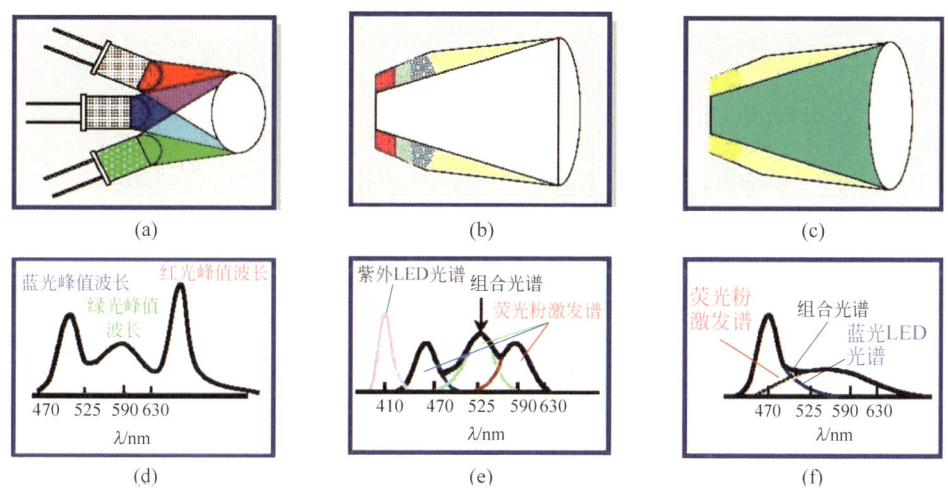

图 1.1.2 实现半导体白光照明的三条技术路线
(a)~(c) 合成白光的示意图；(d)~(f) 白光光谱的分布情况

(3) 以 GaN 基高亮度 LED 产生的蓝光(波长约 455 nm)为基础,激发黄色无机荧光粉或有机荧光染料,由激发获得的荧光与原有蓝光混合产生白光。

蓝光泵浦光源加荧光粉的技术路线具有生产成本低、器件性能稳定、市场容易接受等优点,是最经济有效的产生白光的技术路线,因此目前半导体照明几乎全部采用此种技术路线。

采用紫外 LED 泵浦三基色荧光粉的方法,由于缺乏寿命长、稳定性好、发光效率高的泵浦光源和高效率、高可靠性的荧光粉,目前尚不具备实用性。

采用三基色混光的技术路线,具有颜色可变、显色指数高等优势,以目前的技术水平和性价比,该方案适用于景观照明、吧台以及舞台等演艺场合的特种照明。由于该方案在光度和色度方面具有潜在的优势,是未来通用照明领域具有竞争力的技术路线之一。

1.1.3 LED 显示的基本原理

1. LED 背光源

薄膜晶体管液晶显示(thin film transistor-liquid crystal display, TFT-LCD)是目前乃至今后一段时间平板显示的主流方向,其主要应用包括 LCD 笔记本电脑、LCD 显示器以及 LCD 电视等。在 LCD 中,液晶面板本身并不发光,人眼看到的是背光源发出的光经过液晶调制后所形成的信息。LED 背光源目前主要有侧入式和直下式两种结构,分别如图 1.1.3 和图 1.1.4 所示,通常侧入式背光源主要

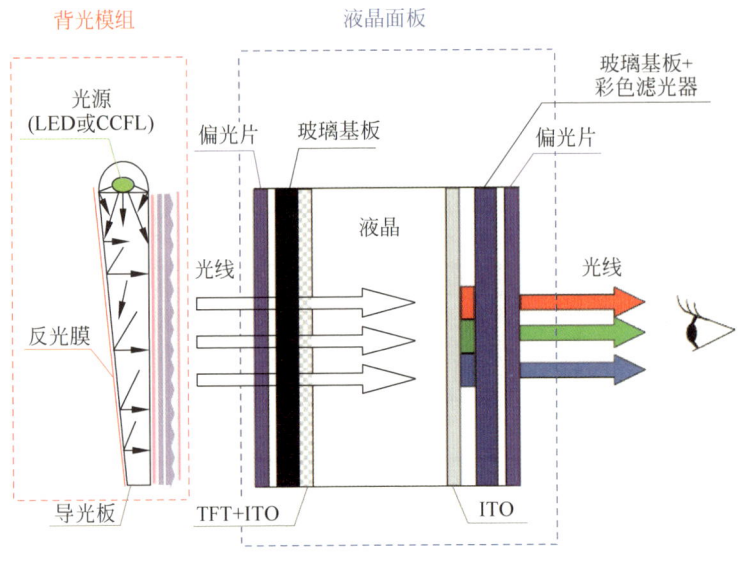

图 1.1.3 侧入式 LED 背光源基本结构图

用于 LCD 笔记本电脑和 LCD 显示器等,而直下式背光源主要用于 LCD 电视等。侧入式背光结构使用导光板将置于其侧边的冷阴极荧光灯(cold cathode fluorescent lamp,CCFL)或者 LED 发出的光导入 LCD 面板上,在侧入式结构中 CCFL 或者 LED 的数量有限从而导致通常情况下 LCD 显示器的亮度不高于 300 cd/m^2;而直下式背光结构可以提供更高的亮度,但体积和成本也会增加。

与目前主流背光源使用的 CCFL 相比,LED 具有很多优点,例如不含汞等有毒物质、具有极佳的色域、更好的机械振动稳定性、更长的寿命、控制电路简单、驱动电压低、纳秒级的开关时间(此点对主动式背光尤为重要)等。

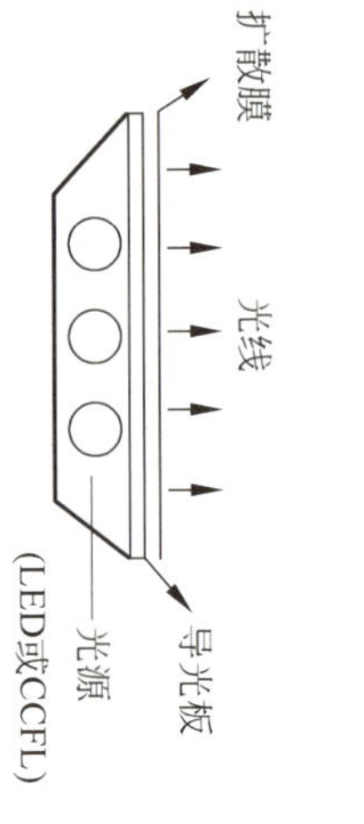

图 1.1.4 直下式 LED 背光模组

2. LED 显示屏

LED 显示应用的另一个领域是 LED 显示屏,这是整个 LED 产业中起步较早的市场部分,近十几年来一直保持着较高的增长速度。LED 显示屏的基本结构主要由像素单元、驱动电路、控制系统以及防护系统等组成。通常每个像素单元由单色或者红、绿、蓝三色 LED 组成,早期采用 LED 灯珠较多,近期大多数产品均采用三基色表面贴片(SMD)封装。由若干个这样的像素单元组成一个在结构上相对独立功能的显示模块,然后再由若干个这样的显示模块作为显示单元组成显示模组,最后若干个显示模组加上相应的控制电路、散热装置、机械保护装置等组成显示屏,如图 1.1.5 所示。

图 1.1.5　LED 显示屏的基本结构

当前,LED 显示屏技术的应用领域已经十分广泛。户外全彩显示屏应用的典型代表是天安门广场的显示屏等。室内显示屏已经广泛应用于各种类型的体育场馆中的比赛实况、比赛成绩、时间以及广告等的显示,机场、火车站、汽车站、地铁站等场所交通运行信息的显示,银行、证券交易所等场所金融信息的显示,以及医疗、公安、航空航天、军事国防等领域,可以说已经渗透到方方面面。近年来 LED 显示屏的色彩从单双色向全彩色普及,显示内容从文字、图片向实时视频转化,控制技术从单一屏幕向网络化发展,外形从平面向异形发展(如国家大剧院的显示屏),同时三维显示也是一个重要发展方向。北京奥运会画卷显示屏、梦幻五环、奥运场馆的 LED 显示屏、天安门广场显示屏、上海世博会各种显示屏、济南全运会和广州亚运会开幕式的显示屏等,均展示了 LED 显示的极大魅力。

1.2　半导体照明产业的内涵

1.2.1　半导体照明产业呈现不断拓展的规律

半导体照明是一个由多个技术环节构成的复杂系统。一方面,从外延片到最终照明应用,产业链的各个环节都能形成独立的产品,并具有各自的技术壁垒和研发需求;另一方面,终端应用产品的质量会受到各个环节的影响。例如,半导体照明的核心部件是 LED 芯片,但 LED 芯片的发光效率达到 100 lm/W,并不等于半导体照明灯具的发光效率也达到了 100 lm/W;更为重要的是,半导体照明产品要想获得市场认同,包括灯具效率、可靠性、人眼舒适性等在内的综合性能相对于传统照明产品也必须获得明显的优势。换句话说,即使半导体照明灯具的发光效率达到了 100 lm/W，也不意味着它就一定能为市场所接受。半导体照明本身还有许多科学问题需要研究，比如照明效果和品质，包括显色性、色品一致性、人眼舒适性等。如图 1.2.1 所示，半导体照明产业发展的显著特点之一是其技术和市场一起成长。一方面，只有当技术的发展使半导体照明灯具在效率、照明品质、设计新颖性等方面相对传统光源取得优势，半导体照明才可能进入并不断开拓市场；另一方面，市场的扩大会促使产量扩充及业界研发投入的增加，加速技术进步，从而使性能提升并且成本与价格逐渐下降。上述两个过程交替往复，最终导致半导体照明产业的快速发展。

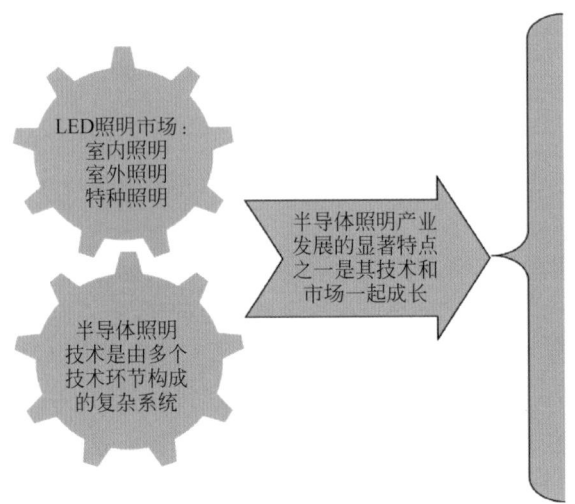

图 1.2.1　半导体照明产业的技术和市场一起成长

1.2.2　半导体照明产业链

根据 LED 产业的特点，本书的研究以对整体行业起带动作用的市场上的拳头产品为导向，其边界和范围是根据市场应用产品的类型而不是技术类型来界定。具体地说，包括半导体照明和 LED 显示产品的上游、中游、下游产业技术和相关的配套产业技术，如图 1.2.2 所示。其中半导体照明产业主要包括面向室外通用照明、室内通用照明等的上游、中游、下游产业；LED 显示产业主要包括 LED 背光源以及 LED 显示屏领域的上游、中游、下游产业。就技术层面来说，所指的上游、中游、下游产业技术分别是材料外延和芯片制备、封装、模组和灯具制造技术。半导体照明和 LED 显示产品的上游、中游产业技术基本上是相同的，区别主要在于下游技术。

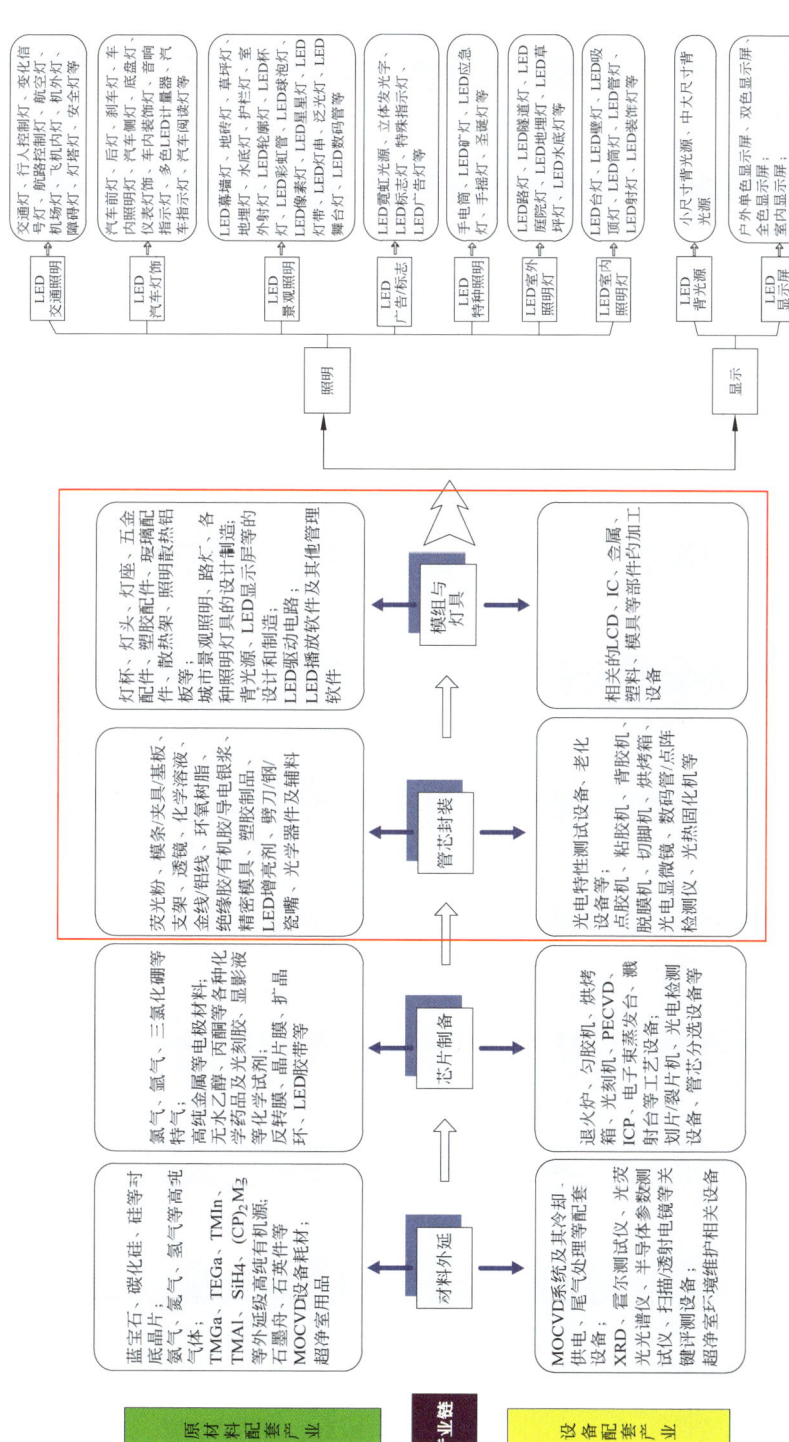

图 1.2.2 LED 产业链涵盖范围

1.3 小结

半导体照明技术和产业涉及材料、光电子学、微电子学、光学工程、装备制造等多个学科领域,其概念和内涵尚无准确的定义。本书聚焦于目前主流的基于GaN基LED的半导体照明技术和产业,同时也将其他半导体照明技术作为竞争性技术加以通盘考虑。

本章主要介绍了上述定义下的半导体照明的原理、特点、产业链,以及基于LED的相关显示技术。

第 2 章

2003—2018年我国半导体照明技术和产业取得的巨大成就

2.1 我国半导体照明方面的支持政策和发展规划综述

2003 年,科学技术部(以下简称"科技部")联合信息产业部、中国科学院(以下简称"中科院")、教育部、建设部、中国轻工业联合会等联合启动"国家半导体照明工程",同时在"科技攻关计划"(经费 3350 万元)、"863 计划"(经费约 6000 万元)中进行了部署。

2006 年 8 月,科技部在"十五""国家半导体照明工程"实施的基础上,在"十一五"国家"863 计划"新材料领域中设立"国家半导体照明工程"重大项目,安排专项经费 3.5 亿元。

为了推动我国半导体照明产业的健康发展,培育新的经济增长点,扩大消费需求,促进节能减排,2009 年 9 月,国家发展和改革委员会(以下简称"国家发改委")、科技部、工业和信息化部(以下简称"工信部")、财政部、住房和城乡建设部(以下简称"住建部")、国家质量监督检验检疫总局等六部委联合发布了《半导体照明节能产业发展意见》,明确了我国半导体照明节能产业的发展目标以及实现目标的七大政策措施,对关键技术方向、产业规范发展、服务体系完善等方面均指出了明确的方向。

2011 年 11 月,国家发改委等五部门正式发布《中国逐步淘汰白炽灯路线图》,进一步明确了淘汰白炽灯的时间节点,表明中国政府深入开展绿色照明工程、大力推进节能减排、积极应对全球气候变化的坚定决心和采取的积极行动。通过"十一五"的快速发展,我国半导体照明技术取得重大进步,在此基础上,2012 年 7 月,科技部制定并发布《半导体照明科技发展"十二五"专项规划》,凝聚多方创新资源,从全创新链进行技术突破部署,确保实现半导体照明产业的跨越式发展。同年1月,工信部发布了《新材料产业"十二五"发展规划》,对新材料产业的发展现状和趋势、总体思路、未来发展重点、区域布局、"十二五"期间组织实施的重大工程和重点项目,以及相关保障措施进行了详细的阐述和说明。与LED相关的砷化镓单晶材料、蓝宝石材料、碳化硅晶片、氮化镓外延片入选《新材料产业"十二五"重点产品目录》,成为"十二五"新材料的发展重点。

2013年1月,国家发改委等六部委又联合发布了《半导体照明节能产业规划》,提出三大主要任务、四大重点工程、五项保障措施,其中均把产品的推广应用放在首位,表明国家政策对应用端的支持力度逐渐加大,而且循序渐进。2013年8月,国务院印发了《国务院关于加快发展节能环保产业的意见》(国发〔2013〕30号),提出了三年发展目标。加快发展节能环保产业,对于拉动投资增长和消费需求,形成新的经济增长点,促进产业升级和发展方式转变,提高能源资源利用效率,保护生态环境,改善民生,具有重要意义。

2016年,国务院发布的《"十三五"国家科技创新规划》中提出,面向2030年,再选择一批体现国家战略意图的重大科技项目,力争有所突破。重点研制碳纤维及其复合材料、高温合金、先进半导体材料、新型显示及其材料、高端装备用特种合金、稀土新材料、军用新材料等,突破制备、评价、应用等核心关键技术。以广东省为例,"十二五"期间,省财政每年投入4.5亿元设立LED产业发展专项资金。

2017年,国家发改委等13个部委联合印发了《半导体照明产业"十三五"发展规划》,旨在引导我国半导体照明产业发展,培育经济新动能,推进照明节能工作。同年,《"十三五"节能环保产业发展规划》出台,着力提高节能环保产业供给水平,推动半导体照明节能产业发展水平提升,加快大尺寸外延芯片制备、集成封装等关键技术的研发,加快硅衬底LED技术的产业化,推进高纯金属有机化合物(MOC)源、生产型金属有机物化学气相沉积(MOCVD)设备等关键材料和设备的产业化,支持LED智能系统技术的发展。

在财政补贴方面,国家也相应出台了多项政策。2008年,财政部、国家发改委联合发布的《高效照明产品推广财政补贴资金管理暂行办法》规定,高效照明产品推广企业及协议供货价格通过招标产生。国家实行统一招标,并根据招标结果公示中标企业、高效照明产品及其中标协议供货价格。其中,大宗用户的每只高效照明产品,中央财政按中标协议供货价格的30%给予补贴;城乡居民用户的每只高效照明产品,中央财政按中标协议供货价格的50%给予补贴。2009年8月,财政部会同国家发改委、工信部、海关总署、国家税务总局、国家能源局出台了重大技术装备进口税收政策。对国内企业为生产国家支持发展的重大技术装备和产品而确有必要进口的关键零部件及原材料,免征进口关税和进口环节增值税。

2010年,国务院发布《国务院关于加快培育和发展战略性新兴产业的决定》(国发〔2010〕32号),明确表示要加大财税金融政策扶持力度,完善税收激励政策,加大财政支持力度。在整合现有政策资源和资金渠道的基础上,设立战略性新兴产业发展专项资金,建立稳定的财政投入增长机制,增加中央财政投入,创新支持方式,着力支持重大关键技术研发、重大产业创新发展工程、重大创新成果产业、重大应用示范工程、创新能力建设等。加大政府引导和支持力度,加快高效节能产品、环境标志产品和资源循环利用产品等的推广应用。加强财政政策绩效考评,创新财政资金管理机制,提高资金使用效率。在全面落实现行各项促进科技投入和科技成果转化、支持高技术产业发展等方面的税收政策的基础上,结合税制改革方向和税种特征,针对战略性新兴产业的特点,研究完善鼓励创新、引导投资和消费的税收支持政策。

2012年,国家发改委办公厅、财政部办公厅、科技部办公厅联合发布了《关于组织开展2012年度财政补贴半导体照明产品推广工作的通知》。此后,不少地方政府也出台了地方LED照明产业补贴政策。毫无疑问,政策补贴在一定程度上刺激了企业的研发投入和生产积极性,促进了LED产业的发展。为达到"十二五"规划中半导体照明的目标,政府在2012年提出了两项补助政策。一项是《2012年半导体照明产品财政补贴推广项目》,这项补助是通过招标方式选出数家企业及其LED照明产品,由政府向这些企业提供补贴款,使其能以得标金额减去补助款的金额,将LED照明产品销售给医院、学校、商办大楼以及农村等,也等于是间接向这些群体提供LED照明的采购补贴。另一项补助政策是"节能产品补贴政策",国务院编列363亿元的预算用以补贴节能家电、节能汽车、高效电机及节能灯、LED灯四大类节能产品。其中,节能家电中的LED电视(LEDTV)与LED灯为与LED产业有关的项目。LED灯的相关补贴金额及实施细则虽尚未确定,但在LEDTV方面已确定,符合标准的产品每台最高可获得400元的补贴款。

2013年,我国对节能产品的补贴力度并未缩减,包括财政部、国家发改委在2013年初公告的"节能产品政府采购清单"中就加入了LED路灯与隧道灯、LED筒灯、反射型自镇流LED灯三种产品。

为推动重大技术装备的创新应用,财政部、工信部、中国保险监督管理委员会决定开展首台(套)重大技术装备保险补偿机制试点工作,并于2015年2月2日发布《关于开展首台(套)重大技术装备保险补偿机制试点工作的通知》(财建〔2015〕19号),对《首台(套)重大技术装备推广应用指导目录》内的重大技术装备,且投保"综合险"或选择国际通行保险条款投保的企业,中央财政给予保费补贴。实际投保费率按3%的费率上限及实际投保年度保费的80%给予补贴,补贴时间按保险期限据实核算,原则上不超过3年。《关于调整重大技术装备进口税收政策有关目录的通知》(财关税〔2017〕39号)规定,其中根据《国家支持发展的重大技术装备和产品目录(2017年修订)》和《重大技术装备和产品进口关键零部件、原材料商品目录(2017年修订)》所明确的重大技术装备和产品,包括系列LED生产设备:MOCVD、等离子体刻蚀机、LED溅射台、涂胶显影机、高亮度LED步进投影光刻机,符合规定条件的国内企业为生产上述装备而确有必要进口的规定商品,免征关税和进口环节增值税。

在示范推广方面,在"十二五"节能减排的大背景下,我国政府针对公共照明也出台了一系列的鼓励政策,为加快我国环保、节能减排步伐,扩大LED产品内需,加速推广LED照明产品应用领域做出了努力。与此同时,"十城万盏""千里十万盏""绿色照明城市"等相关系统工程,也推动了LED照明产品的认知度,为其创造了良好的市场空间。

2012年,科技部启动"十城万盏"半导体照明应用研究及示范项目,计划于2012年投资数亿元,从37个"十城万盏"城市中选取不超过10个城市进行试点示范,补贴推广市政及建筑照明,包括面向城市道路、隧道、广场、车站、停车场、节能建筑等市政照明的不同应用场所。

上述系列规划政策的出台,表明我国在国家层面从科技主管部门到产业主管部门,对半导体照明给予了持续和全方位的支持,也反映出我国半导体照明技术不断进步、产业逐步壮大的发展历程。

2.2 我国半导体照明技术的发展情况

2.2.1 我国半导体照明技术的专利授权统计与分析

1. 在中国申请的LED照明专利情况分析

从1985年1月到2018年8月,本书共检索到LED照明领域获得授权的中国发明专利41147项,图2.2.1给出了其发展趋势。从图2.2.1中可以看出,中国LED照明领域发明专利授权开始于1985年,在1995年之前其数量都在几十项的水平,2000年之前一直增长比较缓慢。之后,随着蓝光和白光LED基础技术的突破,加之从2003年开始中国启动了一系列支持LED照明发展的举措,中国半导体照明市场迅猛发展,国内外相关企业和研发机构纷纷在中国进行专利布局,带来了专利数量的迅猛上升。从2012年开始,连续三年授权发明专利数量超过4500项,2013年达到顶峰的5000余项。此后,授权发明专利数量开始下降。需要说明的

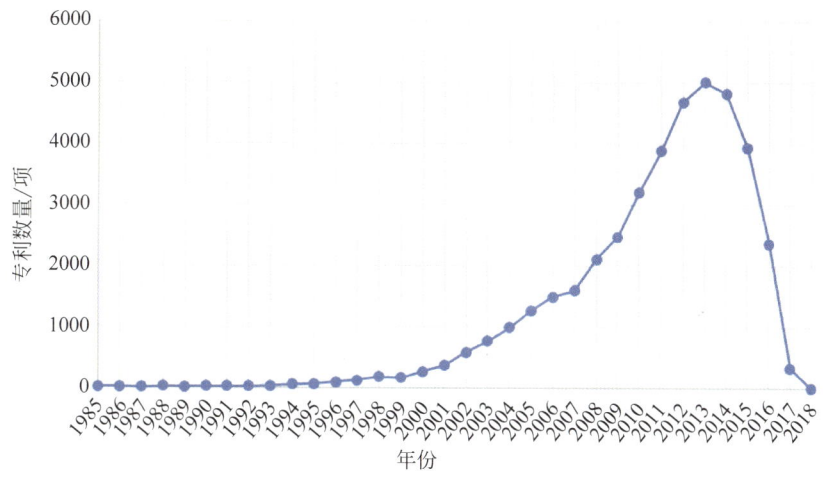

图 2.2.1 LED 照明领域在中国获得授权的发明专利趋势图(1985—2018 年)

是,最近几年申请的专利可能还会获得授权,上述统计中最近几年的数量还需进行修正。

对发明专利申请人的国家进行统计分析,得到图 2.2.2。从图 2.2.2 中可以看出,中国发明专利申请人的授权数量占总授权数量的 75.01%,达 30483 项,日本、美国、韩国和德国依次是国外发明专利申请人中的前四位,专利数量(所占比例)分别是 4962 项(12.21%)、1830 项(4.50%)、1238 项(3.05%)和 890 项(2.19%)。

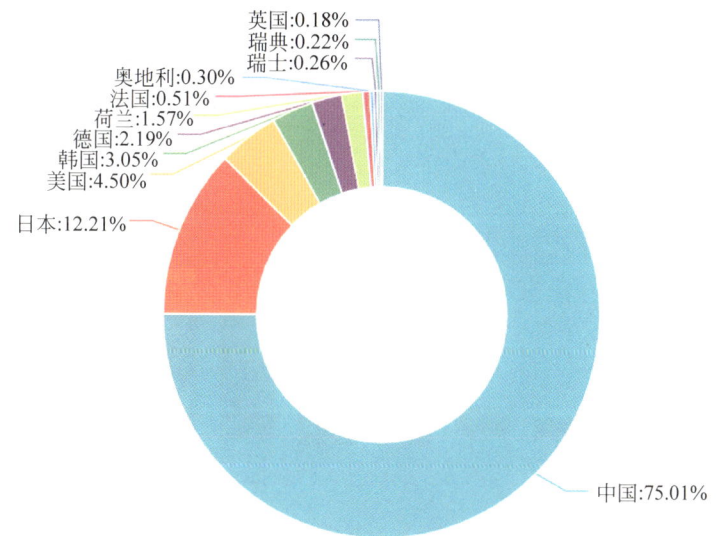

图 2.2.2 中国 LED 照明申请人国家授权发明专利的比例分布

对中、日、美、韩四国申请人在中国的授权发明专利数量按年度进行统计分析，得到图 2.2.3 和图 2.2.4。可以看出，作为 LED 照明技术重要的发源地和研发力量最强的两个国家，日本和美国对中国市场从一开始就非常重视，很早就在中国进行了专利布局。在 2000 年之前，日本一直是中国授权发明专利最主要的来源。2000 年以后，中国申请人在中国的授权发明专利数量迅速发展，此后一直占绝对优势，表明了国内技术水平的迅速提升。

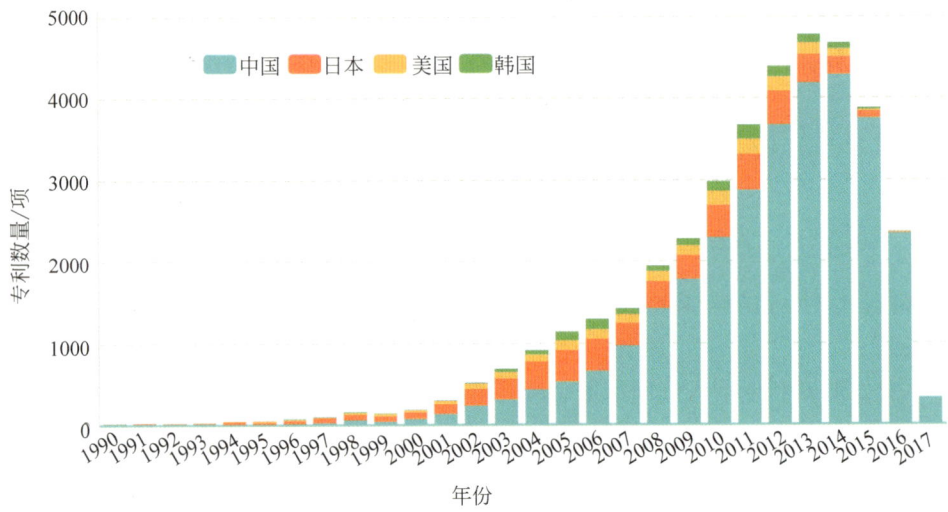

图 2.2.3　主要国家申请人在中国的授权发明专利申请趋势（1990—2017 年）

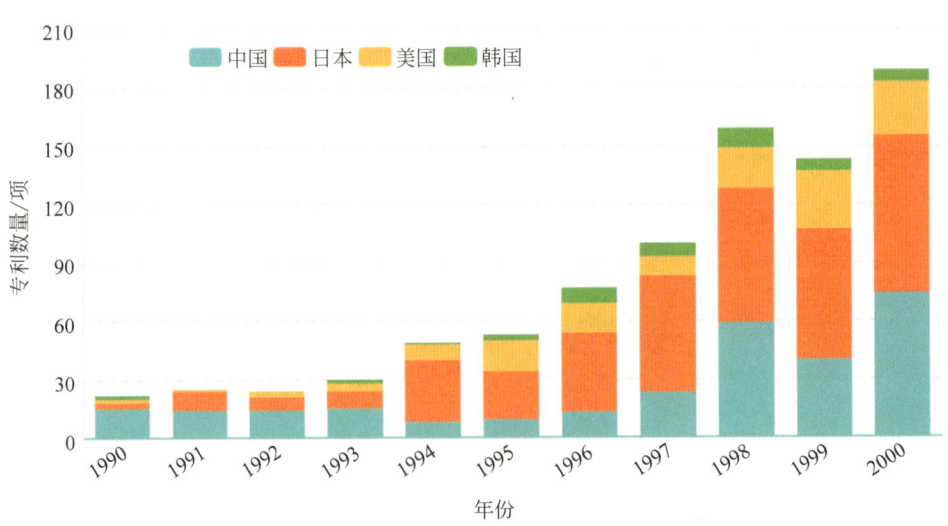

图 2.2.4　主要国家申请人在中国的授权发明专利申请趋势（1990—2000 年）

2. 全球范围内中国持有的 LED 照明发明专利情况分析

截至 2018 年,全球范围内中国持有的 LED 照明领域授权发明专利共检索到 33037 项,图 2.2.5 给出了其发展趋势。从图 2.2.5 中可以看出,中国持有的 LED 照明领域授权发明专利在 2000 年以前只占很小比例,从 2000 年开始逐渐增加,尤其是 2006 之后授权发明专利数量呈爆发式增长,于 2013 年突破 4500 项,2014 年达到顶峰,近 4600 项。

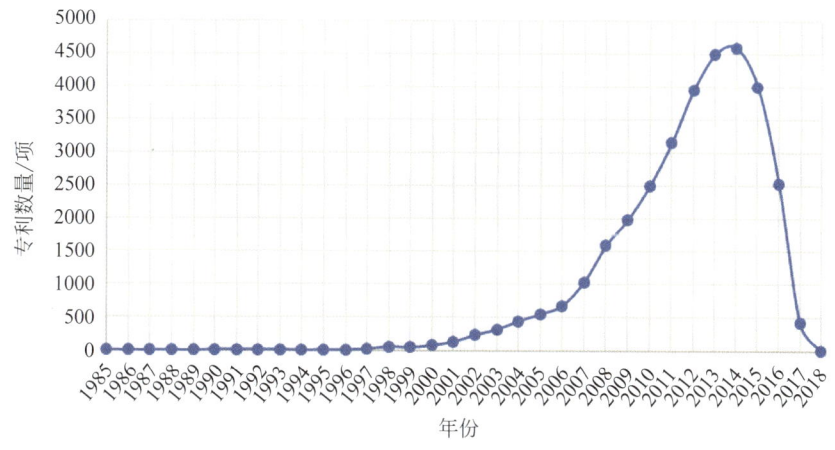

图 2.2.5　中国申请人在全球授权发明专利申请趋势(1985—2018 年)

中国申请人的 LED 照明领域对授权发明专利的授权国家(组织)进行统计分析,得到图 2.2.6。从图中可以看出,中国申请人的授权发明专利主要是中国授权发明专利,占到了 92.16%;中国申请人在国外获得授权发明专利数量最多的国家和地区(或组织)是美国、日本、欧洲专利局和韩国,所占比例分别是约 6%、0.6%、0.5% 和 0.5%。这反映出:首先,中国半导体照明企业和研发机构很少在国外获得专利授权,我国在全球的专利布局还有待改善;其次,我国 LED 企业和研究机构在国外最重视美国市场,其次是日本、欧洲和韩国。这大体上与这几个国家和地区半导体照明市场规模的大小和成熟度有关。

对中国持有的 LED 照明领域授权发明专利数量在全球各地区的分布按年度进行统计分析,得到图 2.2.7。从图中可以看出,在 2006 年之前,中国申请人主要在国内进行专利布局,2006 年之后,在继续深耕国内专利布局的同时,开始积极在美国、日本、欧洲等国家和地区进行专利布局,这可能与这一时期中国 LED 照明产品开始大量进入上述海外市场有关。

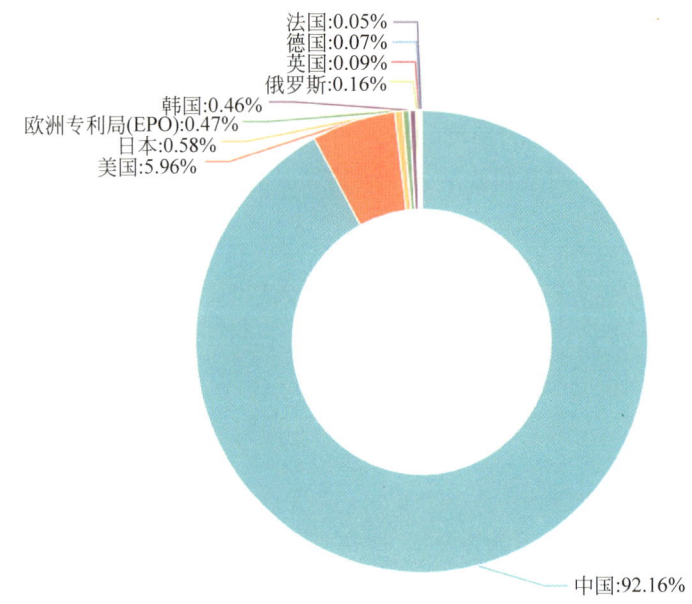

图 2.2.6　中国申请人的授权发明专利在全球的分布情况

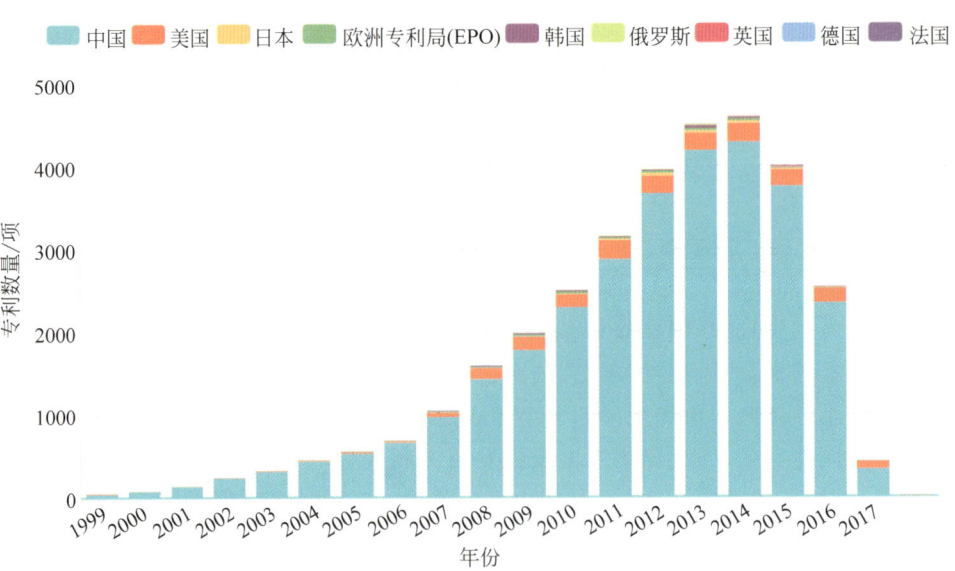

图 2.2.7　中国申请人的授权发明专利在全球分布的发展趋势（1999—2017 年）

2.2.2 我国半导体照明达到的技术水平

1. 半导体照明材料与芯片发展状况

到目前为止，Ⅲ族氮化物的生长基本都是在其他衬底材料上异质外延。商品化成熟的衬底材料主要是蓝宝石和碳化硅(SiC)，其次是单晶硅，还有少量的氧化锌和铝酸锂，最理想的是 GaN 同质衬底。蓝宝石是目前用于 GaN 基 LED 生长最普遍的衬底，也是商业化产品的主流。尽管蓝宝石和 GaN 材料存在较大的晶格失配和热膨胀系数的差异，但由于蓝宝石晶体本身技术比较成熟，研究比较广泛，成为 GaN 材料外延的主流。目前蓝宝石衬底研发的重点除了结构调整、外延质量改善，大尺寸外延是当前产业发展的主流。除了普遍采用的 2 in(1 in=2.54 cm)衬底，中国台湾地区产业界已经开始大范围使用 3 in、4 in 衬底，6 in 衬底也已经出现。在芯片工艺方面，透明电极、倒装结构、激光剥离、表面粗化、光子晶体、电流阻挡等技术也都开始用于 LED 的研发。本节只讨论蓝宝石衬底及基于蓝宝石衬底的 LED 材料外延和芯片制备技术。

图形的蓝宝石衬底(patterned sapphire substrate,PSS)得到了普遍应用，采用图形衬底制备 LED 主要出于两方面的原因：一方面是提高晶体质量。主要是通过图形衬底周边的类横向外延技术，减少位错密度。PSS 技术是一种类似于侧向外延过生长(ELOG)的新型技术，直接在图形化的蓝宝石衬底上进行 GaN 异质生长，与 GaN 模板上的 GaN 同质生长的侧向外延技术不同。正是由于晶体质量提高，多量子阱有源区会增加内部辐射复合的概率，从而通过提高内量子效率来增加发光效率。另一方面是图形化的衬底有利于对量子阱活性区发出光的传播方向进行再调制，使原来在临界角外发不出去的光重新调回到临界角内，从而通过增加外量子效率来提高发光效率。

从光提取的角度来说，图形化衬底的制备正在向纳米级别发展。J. J. Chen 等利用 500 nm 的聚苯乙烯(PS)球为掩蔽层刻蚀得到纳米图形衬底，将 LED 的光功率提高了 30%。随后，C. H. Chan 等利用 750 nm 的自组装 SiO_2 球作为掩蔽层刻蚀得到更深的图形衬底，将 LED 的光功率提高了 74%，同时证实纳米图形衬底有利于 GaN 晶体质量的改善。中国台湾清华大学的 Y. S. Lin 等采用空洞植入纳米衬底，20 mA 电流下 LED 功率达到 33.1 mW，外量子效率提高到 58.3%，达到平面蓝宝石衬底的 2.4 倍。

而在图形衬底轮廓的优化上，C. T. Chang 等证实，半球形的图形衬底对光提取的提升要大于圆台形的图形衬底的。而 J. B. Kim 等则证实，火山口状的图形衬底要好于半球形的图形衬底。在此基础上，X. H. Huang 等对不同倾角的圆锥形的图形衬底进行了优化，得到了 33°的最优化倾角，并得出了图形占据的面积越大越有利于出光的结论。

一些最新的研究则是设计出一些特殊结构的图形衬底来提高 LED 的性能。W. C. Lai 等在图形衬底的上方利用侧向外延技术制备了空气间隙,在进一步提升光输出功率的同时,也显著改善了 LED 器件的反向漏电。C. H. Jang 等优化了在图形衬底上生长 GaN 的气压条件,将 LED 器件的抗静电能力从 4000 V 提高到 7000 V。C. Y. Cho 等在蓝宝石衬底上制备了金属掩模并进行侧向外延,外延完成后将金属掩模去掉,制备出具有空气间隙的 LED,将 LED 的光输出功率提高了 60%。N. Han 等在湿法腐蚀得到的蓝宝石凹坑内填上自组装的 SiO_2 纳米球,并在其上生长 LED 外延结构,相比于平的蓝宝石衬底及图形衬底,他们的方法将 LED 的光输出功率分别提高了 123% 以及 70%。C. F. Lin 等在湿法腐蚀得到的长条形图形衬底上,生长厚度为 8 μm 的 AlN 牺牲层,控制生长条件得到长条状的空隙。再将具有长条状空隙的 LED 放入 KOH 溶液中进行腐蚀,提高了 LED 的提取效率。此外,他们还利用光电化学腐蚀的方法将 LED 的外延层从蓝宝石衬底上剥离下来。

SiC 衬底与蓝宝石衬底相比,其化学稳定性好、导电性能好、导热性能好、不吸收可见光。由于 SiC 衬底优异的导电性能和导热性能,不需要像蓝宝石衬底上功率型 GaN LED 器件那样采用倒装焊技术解决散热问题,而是采用上下电极结构,可以比较好地解决散热问题。在 SiC 衬底市场方面,美国科锐(Cree)公司垄断了优质 SiC 衬底的供应。2007 年起,该公司在市场上供应 2~3 in 基本上无微管的衬底。目前 2 in 的 4H 和 6H SiC 单晶与外延片,以及 3 in 的 4H SiC 单晶已有商品出售;以 SiC 为 GaN 基材料衬底的蓝绿光 LED 也已上市。

蓝宝石衬底上 GaN 基 LED 的外延主要包括缓冲层结构设计、多量子阱有源区设计以及 p 型掺杂等。采用低温缓冲层的两步生长工艺已经成为 GaN 外延生长的标准工艺。目前,外延新技术主要体现在图形衬底上缓冲层的生长设计。p 型掺杂是困扰 GaN 材料和器件研究的另一个难题。在外延结构设计方面,主要是考虑外延层中应力、载流子输运及复合等因素。目前,材料外延新进展主要体现在以下几个方面。

1) 电子阻挡层技术

电子阻挡层(EBL)一直以来都是研究 LED 发光效率的热点。所谓的"电子阻挡层"具有比有源区更高的导带,因此人们认为从有源区过冲的电子可以被部分阻挡,而不能逃逸到 p 型 GaN 层,从而能有效提高 LED 的发光效率。一般电子阻挡层的材料是一种宽禁带材料,最常见的为 AlGaN 三元合金。图 2.2.8 为电子阻挡层在 LED 中作用的示意图。

电子阻挡层在阻挡电子泄漏的同时,还会带来负面效应,即在阻挡电子的同

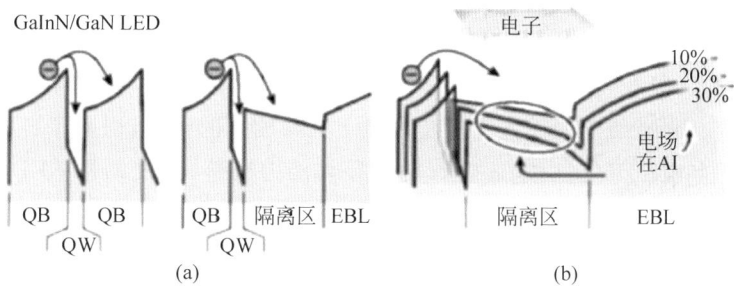

图 2.2.8 电子阻挡层在 LED 中作用的示意图

时,也阻挡空穴的注入。尤其是在高注入电流密度下,空穴浓度的降低已成为限制 LED 发光效率的主要因素。AlInN 三元合金由于其带阶比 $\Delta E_c/\Delta E_v$ 大,从而作为新的电子阻挡层材料被广泛采用。此外,四元合金 AlInGaN 作为电子阻挡层和量子垒(QB)层也被广泛研究。研究表明,在禁带宽度一定的条件下可以通过调整 Al 和 In 的组分获得极化电荷与 GaN 材料匹配的 AlInGaN 四元合金。当 AlInGaN 层与 GaN 层极化匹配时,极化电场被抵消。相应地,极化效应导致的能带弯曲现象被消除,因此削弱了对空穴的阻挡作用。同时,因为 AlInGaN 具有较宽的禁带,所以能更有效地阻挡电子。但无论是 AlInN 还是 AlInGaN,由于生长困难,目前都很难获得较好的晶体质量。

2)p 型掺杂技术

p 型掺杂技术是高效 GaN 基光电器件研究的关键技术,也是目前研究的重要课题。p 型掺杂浓度的高低将直接影响 GaN 基光电器件的欧姆接触质量和器件性能,p 型有效掺杂浓度太低将导致 p 型欧姆接触制备困难,从而会降低 pn 结的注入比,降低发光效率,增加器件正向工作电压,使器件发热,无法满足大功率发光的要求。GaN 中典型的受主杂质为镁(Mg),属深受主杂质,尽管 Mg 的激活能 (215 meV 左右)与其他受主相比较低,但是仍然太高,室温下 Mg 的掺杂浓度即使达到 1×10^{20} cm^{-3},也只有大约 1% 的 Mg 电离。此外,Mg 还可与材料中的 H 形成络合物 Mg-H(即氢钝化作用),使 p 型 GaN 的空穴浓度进一步降低,所以目前 p 型 GaN 的空穴浓度通常都难以达到 1×10^{18} cm^{-3},大多在 $(3\sim7)\times10^{17}$ cm^{-3} 范围,有效、可控的高浓度 p 型掺杂技术一直是制约 GaN 基材料和器件发展的技术瓶颈。当前,p 型掺杂的主要技术手段包括通过组分变化调整价带顶能带结构设计、In/Mg 共掺、Mg/Si 共掺、Mg/O 共掺、调制掺杂等。2010 年,西蒙(Simon)等提出一种新的 p 型材料掺杂方法——极化掺杂。他们在 N 面 GaN 上生长了 Al 组分从 0 线性渐变到 0.3 的 Mg 掺杂 AlGaN 单层。由于材料中 Al 组分的线性变化,相应地就会产生一个强度线性变化的极化电场。这个极化电场的强度足以使

Mg 原子完全电离,从而获得高浓度的空穴。此方法已经在实验上获得验证。

3) 大电流注入效率

降低成本、提高发光效率,是真正实现大功率、高亮度 LED 在半导体照明领域应用的关键。薄膜结构大注入电流芯片由于其结构上的优势,引起了各国 LED 产业界的高度重视。首先,由于蓝宝石衬底导热能力很差,正装结构 LED 的工作电流密度受到限制,而芯片尺寸也受限于氧化铟锡(ITO)导电薄膜的电流扩展能力,因此难以满足半导体照明的要求。金球键合的倒装结构 LED 虽然采用了新的导热衬底,芯片与衬底之间却只存在部分良好的导热接触,其散热能力并不理想。去除蓝宝石衬底而采用金属或其他良导热衬底的薄膜 LED 芯片具有良好的热性能,一方面,芯片与衬底之间可以实现几乎完全的良导热接触;另一方面,衬底具有良好的导热能力。另外,薄膜 LED 芯片的 n 型 GaN 材料位于上表面,具有数微米的厚度,利于制作表面光提取结构,与下表面的高反电极配合,其光提取效率更高,因此这种芯片更有潜力和希望应用于半导体照明。此外,由于具有大电流下工作的潜力,薄膜结构可以直接通过提高工作电流,迅速降低 LED 芯片价格,同时减少企业提升产能的资金投入。基于这样的认识,目前国内外许多公司和研究机构都开始加强大注入电流薄膜 LED 芯片的研发力度。

LED 芯片技术发展到现在,已经出现了三种基本的器件结构。

(1) 正装结构 LED。这是蓝宝石衬底外延片上最容易实现的 LED 芯片结构,也是目前普遍采用的一种结构形式,如图 2.2.9 所示。由于蓝宝石衬底不导电,所以需要将 n 型 GaN 材料暴露出来,这可以通过刻蚀工艺实现。由于 p-GaN 层很薄,电流扩展能力很差,同时 p-GaN 表面又要充当出光面,所以需要在其表面沉积一层透明导电材料,如 ITO、NiAu、ZnO 等。由于蓝宝石衬底热导率只有 40 W/(m·℃),只有铜的 1/10,所以这种结构的一大缺点是散热性能不佳。另外,如果电极结构和尺寸设计不匹配,也很容易造成电流集边效应。虽然这种结构的芯片目前已经

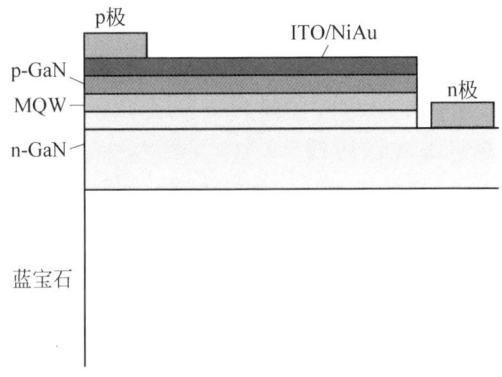

图 2.2.9　GaN 基正装结构 LED 示意图

广泛应用于背光、装饰、显示等领域,但其应用在通用照明领域受到了限制。

(2) 倒装结构 LED。其与正装结构 LED 的区别是出光面变为了蓝宝石面(也有去除蓝宝石衬底的,如欧司朗公司(Osram)的倒装薄膜结构 LED),而 p 面变成了光反射面。用倒装焊的方式将分离开的芯片一个一个倒扣在另一个新衬底上,新衬底可以为芯片提高电流驱动电路、保护电路和散热通道等。其结构如图 2.2.10 所示。倒装结构 LED 虽然采用了热导率良好的新衬底,但是实际芯片的导热能力还受限于焊点的焊接质量和焊接面积,最终芯片的散热能力相比于横向结构 LED 并没有显著的提高。倒装结构 LED 工艺的复杂程度比横向结构 LED 大大增加了,因此这种结构 LED 的被关注程度已经开始下降。

(3) 垂直结构 LED。其 p 电极和 n 电极分别在芯片的上、下两个表面,支撑衬底为导热导电的衬底,同时该衬底还充当一个电极。因此这种结构的 LED 克服了电流集边效应和散热能力差等问题。图 2.2.11 是一种典型的 GaN 基垂直结构 LED 的示意图。垂直结构 LED 虽有诸多优势,但 GaN 很难直接生长在这种新衬底上,所以制作垂直结构 LED 需要去除旧衬底,接上新衬底,这大大增加了工艺的复杂程度和难度。尽管如此,垂直结构 LED 还是备受国内外研究机构的青睐。尤其是 Cree 公司发布的有关 276 lm/W 的大功率垂直结构 LED 的消息,更加增强了人们对这种结构 LED 的关注和信心。随着技术的进步,垂直结构 LED 必将成为实现半导体通用照明的解决方案。

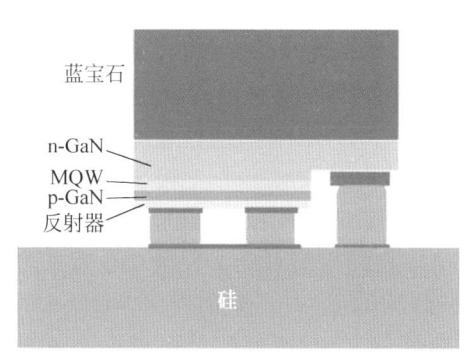

图 2.2.10 GaN 基倒装结构 LED 示意图

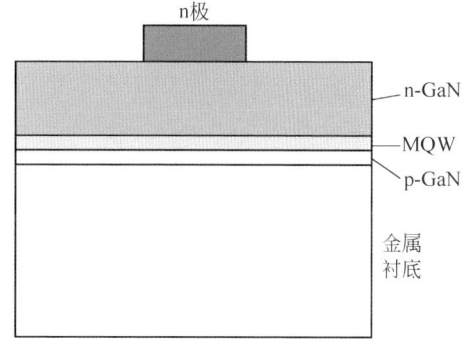

图 2.2.11 GaN 基垂直结构 LED 示意图

目前用于提高提取效率的方法,主要有以下几个方向。

1) 表面粗化技术

自 2004 年 T.Fujii 等报道在垂直结构 LED 利用表面粗化技术显著提高 LED 光提取效率以来,各种粗化技术便层出不穷地被用来提高 LED 的提取效率。从这些研究成果来看,LED 的粗化技术正在向更小的纳米尺度发展。如何获得纳米级别的粗化表面,成为研究的热点。这里列举一些纳米粗化技术新的重要的研究进展。

J. H. Son 等 2012 年在 *Advanced Material* 上报道,利用密堆的 SiO_2 纳米球对垂直结构 LED 进行 n 面粗化,在激光剥离后的 n 面 GaN 上制备了纳米 GaN 圆锥,并声称完全消除了器件内部的全反射效应。与传统的热 KOH 溶液湿法腐蚀得到的 GaN 六棱锥的 LED 进行比较,经过刻蚀优化后的 LED 光输出功率可以提高 6%。J. T. Chen 等在 *Optics Express* 上报道了利用飞秒激光脉冲在 p-GaN 表面制备纳米孔洞的方法,将 LED 光输出功率提高了 35%。经过激光加工后的 p-GaN 表面如图 2.2.12 所示。

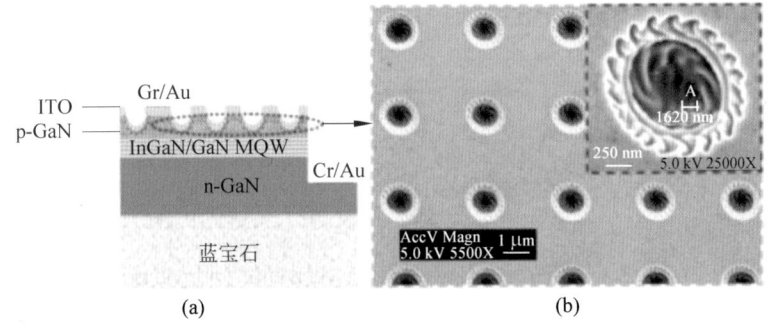

图 2.2.12 飞秒激光脉冲在 p-GaN 表面制备的纳米孔洞

还有一些研究是在 LED 各个出光面上制备 ITO/ZnO 纳米结构来提高 LED 的光提取效率。S. J. An 等在 2008 年首先报道了利用在 ITO 透明导电层上气相生长 ZnO 纳米柱来提高 LED 的提取效率,光输出功率获得了 50% 的提升。随后,K. K. Kim 等利用水热法在 ITO 层上液相生长出 ZnO 纳米柱,也显著提升了 LED 器件的光学特性。B. U. Ye 等于 2012 年在 *Adv. Funct. Mater.* 上报道了在垂直结构 n 面上生长密集排列的 ZnO 纳米柱,可以将垂直结构 LED 的光输出功率提高近 3 倍。K. S. Kim 等则详细分析了 ZnO 纳米柱的粗细对光波导模式数量的影响,并将 LED 的光输出功率提高了 31%。在此基础上,山东大学的 Z. M. Yin 等 2012 年在 *Optics Express* 上报道了具有倾斜侧壁 ZnO 纳米柱可以进一步提升 LED 的提取效率,如图 2.2.13 所示。

在芯片侧壁出光面的处理上,湿法腐蚀得到倾斜的 GaN 侧壁是一个研究热点。C. F. Lin 等在 2005 年首先报道了这一方法。在此基础上,M. H. Lo 等将此项技术应用在紫外 LED 上,器件的光功率获得了 120% 的提升。随后,H. P. Shiao 等利用光电化学腐蚀的方法制备了倾斜的 GaN 侧壁,有效提升了 LED 器件的光输出功率。另外,激光切割技术也被用来制备粗糙化的蓝宝石侧壁,使其更有利于光子的逃逸。K. C. Chen 等利用纳秒短脉冲甚至飞秒超短脉冲激光器在蓝宝石衬

图 2.2.13 倾斜侧壁的 ZnO 纳米柱

底中间切割出条状分布的粗糙表面,提高了光输出功率。从芯片的形状上,S. E. Brinkley 利用激光切割技术将自支撑衬底 GaN 芯片切割成三角形、平行四边形等形状,有效提升了 LED 的器件性能,芯片发光情况如图 2.2.14 所示。而香港大学相关课题组则是利用激光微加工技术将 LED 芯片制备成多边形、圆形、倒梯形,也显著提高了 LED 的光输出功率。

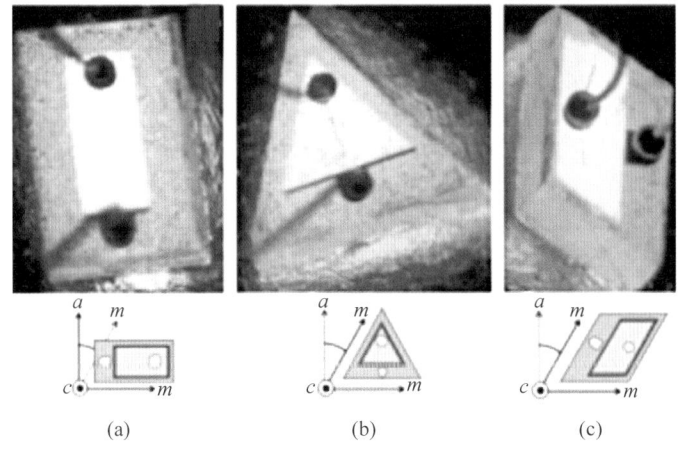

图 2.2.14 三角形、平行四边形、长方形的自支撑衬底 GaN 芯片

2)芯片外形技术

传统发光二极管芯片一般制成标准的矩形,由于半导体材料的折射系数与封装环氧树脂的差异较大,使得交界面全反射临界角小,而矩形的四个截面互相平

行,光子在交界面离开半导体的概率变小,使得光子只能在内部全反射直到被完全吸收,光转换成热的形式造成发光效果更差。为此,在实际应用中,采取改变芯片几何形状的方法,缩短光在 LED 内部反射的路径来提高光提取效率。

3) 光子晶体结构

自从 T. N. Oder 等将光子晶体引入到 LED 中以后,光子晶体技术就成为提高 LED 光提取效率的主要研究方向之一。2009 年,J. J. Wierer 等在 *Nat. Photonics* 上报道他们实现了 700 nm 超薄膜倒装结构光子晶体 LED,并将 LED 的提取效率提升到 73%,并对光子晶体 LED 光提取的机制进行了解释,如图 2.2.15 所示。对于光子晶体 LED 的研究主要集中在光子晶体的位置、周期、排列方式的优化及光子晶体的实现方式上。C. Y. Cho 等采用选择性生长技术将 SiO_2 直接埋入 p-GaN 中,获得了 70% 的光提取效率的提升。E. Rangel 等则指出薄膜光子晶体 LED 的提取效率主要取决于芯片金属反射镜的反射率,而不依赖于薄膜厚度的变化。在这之后,他们又对超薄膜光子晶体的刻蚀深度对 LED 器件光场分布的影响做了分析。J. Y. Kim 等则将光子晶体制备在绿光 LED 上,大幅度提升了绿光 LED 的提取效率。在排列方式上,香港大学的 K. H. Li 等利用纳米球两次刻蚀得到密堆的三叶草形排列的光子晶体,进一步提高了光子晶体 LED 器件的光输出功率。在制备方法上,北京大学的 X. X. Fu 等利用阳极氧化铝模板制备了 2 in 尺度的光子晶体,并将其应用到 LED 器件上,光输出功率提高了 94%。

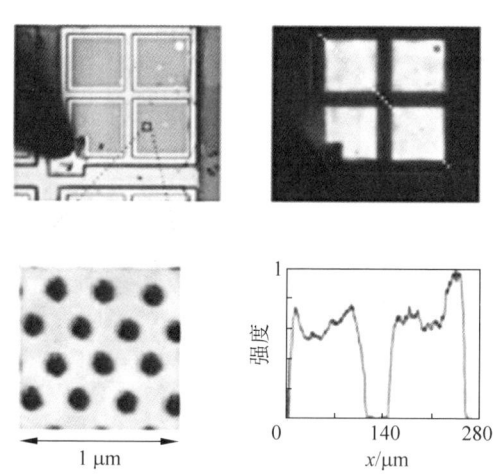

图 2.2.15 700 nm 超薄膜倒装结构光子晶体 LED

但是,从现在的情况来看,如何将光子晶体结构应用在 LED 芯片上是一个难题。其难点在于,光子晶体的尺寸和排列一般在亚微米级别,很难制备大面积的光子晶体结构。纳米压印技术可以获得大面积的图形,但是成本太高。另外,电子束、全息曝光技术可以得到完美的光子晶体结构,但是曝光速度太慢,无法制备大面积的光子晶体,且价格不菲。现在研究中用得比较多的是利用规则排列的自组装微纳结构将图形转移下来。但是这个技术也有其局限性。因此,如何获得大面积规则排列的光子晶体结构,将是未来研究的重要方向。

4) 新型透明电极

由于透明电极处于 LED 的主要出光面上,直接关系到 LED 器件光提取效率。另外其导电能力也直接关系到电子的注入效率。近年来,研究人员正在致力于寻找一些其他的新型透明电极来取代现有的 ITO 透明电极。虽然 ITO 透明电极已经成功应用于商品化的 LED 器件中,但是 ITO 透明电极的缺点是显而易见的。一方面,金属氧化物半导体的电子迁移率并不高,在这方面还有很大的提升空间;另一方面,In 元素的稀缺导致制备高质量 ITO 透明电极的成本较高。同时,ITO 较弱的机械强度以及较弱的化学稳定性都限制了最后 LED 器件的可靠性。ITO 中 In 原子的扩散还会导致器件电学特性的变化。在最近的研究中,出现了一些新型透明电极,为取代 ITO 透明电极提供了参考和可能性。2010 年,K. Chung 等在 Science 上报道他们在石墨烯薄膜上外延出 GaN 材料,制备了可转移的垂直结构 LED,如图 2.2.16 所示。而 G. Jo 等首先将多层石墨烯材料作为透明电极应用到 LED 中。随后,石墨烯透明电极的研究就成为了研究热点。B. J. Kim 等将石墨烯透明电极应用到紫外 LED 上,并分析了其对 LED 器件的影响。随后的研究放在了提高石墨烯透明电极 LED 的器件性能上。T. H. Seo 等在石墨烯与 p-GaN 之间引入一层 ITO 量子点,显著降低了石墨烯 LED 器件的工作电压。J. M. Lee 等提出在石墨烯和 p-GaN 之间插入一层金属薄膜,也使得石墨烯 LED 器件性能显著提升。随后他们在石墨烯上面生长了一层 ZnO 纳米柱,有效提高了石墨烯 LED

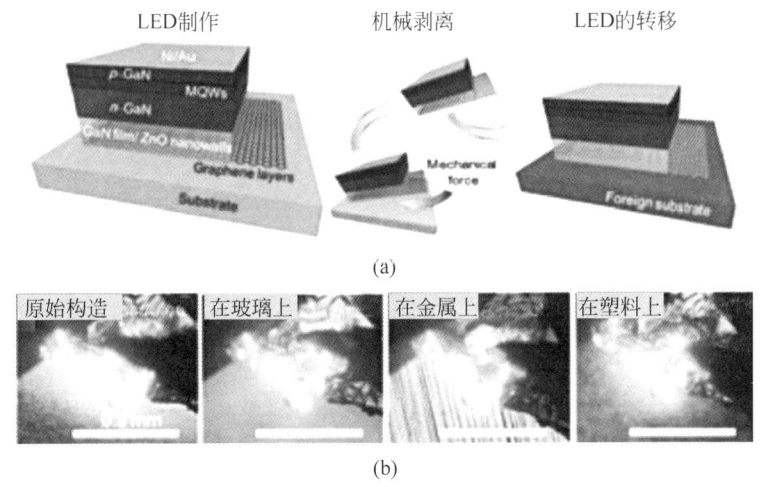

图 2.2.16 可转移的垂直结构 LED

的光输出功率。S. Chandramohan 等则提出利用不同功函数的石墨烯材料来降低石墨烯与 p-GaN 的接触势垒,改善了石墨烯 LED 的电学特性。在石墨烯透明电极透过率的改进上,J. Liu 等利用纳米压印技术在石墨烯薄膜上制备出周期性排列的圆孔,将石墨烯的透过率和导电性进一步提高。

在其他透明导电材料中,C. O. Dwyer 等于 2009 年在 *Nature Nanotechnology* 报道了利用互连的 ITO 纳米线作为 LED 的透明电极。M. G. Kang 等则设计出新颖的金属电极结构,提高了金属电极的透过率。J. Y. Lee 等将纳米金属光栅和单壁碳纳米管结合起来,制备了高透过率和高电导率的混合透明电极。P. B. Catrysse 等将金属电极制备成纳米尺寸,获得了 85% 以上的透过率,同时电极的方块电阻小于 1 Ω/sq。在有机聚合物透明电极的最新研究进展中,M. Vosgueritchian 等制备了四层 PEDOT∶PSS 薄膜,获得了方块电阻为 46 Ω/sq,透过率超过 82% 的有机导电电极。

下面是硅基 LED 材料外延和芯片制备技术的进展情况。

相比蓝宝石和 SiC 衬底,硅衬底具有诸多优势,如结晶质量高、尺寸大、价格便宜等,同时硅衬底还为光电集成提供了可能性。硅衬底上生长的 GaN 薄膜受到较大的张应力,有利于 InGaN 量子阱生长时原子半径大的 In 原子的并入,可显著提升量子阱的生长温度,对生长高 In 组分的长波长 LED(黄光、绿光)有独特优势。硅基 LED 为单面出光的垂直结构薄膜型芯片,相比目前市场主流的蓝宝石衬底同侧电极 LED 结构,具有光束质量高(方向性强、光色空间分布均匀)、散热好等特点,在对光方向性以及光色空间分布要求苛刻的中高端市场具有显著优势。

长期以来,在硅衬底上制备高发光效率 GaN 基(以下简称"硅基")LED 一直是 LED 领域研发人员追求的目标。

早在 1973 年美国 IBM 公司就申请了第一份硅基 LED 专利,众多学者也一直在苦苦追寻硅衬底上生长高质量 GaN 薄膜材料的方法。1998 年,IBM 公司的 Gu H. 等报道了硅基 LED,观察到了 360 nm 紫外电致发光,但没有给出具体发光效率。2002 年,德国 Magdeburg 大学的 Krost 课题组报道了硅基蓝光 LED,在 20 mA 下,光功率为 0.152 mW,波长为 455 nm。2002 年,日本名古屋大学的 Sawaki 课题组也报道了 GaN/Si 基薄膜材料的研究结果。2003 年年底,我国南昌大学江风益团队开始硅基 LED 的研发工作,2004 年研制成功第一支达到实用化水平的硅基蓝光 LED。2006 年,南昌大学研制的 460 nm 硅基蓝光 LED,在 20 mA 电流下光功率达 4.0 mW。同年,依托该技术成立了晶能光电有限公司(以下简称"晶能光电公司"),开启了 LED 新技术产业化的征程。2007 年,晶能光电公司在国际上率先实现了硅基蓝光和绿光小功率 LED 芯片的量产,产品成功应用于显示显像等领域。2009 年,功率型硅基 LED 产品在晶能光电公司问世,并成功应用于路灯、移动照明等领域,在 350 mA 下,1 mm×1 mm 波长 453 nm 的蓝光光功率达 458 mW,封装成的冷白光发光效率超过 100 lm/W。同年剑桥大学 Phillips 等报道了他们的研究结果,硅基蓝光 LED 封装成白光后,发光效率为 70 lm/W。2011 年,韩国三星(Samsung)公司报道了 1 mm×1 mm 硅基蓝光 LED 的研究结果,在 350 mA 下,光功率为 420 mW。2013 年,我国南昌大学 1 mm×1 mm 硅基蓝光 450 nm LED 光功率在 350 mA 下达到 623 mW,外量子效率达到 64.6%(35 A/cm^2)和 72%(2 A/cm^2),封装成冷白光的发光效率分别达到 140 lm/W 和 190 lm/W,与主流技术路线(蓝宝石衬底)和"贵族"技术路线(SiC 衬底)GaN 基蓝光 LED 水平持平或十分接近。同 2013 年,美国 Bridgelux 公司报道的 1.1 mm×1.1 mm 硅基蓝光 LED 光功率在 350 mA 下达到 614 mW;德国欧司朗公司报道的硅基蓝光 LED 光功率在 350 mA 下达到 634 mW。

产业方面,在晶能光电公司硅基 LED 芯片成功产业化之后,国际上有不少企业就硅基 LED 技术进行了布局。2011 年,与 Magdeburg 大学 Krost 课题组合作的德国 Azzurro 公司宣布要量产硅基 LED 芯片;2012 年,德国欧司朗公司发布消息说"其 6 in 硅基 LED 芯片已在送样阶段",并称要在 2 年之内推出产品;2012 年,与英国剑桥大学合作的英国 Plessey 公司宣布年底前生产发光效率达 150 lm/W 的硅基 LED 芯片;日本东芝(Toshiba)公司与美国 Bridgelux 公司合作,在 2012 年和 2015 年多次宣称要推出 8 in 硅基 LED 芯片产品;2015 年,韩国三星公司宣布要聚焦硅衬底 LED 芯片,推出 4 in 和 8 in 硅基 LED 芯片。然而,截至目前,晶能光电公司依然是国际上唯一一家批量生产销售硅基 LED 芯片的企业,尚未看到其他公司的硅基 LED 芯片产品在市场上批量销售。

由于硅基 LED 芯片具有单面出光、方向性强、封装成白光后光色均匀性好等特点,在 LED 中高端市场应用优势明显,如手机闪光灯、汽车大灯、移动照明(离网照明)等。晶能光电公司及其关联企业经过十余年的努力,实现了硅基 LED 上、中、下游产品的产业化,产品成功应用于路灯、手机闪光灯、汽车大灯、手电、矿灯、筒灯、射灯、彩屏、家电数码等市场,形成了 LED 新的产业链。

近几年来,南昌大学国家硅基 LED 工程技术研究中心继硅基蓝光技术转让晶能光电公司之后,向长波长绿黄光 LED 技术迈进。该中心设计制造了黄光专用 MOCVD 设备,由此生产的硅基黄光 LED(565 nm),在 20 A/cm^2 和 3 A/cm^2 工作时发光效率高达 149 lm/W 和 192 lm/W,功率效率高达 24.3% 和 33.7%,刷新了黄光 LED 光效纪录;硅基绿光 LED(520 nm),在 20 A/cm^2 和 3 A/cm^2 工作时,发光效率高达 212 lm/W 和 323 lm/W,功率效率高达 41.3% 和 57.6%,"绿/黄鸿沟"得到了大幅缓解。该成果获得了国际半导体照明联盟颁发的 2016—2017 年度全球半导体照明新闻奖。

在多基色(如四基色红、黄、绿、蓝等)LED 照明技术发展中,高发光效率黄光 LED 起着"发动机"的作用,合理调节各基色 LED 在整灯中的占比,既可避免荧光型 LED 照明中蓝光过量所带来的健康和环境风险,也从根本上克服了荧光型白光高速通信的困难,同时还节省了稀土战略性资源,有利于 LED 照明的可持续发展。

目前,较主流技术路线的蓝宝石衬底 LED、硅基 LED 在大功率薄膜型蓝光 LED 芯片、高发光效率黄绿光 LED 芯片、多基色 LED 照明技术中具有明显优势,所以在细分市场有较高占有率,但在量大面广的小功率蓝光 LED 芯片及其荧光型 LED 照明市场缺乏竞争力。不同的技术路线需要不同的市场定位。根据硅基 LED 的技术特点,其市场定位应与蓝宝石衬底 LED 的大众化市场错位发展。

2. 封装技术发展情况

LED 封装技术主要是从半导体分离器件封装技术基础上发展而来的,普通二极管的管芯封装的主要目的是保护芯片和完成电气互连,而对 LED 封装的目的还有输出可见光的功能。

通常,小功率 LED 的功率低于 0.1 W,流过的电流低至 20 mA 左右,主要用于状态指示、背光等非照明应用场合。由于发热量小,主要封装方式有引脚式封装和表面贴装。引脚式封装 LED 采用引线架做各种封装外形的引脚,是最先研发并成功投放市场的封装结构,技术成熟度较高。封装材料多采用高温固化环氧树脂,90%的热量是由负极的引脚架散发至印刷电路板(PCB),再散发到空气中,一般用于大屏、指示灯等领域。表面贴装 LED 是贴于线路板表面的,适合表面贴装技术(SMT)加工,可采用回流焊,很好地解决了亮度、视角、平整度、可靠性、一致性等问题,同时体积小、质量轻,非常适合背光应用。

大功率 LED 具有大的耗散功率和发热量,必须采用有效的散热方式,同时需要使用不劣化的封装材料和先进的封装工艺解决大功率 LED 的光衰问题。对大功率 LED 封装,要根据 LED 芯片的尺寸结构、功率大小来选择合适的封装方式,在封装结构设计、选用材料、选用设备等方面重新考虑,研究新的封装方法。从大功率 LED 照明应用的实际需要来看,研发具有低热阻、高可靠性、微型、光学特性优良的封装技术是实现 LED 照明产业化的必经之路。

1) 大功率 LED 封装技术的发展

大功率 LED 封装设计主要涉及光学、热学、电学和机械等方面,如图 2.2.17 所示。这些因素彼此独立,又相互影响。其中,光学是 LED 封装的目的,热学是关键,电学和机械是手段,而性能是具体体现。从工艺兼容性及降低生产成本而言,LED 封装设计应与芯片设计同时进行,即芯片设计时就应该考虑到封装结构和工艺,进行协同设计。LED 封装已经从早期的引脚式封装,发展到现在主流的贴片式封装以及支架式封装;而极有前景的晶圆级封装以及卷对卷封装也在逐渐兴起。LED封装正朝着高发光效率、高可靠性、智能化、低成本的方向快速发展。

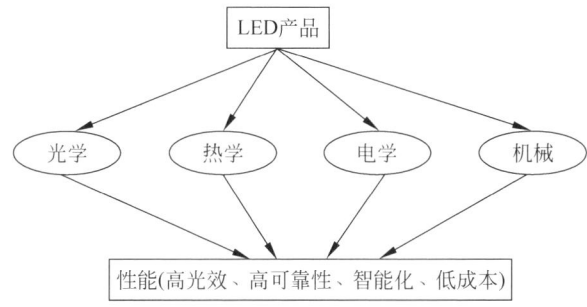

图 2.2.17　LED 封装发展方向

（1）大功率 LED 封装形式的发展。

① 单芯片 LED 封装。具体而言，大功率 LED 封装主要需要考虑的问题包括热阻、光提取效率、光色。单芯片大功率 LED 的支架式封装结构最早是由 Lumileds 公司于 1998 年推出的"LuxeonLED"。该结构采用热电分离的形式，将倒装芯片用硅载体直接焊接在热沉上，并采用反射杯、光学透镜和柔性透明胶等结构和材料。该结构在较大的电流密度下，热阻为 14～17℃／W。而欧司朗公司于 2003 年推出了 Golden Dragon 系列单芯片 LED，如图 2.2.18 所示。该结构的特点是热沉与金属线路板直接接触，因而具有很好的散热性能。

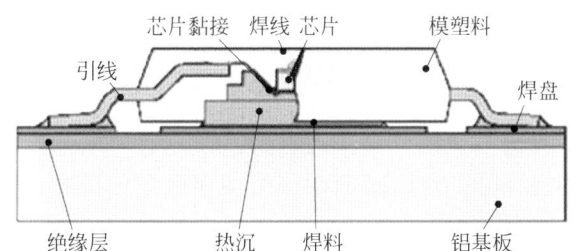

图 2.2.18　Golden Dragon 系列单芯片 LED 封装

为了提高 LED 的光提取效率，人们对单颗 LED 芯片采用半球形透镜封装，可以有效提高光萃取效率。该方式相当于将 LED 芯片看作点光源，这样点光源芯片发出的光线都可以逸出，从而提高出射到空气中的光线数量。LED 的光色性能主要由荧光粉涂覆决定，色温、显色指数和颜色均匀都是重要的衡量指标。

② 多芯片 LED 封装。随着大功率 LED 照明的快速发展，越来越多的应用需要单个 LED 封装模块产生较多的光通量，如 LED 路灯、汽车前大灯、投影仪灯等。因此，多芯片封装是未来的一个发展趋势。而散热和光提取效率仍然是多芯片 LED 封装需要考虑的主要问题。

多芯片LED封装的热流密度和热量更加集中。在常用的散热材料中铜的导热率较高,成本也较低,因此多芯片LED封装支架主要采用铜基作为热衬,如图2.2.19所示。将热沉与铝基散热器相连接,采用阶梯形导热结构,利用铜或银的高导热率将芯片产生的热量高效地传递给铝基散热器,再通过铝基散热器将热量散出(通过风冷或热传导方式散出)。这种做法的优点是:充分考虑了散热器的性价比,将不同特点的散热器结合在一起,做到了高效散热并使成本控制合理化。

图 2.2.19 多芯片LED封装支架

多芯片LED封装形式导致其出光效率受光线的全内反射影响较大。目前,市场上单芯片LED封装产品的发光效率可以达到110~150 lm/W;在实验室制作出的高亮LED,其发光效率可以达到276 lm/W。然而LED阵列封装模块的发光效率一般只有70~90 lm/W,远低于单颗LED封装产品。提高多芯片LED封装的光提取效率主要是对涂覆在芯片表面的硅胶进行表面粗化。在硅胶表面制作不同形状、不同密度的微结构,光提取效率可提升10%~20%。

(2) 大功率LED封装基板的发展。

① 支架。LED支架一般有直插LED支架、"食人鱼"LED支架、贴片LED支架和大功率LED支架。LED支架的作用主要是用来支撑、导电和散热。随着LED亮度的提高,对支架的散热提出了更高的要求。大功率支架一般采用铜材镀银结构加塑料反射杯,铜材起连接电路、反射、焊接、散热等作用,塑料主要起反射、提供与胶水结合的界面等作用。支架式封装结构一般采用类似铆钉的散热结构。然而随着对LED小型化的需求,LED封装结构朝薄型化发展,已经涌现出越来越多其他类型的新型封装结构。

② 陶瓷基板。一般分为三种:直接键合铜(direct bonded copper,DBC)基板、低温共烧陶瓷(LTCC)基板和直接镀铜(direct plating copper,DPC)基板。其中DBC基板是一种高导热性覆铜陶瓷板,由陶瓷基板(Al_2O_3 或 AlN)和导电层(厚度大于0.1 mm的铜层)在高温下(1065℃)共晶烧结而成,最后根据布线要求,以刻蚀方式形成线路,如图2.2.20所示。由于铜箔具有良好的导电、导热能力,而 Al_2O_3 能有效控制 $Cu-Al_2O_3-Cu$ 复合体的膨胀,使DBC基板具有近似 Al_2O_3 的热膨胀系数(CTE),因此,DBC基板具有导热性好、绝缘性强、可靠性高等优点。其不足主要体现在两个方面:DBC基板利用高温加热将 Al_2O_3 与铜箔结合,其技术难点在于降低 Al_2O_3 与铜层间微气孔的产生,提高产品合格率;由于铜层较厚并涉及化学腐蚀工艺,DBC基板上图形的最小线宽一般大于150 μm。LTCC技术需

先将氧化铝粉、玻璃粉与有机黏结剂混合成膏状浆料,接着用刮刀将浆料刮成片状,干燥后形成片状生胚,然后根据设计钻导通孔,通过丝网印刷工艺填孔并在生胚上印制线路,最后将生胚片堆叠,置于高温(850～900℃)下烧结成形。美国Lamina Ceramics 公司早在2001年就开发了基于LTCC基板的LED封装技术。由于结构简单,热界面少,大大提高了散热性能。目前,LTCC基板的主要问题在于,内部金属线路层是利用丝网印刷工艺制成,有可能因张网问题造成对位误差;此外,多层生胚叠压烧结后,还会存在收缩比例差异问题。DPC基板制作首先将陶瓷基板进行前处理清洗,利用真空镀膜方式在陶瓷基板上溅镀铜作为种子层,接着以光刻、显影、刻蚀工艺完成线路制作,最后再以电镀/化学镀方式增加线路厚度,待光刻胶去除后完成基板制作。由于DPC的工艺温度仅需250～300℃,完全避免了DBC基板、LTCC基板制作过程中高温对材料破坏或尺寸变形的影响,具有热导率高、工艺温度低、成本低、线路精细、可靠性高等优点,非常适合对精确度要求较高的大功率LED封装的要求。特别是采用激光打孔技术后,可实现大功率LED的垂直封装,降低器件体积,提高封装集成度。

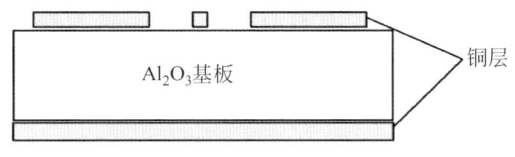

图 2.2.20　DBC 基板结构示意图

③ 金属基印刷电路板(metal core PCB,MCPCB)又称绝缘金属基板(insulated metal substrate,IMS),其结构如图 2.2.21 所示,是一种由金属铝板、有机绝缘层和刻蚀铜层组成的"三明治"结构,其优点是成本低、可实现大尺寸、大规模生产。但也存在一些明显不足。热导率较低:由于中间绝缘层为含无机填充物的环氧树脂,热导率较低(2.2 W/mK),限制了整个 MCPCB 的导热能力;CTE 不匹配:铝和铜与大部分 LED 衬底材料的 CTE 都不匹配,若采用 CoB 封装方案,将导致裂缝、脱层问题;使用温度较低:由于有机绝缘层的存在,限制了 MCPCB 的使用温度。MCPCB 改进主要集中在采用高导热、高耐热材料取代有机绝缘层,比如美国 Thermastrate 公司采用高导热陶瓷代替有机绝缘层;中国台湾钻石科技中心则采用类钻碳涂层取代 MCPCB 中的有机绝缘层,大幅提高了 MCPCB 的热导率和耐热性。

④ 硅基板。半导体硅具有热导率高、与 LED 芯片材料热失配小、加工技术成熟等优点,非常适合作为大功率 LED 的散热基板。特别是随着系统封装(SiP)和三维封装技术的发展,采用穿孔硅(TSV)基板封装 LED 可大大提高器件的集成度与散热能力,如图 2.2.22 所示。但硅作为一种半导体材料,当温度升高时,电阻率降低,作为基板应用受到一定限制。

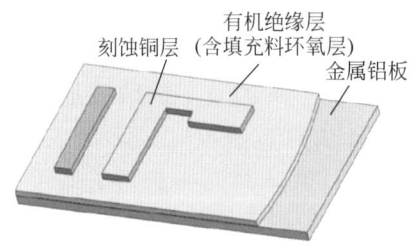
图 2.2.21 MCPCB 结构示意图

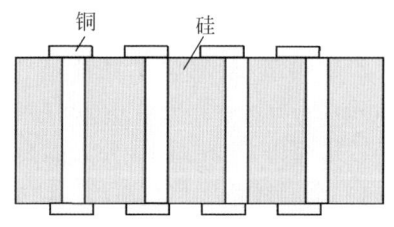
图 2.2.22 含 TSV 硅基板结构示意图

(3) 大功率 LED 封装材料的发展。

① 键合引线。目前,LED 封装中常用的键合引线为金(Au),因为金不仅硬度高,而且在键合后能很好地释放应力(抗拉强度大于 7 MPa,延展率小于 1%)。也有人提出用铜线代替金线,尤其是铜线能降低成本且易于键合。铜线电导率较高,并且强度也较高;但是由于铜在空气中容易快速氧化,焊球形成必须在惰性环境下完成,对键合设备提出了新的要求。

② 灌封胶。LED 对透明塑封材料有特殊要求:透光性必须在封装和组装过程中及全寿命周期内保持稳定;塑封材料必须足够坚韧,能够抵抗固化过程中可能的热冲击;对于紫外 LED,其还必须可以抵抗紫外线导致的发黄。此外,封胶材料应具备耐温性、黏结性和适合的黏度。一是固化前和固化后的特性。操作性与固化前的物理性质有关,尤其是固化特性和黏度特别重要。热固化以后,聚合物材料出现高膨胀率,材料冷却后收缩,进而引发裂缝现象,因此要尽可能低温固化。二是表面黏结性。封装材料裸露部分有黏性,材料与材料之间容易产生黏结情况,这种状况下无法剥离进而降低可操作性,而且在使用过程中,会有降低亮度和粘住灰尘的情况。越柔软的材料黏性越高,但结合耐剥离和耐裂缝性来看,需要具有良好平衡特性的材料。三是无铅逆流性。目前对封装材料耐性有很高的要求,因此对无铅焊锡表面处理也相对要求高。在高温逆流的情况下,会因为强烈热变化引发剥离和裂缝等。

大功率 LED 封装常用的灌封胶材料为环氧树脂和硅胶。目前常用的环氧树脂有双酚 A 二缩水甘油醚环氧树脂和脂环族环氧树脂。BPA 环氧树脂便宜,由于其主链上的苯基团而具有更好的热稳定性;脂环族环氧树脂由于含饱和结构,因此有更好的抗紫外特性和抗气候性。为进一步提升环氧树脂的性能,一种做法是通过有机硅改性环氧树脂,一种做法是在芯片附近内层使用有机硅材料,而环氧树脂、PMMA、PC 等则用在外层透镜材料中,但实际上这三种材料耐老化性不够,与内层材料相容性差也是一个重要的问题。具有特殊结构的环氧树脂以及聚有机硅氧配合而成的 LED 封装材料可克服环氧树脂的耐热性、耐紫外光老化,对改善材料表面黏性有较好效果。

而硅胶具有良好的耐热性和抗紫外线性,因而可以作为大功率 LED 和户外应用的另一种塑封材料。目前对有机硅改性的研究可以大大改善环氧树脂封装料的性能,然而有机硅改性材料由于其分子结构中含有环氧基,不利于材料的耐辐射性能且容易黄变。有机硅材料的相关性能在高亮度及高可靠性的 LED 应用中有着重要的作用。目前有机硅密封材料主要分为高折射率型及普通折射率型两种,高折射率型以苯基甲基硅氧烷为主。

在有机硅材料的制备及应用研究上,有学者在催化剂的条件下进行加成反应得到透明度极高的有机硅封装材料,已证明其应用在大功率白光 LED 上有很好的效果。日本学者通过聚硅氧烷及无机微粒子合成可在 250℃ 高温下连续使用并可在工业上应用的封装材料。另外也有学者对环氧树脂/环氧倍半硅氧烷杂化进行 LED 封装材料的开发,这样便克服了两者的不足。加入硅元素可提高树脂的光热耐老化性能,总体上其制备过程相对复杂,在工业上还需要进行更多的研究。

基础聚合物和交联剂决定了高折射率硅胶材料的性能。含苯基的聚硅氧烷被用作基础聚合物,并发展了三类制备方法:水解共聚缩合法、环硅氧烷开环聚合法和硅氧烷官能团缩合法。其中,前两种方法也是制备高折射率含苯基硅氧链节的交联剂的主要方法。

③ 荧光粉。目前,荧光粉材料体系形成了铝酸盐、硅酸盐和氮氧化物三大体系。铈(Ce)掺杂的钇铝石榴石($Y_3Al_5O_{12}:Ce^{3+}$,又称为 $YAG:Ce^{3+}$)是应用最为广泛的荧光粉材料,发光光谱在黄绿光波段。通过在 $YAG:Ce^{3+}$ 荧光粉的制备过程中加入助熔剂,替代传统的高温固相法,为溶胶-凝胶法、沉淀法、喷雾热解法等制备方法,调整荧光粉中离子的掺杂量和种类,对荧光粉颗粒进行包膜处理等,可以改善荧光粉的结晶质量、颗粒均匀性和发光强度。

铕(Eu)激活的硅酸盐荧光粉的发射光谱的颜色具有较宽的颜色范围,在 280~550 nm 光的激发下,可以发出绿光、黄光、橙红色光和红光,可用于替代 $YAG:Ce^{3+}$ 荧光粉。利用铕激活的绿光硅酸盐荧光粉和红光硅酸盐荧光粉可以得到显色指数较高的白光 LED。硅酸盐荧光粉的不足之处在于该材料的发射光谱波带较窄,显色性低于 $YAG:Ce^{3+}$ 荧光粉的,同时该材料的热稳定性也较差。

氮氧化物的荧光粉材料于近年才发展起来,主要包括硅铝氧氮系列和硅氧氮系列。该类的荧光粉材料具有较高的湿热稳定性和化学稳定性,目前主要用于制备高性能的红光荧光粉,以替代传统的硫化物红光荧光粉。利用氮氧化物和 $YAG:Ce^{3+}$ 荧光粉得到的白光 LED 不仅显色指数高,而且具有较高的颜色稳定性。

量子点(QD)作为一种最新型的半导体荧光材料,具有发光波长连续可调、发光峰尖锐、荧光量子产率高、寿命长等特点,特别是在提高 LED 显色指数方面,向传统 LED 中加入发红光的胶体量子点具有很大的优势。2008 年,实验证明,向黄光荧光粉中加入红光 CdSe 量子点,可将白光 LED 器件的显色指数提高到 90.1。此后,又发展了将红光 CdSe/CdS/ZnS 量子点掺入绿光荧光粉中,获得了显色指数为 83.224 的白光 LED。近几年来,无镉(Cd)元素的红光量子点也取得了一些进展。2012 年报道,在 InP/ZnS 量子点中生长一层 GaP 插入层,GaP 不但缓解了 InP 与 ZnS 的晶格失配,还钝化了 InP 表面减少了缺陷,因此制备出的红光 InP/GaP/ZnS 量子点量子效率达到了 85%。用这种量子点与 YAG：Ce^{3+} 组合可制备出显色指数为 80.56 的白光 LED。此后,利用 $CuInS_2$ 量子点 YAG：Ce^{3+} 荧光粉制备出白光 LED,其显色指数最高达到了 82;加入绿光荧光粉(SrSiO：Eu)的情况下将器件的显色指数提高到 92。2015 年,利用配体辅助再沉淀技术制备出钙钛矿(CH_3NH_3PbX,X＝Br,I,Cl)量子点,通过调节组分,可以实现发光波长在 407～734 nm 范围内调节。为降低红光量子点的自吸收,实验发现,可通过调整红光 CdS：Cu/ZnS 量子点的尺寸和 Cu 的掺杂浓度调节量子点的吸收波长,使其主要吸收峰偏离绿光和黄光区。

液晶显示器的显示性能强烈依赖于背光源。常规 LED 背光源是蓝色 LED 芯片加黄光荧光粉产生混合白光,由于红光部分比较弱,普通 LED 电视的色域覆盖只有 72%。加入红光荧光材料可提高红光强度,提高色域。为了获得高纯度的红、绿、蓝三基色光,一方面可以减小滤光片的带宽,但会降低显示器亮度,更多的光不能透过造成能量浪费;另一方面光源的发射峰要与滤光片匹配,并且发射峰的半高宽越小越好,这样可以让尽量多的光透过滤光片,不会造成亮度降低及能量浪费。传统荧光粉和有机染料在发红光方面存在许多问题,并且它们的发光峰都比较宽。量子点具有荧光发射峰连续可调、发光峰窄等特点,已经成为提高 LCD 显示性能的一个重要研究对象。

量子点主要是通过替换黄光荧光粉,利用蓝光激发获得单色性很好的绿光和红光,通过调整它们的发光峰与滤光片相匹配来提高 LCD 电视的色域覆盖率、色彩控制精确度以及光利用率。2010 年,三星公司首次研制成功量子点电视,所制备的 CdSe/ZnS/CdS/ZnS 绿光量子点发光波长为 530 nm,发光峰半高宽为 28 nm,制备的红光量子点发光峰半高宽为 35 nm,峰值波长为 630 nm。按一定比例把这两种量子点封装到蓝光 LED 芯片上,获得了显色指数高达 100 的白光输出,器件发光效率为 41 lm/W。以这种白光 LED 作为背光源制作出的 46 in 液晶显示器具有 104.3% 的色域覆盖率,大大提升了液晶显示器的性能。2014 年 12 月,TCL 科技集团股份有限公司(以下简称"TCL 公司")推出国内第一款量子点电视,它的色域覆盖率为 110%。此后,三星公司、LG 公司、海信集团有限公司(以下简称"海信公司")、康佳集团股份有限公司(以下简称"康佳公司")等电视厂商也都推出了量子点电视。

根据LCD的结构,有三个位置可以放置量子点荧光粉:一是像黄光荧光粉一样封装在蓝光LED芯片上,称为"on chip",如图2.2.23(a)所示;二是放置在导光板边缘,称为"on edge",如图2.2.23(b)所示;三是放置在导光板与液晶之间,称为"on surface",如图2.2.23(c)所示。在"on chip"结构中,量子点与LED封装在一起,量子点的用量最省,尤其对于大尺寸显示器来说可以节约成本。但是这种结构对量子点的要求很高,LED芯片工作时会发热,量子点需要在大约150℃、强蓝光照射下发光性能不降低,高质量的量子点可能会增加生产成本。并且每一个LED芯片都需要封装量子点荧光粉,也增加了成本。在"on surface"结构中量子点离LED芯片最远,可以忽略芯片发热对量子点的影响,同时蓝光强度也最低,光照对量子点的光漂白作用最弱。但是这种结构要求量子点薄膜的尺寸与制备的LCD尺寸一样大,消耗大量的量子点,对于小尺寸显示器来说还可以接受,但对于大尺寸显示器来说,成本会高很多。并且这种方式很难保证发光均匀性,从而影响显示效果。在"on edge"结构中,需要的量子点数量和对量子点稳定性的要求适中。

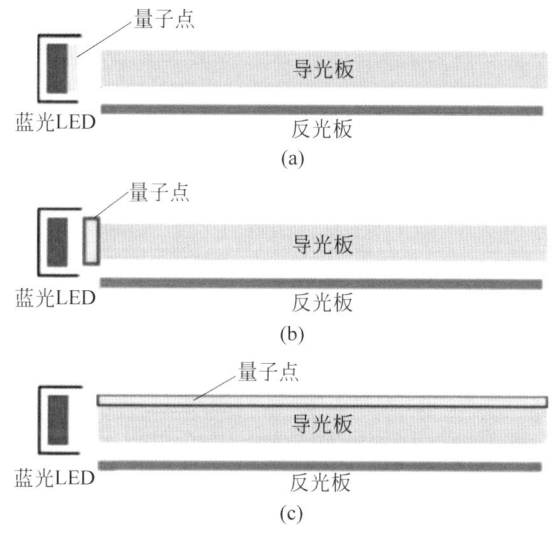

图2.2.23 三种量子点荧光粉的放置方式
(a) on chip;(b) on edge;(c) on surface

另外,量子点受水汽和氧气的影响比较大,需要将它们进行封装保护,可以把它们封装在高分子薄膜中,也可以封装在玻璃管或塑料管中。

④ 透镜。LED透镜在LED应用中不但可以增强发光效率,还可以改变光形,尤其是随着近几年LED照明用自由曲面透镜的兴起,各种非圆对称光斑的设计变得更加灵活与便捷。因此,透镜在LED照明中得到了越来越多的应用,成为光学

设计的一个重要手段。

LED 透镜常用的材料有硅胶、聚碳酸酯(PC)、聚甲基丙烯酸甲酯(PMMA)与玻璃。硅胶透镜因为硅胶耐温高(也可以过回流焊),因此常用直接封装 LED 发光器件。一般硅胶透镜体积较小,直径为 3~10 mm。PC 具有相当强的韧性,耐冲击性能好,透光率可达到 90%,折射率约为 1.586,熔点约为 149℃,热变形温度为 130~140℃,耐疲劳性能不佳,在功率型 LED 透镜中主要应用在一次光源透镜上。由于其注塑成型时流动性能差,不适宜生产厚实的产品。PMMA 是一种用来替代玻璃的塑胶材料,透光率可以达到 94%,折射率约为 1.49,但耐温比较低,只有 80~110℃,在功率型 LED 透镜中主要应用在二次光源透镜上。玻璃透镜也被广泛应用到功率型 LED 上,其特点是透光率高,折射率分布范围较广(常用折射率为 1.50 左右),耐温性好,但制作工艺复杂,很难制作结构较为复杂的透镜。

⑤ 热界面材料(TIM)。目前,LED 封装常用的热界面材料有导热胶、导热银胶、金属焊膏等。其中,导热胶的主要成分为环氧树脂或有机硅,作为一种聚合物材料,其本身导热性能较差。为了提高其热导率,通常填充一些高热导率材料如 SiC、AlN、Al_2O_3、SiO_2 等,填充材料含量及其性能决定了导热胶性能。虽然导热胶工艺简单,但由于其导热性较差(体热导率一般为 0.5~2.5 W/(m·K)),仅限于小功率 LED 封装应用。导电银胶是将微米和(或)纳米银粉加入环氧树脂中形成的一种复合材料,具有较好的导热、导电和黏结性能。由于银胶固化后的热导率并不高(只有 1.5~30 W/(m·K)),热阻大于共晶焊技术并且无法使用回流方式进行固晶,仅限于中小功率 LED 封装。实际生产中如果采用银胶固晶,则需在保证芯片与基板黏结力足够的前提下,尽量减小银胶层厚度,以降低热阻。由于可以采用丝网印刷和回流工艺,焊膏固晶具有成本低、强度高、导热和导电性好等优点,在微电子和光电子器件封装中有着广泛应用。特别是在芯片衬底背镀 AuSn 或 AgSn 等合金材料,用共晶工艺将芯片贴装到基板上,由于衬底与基板间形成了良好的合金层,其散热效果要比用银胶固晶好得多。且由于固晶黏结力大大增加,提高了 LED 器件的可靠性。

近年来,随着功率密度和封装集成度的提高,一些新型的 TIM 与技术开始应用于大功率 LED 封装。比如碳纳米管(CNT),作为一种具有良好导热、导电、机械性能的材料,非常适合于电子封装与互连。弗吉尼亚(Virginia)理工学院 John G. Bai 等采用纳米银膏封装红光和绿光 LED 器件,由于热阻降低,出光效率均提高 29%~50%。纳米银膏的最大特点是可实现低温烧结(280~300℃),但烧结体具有耐高温(大于 600℃)、热导率高(240 W/(m·K))、可靠性高等特点,解决了现有 TIM 在导电、导热、黏结性、耐高温方面的不足。此外,中国台湾成功大学还开发了电镀铜制备 TIM 技术,通过电镀工艺将 LED 芯片直接沉积在铜基板上,可以完全消除界面热阻,有效降低封装应力,并大幅提高了LED的出光效率。

实际上,对于大功率LED封装,理想的TIM除了具有高热导率(降低热阻),还要具有与芯片衬底材料相匹配的CTE和弹性模量(降低界面热应力)、工艺温度低、使用温度高、材料和工艺成本低等特点。因此,纳米银膏有望成为今后大功率LED封装的一种重要的TIM。

(4) 大功率LED封装工艺的发展。

① 贴片(固晶)工艺。LED封装中的贴片环节为LED生产中的第一步,也是产品质量的关键步骤。影响LED贴片好坏的关键因素是采用的贴片材料。贴片材料是用于LED芯片与基板间的黏胶(如焊料),其技术要求包括高纯度、快速固化、低应力和焊料回流过程中的封装抗裂性。焊料的优势在于高热导率和不吸水性,其可靠性已经在传统电子封装中得到印证。近来,也有人开发聚合物黏胶(如银膏),具有很低的成本,性能优良(低应力及低贴片温度)。最近,由于人们环保意识的不断提高,无铅焊接成为全球电子工业的发展趋势。由于采用了高熔点无铅焊料替代物,回流温度提高,这对LED封装的可靠性提出了严峻的挑战。

② 涂粉工艺。荧光粉涂覆是大功率白光LED封装中的关键工艺,影响着LED最终的白光品质。自由点胶法和保形涂覆技术是当前荧光粉的两种主流涂覆工艺。其中自由点胶法是将荧光粉胶点涂在芯片表面,然后荧光粉胶自流成形;此工艺简单,成本低,但是产品一致性差,质量低。保形涂覆最开始是美国Lumileds公司提出的一种涂粉工艺,该方法是将荧光粉均匀地涂覆在芯片上,具有产品一致性好、空间颜色均匀的特点。此外,也有人提出远离涂覆,荧光粉不和芯片接触,这样减少了背向吸收,可以提高发光效率。同时也有研究表明,仔细设计远离涂覆形状可以提高白光LED的空间颜色均匀性。

③ 键合工艺。引线键合工艺是一种常见的互连方法,以应用的灵活性、低廉的成本、不断改善的可靠性以及不断提高的自动化程度,在半导体封装中得到广泛的应用。引线键合的基本形式可以分为球形键合和楔形键合。而从键合的机制上,引线键合技术可以分为热压键合、超声键合以及热超声键合。

如图2.2.24所示,目前大功率LED封装中主要采用金线热超声键合工艺。但由于金线价格的不断上升,为了降低封装成本,铜线引线键合工艺将逐步替代金线引线键合工艺。相对于金线引线键合工艺,铜线引线键合工艺具有以下优点:更好的热学及电学性能、更高的强度、更优的弧线稳定性及控制能力。但是铜线

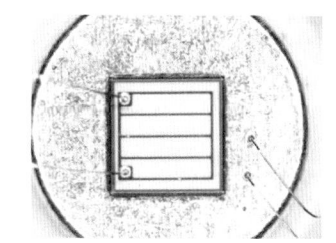

图2.2.24 完成金线热超声键合工艺的大功率LED封装光学照片

的硬度、强度更高,在引线键合过程中,容易导致电极结构中产生更大的应力与应变,甚至引起可靠性问题,如引起焊盘剥离、诱发焊盘下芯片的裂纹,甚至导致芯片的破裂等。

④ 透镜成形工艺。传统的 LED 封装工艺中透镜成形采用的方案是先固定 PC 透镜,然后灌封硅胶并固化,即完成了透镜安装。但是这种方案效率较低,利用现有的工业设备单次只能安装少量透镜。如果采用模具注塑方法,可以单次实现大量透镜安装,并且产品一致性也较高。

2) 大功率 LED 封装光学设计

(1) 大功率 LED 光学特性。

在光强分布上,大功率 LED 通常为朗伯型光强分布,其光强 I 与发光角度 θ 的关系为

$$I = I_0 \cos\theta$$

式中,I_0 为零度角的光强,根据亮度的定义,LED 在 θ 方向上的亮度 L 为

$$L = \frac{I}{A_\theta} = \frac{I_0 \cos\theta}{A\cos\theta} = \frac{I_0}{A}$$

式中,A_θ 为 LED 在 θ 方向上的投影面积,A 为 LED 的发光面积。因此对于朗伯发光分布的 LED,其亮度 L 在任意发光角度上均为常量,仅与零角度的光强 I_0 及发光面积 A 相关。

另外,由于大功率 LED 使用大面积发光芯片,甚至是多颗 LED 芯片阵列封装,因此通常不能将大功率 LED 看作点光源,在封装光学设计时应将其视作扩展光源。目前多数针对大功率 LED 封装的光学设计仍然将 LED 近似为点光源,并针对扩展光源进行优化。少数方法(如同步多曲面法(SMS))可适用于扩展光源。

(2) 大功率 LED 封装光学建模及仿真。

基于荧光粉转换的白光 LED 已经成为目前主流的白光 LED 技术,与之相对应的封装技术也日益引起业界的重视。为了提高白光 LED 封装后的亮度,一些材料和技术,如高量子效率的荧光粉材料、高折射率和高透光率的硅胶、紧凑型封装、严格的工艺流程控制和先进的封装设备等,正被广泛采用。封装材料和技术的进步使白光 LED 的亮度有了飞速的提升,但是白光 LED 封装的光学建模理论和光学设计仍然发展缓慢。相对滞后的光学仿真技术阻碍了 LED 封装新型结构的开发,使得在满足多样化的照明需求上面临着挑战。

白光 LED 的光学性能会受到芯片产生的热量、材料退化、界面脱层、杂质等多重因素的影响,因此单纯地利用实验研究影响 LED 封装光学性能的因素往往比较困难。采用光学建模仿真的方法可以有效分析不同因素对封装光学性能的影响,精确的封装光学模型有助于了解在封装制造和封装产品使用过程中的性能变化规律,从而可以采取有针对性的解决方法。在封装光学模型的建立过程中,能够对封

装的光提取效率、发光效率、相关色温和显色指数进行准确预测,是考察模型有效性的重要指标。

(3) 应用导向型 LED 光学设计。

不同的照明应用通常要求光源具有不同的光学特性,如高亮度、高光通量、小发散角、均匀照明等,因此标准化的 LED 封装并不适合于所有的照明应用。为了解决这一问题,需要根据不同的照明需求,在 LED 封装上进行光学设计,使其具有特殊的光学特性,从而有效降低灯具配光设计难度及降低成本。最早的应用导向型 LED 光学设计为清华大学设计的花生米型光学系统,及用于背光照明的蝙蝠翼型 LED 封装透镜。随着 LED 应用的不断普及,欧司朗公司及 Lumileds 公司推出了适用于汽车前照灯照明的应用导向型 LED,该 LED 具有亮度高、截止线清晰等光学特性。

3) 大功率 LED 封装散热设计

大功率 LED 封装最典型的结构是 Lumileds 公司开发的 Luxeon 结构,该结构内含一块较大的金属热沉,有利于热量的传导和扩散。LED 芯片、Luxeon 支架、基板、散热器以层叠的方式组合。该封装结构的热阻网络如图 2.2.25 所示,系统的热阻主要由各层材料的体热阻、界面间的扩散热阻、热量扩散时的扩散热阻、散热器与环境间的对流换热热阻组成。该结构的封装热阻可达 4~10 K/W,散热功率可达 5 W。

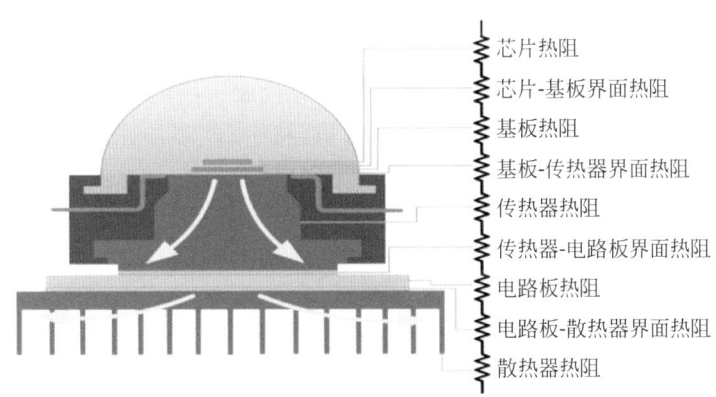

图 2.2.25 Luxeon LED 模块的热阻网络

除 Luxeon 封装结构,另一种用于大功率 LED 封装的结构是板上芯片(CoB)封装。此方法直接将 LED 芯片贴装在带有电路的基板上,因此可以封装得较为紧凑。CoB 封装的热阻网络如图 2.2.26 所示。相比较 Luxeon 结构,由于少了一层支架,体热阻和界面热阻都相应减小,因此其系统热阻一般小于 Luxeon 结构的封装模块。

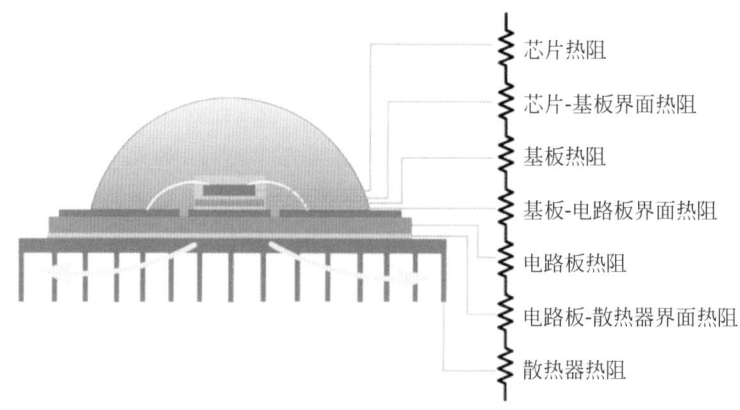

图 2.2.26　CoB 封装的热阻网络

4) LED 显示封装技术

LED 显示屏器件封装的发展经历了 20 世纪 80 年代的点阵模块封装,20 世纪 90 年代后出现的直插式封装、亚表贴封装、表贴封装,以及 2011 年以后出现的比较热门的小间距器件封装。从简单的组装到现在对生产工艺的管控,LED 显示封装经历了一个个技术革新阶段。封装环节不再是简单的组装环节,而是一个考验生产工艺及技术水平的环节。

点阵模块封装和亚表贴封装已经被淘汰,很少被使用,目前主流的 LED 显示屏器件封装方式主要为直插式封装和表贴(SMD)三合一,两者占显示市场的 95% 以上。

LED 芯片的直插引脚式是最先研发成功并投放市场的 LED 产品,技术成熟、品种繁多。通常支架的一端有"碗杯形"结构,将 LED 芯片固定在"碗杯形"结构内,然后采用灌封封装。灌封过程是,先在 LED 模腔内注入液态环氧树脂,然后插入压焊好的引脚式 LED 支架并放到烘箱中让环氧树脂固化,再从模腔中脱离出 LED 即成型,成为 LED 产品。

直插式封装技术的制造工艺简单、成本低,有着较高的市场占有率。目前,直插式引脚封装的 LED 通常是单色(红色、绿色、蓝色)发光应用于大屏幕点阵显示、指示灯等领域。早期,全彩的 LED 显示屏是通过将红色、绿色和蓝色的 3 个或 4 个 lamp LED 器件作为一个像素点拼接成的。近年来,RGB 三合一 lamp LED 器件也在研发中,以满足高亮、高分辨、高效率拼接的要求。目前直插式 LED 主要应用于户外点间距 P10 以上的大屏,其亮度优势、可靠性优势较明显,但由于户外点间距也朝着高密方向发展,直插受限于红、绿、蓝 3 颗器件单独插装,很难高密化,所以在户外点间距 P10 以下逐渐被 SMD 器件所替代。

表贴三合一 LED 于 2002 年兴起,并逐渐占据 LED 显示屏器件的市场份额,从引脚式封装转向 SMD。表贴封装是将单个或多个 LED 芯片粘焊在带有塑胶

"杯形"外框的金属支架上(支架外引脚分别连接LED芯片的p、n极),再往塑胶外框内灌封液态封装胶,然后高温烘烤成型,最后切割分离成单个表贴封装器件。由于可以采用表面贴装技术(SMT),自动化程度较高。

与引脚式封装技术相比,SMD LED的亮度、一致性、可靠性、视角、外观等方面表现都良好。SMD LED体积更小,质量更轻,且适合回流焊接,尤其适合户内、外全彩显示屏的应用。SMD LED可分为支架式TOP LED和片式(chip)LED。前者常采用PLCC(plastic leaded chip carrier)支架,后者采用PCB线路板作为LED芯片的载体。PLCC支架成本低,但是在应用中存在气密性差、散热不良、发光不均匀和发光效率下降等问题。此外,还有性能和发光效率更好的聚对苯二甲酸1,4-环己烷二甲醇酯(PCT)及环氧塑封料(EMC)材质的支架,但考虑到价格较贵,暂未在LED显示屏器件上广泛应用。目前LED显示屏市场应用最多的是顶部出光型TOP LED器件,其次是常用于户内小间距的chip LED。常见的SMD LED一般以焊盘尺寸划分常见的几种尺寸如2020、1515、3528。焊盘是其散热的重要渠道,常见的SMD LED的焊盘包括户外的3.5 mm×2.5 mm、2.7 mm×2.7 mm,户内的1.5 mm×1.5 mm、1.0 mm×1.0 mm等。这几年,随着LED显示屏市场应用环境的细分,对SMD LED器件的要求不一样。比如,针对户外LED显示屏,要求高防水、高亮度、抗紫外。其中,高防水功能主要是通过支架的防水结构设计,折弯拉伸延长水汽的路径,同时在器件内部增加防水槽、防水台阶、防水孔等实现多重防水。而高亮度,主要是通过在杯内壁喷涂高反射墙,增强光反射来实现。对于户外抗紫外方面,逐渐采用高性能硅树脂封装胶取代传统的环氧树脂。又如,户内LED显示屏,业内普遍追求的是高对比度、高分辨率。

SMD LED器件封装正朝小尺寸发展(如0808、0606、0505),以满足高分辨率LED显示屏市场的需要,但SMD器件尺寸具有一定的局限性。当封装尺寸往0808更小尺寸发展时,封装的工艺难度急剧增大,良率下降,导致成本增加。这主要是受限于固晶、焊线、划片(冲切)等因素。另外,在终端应用的成本也会增加,主要体现在贴装设备的精度、贴装效率等。

随着LED芯片封装技术、显示屏驱动控制技术及显示屏组装制造工艺的进步,LED显示屏的分辨率得到了大幅提升,户内高密度LED显示屏的像素中心距不断取得突破,2017年已迈入点间距0.X mm时代。LED器件(芯片)小型化、模块高密度集成化是LED显示屏分辨率提升的关键技术,但其发展主要依赖于倒装芯片封装技术、CoB封装技术以及micro LED封装技术的发展。

CoB集成封装不但能够减少支架成本和简化LED显示屏的制造工艺,还可以降低芯片热阻,实现高密度封装。选用CoB封装的LED显示屏在一定程度上扩展了器件的散热面积,从而让产生的热量更容易扩散到外界。成本上,与传统的封装方式相比,CoB LED 显示模块在实际应用中能够节省器件的封装成本。在相同功能的显示屏系统中,采用 CoB LED 的显示屏模块比传统显示屏板总体成本少30%以上,这对于广泛推广 CoB LED 显示屏有着举足轻重的意义。从应用端看,CoB LED 显示模块可以为显示屏应用方的厂家提供更加简便、快捷的安装生产方式,大大提高生产效率。在生产制备上,现有的大批量生产制造技术和生产设备已经能够很好地支持 CoB LED 显示模块的大规模生产,最重要的是还能保持高的良品率。

因此,从性能、成本和应用的角度来比较,CoB LED 显示屏会成为未来 LED 显示屏封装的主流方向。但目前 CoB LED 显示屏还未大规模量产,其主要原因有:封装的一次通过率不高、对比度低、维护成本高等;另外,其显色均匀性远不如采用分光分色的 SMD 器件贴片后的显示屏。现有的 CoB 封装,仍旧采用正装芯片,需要固晶、焊线工艺,因此焊线环节问题较多,且其工艺难度与焊盘面积成反比。而一旦倒装小芯片技术发展成熟,省去芯片的焊线工艺,芯片组装的一次通过率将会极大提高。此外,通过减小 CoB 单个模块面积来提高封装的一次通过率也是一个很好的方向。至于显示均匀性的问题,可通过从提高上游芯片一致性和 CoB 显示模块的单灯逐点矫正技术来改善。总之,CoB 集成封装技术所面临的问题需要产业的上、中、下游协力解决。

另一方面,对于液晶电视用 LED 背光组件,是指安装在液晶显示面板的后面、具有特定光学特征、为液晶显示器件提供光源的 LED 发光组件。目前用于液晶电视的 LED 背光组件,按照光源发光方向与出光的法线方向的关系分为侧光式背光组件和直下式背光组件两种形式。前者是指光源的发光方向与出光面的法线方向垂直的背光组件;后者是指光源位于出光面的下方,且光源的发光方向与出光面的法线方向一致的背光组件。

侧光式 LED 背光源的技术核心是 LED 模组的封装以及导光板的设计和制作。通常分为单边入光式、双边入光式、三边入光式三种结构。侧光式背光组件的最大优势在于其厚度可以做得很薄,即目前流行的超薄电视接收机模式。其主要不足点在于光的利用率较低,且厚度越薄,光的利用率越低;而且其亮度均匀度也较难达到很高水平。

直下式 LED 背光组件不需要导光板,将 LED 光源承载于 PCB 上,置于背光组件底板上,光线从 LED 发出后,通过覆盖光源上面的扩散板、增亮膜等光学膜片均匀地射出;LED 的一部分射向侧部和底部的光则通过置于光源侧部和底部的反射膜,向有效发光面折射或反射,使光得到充分应用。可见直下式 LED 背光组件的优势在于在相同功率消耗时,具有比侧光式背光组件更高的亮度,光的利用效率高;通过底板设计、反射膜应用,使之具有良好的出光视角;只要适当选取光扩散膜的雾化率、透光率,使其光利用率较高时,亮度及均匀度也可达到较高水平,而且结构简单。

直下式 LED 背光组件的缺点在于：因光扩散的均匀度与扩散膜和 LED 光源之间的空间距离具有密切相关性，为了提高亮度的均匀性，需增加扩散膜和 LED 光源之间的空间距离，即增加组件的厚度，因此与侧光式相比，直下式 LED 背光组件难以设计成薄型、超薄型背光组件。但是随着光学技术的进步，直下式 LED 背光组件的厚度将越来越薄。

不论采用哪种光的入射方式，LED 光源都是关键部件。按照要求的亮度和功率大小，通过 PCB 线路板将 LED 实现串联、并联，构成发光条。目前在 LED 背光组件的生产中，普遍是先将 LED 芯片封装为独立的 SMD 光源或支架光源，再通过 PCB 组装成 LED 背光组件用 LED 发光条，再用若干 LED 发光条组装成 LED 背光组件。

LED 芯片的选择是背光组件设计的重中之重。一般来说，LED 芯片用量越大，亮度越高，如果 LED 芯片一致性不好，各项技术指标不在规定的限制值范围内，则会导致显示的均匀性差、显示效果不好。所以在组装 LED 发光条前，应对 LED 芯片的正向电压、耗散功率、光通量、相关色温、色品坐标等主要指标进行测试，使用于同一电视机背光组件的 LED 各个参数的指标控制在一定范围内。这样才能保证 LED 背光组件的整体质量。

5）大功率 LED 封装可靠性试验及寿命评估的发展

（1）大功率 LED 封装可靠性试验方法。

表 2.2.1 列出了国内外不同 LED 企业采用的可靠性试验方法及其加速应力条件。从表 2.2.1 中可以看出，不同企业采用的加速应力存在很大的差异，国内企业采用的加速应力要明显弱于国外的企业。不同的加速试验测试条件对 LED 产品筛选的力度也是不同的，其表现出的失效模式也会有所区别。

表 2.2.1　不同企业大功率 LED 可靠性试验方法及其加速应力

加速试验项目	国外企业 1	国外企业 2	国内企业
热冲击	温度变化范围：-40～125℃ 保持时间：15 min 变化时间：20 s 循环次数：200	温度变化范围：-40～110℃ 保持时间：20 min 变化时间：<20 s 循环次数：1000	温度变化范围：-30～85℃ 保持时间：30 min 循环次数：100
振动试验	机械冲击 锤重：1500 G 脉冲宽度：0.5 ms 方向：6 个轴向 冲击次数： 　每个轴向 5 次	机械冲击 锤重：1500 G 脉冲宽度：0.5 ms 方向：6 个轴向 冲击次数： 　每个轴向 5 次	机械振动 振动频率： 　110～2000～10 Hz 对数或线性扫描 振动时间：1.5 振动次数：每个轴向 3 次

续表

加速试验项目	国外企业1	国外企业2	国内企业
室温下工作寿命试验	环境温度:45℃ 电流:最大电流 时间:1008 h	环境温度:55℃ 电流:$I=1.5$ A(InGaN)或 0.7 A(AlInGaP) 时间:1000 h	环境温度:25℃ 电流:$I=0.35$ A 时间:1000 h 或电流:$I=0.7$ A 时间:500 h
高温下工作寿命试验	环境温度:85℃ 电流:最大电流 时间:1008 h	环境温度:85℃ 电流:$I=1.5$ A(InGaN)或 0.7 A(AlInGaP) 时间:1000 h	环境温度:55℃ 电流:$I=0.35$ A 时间:1000 h
高温高湿下工作寿命试验	环境温度:85℃ 相对湿度:85% 电流:最大电流 时间:1008 h	环境温度:85℃ 相对湿度:85% 电流:$I=1$ A(InGaN)或 0.7 A(AlInGaP) 时间:1000 h	环境温度:85℃ 相对湿度:85% 电流:$I=0.35$ A 时间:1000 h
低温下工作寿命试验	环境温度:−40℃ 电流:最大电流 时间:1008 h	环境温度:−55℃ 电流:$I=1.5$ A(InGaN)或 0.7 A(AlInGaP) 时间:1000 h	环境温度:−40℃ 电流:$I=0.35$ A 时间:1000 h

(2) 大功率 LED 封装寿命评估模型。

采用温度作为加速条件,可以使产品寿命缩短、提前失效。1880 年,阿伦尼乌斯(Arrhenius)在大量试验数据的基础上,给出了温度和寿命之间的关系式,即阿伦尼乌斯模型:

$$t = A e^{\frac{E_a}{kT}}$$

式中:t 为产品的寿命特征,例如平均寿命或中位寿命等;A 为与产品的特性、试验方法等有关的正常数,是一个拟合参数;E_a 为激活能,与材料有关,单位为电子伏(eV);k 为玻尔兹曼常数;T 为热力学温度,单位为开尔文(K)。根据阿伦尼乌斯模型可以得到:大功率 LED 的寿命随着结温的上升呈指数下降的趋势。自从发现了湿度对产品寿命的影响后,人们开始构建新的寿命模型,在阿伦尼乌斯模型的基础上引入湿度的影响。对于塑封电子器件,已经被广泛接受和应用的温湿度应力下的寿命模型为派克(Peck)模型:

$$t = C e^{\frac{E_a}{kT}} H^{-\beta}$$

式中:H 为相对湿度(单位为%);C 和 β 为拟合参数。根据 Peck 模型,并且已知在相同电流驱动条件下,高温下老化和高温高湿下老化的LED模块的工作寿命及其相应的湿度条件,可以得到在350 mA和700 mA驱动电流下,暖白光LED的参数 β 的值分别为1.29和1.01;正白光LED的参数 β 的值分别为0.72和0.9。从而可以预测,LED模块工作在室温环境下,当结温为65℃、相对湿度为55%时,暖白光LED模块的工作寿命为4.2万小时,正白光LED模块的工作寿命为6.3万小时。

(3) 大功率LED封装可靠性失效分析方法。

LED失效分析方法主要包括以下几种。

减薄树脂光学透视法:此方法除可检查外观缺陷,还可以透过封装树脂观察内部情况,观察LED芯片和封装工艺的质量,诸如树脂中是否存在气泡或杂质;支架、芯片、树脂是否发生色变以及芯片破裂等失效现象。

半腐蚀解剖法:只将LED器件单灯顶部浸入酸液中,并精确控制腐蚀深度,去除LED器件单灯顶部的树脂,保留底部树脂,使芯片和支架引脚完全暴露出来,完好保持引线连接情况,以便对被分析器件进行全面分析,准确找出造成失效的原因。

金相学分析法:实质是制备供分析样品观察用的典型截面,可以获得其他分析方法所不能得到的有关结构和界面特征方面的信息。

析因试验分析法:根据已知的结果,去寻找产生结果的原因而进行的分析试验。通过试验,分清主要影响还是次要影响的因素,明确进一步分析试验的方向。

变电流观察法:对于LED器件,其失效分析还需关注光参数方面的变化。待分析器件如果按额定电流通电,观察时可能因为出光太强而无法看清,而通过改变电流大小,就可清楚观察其出光情况。

试验反证法:失效分析过程中,由于受到分析仪器设备和手段的限制,不能直观地证明失效原因,有些时候就需要通过某些分析试验,采取排除的方法,推论反证失效原因。

(4) 大功率LED封装可靠性试验及寿命评估标准。

在业界常将LED的寿命定义默认为在正常工作条件下,光输出衰减至初始值70%的时间。目前,大功率LED封装可靠性试验通常为加速寿命试验。它是在不改变失效机理的条件下加大应力,从而加快LED内部物理化学的变化,缩短试验时间。加速寿命试验是半导体器件可靠性试验中最重要、最基本的试验之一。加速寿命试验的目的在于求出器件在不同工作状态下的加速因子,用来预测它们在正常状态下的失效率。同时,在加速寿命试验的同时也应当考虑LED的热学特性、环境耐候性、电磁兼容抗扰度等与寿命和可靠性密切相关的性能,以期对LED寿命预测得更准确。

寿命评估准则主要以北美体系和国际电工委员会(IEC)体系最为典型,我国的标准则融合了这两个体系。主要的评估准则包括:

- IES LM-80-08,测量 LED 光源流明保持时间的准许方法;
- IES TM-21-11,突出 LED 封装的长时间流明保持;
- IEC/PAS 62717,针对普通照明的 LED 模块的性能要求;
- IEC/PAS 62722-2-1,灯具性能 第 2-1 部分:针对 LED 灯具的特别要求;
- 我国的标准《普通照明用 LED 模块测试方法》(GB/T 24824)、《普通照明用 LED 模块 性能要求》(GB/T 24823)、《普通照明用发光二极管 性能要求》(QB/T 4057)等。

(5) 大功率 LED 封装可靠性设计虚拟仿真技术。

以试错为基础的经验方法,因其超长的研发周期,不能满足微电子封装对降低成本、缩短从设计到市场时间的需求。因而人们提出并发展了以数值模拟仿真为基础的虚拟设计、工艺及可靠性的方法,以解决微电子封装发展中工艺与可靠性设计的技术瓶颈。以数值模拟仿真为基础的虚拟设计、工艺及可靠性方法,是通过建立半导体器件封装功能设计、封装工艺以及可靠性加速试验等环节的多物理场耦合数值仿真模型,设计和优化微电子封装的性能、封装制造工艺参数、结构参数、材料选择与匹配、可靠性等,从而实现提升微电子封装产品品质、提高可靠性、降低成本以及缩短研发周期的目的。图 2.2.27 为利用热-应力顺序耦合模拟仿真分析 LED 器件工作情况下的热应力分布的结果,图 2.2.28 为在 85℃、85%(相对湿度)条件下,LED 器件的湿气扩散情况的模拟结果。结果表明湿度和温度是造成 LED 缺陷并导致 LED 器件发光效率快速衰减的重要原因。

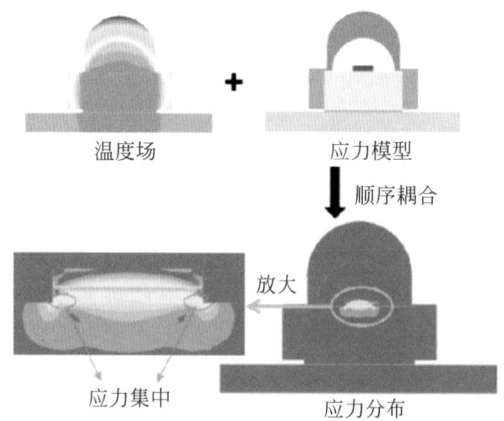

图 2.2.27 LED 热-应力顺序耦合模拟

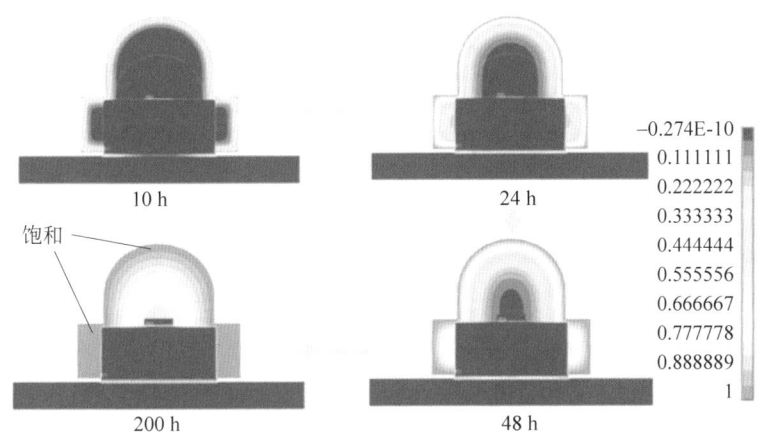

图 2.2.28　LED 湿气扩散模拟

3. LED 照明光源发光效率

基于在材料外延和芯片制备、封装方面的研究和产业化，我国半导体照明产业技术实现稳步提升，功率型白光 LED 产业化发光效率达到 180 lm/W，与国际先进水平基本持平；高品质五基色无荧光粉 LED 显色指数达到 97.5，色温为 2941 K，发光效率为 121.3 lm/W，在国际上率先突破下一代半导体照明核心技术。图 2.2.29 给出了我国功率型白光 LED 产业化发光效率发展情况。

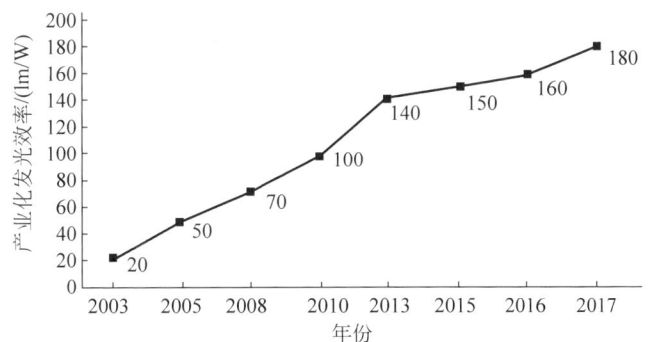

图 2.2.29　我国功率型白光 LED 产业化发光效率发展情况
（数据来源：CSA Research）

4. 半导体照明系统及技术发展情况

1）半导体照明系统及光学设计技术

（1）室外照明方面。

为消除传统道路照明光源所引起的光污染和光浪费，针对 LED 光源，清华大学罗毅课题组于 2007 年提出了基于分离变量法的自由曲面光学系统设计方法，该方法利用自由曲面对 LED 发出的光进行重新定向和分配,使其恰好均匀覆盖道路宽度和周边一定区域,从而实现理想的高光能利用率配光。如图 2.2.30 所示,该方法首先根据能量守恒方程建立光源发光角度和目标平面坐标之间的划分关系,然后通过几何构型数值构建自由曲面。由于一般的网格划分方式难以保证所构建曲面的连续性以及在构型过程中存在法向矢量误差的积累,通常需要引入非连续曲面。

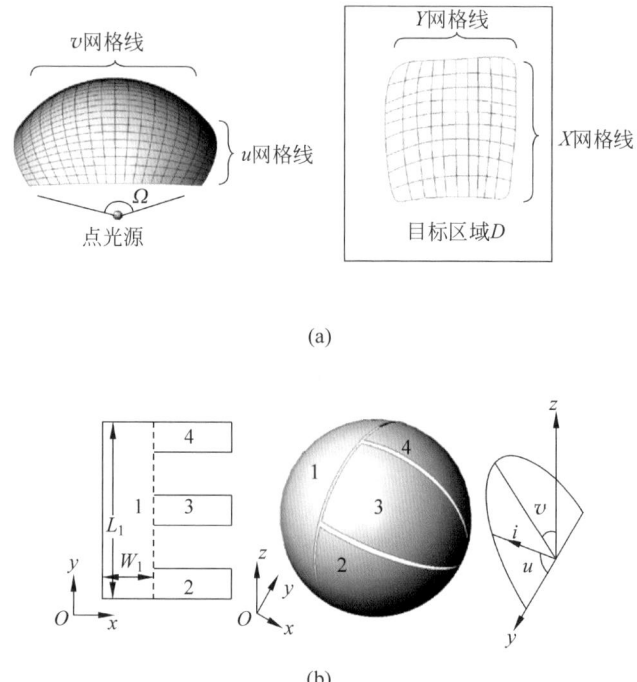

图 2.2.30　光源能量网格与屏幕能量网格划分(a)和论文中所设计的能量对应实例(b)

基于同样的原理,浙江大学的丁毅等于 2008 年基于斯涅耳(Snell)定律确定了入射、反射或折射光线与自由曲面表面法矢之间的矢量关系。根据光源发光角度和目标平面坐标之间的对应关系,推导出了一组代表自由曲面面型的一阶偏微分方程组,并采用 Lax 的显示格式进行数值求解。由于差分法解偏微分方程存在一定的误差,采用多个子面拼接的方式来提高设计的精度。郑臻荣等于 2009 年进一步在得到自由曲面的法线方向和输入/输出光线向量之间关系微分方程组的基础上,使用龙格-库塔公式解微分方程组并完成自由曲面的设计。其中所选用的龙格-库塔公式的阶数越高,计算越精确,但阶数高也会导致计算量增大而耗时。通过研究,选用四阶龙格-库塔公式是一个较合理的折中选择。吴仍茂等于 2013 年认为,针对给定照度设计自由曲面的问题类似于最优输运问题,在此思想下,自由曲面的设计就变成了解一个具有非线性边界条件的椭圆形蒙日-安培（Monge-Ampere）方程，通过数值方法可计算得出自由曲面形貌，如图 2.2.31 所示，该方法可很好地解决非对称的照度设计。

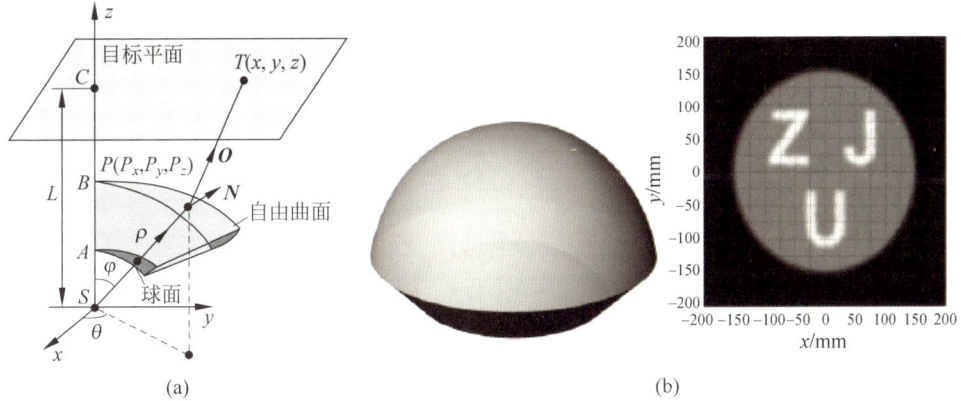

图 2.2.31　自由曲面与光线的几何关系（a）和设计的透镜及模拟效果（b）

香港理工大学的蒋金波等于 2008 年对自由曲面的设计采用边缘光线扩展度（etendue）守恒原理，创建了一套自由瞳面控制网格的节点矢量的精确计算方法。

复旦大学的刘木清课题组于 2010 年提出的方法是，在确定了能量映射方式和单面自由曲面透镜的初始结构后，由矢量形式的折射定律和光通量守恒定律，建立光源的光线、最终出射光线及入射点的法向矢量的关系方程组，进而得到此方程组的数值解，并通过计算机辅助设计（CAD）软件的逆向工程建模得到设计的透镜。

上述几种设计方法都是将 LED 光源看作点光源，但在实际应用中，为了减小透镜材料对光能的吸收损耗，同时也出于降低制造成本的考虑，需要尽可能减小透镜的尺寸，从而导致光源的尺寸无法忽略，引起给定照度分布的偏移，如图 2.2.32 所示。

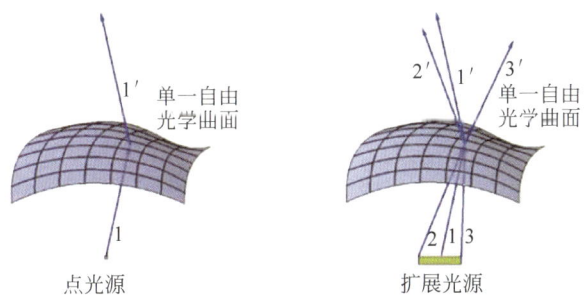

图 2.2.32　点光源与扩展光源在自由曲面设计上的区别

为了消除自由曲面表面误差和光源的扩展性带来的影响,清华大学罗毅课题组于 2010 年和 2011 年提出反馈迭代法,如图 2.2.33 所示。该方法通过实际仿真的光分布与预期的光分布之间的偏差,以一定的反馈系数补偿修正预设的光分布,并依次迭代,直到设计的结果接近给定的光分布。反馈迭代法在初始仿真的光分布与理想光分布偏差不大的情况下具有很好的效果。浙江大学的余飞鸿课题组于 2010 年提出的基于自由曲面坡角的优化方法,也是一种解决扩展光源问题的方

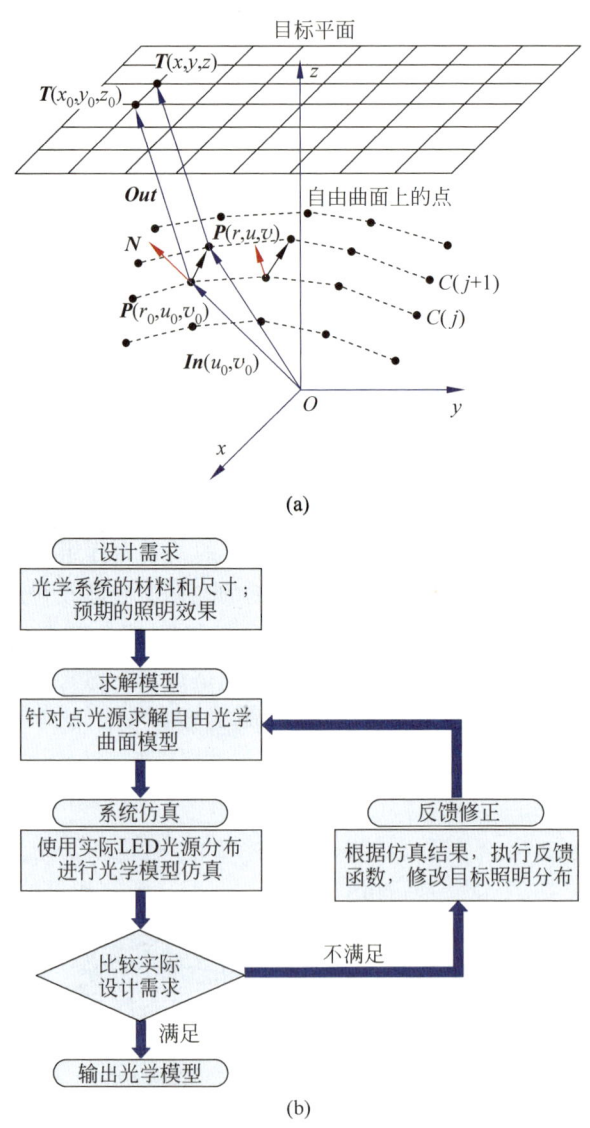

图 2.2.33 三维自由曲面的构建(a)和反馈迭代法流程(b)

法。该方法首先利用坡角对自由曲面进行参数化并把坡角作为优化的变量,然后以基于点光源近似得到的自由曲面作为优化的初始点并利用单纯形法、遗传算法等全局优化算法找到使评价函数最优的一组参数,从而得到一个优化的自由曲面。中国科学院长春光学精密机械与物理研究所(以下简称"长春光机所")的刘华课题组于2011年提出了一种自动优化方法,首先由能量守恒确定入射光角度与光线在屏幕上的落点位置的对应关系,再利用评价函数比较使用扩展光源的追迹光线的落点与目标落点的差别,并用反馈函数修正,优化过程通过编写ZEMAX的宏,可自动完成。

目前LED应用于道路照明普遍采用等照度配光的形式,即将光能量均匀地分布到路面上,而实际上人眼感知的是路面的亮度而不是照度,路面亮度与入射光线的强度、路面的反射性能以及观察位置有关。等照度配光会使路面上产生明暗相间的"斑马纹效应",导致驾驶员眼睛的视觉灵敏度下降。针对这个问题,罗毅课题组于2010年提出了系统的按路面亮度设计LED自由曲面透镜的方法,在保证总亮度均匀度、纵向亮度均匀度、眩光因子满足照明标准的前提下,获得可产生最高平均亮度与平均照度比的优化照度分布,并根据这种优化的照度分布设计自由曲面光学系统,并已经应用于实际新型高效LED道路照明光源中。图2.2.34给出了按照均匀亮度设计的二次光学系统及其配光分布。

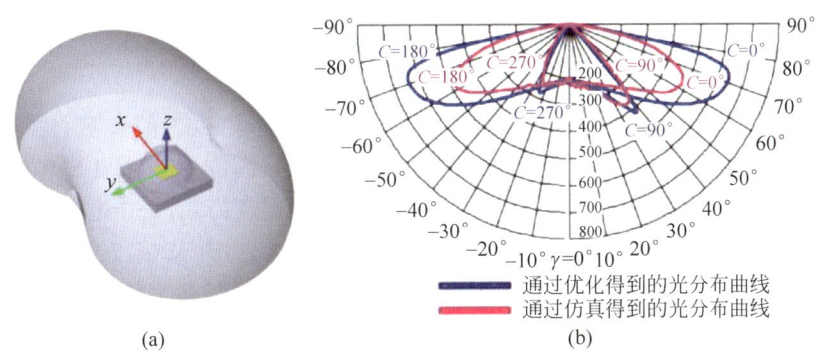

图2.2.34 满足亮度均匀要求的道路照明光源(a)及配光分布(b)

此外,自由曲面通常需要依次构点,因此构点方式也在一定程度上影响着最终自由曲面形貌的照明效果。浙江大学的吴仍茂等于2011年提出了利用B样条插值的自由曲面构型方法,使构建得到的自由曲面更加接近设计目标,因而提高了自由曲面的照明效果,如图2.2.35所示。

(2) 室内照明方面。

光学室内照明除了对灯具的色温、显色指数等要求较高,还要求尽可能消除不舒适眩光。大部分的室内照明光源都是采用在光学系统表面进行磨砂或者是涂覆

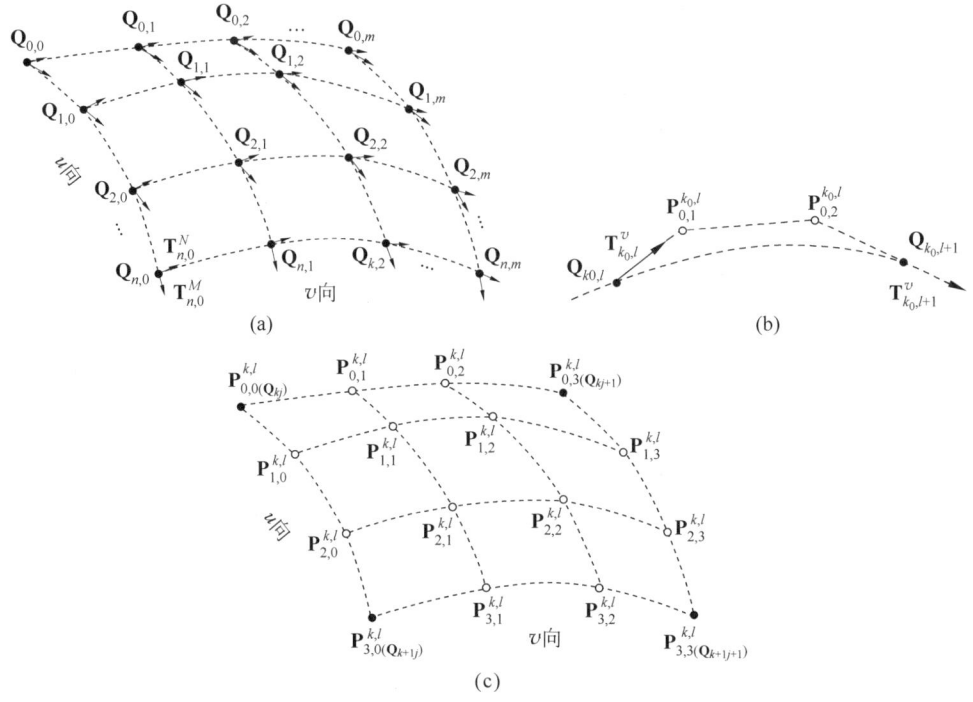

图 2.2.35 用于双三次样条插值的数据点(a)和由数据点计算控制点(b)以及由 16 个控制点构成的双三次贝塞尔曲面片构成的自由曲面(c)

散光颗粒等方式来消除眩光,这会对光学系统的效率产生极大的影响。罗毅等于 2009 年通过利用非成像光学设计具有一体微透镜结构的散光板,将 LED 发出的光均匀地散射为均匀亮度的面光源,发光柔和,平均光出射度为 0.046 lm/mm²,与荧光灯的光出射度处于相同的量级,较为有效地降低了眩光,并且整灯光能利用率为 88.1%,维持在较高的水平。此外,中国计量学院(现中国计量大学)的孙理伟等于 2009 年也基于非成像光学提出了一种微透镜阵列结合准直反射镜的光学系统,其能够对任意发光方式的 LED 光源实现较好的匀光效果,如图 2.2.36 所示。

另一方面,白炽灯很快将被世界各国禁用,什么样的灯能做到与白炽灯性价比相近而取而代之?这对当今照明产业来说,无疑是巨大的机遇与挑战!灯丝灯作为新一代的安全 LED 照明光源已脱颖而出,灯丝灯能做到 360°的全周光,最接近传统钨丝灯配光(图 2.2.37)。标配的灯丝灯点亮时即使不用散热器也不烫,灯丝灯的色温设定十分方便简洁,是性能比白炽灯好、使用方便、价格便宜的消费电子产品。

2015 年,柔性 LED 灯丝技术开始成熟,2016 年初,采用柔性 LED 灯丝制造的仿古灯立刻轰动海外市场,柔性 LED 灯丝仿古灯成为商业情景照明、氛围照明的

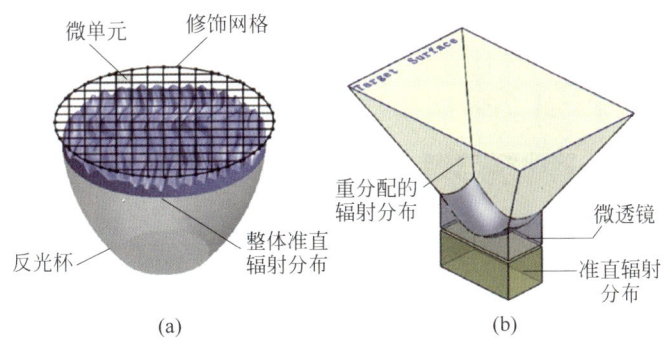

图 2.2.36 光学系统由 TIR 反光杯与顶部的微透镜阵列构成(a)和透过每一个微透镜的光分布覆盖目标区域(b)

图 2.2.37 LED 灯丝球泡灯

最佳主角。灯丝灯采用创新的 HVLED 技术,使多颗 LED 灯珠芯片串联成 HVLED 模组,工作在电压 U_F=DC 40~280 V、小电流 I_F=10~60 mA 的低能耗降温状态。标准的 4 根 LED 灯丝的 A60 球泡灯,连续工作几十小时,玻璃泡的温度保持在 37℃以下,是一种灯头不烫、安全的 LED 照明光源。

LED 灯丝系列发展因基底材料不同而分为硬灯丝和软灯丝,硬灯丝以蓝宝石、陶瓷、玻璃和金属为基底材料,呈直丝或弧形丝。

软灯丝以铜箔覆合高分子薄膜(FPC、PBT、PE 等)为基底材料,柔性灯丝比较柔软,具可塑性,可以拗造型。

铜箔覆薄铝基材或陶瓷铝基材适合作可塑软灯丝,含铝基的灯丝导热较好。无论是刚性灯丝还是柔性灯丝,均采用 HVLED 技术,多颗 LED 灯珠芯片串联成 HVLED 模组。刚性灯丝通常采用正装固晶技术,柔性灯丝为了保证柔性状态下 LED 灯珠芯片连接的可靠性,必须采用倒装芯片技术。

柔性 LED 灯丝的主要技术参数是柔性灯丝的长度(单位:mm)、基底材料(PFC)、工作电流(I_F)、工作电压(U_F)、色温(单位:K)、显色指数(Ra)、光通量(单位:lm)。

图 2.2.38 为灯丝灯的实物图。

2015 年中国 LED 灯丝灯的年产量大约为 1.3 亿只,2016 年增产到 5 亿~8 亿只,要直接填补白炽灯的市场还有很大的产能空缺,因此机会巨大。

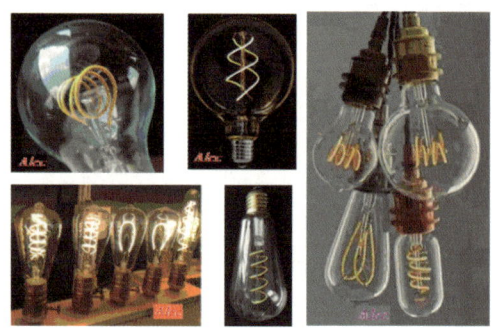

图 2.2.38　灯丝灯实物图

2) 半导体照明系统级散热技术的发展现状

虽然相对于传统照明光源 LED 的发光效率明显提高,但就目前的水平而言,其电光转换效率远没到极限,一般仅有 30%~50% 的电能转化为光能,而其余的电能则转化为热量,如果产生的热量不能有效及时地散出,LED 结温将会迅速升高,这会导致电流注入效率、内量子效率和荧光粉的发光效率降低,并直接影响器件的使用寿命。所以,解决散热问题是推动 LED 照明发展的一项重要课题。

LED 正常工作时的温度一般不会高于 100℃,通常情况下辐射散热基本可以忽略,所以主要靠传导和对流来散发热量。半导体照明系统级散热要解决的问题主要是两个:芯片到散热器(片)的高效热传导和芯片到散热器到空气的高效热交换;主要技术也可以分为两类,即被动式散热和主动式散热。下面将分别介绍它们的基本情况及在国内的发展情况。

(1) 被动式散热。

被动式散热指在空气环境下自行散发热量,不需要其他辅助设施。传统的被动式散热包括自然对流散热、热管散热技术、循环液冷散热等。新型的被动式散热则有微通道式散热基板以及使用新型导热材料等。

① 自然对流散热。自然风冷散热是最简单也是最常用的散热方式,对于功率不大的 LED 采用自然风冷散热,只需要设计散热基板的形状尺寸,便可以达到令人满意的效果。为了增大散热基板与环境的接触面积,增强散热效果,其形状通常采用鳍片式,鉴于热导率、价格以及可塑性,散热基板材料通常采用铝合金。杨红军等通过仿真,研究了散热器翅片高度、宽度、个数以及环境温度和风速对结温的影响。刘红、庄四祥等通过正交参数试验法分析了翅片高度、厚度、个数以及基板的长度、厚度等参数对其温度场的影响,获得了能基本反映全面情况的试验数据,

同时得出不同参数对 LED 散热及质量的影响程度。其优点是成本低、运行可靠,但效果差,只能用于低功率 LED 照明系统,不适合大功率 LED 的冷却。

② 热管散热技术。热管是一种传热效率极高的换热元件,冷、热流体间的热量传递是通过热管内工作介质的相变来完成的。热管传统的形状包括平板式、回路式和翅片式。其特点为传热效率高、等温性能好以及使用寿命长等。

在国内,Zhang 等设计了一种用于 100 W LED 阵列的平板热管散热器,以平板热管结构为例,如图 2.2.39 所示,热管的冷凝端接鳍片通过自然风冷散热将热管传递的热量散出。其工作原理为冷凝端的液体通过热管侧壁毛细管的毛细作用到达热管的蒸发端,液体吸收蒸发端侧壁热量而汽化,再到冷凝端遇冷凝结,依此循环传递热量。他们还用铜基底取代平板热管进行了对比试验。结果表明,用热管散热的试验组 LED 最高温度为 47.0℃,最大温差为 19.0℃,平均温度为 33.9℃;而采用铜基底的对照组最高温度达 122.9℃,温差为 88.6℃,平均温度为 64.8℃。采用热管明显提高了散热器的散热性能。华云峰等设计了一种热管加翅片的散热器,包括四组翅片,均通过热管与基底连接,间隔 90°分布。他们研究了热管导热系数、直径以及自然风风速等因素对芯片结温的影响。鲁祥友等提出了一种用于 LED 系统散热的回路热管,并且研究了热负荷、倾角、加热方式等对热管的启动性、均温性、热阻等的影响。他们设计的热管散热器热阻在 0.19～3.1 K/W,并且均温性被控制在 1.5℃以内,在热负荷为 100 W 时,蒸发器的温度被控制在 100℃以下,满足大功率 LED 节点温度的控制要求。

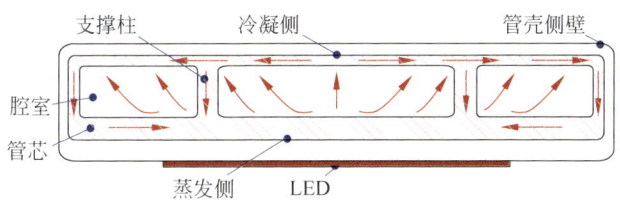

图 2.2.39　平板热管结构原理示意图

目前国内对热管的研究主要集中于优化其结构和寻找新的材料。例如,2010 年北京工业大学的研究表明,翅片结构会极大影响热管的散热性能(图 2.2.40),另外,环境温度、热管根数、散热装置的工作倾角都会影响热管的散热能力。

③ 循环液冷散热。由于液体的导热性能比空气优良,所以液冷的散热效果往往优于风冷散热。循环液冷散热是一种常用的液冷散热方式。散热系统包括水冷板、微型水泵以及散热盒。微型水泵为水流循环提供动力,LED 灯具的热量通过水冷板传递到循环水中,到达散热盒中,一般再通过强制风冷方式,将热量排向外界。这种方式散热效率高,明显高于传统的强制风冷效果。滕道祥在太阳能 LED 路灯的散热设计中使用了强制水冷散热,并在液体流经散热盒时,通过包围导管粉

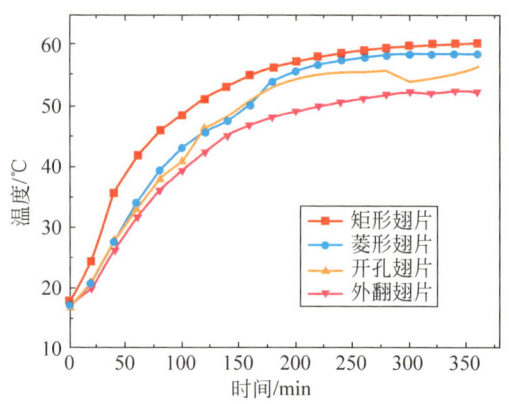

图 2.2.40　不同翅片结构热管换热器的散热能力比较

末的化学反应,将水流中热量提取出来,散热效果最终达到了设计要求。

液冷散热方式有诸多不利之处,比如产品成本高,不能用于高温、震动等恶劣环境中,而且液体循环致冷装置的面积大,使得真正运行起来散热装置的体积过于庞大。同时,液体循环致冷装置对密封的要求极高,若稍有不当,就会对设备造成毁坏。目前,国内液冷方面的工艺技术水平有限,若在大功率 LED 上用液体循环致冷装置,则在器件的可靠性方面存在严重的问题。

④ 微通道冷却技术。要想让自然对流散热有更大的用武之地,就必须对其做一些改变或者突破。利用液体对流散热技术也得到了国内外研究者的注意和重视,现在国内的研究主要是基于一些微结构以及新的界面材料等,将其与传统散热基板结合而达到更好的效果。图 2.2.41 是较为典型的微通道冷却技术用于 LED 系统的示意图。

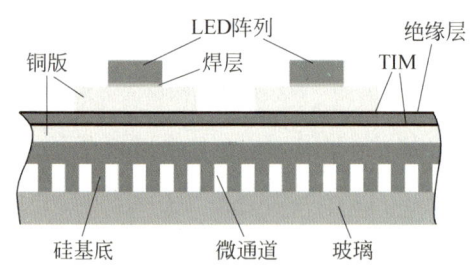

图 2.2.41　安装微通道冷却的大功率 LED 的结构示意图

吕家东将硅基微通道制冷技术引入 LED 中,并指出微通道制冷传热系数高、结构紧凑,以及与芯片膨胀系数接近等。微通道冷凝板中的流体通道的直径为百微米量级,增加了流体的接触面积,使散热更加均匀。在微通道结构设计方面,国内学者研究了交错结构微通道散热器,并指出该结构可有效提高换热系数,提高芯片阵列的均温性。

⑤ 高导热界面填充材料技术。这方面的进展表现在对纳米材料和碳纤维材料方面的探索。由于某些纳米材料具有极高的导热性能(例如银纳米颗粒的热导率为 429 W/(m·K)),所以一些国内外学者尝试将纳米技术应用在 LED 散热中,主要包括纳米导热胶和纳米流体。纳米导热胶是将纳米结构材料添加到导热胶中,而纳米流体是将纳米颗粒分散到传统流体之中。其导热性优于传统导热胶和流体。在国内,有人研究了银纳米材料对热接触材料导热性能的提升作用,并比较了纳米颗粒、纳米棒和纳米链对导热性能改善的效果。结果表明,纳米颗粒效果最好,纳米棒次之,纳米链相对改善最弱,并且对于每种结构,添加 10% 的纳米材料相对于只添加 5% 的纳米材料,其导热性有明显提高。但是新型导热胶也会碰到其他问题,例如银原子分散形成的导热胶,可以明显提高热量的传导能力,但银原子对光的吸收会成为另外一个干扰因素。

碳纤维是由有机纤维或低分子烃气体原料在惰性气体中经高温碳化及石墨化处理而得到的微晶石墨材料。其力学性能优异,密度小,抗拉强度高,并且可与树脂、金属、陶瓷等机体复合生成结构材料。碳纤维复合材料无论是导热性能还是质量、强度等物理性能,都远优于铝合金。廖良斌对碳纤维复合材料散热器和铝合金散热器的散热性能进行了对比分析。研究发现,形状相同的翅片型散热器,碳纤维复合材料和铝合金散热器的上升温度分别为 20.8℃ 和 33.4℃,而质量对应为 81 g 和 125 g。由此可见,作为散热器,碳纤维复合材料无论是质量还是性能都远优于铝合金,是一种非常有潜力的材料。

(2) 主动式散热。

LED 照明主动式散热是指消耗一定的电能,采用风扇、泵等驱动散热介质受迫流过 LED 照明设备,或采用半导体制冷等制冷装置对其进行冷却的技术。主动冷却技术具有冷却强度高、冷却效果好的优点,特别适用于超大型 LED 照明装置的冷却。主要包括强制风冷(加装风扇式)散热、热电制冷散热、离子风散热和合成射流散热等。

① 强制风冷散热。强制风冷散热主要是通过在散热器上安装风扇,增强散热器表面空气流动速度,加快热量在散热器与周围环境之间的传递。张万路等选取了两个相同的高能耗灯具样品,对比了安装风扇的效果,实验发现,安装风扇的实验组明显增强了散热器的散热效果,LED 芯片结温下降了 45%。使用这种散热方式,散热效率虽明显提高,但添加风扇也会带来尺寸、封装以及稳定性问题,影响其应用范围。

② 热电制冷散热。基于帕尔贴效应,热电制冷片(TEC)一面的温度会低于环境温度,与 LED 芯片连接,从而达到冷却的效果。热电制冷设备有体积小、无噪

声、设计简单、维护方便等优点。只需控制输入电流大小，便可控制制冷功率。Wang Nan 等研究了不同 LED 驱动电流下，TEC 输入电流对芯片结温、散热基板温度、冷热端温度的影响；并且对比了不加散热基板与只加散热基板时 LED 芯片的结温。结果表明，TEC 散热效果最优，并且当 LED 输入功率小于 20 W 时，TEC 可以满足 LED 封装散热要求。

但是，热电制冷散热也面临着诸如提高制冷效率以及降低成本的问题，目前还没有产业化。

③ 离子风散热。离子风的形成原理是：高压电极将空气中的气体分子电离，在一个电极周围产生的正离子飞向另一个产生负离子的电极，从而带动空气流动，形成离子风。相比于风扇散热，离子风不存在机械运动，不会产生噪声，且随着风速增加，风扇的叶片面积需要增大，其效率也会随之降低，而离子风散热器不会受到空间以及效率降低的影响。在效率和设计空间上都优于传统的风扇。其缺点是离子风的产生需要几千伏的高压直流电，并且对灰尘的耐性不及普通风扇。Chau 等研究了两种形式的电极的散热效果（线型和针型），并且分析了电极个数、倾角以及电极与电极之间、电极与散热基板之间的距离对 LED 散热效果的影响，同时与传统的风扇散热效果进行了对比，结果表明，离子风在节能降噪以及设计空间等方面都优于传统风扇。

然而，其工作条件所需要的 3000 V 高压，大大限制了其使用范围，而且高压环境对于环境灰尘的敏感性也使得其稳定性不高。

④ 合成射流散热。自 1950 年 Ingard 等在实验室中利用声波驱动圆管内气体产生振动以来，人们对将声能转化为流体振动能量的研究越来越多。南京航空航天大学在 1992 年也提出了通过空腔的亥姆霍兹（Helmholtz）共振效应，将声能最高效地转化为流体振动能量，从而实现对流动分离的控制。2000 年，罗小兵等研究了关于合成射流的机理及数值模拟。合成射流（synthetic jet）的大致原理是利用一个类似振动膜的元件以一定频率振动压缩腔内的空气，空气受压缩后从细小的喷嘴高速喷出。图 2.2.42 显示了微喷射流过程中形成的喷射粒子，这些喷射粒子形成空气弹后喷向散热片，同时空气弹带动散热片周围的空气流动，带走热量。

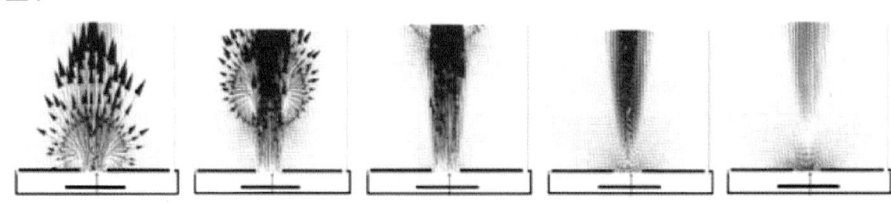

图 2.2.42 微喷射流过程中形成的喷射粒子

这项技术虽然较加装风扇具有体积小、功耗低和寿命长等优点,但产生的空气弹能否覆盖整个LED热源区域还有待研究。

3) 半导体照明系统级驱动和控制技术的发展现状

(1) 半导体照明系统驱动技术的发展现状。

LED的亮度由流过的电流决定,为了确保LED最佳的性能和长久的工作寿命,需要一个有效的恒流驱动电路,而不是传统的交流/直流(AC/DC)或直流/直流(DC/DC)的恒压控制。与荧光灯的电子镇流器不同,LED驱动电路的主要功能是将交流电压转换为直流电压,并同时完成与LED电压和电流的匹配。LED驱动技术具有以下特性:直流控制、高效率、脉宽调制(PWM)调光、过压保护、负载断开、小型尺寸以及简便易用等。

由于LED是特性敏感的半导体器件,又具有负温度特性,因而在应用过程中需要稳定其工作状态和进行保护,从而产生了驱动的概念。LED器件对驱动电源的要求近乎苛刻,LED不像普通的白炽灯泡,可以直接连接220 V的交流市电。LED是由2～3 V的低电压驱动,必须设计复杂的变换电路,不同用途的LED灯要配备不同的电源适配器。

LED驱动电源不仅是简单的控制与驱动,对能效、寿命、功率因数、恒流精度、电磁兼容等都有严格要求。这些都对集成电路(IC)设计、工艺及应用等诸技术提出了挑战。因此众多厂商投入大量资金和人力,开展结构更加紧凑、功能更强、效率更高的白光LED控制、驱动IC的研发工作,从而在各个应用领域中,在技术和产品方面都有较明显的突破。

由表2.2.2可知,LED驱动电路技术中国专利申请的重点领域,主要集中在H部的电及元件分部的电光源大类(H05B37、H05B33),G部的仪器分部的光学、调节控制、信号装置、显示广告等大类(G09G3、G09F9),F部的照明分部F21(F21S2、F21S8、F21S9、F21V23、F21S4、F21S10)。其中H部是发明专利集中的领域,而F部涉及具体的产品,是实用新型专利集中申请的领域。由LED驱动电路技术中国专利申请的国际专利分类号(IPC)数量前十位可以看出,该技术属于发明专利较多的高科技领域。

表2.2.2 LED驱动电路技术中国专利申请的国际专利分类号数量前十位及分类号含义

IPC分类号	申请量	所占比例/%	分类号含义
H05B37	534	36.6	控制一般电光源的电路设置
F21S2	168	11.5	非便携式照明装置或其系统
G09G3	114	7.8	电致发光源应用的电路装置
F21S8	91	6.2	准备固定安装的装置
H05B33	54	3.7	电致发光光源零部件

续表

IPC 分类号	申请量	所占比例/%	分类号含义
F21S9	31	2.1	带机内电源非便携式照明装置或系统
F21V23	31	2.1	照明装置内或上面电路元件的设置
F21S4	27	1.8	非便携式照明装置或其系统,使用光源串或带的装置或系统
F21S10	26	1.7	产生变化的照明效果的装置和系统
G09F9	21	1.4	采用选择或组合单个部件在支架上建立信息的可变信息的指示装置

国内申请专利的 IPC 主要分布在 H05B37（控制一般电光源的电路装置）,多为控制单一或者少量 LED 的复杂度低的驱动电路；另外在 F21S2、F21S8、H05B33 中的专利,多应用于单一或小规模的 LED 芯片灯具,固定的如路灯、广告牌、警告灯等,便携的如手电筒、作指示测量用的 LED 照明设备。

中国 LED 驱动电路技术国外专利申请的 IPC 主要分布在 G09G3、G02F1、H05B33。H05B33 为电致发光光源零部件,G02F1 为来自独立光源的光的强度、颜色、相位、偏振或方向的器件或装置,而 G09G3 是电致发光光源应用的电路装置。总体上来看,国外申请人在中国申请的专利主要是用于显示器等具有大量 LED 阵列的复杂驱动电路。

目前,我国半导体照明光源的驱动方式主要为如下几种。

① 直流恒压驱动。直流恒压驱动一般为小功率 LED 光源,通过光源串联和串入恒流源电路使灯具可接入直流电源中,并可多个并联,安装方便；目前的光源有 12 V(或 24 V)单色 LED 灯带,12 V(或 24 V)RGB 彩色灯带,12 V MR16 灯泡和 12~24 V 灯泡。LED 恒压光源并联安装方便,应用较广。

直流恒压调光驱动器分为两种：一种为直流调光驱动方式,是在光源和电源之间增加"恒压调光驱动器"；另一种为交流调光驱动方式,是将恒压调光驱动器和电源组合在一起。

② 直流恒流驱动。LED 光源功率超过 1 W 的(或并联后电流超过 350 mA 的)须为恒流驱动,恒流驱动电流有 350 mA、450 mA、600 mA、700 mA、900 mA 及 1 A、1.4 A、1.5 A 等多种；串联的数量从 1 颗到 50 颗都有,即恒流源的输出电压在 3~150 V。这给驱动电源生产的系列化带来不便,从行业到国家,甚至国际上都没有相关标准,应尽快制定相关标准。

但在实际应用时,LED 灯具的电流和电压是可以通过调整 LED 颗粒的串并联来达到基本合理。比如,规定 350 mA、700 mA、1 A、1.5 A 等四种电流,LED 串联的数量从 3 颗到 12 颗,恒流芯片允许负载有一定范围的变化。

(2) 半导体照明系统控制技术的发展现状。

目前,LED 调光的主要技术是 PWM 技术,其主要技术指标为 PWM 频率和 PWM 分辨率。

PWM 频率:PWM 频率是 LED 调光的关键,由于 LED 光源发光不像热光源发光有热惰性,通过实验发现,摄像机和手机在 PWM 频率小于 3 kHz 时会有频闪现象。

PWM 分辨率:在热光源调光 256 级时,感官认识调光平滑性很好,因为其发光原理为热丝发光,有热惰性;但 LED 光源发光无热惰性,在 4096 级的低端时仍会有台阶感,在 10000 级以上时台阶感才消失。

LED 调光的专业要求其与传统光源具有一样的品质,同样,对 LED 照明的控制也要求越来越高。

为实现上述调光,市场上的 LED 控制系统主要是国内厂商自定义的控制协议,随着演艺行业 LED 厂商的加入,目前的主流控制系统以演艺行业的国际标准 DMX512 为主。随着 LED 光源大量进入商业照明及家居照明,市场进入 LED 照明灯具与智能照明系统的结合和系统创新时代;影视及舞台也进入 LED 的变革时代;传统的控制系统由于 LED 的加入而进入大发展阶段。

目前在照明控制领域与调光电源(节能灯、日光灯称调光镇流器)的接口方式主要以 0~10 V、DALI、DMX512、TRIAC 为主,此外还有其他自定义接口驱动 LED 驱动的接口方式。

① DMX512 接口。DMX512 是由美国剧场技术协会(USITT)提出的,USITT DMX512/1990 是调光和灯光控制台数据传输标准,是娱乐灯光领域常用的控制协议。现在 DMX512 是娱乐灯光行业最主要的控制协议。DMX512 是围绕工业标准 EIA485 接口设计的,该协议目前在 LED 专业灯具及建筑灯光领域成为标准接口;LED 的色温控制及色彩变化对于 DMX 系统更易实现。

② 0~10 V 接口。0~10 V 接口是传统模拟方式的灯光控制接口。通过改变 0~10 V 的电压信号,控制灯光亮度。智能控制系统中 0~10 V 控制用于日光灯驱动器,现在流行用于 LED 驱动器,这是因为传统的智能控制系统大都有 0~10 V 接口的日光灯调光驱动器。目前最流行的室内照明控制系统的 LED 调光接口为 0~10 V,其主要原因是照明控制系统和电源驱动企业都有该接口,且协议简单易被接受。其缺点是如大规模使用一致性差,对于 LED 变色动态控制,0~10 V 系统接线烦琐,且大部分照明控制系统没有相应的控制程序。

③ DALI 接口。DALI 总线是飞利浦、欧司朗、TridonicAtco(锐高)三家公司发起的数字日光灯(节能灯)驱动器,并被作为 IEC 929 节能灯驱动器电气标准的附录,该总线接口在欧洲被广泛使用,但在国内该接口未被大多数企业接受,应用

案例较少。同样,对于LED变色动态控制,DALI也没有相应的控制程序。

④ 其他数字接口。一些控制厂家及研发机构自成体系研发的控制系统,但由于影响力有限,目前还没有相关标准。

⑤ 无线数字接口。目前有报道,一些国际和国内公司在开发该接口,如利用ZigBee及蓝牙等无线控制技术。

⑥ TRIAC可控硅调光(直接通过交流电源斩波调光)。前面的控制接口都是弱电控制接口,线路复杂。对于传统的可控硅调光器,目前有许多光源生产厂商生产TRIAC(支持可控硅调光)的光源,如蜡烛泡、球泡灯、PAR灯等。其线路简单,更易被接受,缺点是多个光源起光点不一致,调光有台阶感(原有负载为热光源,有热惰性时无此问题),还没有针对LED灯泡的调光器,这影响了该类产品的推广。

目前在照明控制领域与调光电源(节能灯/日光灯称调光镇流器)的接口方式主要以0~10 V、DALI、DMX512、TRIAC为主,此外还有其他自定义接口驱动,智能控制系统大都有0~10 V接口及TRIAC调光器。LED的色温控制及色彩变化对于DMX系统更易实现。

DMX接口接入智能照明系统存在问题,DMX系统又无法实现多点控制。国内外有大量的产品是DMX系统的产品,但大都是一点控制。

国内也有企业研发恒压调光光源,如北京星光莱特电子有限公司(LIGHTSPACE)研发出一款120 W恒压调光电源,4路PWM输出,接口为DMX512和照明总线LT-NET两种。

用于照明系统的恒流调光驱动,控制接口一般为0~10 V,可与国内外控制系统连接;国内也有生产DALI总线,主要是为出口。

用于影视舞台专业灯光的灯具及外景照明的灯具,控制接口大部分为DMX512信号接口,大部分灯光需要有变化,将电源控制光源做成一体。比如目前影视舞台专业应用最多的LED光束灯,功率为200 W,采用RGB+白一体大功率光源;灯具为6通道,分别为红、绿、蓝、白四通道和调光、频闪等。

4) 光度学和色度学的研究进展

(1) 白度(whiteness)。

白度是用来标定物体表面的白色程度的指标。纺织原料与纸张的白度决定了产品的价值;在化妆品的应用中,也用白度来表征化妆后的白色程度;牙齿的白度用来评价牙膏的价值。总之,虽然各行业有着自己的指标及测量方法,但一般均是以国际照明委员会(CIE)的白度公式(WCIE公式)作为标准。但是该公式从1986年以来,均只能应用于CIE D65日光源,且其限定可评价的区域过于狭窄。实际中许多应用均在室内(非日光)进行,因此需要扩大光源范围。另外,除了物体色方面的应用,在光源照明品质评估方面也需要建立一个白度指标,当光源将物体色照得越白时,其质量越高。

目前新的相关研究结果呈现出以下的趋势。

针对以下的 WCIE 公式予以扩展:

$$WCIE = Y + 800(X_n - X) + 1700(Y_n - Y)$$

式中,X_n 和 Y_n 为 CIE D65 光源的色度坐标。其可将系数 800 及 1700 转变成与光源色温相关的函数。另外也可保持原公式不变,将其他光源下的坐标用色适应公式,如用 CAT02,转换至 D65 光源下的坐标,再用原来的 WCIE 公式进行计算。除此之外,也有建议采用色貌公式来定义。

另外,针对狭小白色区域,新的实验数据证实,原来区域可以扩大,且在不同色温光源下的区域大小相差许多,且在不同紫外光含量上会有大的差异。

(2) CIE2006(2015)色度系统。

世界人口老龄化的趋势愈发严重,这促进了适合老年人群的产品开发,如手机、电视、照明光源等。一方面,受到视觉的要求,舒适性、清晰度、减轻疲劳、安全性等十分重要;另一方面,考虑到被测物面积的大小,传统的 CIE 2°及 10°色度系统已不再适用。CIE 于 2015 年推出的 CIE2015 系统,可考虑不同年龄层下 2°~10°的被测面积。但是此系统是依据视觉科学推导出来的,目前急需在应用科学及产业界进行应用以验证其效果。

CIE TC1-97 依年龄及被测物大小改变的锥状细胞三刺激值,推出标准计算程序供业界使用。

目前采用颜色匹配或色差评估的方法,两个刺激采用不同的光及色的光谱来进行。由大量不同的被试者进行评估实验,包括性别、年龄层、种族等。另外,不同刺激大小,也是实验参数。

在业界,应使用不同的显示技术和尺寸大小的产品来进行测试,了解不同颜色匹配特性对实验电子产品设备的影响,目标是将产品在不同群体中的差异性减至最低。

(3) 光源喜好性颜色品质指标。

在照明工业,由 1976 年开始均使用保真型的显色指标(color rendering index)来评价光源的显色性。但是照明设计师应用该指标时发现,仅由 CIE 推出的 Ra 显色指标,加上相对色温(CCT)、照度(lux)是不足的。随着 LED 时代的来临,许多光源的参数变成可调节的(如 Ra、CCT、lux 等)。研究学会(如美国照明工程学会(IES))提出新的辅助指标,目前大致可分为两类:色域大小和彩度偏移。

目前已经发表的色域指标有 GIV、IES-Rg、GAI、ΔC^*;彩度偏移的指标有 IES-Rchs1 及 C_i。现今一般的共识是选出较佳的一组合如((Rf,Rg,Rchs1),(Ra,ΔC^*,C_i))等基础指标,再依不同照明环境需求和一定的心理物理测试方法,改变其间的加权系数,变成一个特殊的依喜好性的颜色品质指标。

研究的重点是要建立标准化的光源房来决定不同指标间的加权系数,比如在空间中的摆设,家具可根据实验目标而进行改变;或是可移动的灯具,在实验空间里进行移动。同时,提供详细的心理物理测试规则。最终的数据将决定不同指标间的加权系数。除此之外,使用可调光谱的光源,也至关重要。

(4) 白色(中性)光源轨迹。

一般共识的中性白,指的是普朗克轨迹上由低色温至高色温的坐标点,它们是依物理理论推导出来的结果。新的研究结果证实,它们在视觉上并非白色,于是有不同白色轨迹的建议。

在视觉感受上,这些都需要进一步证明。美国国家标准学会(ANSI)准备建立一个在原来 ANSI C78.377 标准上的补充中性光源轨迹。

目前的研究方向是将原来黑体轨迹上及新推荐光源上的等色温光源得到的多种光源色度配方,进行目测比较。此外,需要了解不同"同色异谱"光源产生白色视觉感知的差异。

(5) 高动态均匀颜色空间。

在充满电子图像设备的今天,显色技术的不断进步,使移动装置的照相机技术更为精致,传统显示的颜色管理已不再适用。尤其是均匀色彩空间,老旧的 CIE LAB 颜色空间,一方面,使用明度参数,每个图像的参考白需均匀化到 100,无法应用于高动态范围;另一方面,其色度空间不够均匀,相同色调角呈现出的颜色不具一致性等。而较新的 CIE CAM02 颜色空间则是计算非常复杂,且相同色调角的色貌不一致。因此,需要建立一个新的均匀颜色空间,如 $J_z a_z b_z$。

这些新的空间,需要在不同高动态图像应用方面进行进一步的验证,目前 $J_z a_z b_z$ 和 $IC_T C_P$ 在标准领域竞争激烈。

在显示行业中,亮度范围(尤其是对比度特性)和色域的大小对高动态图像品质影响很大。实验需在暗房中进行心理物理学评估,进而建立图像统计模型。实验中需要针对高动态图像进行实验,比较不同空间的优劣性。

另外可用图像压缩、色域对应的角度去进行评估。均匀空间应可达到较佳的压缩效果,且色域对应的图像品质也较佳。

(6) 部分适应色恒性模型。

色貌评价的应用范围包括预估物体色在不同光源下的变色程度、光源的保真显色性、照相机的白平衡等。目前由 CIE 推荐的 CAT02 模型被广泛使用。模型中包含了一个部分适应公式(D),该公式是依据照明环境的基材及亮度计算得到的。

最近有证据证明,光源的色温(CCT)对 D 也影响很大。这些也需要通过大量的实验来进行验证。研究的目标是在 D 中加入 CCT 的相关条件。

在颜色色貌模型中,色恒性评估与产业中照相机白平衡的控制密切相关。D 部分适应函数的可信度决定了色恒性模型的准确性。更多的研究应考虑多元的照明环境,如照度、色度、背景、周围环境等参数对色恒性的影响。

5) 健康照明研究进展

目前国内 LED 光电产业的发展朝气蓬勃,蒸蒸日上,总体规模及产值不断扩大。随着产业环境不断改善,竞争手段已从简单粗暴的价格战升级为"产品+品牌+渠道"的三位一体模式。在技术推动下,产品生命周期缩短,价格下降速度加快,迫于发展压力和产业升级,"健康照明"的产品概念已成为半导体照明产品市场发展的主要趋势。

而在国际领域,伴随 2015 年国际标准化组织(ISO)和 CIE 将"以人为本的照明"作为半导体照明产业的发展核心,国际产业巨头纷纷布局,在光致人体的非视觉影响领域,包括飞利浦、欧司朗等多家公司都相继开发了面向人体生理节律调控的照明产品,相继在 ISO 和 CIE 进行了国际标准提案。在光致人体皮肤影响领域,欧盟卫生署于 2017 年发布的健康报告中专门指出,400~440 nm 的光对皮肤的光老化和色素沉积的影响较大,德国和法国的相关企业已开发了相关健康照明灯具。就健康照明产业发展而言,"智能+健康"的动态照明系统已成为未来发展趋势,这从飞利浦照明更名为"Sighify"就能够证明。

根据调研发现,目前有关光生物效应的研究主要以波长、光强、色温、显色指数、光谱分布等为自变量,然后基于探寻到的可表征光生物效应的生理参数及其相应特点,对主观量化任务表、生化指标、生理信号进行光生物效应指标测定。目前国际照明产业的光生物机理研究,很大程度上还主要从主观认知及其反馈角度进行研究。

在光对人眼视觉系统的光生物机理影响方面,我国目前已处于领先地位——2012 年开始,中国标准化研究院视觉健康与安全防护实验室通过定量测量人眼的屈光、视觉光学传递函数(MTF)、高阶波像差等客观指标,以大样本视功能生理的过程性实验为依托,利用人工神经网络构建人眼健康舒适度量化分级体系,建立了我国首例可客观量化评价的可视化产品健康舒适度的评价体系,成为国家半导体照明工程研发及产业联盟(CSA)CSA035《LED 照明产品视觉健康舒适度测试》系列标准的核心。并于 2017 年在国际半导体照明联盟(ISA)发布了 ISA 7001 Human Factor Testing on the Index of Healthy and Comfortable Lighting 系列标准,成为"以人为本的照明"这一国际产业共识下的标准化先行者。目前该系列标准已获得 ISO 和 CIE 的高度认可。

在非视觉领域,目前以德国、英国、荷兰为代表的欧盟国家在该领域具有一定的先发优势。但是,自2001年布雷纳德(Brainard)等通过人因实验发现光致褪黑素影响以来,目前被引为经典的生理节律曲线的褪黑素人因实验,其总样本量不足150人——2001年布雷纳德的人因实验样本数为72人(男35人,女37人),同年塔潘(K. Thapan)的人因实验样本数为22人(男18人,女4人),2005年卡约琴(Cajochen)的人因实验样本数为10人(男),2008年布雷纳德的人因实验样本数为26人(男12人,女14人),低样本数导致其结果的局限性。因此,尽管欧美在非视觉研究中具有一定的先发性,但是伴随我国在该领域研究的不断深入,未来仍有望实现弯道超车。

在光对皮肤和循环系统影响方面,目前中国标准化研究院与中国人民解放军空军总医院已开始进行蓝光和红光对皮肤光老化和色素沉积影响的研究,但是较欧美研究团队仍有一定的差距(表2.2.3)。

表2.2.3 国外从事相关研究的主要机构

序号	机构名称	相关研究内容	相关研究成果	成果应用情况	国外机构相关研究内容自评价
1	荷兰飞利浦公司	工作环境下照明对眼的影响	健康类生活灯具	商业化	□领跑 ☑并跑 □跟跑
2	照明研究中心(The Lighting Research Center)	半导体照明、光与健康、交通照明、节能	专业学术论文及专利	产学研究	☑领跑 □并跑 □跟跑
3	奥德堡照明公司(Zumtobel)	室内和室外建筑照明应用	提供各种高端灯具和照明控制系统	整体照明解决方案	☑领跑 □并跑 □跟跑
4	松下公司	光对健康的影响机理	唤醒灯具等健康灯具产品	商业化	□领跑 ☑并跑 □跟跑
5	欧司朗公司	光的非视觉生物效应	向国际标准化组织光和照明技术委员会(ISO/TC 274)上交提案	产学研究	□领跑 ☑并跑 □跟跑

目前,在相关标准方面:在光品质领域,浙江大学罗明教授团队、复旦大学林燕丹教授团队正在全面参与颜色评价体系和眩光评价的标准研制工作;在光生物安全领域,浙江大学牟同升教授团队参与了多项国际标准的研制;而在视觉领域,中国标准化研究院视觉健康与安全防护实验室经过7年近10000人的人因生理实验,提出了通过人眼基础屈光、人眼角膜曲率、人眼眼轴长度、人眼高阶像差、光学传递函数、人眼睫状肌调节聚集调节比6个生理指标,定量评价照明对人眼视觉疲劳影响的视觉舒适度评价方法和指标——VICO,以及联合温州医科大学金子兵教

授团队,通过细胞分子学利用体外培植的人眼视网膜细胞量化评价短、中、长期光损伤的细胞活力评价模型——CV模型。目前基于以上研究所形成的照明产品视觉健康舒适度评价方法,已先后在ISO/TC 274完成2次专题报告,获得国际业界的认可。并在2017年10月CIE中期会议期间,在CIE光生物与光化学分部(Div6)完成了项目报告,成立了专项技术报告工作组(Reportship,是成立标准技术委员会的预备阶段),并已在ISO开始系列国际标准的提案工作。

2018年,以英国和德国为代表的欧洲国家已开始在ISO/TC 274全面推进非视觉系列标准的研制,2018年6月成立工作组,并由英国牵头进行养老照明的国际标准研制(英国已邀请中国标准化研究院参加该项目的研究工作)。

2018年8月,CIE启动光生物机理的人因学研究论坛,开始全面推动光生物机理的人因学研究和标准制定。

6) 农业照明的研究进展

LED被认为是21世纪农业领域最有前途的人工光源,对解决环境污染、提高空间利用率、减少温室效应,都具有十分重要的意义,因此加快LED节能光源在农业领域的技术研发与应用推广步伐也备受关注。

(1) 植物LED照明技术的进展。

人工光照已经成为植物生产的重要手段之一,多年来在植物领域使用的人工光源主要有高压钠灯、荧光灯、金属卤素灯、白炽灯等,这些光源的突出缺点是能耗大、运行费用高,能耗费用占全部运行成本的50%~60%。因此,提高发光效率、减少能耗一直是植物领域人工光照应用的重要课题。

长期的研究表明,植物光合作用在可见光光谱(380~760 nm)范围内,所吸收的光能占其生理辐射光能的60%~65%,其中主要以波长为610~720 nm(波峰为660 nm)的红、橙光(约占生理辐射的55%),以及波长为400~510 nm(波峰为450 nm)的蓝、紫光(约占生理辐射的8%)为吸收峰值区域。因此,开发出这两个波段(特别是波峰)的人工光源,将会大大提高光能利用效率。近年来,随着光电技术的发展,带动了高亮度红光、蓝光与远红光LED的诞生,为实现这一目标提供了可能。LED能够发出植物生长所需要的单色光(如波峰为450 nm的蓝光,波峰为660 nm的红光等),光谱域宽仅为±20 nm,红蓝光LED组合后,能形成与植物光合作用和形态建成所需基本吻合的光谱,光能利用率可达80%~90%,节能效果显著。LED光源这种独特的性能,为其在温室大棚人工补光、植物组培、遗传育种研究、植物工厂等植物生产领域的应用提供了有效的发展空间。

世界各国的学者围绕LED作为植物照明光源应用做了很多探索,并取得了重要的成果。1991年,Bula等利用660 nm红光LED与蓝色荧光灯组合,进行了莴苣栽培试验,并获得成功。2001年,卡纳塔克邦大学设施技术发展研究中心用红光、蓝光及其组合LED对百合属植物的幼芽分化再生进行研究,结果表明,红蓝光组合LED与其他光源相比,更能促进花芽分化,更适合幼芽生长,植株大小和干、鲜重都有了明显的增长。Yanagi等使用红光LED与蓝光LED探讨光质与光量对莴苣生长与光形态建成的影响,将莴苣栽培于纯蓝光LED(170 $\mu mol/(m^2 \cdot s)$)的环境中,证实可分化生长,虽然干物重小于纯红光或红蓝光组合下的植株,但纯蓝光下的植株显得更加矮壮和健康。Kozai等使用LED脉冲光对莴苣的生长以及光合成反应的影响进行研究。结果表明,在周期为$100 \mu s$以下的脉冲光条件下,莴苣生长比连续光照射条件下促进效果提高了20%,从而证实了采用不同频率脉冲光照射莴苣可以加速其生长。Tanaka等利用LED进行植物栽培的实用化研究,探讨了脉冲光照射周期与占空比对植物生长的影响,结果表明,占空比达25%~50%时,可加速植物生长。Heo等研究发现,"荧光灯+红色LED""荧光灯+远红外LED"复合光照处理,比单一荧光灯处理能显著提高万寿菊的气孔数量。Okamoto等使用超高亮度红光LED与蓝光LED,在红蓝光(R/B)比值为2∶1时,可以正常培育莴苣。魏灵玲等利用红色LED(660 nm)+蓝色LED(450 nm)进行了黄瓜的育苗试验,结果表明LED的红蓝光比值为7∶1时,黄瓜苗的各项生理指标最优,LED的能耗与荧光灯相比为1∶2.73,节能效果显著。到目前为止,LED已成功用于多种植物的栽培试验,包括莴苣、胡椒、胡瓜、小麦、菠菜、虎头兰、草莓、马铃薯、白鹤芋及藻类等。

植物在纯红光下表现出不正常的叶形,并且叶片的光合速率要小于白光或红蓝光混合光处理。Hogewoning等研究发现,红光处理下加入7%的蓝光即可改善光合机构紊乱的情况。红光基础上加入蓝光可以抑制下胚轴伸展和子叶伸长。Hernández和Kubota于2016年研究发现,地上干重随着蓝光比例从10%增加到75%而有所递减,并且伴随有叶面积的减小和叶片光合速率的增加。另外,纯蓝光抑制细胞扩展和分化,从而减小叶片的叶面积和光捕获能力。已经有研究报道,对于草莓、离体油菜籽苗和黄瓜,最优的红蓝光配比分别为7∶3、1∶3和9∶1。

LED在植物组织培养中的应用是基于LED技术的发展和植物组织培养环境调控而发展起来的。石镇源等于2012年研究不同光质对虎雪兰组培苗生理生化特性的影响发现,RBG(红∶蓝∶绿=4∶2∶1)处理下虎雪兰组培苗长势最好,而纯红、蓝光处理下长势相对较差。王玉英等研究不同光质对烟草组培苗生长发育发现,红蓝绿光质处理下的烟草组培苗增殖率最高,显著高于对照荧光灯127.2%。杨长娟等于2014年通过研究不同红蓝光质对洋桔梗组培苗增殖的影响发现,红蓝2∶1的处理下洋桔梗组培苗增殖量要显著高于红蓝1∶1和纯蓝光的处理。孙启文等于2013年研究不同光质对紫皮石斛生理特性的影响发现,不同LED光质对紫皮石斛组培苗生长代谢的影响明显不同,可以成为紫皮石斛组培苗的理想光源。陈星星等于2015年研究红蓝光配比为R/B=8∶2、R/B=7∶3、R/B=1和荧光灯处理对白长组培苗的影响时发现,R/B=8∶2处理下白掌组培苗的叶长、叶幅、根数、最大根长、根系活力、整株鲜重、地上鲜重和地下鲜重都达到最大值,最适合白掌组培苗生长。LED光源还应用在金线莲、莴苣、胡椒、菠菜、蝴蝶兰、白鹤芋、星辰花与龙胆等植物组培苗上,作物组培光源应用十分广泛。

食用菌作为人类的重要食物资源,除具有口感好、营养丰富的特点,还具有重要的药用价值和一定的观赏价值。LED作为农业照明光源在食用菌领域也获得极大的推广。食用菌对光环境因子的反应非常敏感,并且不同食用菌不同阶段对光的需求不同。为保证食用菌菌丝所处温室的生长环境良好,达到高产、高效的生产目的,LED波长单一、光强光质可调的优势可以作为食用菌生长过程中参数精准可调的光源。于丽丽等于2015年研究不同LED光质对平菇菌丝生长的影响发现,红光最适合平菇菌丝体的生长,橙光、绿光次之,黄光、蓝光、白光3种条件下平菇菌丝变化不明显。学者们利用平皿培养研究LED光源不同光质对灵芝、黑木耳、绣球菌和平菇菌丝生长的影响。其中,蓝光有利于灵芝、黑木耳菌丝体生长,对灵芝的菌丝体生长内源IAA代谢调控和三萜酸量均有显著影响;红光有利于绣球菌和平菇菌丝体生长;黄光对绣球菌原基形成有较强的诱导作用,且出菇同步性好。李巧珍等于2014年研究LED光照对刺芹侧耳(杏鲍菇)子实体形态和产量的影响发现,蓝光照射会使单菇菇盖变大、变厚,颜色变深,对提高刺芹侧耳产品质量起着非常关键的作用;孙雅洁等于2014年研究不同光质对杏鲍菇原基形成和子实体形态生长发育的影响,证明红光为杏鲍菇子实体原基形成和发育阶段的最适宜光质。不同种类的食用菌在不同生长阶段对光源的需求也不尽相同,LED光源的出现恰好可以满足食用菌对光源多样化的需求。

综上所述,LED光源的特性和已有研究均表明,LED作为植物照明光源可以广泛应用于植物栽培、温室补光、植物组培、植物工厂以及航天航空等领域,具有促进植物生长、调节植物形态建成、节能环保等多方面优势,是未来植物照明光源的重要发展趋势。

(2)养殖LED照明技术的进展。

人工照明是畜禽养殖业尤其是集约化家禽饲养业的重要手段之一,多年来在养殖业领域使用的人工光源主要有白炽灯、荧光灯等,不仅能耗较大,而且也缺乏针对畜禽需求进行有效的光质调控,影响畜禽生产效率的提高。申爱静等于2015年比较蛋鸡养殖中常用的白炽灯、节能灯和LED灯对蛋鸡生长的影响发现,LED灯较白炽灯和节能灯,具有节能、光线均匀、寿命长等优点。近年来,随着LED等单色光源的出现,国内外相关机构围绕畜禽对光色、光强与光周期等需求机理进行了深入研究,探明了畜禽对光环境需求的相关参数。蓝、绿光促进鸡的生长;橙、红光促进鸡的繁殖性能;红光可减轻和抑制鸡的啄癖等。通过研究发现,AA 肉鸡生长前期采用绿光或蓝光照射,生长后期采用蓝光照射,能显著促进肉鸡的生长发育和提高其生产性能;肉鸡生长早期(0~7 d)选用绿光照明,可不同程度地改善肉鸡小肠黏膜结构,提高小肠对营养物质的吸收能力,从而促进肉鸡生长发育;蓝、绿光可使视网膜面积、视网膜节细胞(RGC)总数增加;从视网膜的中央区到周边部,绿光组的 RGC 密度梯度下降幅度和蓝光组的 RGC 大小梯度增大幅度最明显。也有学者发现,蓝光可在一定程度上抑制肉鸡因注射脂多糖(LPS)刺激引起的体重下降和应激激素以及细胞因子 IL-1β 水平升高,并可提高细胞免疫功能和体液免疫功能。采用 LED 绿、蓝光及其组合研究其对 Anak 肉鸡生长的影响,结果表明 4 d 后绿光下鸡增重最大,10 d 后用蓝光照明进一步促进了肉鸡的增重。Xie 等于 2011 年进一步研究了单色光对 AA 肉鸡公鸡肠黏膜结构和免疫屏障的影响,通过对比不同日龄公鸡的小肠绒毛高度、皱襞深度,小肠的上皮内淋巴细胞、杯状细胞和免疫球蛋白细胞的数量,发现生长早期使用绿光而生长后期使用蓝光能增强小肠黏膜结构和免疫屏障。孟冬梅于 2009 年采用红光、蓝光和白炽灯全程调控 AA 肉鸡照明,在利用递减的光照制度提高肉鸡生长速度的基础上,发现红光和蓝光虽然降低了肉鸡早期的生长速度,但后期的补偿性快速生长使得最终的出栏重和饲料利用率等指标均优于传统自然光和白炽灯。Ke 等于 2011 年研究了不同 LED 光色对 AA 公鸡肌肉生长、品质及抗氧化性能的影响,结果发现 LED 蓝光下体重和屠宰率显著大于红光、白光、绿光;绿光与蓝光下公鸡的胸肌和腿肌的 pH 值、持水率以及蛋白质含量较高,但蒸煮损失、色泽、切力以及脂肪含量较低;另外,相比红光、白光,蓝光能显著促进过氧化物歧化酶、谷胱甘肽过氧化物酶以及总抗氧化性能,并降低胸肌和腿肌中的丙二醛含量,说明 LED 蓝光能够通过提高抗氧化能力来显著提高 AA 肉鸡的肉品质,效果优于红光。

我国学者通过对种鸡的光色、光强与光周期的优化指标研究,确定了调控光色、光强和光周期来改善鸡的生理节律、摄食行为、生长发育、繁殖性能的技术体系,消减了诸如禽产品"污染"(如药物残留、激素残留等)的负面影响,大大提高了鸡的生产潜力。

所有这些研究表明,LED 在畜牧业中的实际应用是可行的,通过适当的 LED 光照调节,能够显著促进畜禽生长,提高其免疫力,大大提高畜禽养殖的生产潜力。

(3) 水产养殖 LED 照明技术的进展。

光作为能量进入水域生态系统,不仅为鱼类生命带来必需的水生动植物能量,还可以独立地对鱼类的摄食、生殖、内分泌起着直接或间接的重要影响。鱼类生理学家研究得出了光照能显著抑制鱼类松果体合成与分泌褪黑激素的结论。前者对鱼类下丘脑-脑垂体-性腺轴具有一定的调节作用,鱼类褪黑激素则参与生殖、发育和生长方面的调节。人们发现,LED人工光照作为一种物理手段,不仅可以增加水产养殖生长效率,还可以促进鱼类生长、控制鱼类性腺发育,获得绿色高品质食品。王芳等研究发现,在中国对虾的集约化养殖生产中,与光照周期对中国对虾生长影响的研究结果相比,光照强度和光谱组成的选择更为重要。中科院等相关单位探究不同LED光色对皱纹盘鲍的生长、代谢和能量收支的影响发现,使用红色或橙色光源较为适宜皱纹盘鲍的营养性生长。蓝光LED和绿光LED对增殖贝类、改良贝类、降低线虫感染十分有效。波长为253 nm的紫外线照射海水,可以诱导鲍鱼、珍珠贝等多种海洋贝类放精产卵。高霄龙等于2015年研究养殖皱纹盘鲍人工育苗LED光质及光照时发现,在皱纹盘鲍的幼虫培育过程中,选择蓝、绿光并且从担轮幼虫期起开始光照,对提高苗种孵化效率、增加单位水体产量和促进鲍育苗技术发展具有重要意义。日本利用LED光谱进行光合作用来饲育浮游生物,不仅可以增加浮游生物的产量、加快浮游生物的成长速度,还可以调节浮游生物的营养成分,从而间接为养殖鱼类提供基础性食物,提高水产鱼类的成活率。不同品种以及不同的生长阶段的水生生物对光的响应也不尽相同。

这些研究表明,LED的单光谱特性对于研究光质对水产养殖生物的影响机理具有实践可操作性,这些研究成果将为促进水产养殖生物的生长发育提供技术支持和理论支撑。

(4) 海洋捕捞LED诱鱼技术的进展。

随着光电技术的飞速发展,LED在日本水产领域得到了广泛应用,从而使LED可以代替自然光,直接影响着海洋生物的生殖、发育、状态、数量和分布,以及海洋捕捞行业。集鱼灯经历了从煤油灯、白炽灯、金钨灯、金卤灯到LED灯的更新换代。LED集鱼灯可分为水上集鱼灯和水下集鱼灯,集鱼灯的灯光强度会对鱼类行为产生影响。2005年,日本开始利用LED集鱼灯来代替金属卤化物集鱼灯。2007年,日本建成世界首艘LED集鱼灯全装置渔船,在2009年建成第二艘。目前,日本大部分渔船都已配置了LED集鱼灯,也有金属卤素灯和LED集鱼灯并用的。由于LED集鱼灯透光率高、指向性强,光线可透过海水直达海洋深层,该技术的应用使日本的海洋捕捞量持续保持在世界前列。2015年,中科院工程热物理研究所成功研发出一款低功耗、高效率的LED诱鱼灯,较传统金卤灯在节省能耗的同时可以大幅提升捕鱼效率。而水下灯功率、种类、光色、光强分布对捕鱼效果也会产生影响。杨罗定于2010年在海峡两岸第十七届照明科技与营销研讨会上比较了LED诱鱼灯与HID灯,提出LED诱鱼灯的优势:节约大量能量,环保低碳;电压低,电流小,安全可靠;调节照度和光谱方便。陈清香等于2013年通过研究白光(偏绿光)LED水下灯和蓝紫光LED水下灯对蓝圆鲹(Decapterus maruadsi)和竹䇲鱼(Trachurus japonicus)的集鱼效果发现,白光LED对蓝圆鲹和竹䇲鱼的光诱效果显著优于蓝紫光 LED 灯的。因此从以上研究可以看出，LED 光源技术为提高海洋捕捞效率和减少捕捞的运行成本提供了实践可操作性。

(5) 植保诱虫 LED 照明技术的进展。

灯光诱杀作为化学防治的有效补充，已经成为害虫综合防治的一项重要措施。自 20 世纪 60 年代中期以来，国内外逐渐采用黑光灯或日光灯对棉铃虫等害虫进行诱集或驱避防治试验。昆虫对光的选择不仅仅是光照强度的选择，还有波长的选择。但不同种类的害虫对波长的要求不一致。Eldumiati 和 Levengood 发现，337 μm 的远红外线对美国棉铃虫等蛾类有极强的引诱性。但对于黑光灯，引诱作用较强的波长能量不是很高，而能量很高的波长引诱能力又不强，故对于棉铃虫和烟青虫虽有引诱力但引诱力很低。并且，不同波长及其该波长下光谱能量对不同发育阶段及生理状态的趋光行为有较大的影响。因此，在 LED 光源技术基础上研究害虫对光的趋光特性，为研制新的节能型杀虫灯提供了技术支撑和科学指导。例如，刘晓英等于 2009 年利用可调式 LED 灯对果蝇(Drosophila)的趋光性进行研究，发现光强较弱的黄绿光，即 560 nm 处波长对果蝇的趋性最强、诱捕效果最好。郑月等于 2010 年自制 LED 灯六面体装置对螺旋粉虱(Aleurodicus disperses Russell)成虫进行试验，结果表明，紫光灯的诱杀效果显著高于其他 5 种 LED 灯光源。Duehl 等于 2011 年通过研究发现，赤拟谷盗(Tribolium castaneum Herbst)对紫外光特别敏感，且采用该波长范围的 LED 灯配合聚集信息素，可使赤拟谷盗的捕获率达到 20%。唐良德等于 2015 年通过 8 种颜色色卡及其虚拟波长(多色白光、紫 380 nm、蓝 440 nm、浅蓝 461 nm、绿 510 nm、黄绿 540 nm、黄 580 nm、红 647 nm)和 5 种波长 LED(紫 405 nm、蓝 461 nm、绿 519 nm、黄 570 nm 和红 650 nm)，研究危害海南豇豆生产的豆大蓟马的趋性反应，研究结果发现，豆大蓟马对波长为 440~461 nm 的蓝光最敏感，蓝光诱虫灯可作为监测和防治豆大蓟马的一种有效手段。

人工光源作为现代农业的重要组成部分，在集约化种植、养殖以及其他领域中发挥着越来越重要的作用。传统光源如高压钠灯、白炽灯、荧光灯等，存在光质不能满足动植物需求、能量消耗大、不易调控等诸多问题，LED 光源的出现，为农业高效生产和节约能耗提供了可能。LED 光源不仅可发出光波较窄的单色光，如红色、橙色、黄色、绿色、蓝色以及红外等，并能根据动植物的不同需求任意组合，而且还是低发热特性的冷光源，可以近距离照射植物，提高空间利用率。其不仅能够为农作物的生长提供合理的光环境条件，减少农药、激素等化学品的使用，确保食品安全，而且还是低能耗的绿色光源，具有广阔的应用前景。

我国从事植物半导体照明的企业有 150 余家，主要分布在珠江三角洲和长江三角洲地区，分布范围逐年扩展。CSA Research 的数据(《半导体照明》，2015 年第

6期)表明,2014年,我国LED植物照明产品出口额为1100万美元,传统灯具仅1300万美元,但相对于3000余亿元产值的LED半导体照明产业仍是非常小的份额。2015年,我国植物照明产品产值为1.9亿元。我国是农业大国和半导体产业大国,发展现代设施农业半导体照明势在必行,其应用潜力巨大,产业规模诱人。

7) 医疗照明研究的进展

(1) LED健康照明与光医疗技术的概念。

光对于人的作用不仅仅是让人看清东西,它还可以促进人体对各种维生素和钙等物质的吸收,具有非常重要的光生物效应。通过对人眼视网膜上存在的第三类感光细胞——神经结细胞的研究发现,它通过对进入人眼的可见光辐射产生的生物性反应来控制人的生理节律、生物钟和人眼瞳孔大小,从而对人体的生理、心理健康等产生影响。光学技术不仅应用于照明,而且广泛应用于医学:通过对组织中的反射光、透射光、散射光,或者是组织被激发光激发后所产生的荧光(包括自体荧光和药物荧光)进行实时检测或成像来实现对不同组织体的鉴别,根据生物组织所特有的光学性质对组织进行分析;通过光子与生物体相互作用引发的一系列的生物化学反应,实现对生物组织的修复、消炎、镇痛和解毒等。LED灯是继白炽灯、日光灯以及节能灯之后的一种新型光源,由于其具有极高的发光效率,近些年市场份额正以惊人的速度日益扩大,逐步取代传统光源在生物医学中的应用。针对LED健康照明与光医疗技术,本书从健康照明和光医疗技术两方面进行阐述。

① 健康照明。在传统家居、商业装修中,人们往往容易忽略装修设计中的照明灯光运用部分,或者简单地只追求灯光够不够亮、设计美不美观等,而忽略了灯光环境对人体身心的影响。健康照明旨在呼吁人们关注照明灯光设计与运用的健康问题,改变人们装修设计时照明灯光运用的传统观念,倡导一种更健康、更绿色的健康照明新方案。健康照明就是通过合理的照明方式,改善并提高人们工作、学习、生活的条件和质量,促进心理和生理健康。

人造光源的发明,打破了人类日出而作、日落而息的生物节律,使人们可以自主地决定自己的作息时间。随着科技发展和社会生产力的提高,照明进入人们工作生活的各个领域,人类的工作效率和生物作息发生了极大变化。同时,人们不再满足于光对视觉功能的需求,而是转为研究光对于人体健康和舒适的更深层次需求。于是,光对人体所产生的生物效应越来越多地被研究者关注和重视。

光对人的生物效应可分为视觉效应和非视觉效应。

光的视觉效应:可见光穿过眼睛的角膜,通过晶状体成像在视网膜上,经感光细胞转化为生理信号,视神经接收后形成视觉,从而产生对空间中物体的颜色、形状和距离等信息的判断,还可以引起人的心理反应。与此有关的有两类视觉细胞:第一类是锥状细胞,感觉光度和色彩;第二类是杆状细胞,只能感知光度,但敏感度是前者的 10000 倍。锥状细胞对波长为 555 nm 的光最敏感,人们称之为明视觉;而柱状细胞的最大灵敏度发生在波长为 507 nm 处,称之为暗视觉。日常生活中的许多现象属于光的视觉效应,如暖色光(如粉红色和浅紫色)使整个空间具有温暖、轻松的气氛,同时使人的皮肤、面容显得更健康;蓝、绿色的光会使人感觉凉爽;强烈的多彩照明可以让气氛变得活跃和生动,增加繁华热闹的节日气氛等。

光的非视觉效应:人眼视网膜上存在第三类感光细胞——内在光敏性视网膜神经节细胞(intrinsically photosensitive retinal ganglion cell,ipRGC),负责调节机体视觉以外的非视觉效应,比如管理时间的功能,协调和控制人在不同时段里的活动节律和幅度。

这种非视觉效应也称为司辰视觉效应,是英国 Brown 大学的 Berson 教授发现的,是 2002 年世界十大发现之一。ipRGC 在人体大脑中有自己的神经传输网络,与视觉神经传输网络有很大的不同。接受光后,ipRGC 产生生物电信号,传递到下丘脑,之后进入视交叉上核和脑外神经核,最后达到松果体。松果体是大脑生物钟的中枢,它会分泌褪黑素,褪黑素合成后,储存在松果体内。交感神经兴奋支配松果体细胞释放褪黑素到流动的血液中,并诱导自然睡眠,因此褪黑素是调节生理节律的一种最重要的激素。褪黑素的分泌具有明显的昼夜节律,白天分泌受抑制,晚上分泌活跃。但交感神经的兴奋度与达到松果体的光的能量和颜色密切相关,光色和光照强度会影响褪黑素分泌和释放。除了调节生物钟,ipRGC 对人体心率、血压、警觉性、活力等也会产生影响。此外,光引起的生理损伤也归到光的非视觉效应。

现在越来越多的办公室,为了节电开始减少照明,全天使用同一种亮度、色温的照明,这无形中影响了人的感光舒适性,导致工作效率低下。究其原因,主要是这种照明方式打破了人体昼夜节律的平衡,而只有理解昼夜节律、迎合昼夜节律的照明才能引领未来的健康照明趋势。

昼夜节律指一个人主要的生物周期,即睡眠—清醒周期。就像所有生物周期一样,昼夜节律受体内生物钟控制,生物钟的启动和重置受光刺激调节。一个人的清醒—睡眠周期与地球上的自然光—暗周期同步,这是昼夜光刺激进入眼睛和身体生物反应的作用。

昼夜节律与人类的活动关系密切,人体生理功能、学习与记忆能力、情绪、工作效率等有明显的昼夜节律波动。光线作为人体昼夜节律系统主要驱动力之一,无论是阳光还是人工照明光线,都会引发一连串的生理节奏反应。因此,合理的昼夜节律照明,对一个人在白天保持警觉清醒和夜间保证良好睡眠有着重要影响。尤其在冬季漫长、缺少阳光的几个月里,长期室内工作的人们由于缺少阳光照射会导致体内生物钟紊乱。

健康的照明方式能刺激视网膜上的神经节细胞,抑制褪黑素的分泌,提高体内皮质醇的浓度,改善不适状态。与其他众多光源相比,LED更适合调节生理节律,因为传统光源不容易得到相对集中的光谱,并需要避免过量的热辐射。

不同人群对色温的偏好千差万别,通常来说,3000～6000 K的色温被认为是较为理想的,其中4000～5000 K的色温尤为受欢迎。根据个人需求来调节照明环境,成为办公、学习和生活健康照明的关键。

注意,逾量的光辐射会对人类生产、生活环境造成不良影响,即产生光污染,包括可见光、红外线和紫外线污染。人们能直接感觉到的主要是可见光污染,可见光污染较常见的是眩光,如黑夜迎面射来的汽车灯光,强阳光下城市高大建筑物玻璃幕墙的反射光等;电焊弧光、熔融的金属液和玻璃液产生的强光也会对人的眼睛造成伤害。辐射危害已被世界卫生组织列为继"空气、水、噪声"外的人类所面临的第四大环境安全问题。光辐射是辐射的重要组成部分,紫外线辐射和蓝光辐射对人体的危害尤其显著,光辐射危害主要体现在眼睛的近紫外辐射损伤、视网膜的蓝光光化学损伤和辐射的热损伤等方面。

健康照明是一个现代的产物,旨在利用LED技术营造更健康、安全、舒适的照明环境,主要是推出一系列LED健康照明产品(包括医用照明灯具产品),具有高发光效率、无频闪、无辐射、寿命长等众多优势。健康照明体现人类生活水准达到一个全新的高度后对生命健康的前所未有的重视,是涉及集成电路、计算机、通信,尤其是LED半导体光源等现代科学技术的交叉学科。

② 光医疗技术。光医疗技术分为两大类:光诊断医学技术与光治疗医学技术,前者是以光子作为信息载体,后者则以光子作为能量载体。

目前,光诊断医学技术的研究方向大致可以分成组织光谱诊断和组织成像诊断。其中组织光谱诊断主要包括吸收光谱、反射/漫反射光谱、激光诱导自体/药物荧光光谱、弹性散射光谱、拉曼散射光谱和时间分辨光谱等;而组织成像诊断包含反射光谱成像、自体/药物荧光成像、时间分辨荧光寿命成像、光断层层析成像、光学相干层析成像、双(多)光子激发共焦显微术、偏振干涉成像、光断层摄影术、激光光声成像、超快时间分辨成像、散射成像、红外热成像、二次谐波等非线性光学成像等。

具体来说,光谱诊断技术实质上是利用从组织体反射、散射或发射出来的光,经过适当地放大、探测以及信号处理,来获取组织内部的病变信息,从而达到诊断疾病的目的。例如,拉曼光谱就是以物质特定的分子振动光谱来识别和区分不同的物质结构,成为研究物质分子结构的有效手段。人体各种组织、细胞的形态和生物功能各不相同,但都是由蛋白质、核酸、脂类和碳水化合物等生物分子组成,每一种物质都有其特征的拉曼光谱。组织和细胞发生癌变总是从构成它们的分子开始,癌变过程中各种生物分子的构型、构象及各成分的构成比例发生变化。这些早期的变化并不引起临床症状和医学影像学的变化,而拉曼光谱可反映分子的精细结构、振转结构,能够从分子水平上检测出这些变化。除此之外,光谱诊断技术还有生物组织的自体荧光与药物荧光光谱技术,其中涉及光敏剂的吸收谱、激发与发射荧光谱,以及各种波长激光激发下正常组织与病变组织内源性荧光基团特征光谱等。

光治疗医学技术是应用日光、人造光源中的可见光线和不可见光线防治疾病的方法。光子通过和生物组织体吸收、反射、折射、散射、发光、光化学、光声等作用方式引起光热、光化学、光机械、光声等效应,达到治疗细胞、组织和有机体的目的。光医疗始于日光疗法,早在公元 2 世纪就有了日光疗法的记载,人工光源始于 18 世纪末。至 19 世纪中,可见光、红外线、紫外线等光医疗相继形成,随后于临床治疗的各领域中得到广泛的应用和不断发展。

目前,光医疗方法主要包括紫外线疗法、可见光疗法、红外线疗法和激光疗法。

紫外线作用于人体,引起一系列化学反应,有消炎、止痛、抗佝偻病的作用,常用于治疗皮肤化脓性炎症和其他皮炎、疼痛症候群、佝偻病或软骨病等;波长为 310~313 nm 的紫外线称为窄谱中波紫外线(NB-UVB),集中了紫外线中生物活性最强的部分直接作用于皮肤患处,同时过滤掉对皮肤有害的不良波段紫外线,副作用小、起效时间短、见效快,已在各大医院广泛用于银屑病、白癜风、慢性湿疹、神经性皮炎、特应性皮炎、掌跖脓疱病、玫瑰糠疹、斑秃、副银屑病、皮肤慢性溃疡、蕈样肉芽肿等疾病的治疗。

可见光就是人眼能看到的光线,用可见光治疗疾病的方法为可见光疗法。主要包括红光、蓝光、蓝紫光及多光谱疗法。红光具有兴奋作用;黄光、绿光与红光作用相反;蓝紫光可用于治疗核黄疸。

红外线可改善局部血液循环、促进肿胀消退、镇痛、降低肌张力、缓解肌痉挛及干燥渗出性病变。

激光为受激辐射光放大产生的光,具有发散角小、方向性好、光谱纯、单色性好、能量密度高、亮度大和相干性好等特点,具有热效应、机械效应、电磁效应,可用于许多疾病的诊治。

1903 年,芬森(Finsen)开创性地使用紫外线灯治疗皮肤结核,开启了现代光医疗的新篇章。随着科技的进步,光医疗光源经历了从日光、宽光谱人工光源到单一谱线激光光源的发展,使得治疗更为有效。大量研究证实,光医疗在多种疾病的治疗上具有良好疗效,尤其是无创光医疗(弱光治疗(low level light therapy,LLLT)),其能产生良性生物刺激、应答反应和光化学效应,从而调节多种机体功能,如血液功能、神经冲动传递、酶的活性、代谢和免疫等,因对靶组织无不可逆损伤,临床上得以广泛应用。作为一种新型光源,LED 具有寿命长、体积小、价格低、安全系数高等优点,尤其是第三代半导体材料与半导体照明技术的发展,使 LED 波长几乎覆盖全光谱,为不同疾病的光医疗需求提供可能。此外,随着传统半导体工艺向柔性半导体工艺转化,LED 可穿戴医疗设备成为可能。2014 年,飞利浦公司率先研发出用于治疗银屑病的可穿戴 LED 设备,开启了 LED 医疗应用的新方向。近年来,随着国内 LED 芯片技术和半导体工艺的快速提升,在该领域与国际的差距正在迅速缩小,并已呈现赶超趋势,为我国研发具有自主知识产权的光医疗器械提供了可靠的技术支撑。

(2) 国内外 LED 健康照明与光医疗技术产业现状。

① 健康照明产业现状。随着光照对人体健康的影响机理研究不断深入,关于光品质、健康医疗光照有太多技术和应用讨论。"2017 国际健康照明论坛"把视线聚焦在了"光(light)、智能(smart)、健康(health)"上,来自国内外相关领域的专家共同对健康光环境与智能照明应用等议题进行探讨与交流。

于是,不少企业开始在这个新的风口布局,诸多照明大企业争相转战健康医疗领域,并且争先打出健康照明理念,推出高品质健康照明灯具。像飞利浦公司、GE 公司等都曾推出健康 LED 照明产品,以帮助人们尽早入睡。飞利浦公司更是多次开发出医院照明用的 LED 灯及照明系统,想要为患者提供一种减少焦虑、舒适的康复环境,同时帮助医护人员更好地完成工作。此外市面上诸如护眼灯、光生物安全灯等健康照明概念灯具也已出现。

而在医用照明领域,境内外现已形成竞争格局。

境外的医疗照明灯具生产企业比较集中于欧洲,尤其是德国和法国,如德国的马克博士(Drmach)、马丁(Martin)、贺利氏(Heraeus)、迈柯唯(Maquet、Healforce)、德尔(Dragor)、百合(Berchtold)等公司;法国的迈外(ALM、Herus、Hannuex)、喜万年(Sylvania)、肯莎维(Kenswick)等公司;美国的 AMOSCO 公司(AMOSCO 的无影效果其实很好,但由于外观过于笨重,在国内的市场占有率并不高)、美国医用照明(NUVO)、波顿(Burton)、Midmark 等公司;中国台湾的三丰集团(中国台湾地区最大的医疗照明灯具企业)、美迪兰(Mediland)、雅科美德等公司。

医疗照明灯具属于医疗器械范畴,发达国家在这方面也刚刚起步,国内与国外企业差距相对较小,而且医疗照明灯具行业是一个多学科交叉、知识密集、资金密集型的高新技术产业,准入门槛高。

目前国内医疗机构的整体医疗装备水平还很低。在全国基层医疗卫生机构的医疗器械和设备中,有相当一部分是老式产品,急需更新换代。国内从事 LED 医疗无影灯具的生产企业较少,主要分布在上海、山东、江苏等地,如上海医疗器械股份有限公司医疗器械五厂、上海汇丰医疗器械股份有限公司、上海医达医疗器械有限公司、山东铭泰医疗设备集团有限公司、山东育达医疗设备有限公司、江苏科凌医疗器械有限公司、汕头市福利医疗器械厂等。其中,上海医疗器械股份有限公司医疗器械五厂是生产手术无影灯规模最大的一家企业,其市场占有率达到50%～60%,除此之外,上海汇丰医疗器械股份有限公司、汕头市福利医疗器械厂等几家企业生产规模较大,实力也较强,力量雄厚,在无影灯市场上占有重要地位。

国内的医疗照明灯具产业集中度较高。长江三角洲、珠江三角洲及环渤海三大经济区域依靠本地区的工业技术、科学技术人才、临床医学基础及政策性优势成为医疗器械产业的三大产业聚集区。三个区域的医疗照明占国内医疗照明市场约90%以上的份额。灯具的价格、质量十分参差不齐,各家医院自身的情况和要求均不相同,国内的医疗照明灯具企业主要是模仿欧洲的产品(如马丁(Martin)、创孚(Trumpf)、德尔(Dragor)等知名企业),质量没有进口的优良,但近几年来通过生产工艺改进,质量有了较大的提高,价格便宜。而韩国和日本的医疗照明灯具款式单一,使用功能和性能无法满足国内医院的使用要求,与国内的医疗照明灯具企业相比,日韩企业进入国内医疗照明灯具配套还有一定的差距。

LED在医疗照明领域的应用现状是方兴未艾、中外同步、机会均等。经过多年的发展,国内医疗照明产业取得了可喜的成果。但和国际先进国家相比,整体上质量、数量及技术水平存在着一定差距,国内医疗照明行业的组织结构、规模经济、产品结构、性能指标、质量管理等多方面也存在差距。国内的医疗照明产业规模只占世界的3%,远不能满足国内卫生健康事业的需求;目前,国内市场上高端医疗照明灯具被国外或跨国公司占领的局面并没有改变。

② 光医疗技术产业现状。随着半导体技术的不断发展,第三代半导体材料凭借优良的性能极大地推动了LED照明领域的发展,LED在生物医学方面的应用也正日益扩大并呈良好的发展前景。

以内窥镜为代表的光诊断医学技术产业已得到了长足的发展。国内外医用内窥镜品种很多,几乎所有体腔、管道均有其相应的内窥镜存在。内窥镜是一种常用的医疗器械。由可弯曲部分、光源及一组镜头组成。经人体的天然孔道,或者是经手术做的小切口进入人体内。使用时将内窥镜导入预检查的器官,可直接窥视有关部位的状况。图像质量的好坏直接影响着内窥镜的使用效果,也标志着内窥镜技术的发展水平。内窥镜的发展趋势是:探头细径化,变频,兼容性强以及图像处理自动化;将计算机技术与超声内镜技术相融合,自动分析数据、自动诊断;远距离传输图像,使专家的远距离会诊变成现实。

光子可以刺激机体产生一系列的生理生化反应,产生调节、增强或者抑制组织/机体的作用,调整机体的病理状态,从而达到治疗疾病的目的。其中,红光可使组织毛细血管密度增加,改善创面肉芽组织微循环,促进腺嘌呤核苷三磷酸(ATP)的合成,刺激蛋白质合成;促进细胞母纤维增生,加强细胞分化,使新生上皮组织再生,促进损伤组织及骨组织修复;改善细胞活性,缓解疼痛和消炎。蓝光可以穿透生物的细胞膜和细胞核,破坏脱氧核糖核酸(DNA)的分子键,使其失去复制能力或失去活性,达到杀菌的目的。紫外线可以促进人体皮肤生成维生素 D_3,促进肠道对钙、镁和磷酸盐等离子的吸收,维持血清钙、磷浓度的稳定。

与此相关的光治疗器械市场是一个极具发展潜力的市场,特别是随着中国医疗体系的改革和生活节奏的加快,以及人们对生活质量和健康的日益重视,这一市场的前景已经变得更加广阔,这是一个庞大的市场蛋糕。同时,由于在中国医疗器械的市场中,绝大多数厂商为中小企业,相对缺少强势的品牌,市场秩序相对比较混乱。现有的光医疗设备以美容仪、理疗仪等为主,常见的有紫外线白癜风光医疗仪、窄带 UVB 银屑病治疗仪、用于消炎镇痛的红外理疗仪、光学脱毛仪和用于美容的光子嫩肤仪等,其中家用理疗治疗仪器的价格多数集中在 200～1000 元的范围内。但市面上产品品牌众多,良莠不齐,治疗效果不一,甚至还有很多假冒伪劣产品。

中国的医疗器械市场是个还不够成熟、相对混乱、低层次的竞争市场,各类产品虽然名目繁多,但大品牌的产品很少。从目前的态势看,保健品和器械市场相对要差很多,无论从市场的宣传力度上来看,还是从市场的认同感来看都是如此。主要原因还是企业规模有限,产品良莠不齐,无论是从企业的知名度还是从产品的美誉度来看,都是令人失望的。

2000 年以来,康复保健器械和控制医院感染源的产品市场需求也在增长。由于我国人口的逐步老龄化,人民生活日益富裕,人们越来越重视保健和愿意购买康复器材,家用保健器械的销售量大幅度增长,医院和各级诊所也都普遍购置物理治疗仪器,以使病人早日康复。在药品出口市场不景气的情况下,国产医疗器械始终保持稳定增长的良好势头,显示了广阔的市场前景。近年来我国医疗器械的销售呈持续上升态势。

随着社会对医疗健康、医疗事故以及环保、能耗等方面的重视,LED 光医疗越来越引起社会的关注和重视。LED 光医疗需求也正在不断增长,众多的厂商表示将积极研发 LED 光医疗产品以替代目前的产品,因而 LED 光医疗将是国际医疗发展的趋势,其已经从初期的市场试探阶段逐步进入市场加速发展阶段。

市场需求在不断增长,国外大量的设备涌入国内,但是昂贵的价格给许多医院及病人带来很大的经济压力。所以投入大量的人力和财力进行光医疗器械的研究与开发应该得到科技工作者和企业的重视。LED 光医疗的技术在不断进步,面对今后的竞争,国内医疗器械无论是在技术研发还是在品牌建设方面都还需要加强。可以预见,未来几年国内竞争对手将会增加,因此国内应该引导技术领先的龙头企业,提高产业集中度,树立国内品牌,最终实现可以与国外进口光医疗产品相抗衡的目标。

(3) 光健康与光医疗技术发展现状。

国外很多学者已就光与生物作用机理开展了大量研究。国际上比较有代表性的有美国哈佛大学医学院附属麻省总医院的 Hamblin、俄罗斯激光技术研究中心的 Karu、巴西圣卡洛斯联邦大学的 Parizotto 等。他们认为光医疗在细胞水平上的作用机理归因于线粒体细胞呼吸链上的细胞色素 C 氧化酶对光的吸收,这会引起更多的 ATP 合成,从而增加核糖核酸和蛋白质的合成;同时,光医疗使一氧化氮(nitric oxide,NO)过度结合引起的线粒体吸收被抑制现象得到改善和扭转,从而使氧分子结合到位点并恢复细胞呼吸以及产生活性氧簇(reactive oxygen species,ROS),从而有益于组织修复和多种疾病的治疗。我国虽有诸多团队对光医疗的生物学效应研究给予了关注,但研究侧重点多集中于光在分子和细胞层面上的效应,且研究方向呈散点式分布,缺乏系统性设计,目前光医疗的基础研究的广度和深度还不够。

在心血管研究领域,LED 的研究仍极为有限。2009 年,张荣首次报道 670 nm 光能够通过促进 NO 生成,抑制缺氧/复氧引起的心肌细胞损伤。2016 年,Capalonga 等报道红光 LED 可以提高心衰大鼠的心脏功能。在代谢疾病研究领域,有研究发现,LED 光医疗可以减少破骨细胞引起的骨吸收,调解骨稳态平衡,增强成骨样细胞的增殖分化,但研究仅涉及 630~635 nm 光源。UVB 能够提高血清中维生素 D 水平,在治疗老年人骨质疏松和降低骨折风险方面有很好的应用潜力,基于紫外波段的 LED 光医疗是否具有相同的刺激作用尚不清楚。在皮肤疾病领域方面,研究发现,蓝、绿、黄、红以及红外等多种波长的 LED 光医疗均能够促进皮肤创面愈合,表现出与激光无创光医疗相似的疗效,但鲜有不同波长的比较性研究,对于最佳治疗作用的波长仍不十分清楚。在神经系统疾病研究领域,动物和临床研究均发现,红光和红外波长的多种波长激光可以有效缓解多种慢性神经损伤性疼痛,相关机理研究发现,光医疗能够刺激内源性镇痛物质释放,具有一定抗炎作用,能够抑制外周神经信号的传入及胶质细胞的功能。在免疫相关疾病方面,初步的基础研究提示,LED 光医疗可能通过多种路径调节机体免疫功能,从而可能对多种免疫相关疾病发挥潜在的治疗作用。由于缺乏标准化的治疗参数,研究中所用的光医疗参量各异,导致各个研究疗效差异明显以及疗效不稳定,甚至得出相反结论。

光与生物的作用机理研究是一项庞大复杂的工程,光子与组织分子的相互作用是其始动机理,由始动机理引起的相应的生物反应是其次生机理。许多研究都试图阐明LED的光生物调节效应的机理,而忽略了光子与组织分子相互作用这一初始机理。此外,在实验研究和临床研究中,光医疗中各种光学参数(波长、功率密度、能量密度和脉冲条件等)的设置主要是凭经验设定,而光医疗又具有明显的参数依赖性,光学参数的不统一,导致其疗效存在一定的差异性,从而严重制约了光医疗的应用推广。

综上,虽然LED无创光医疗在部分疾病(骨质疏松和骨代谢、心血管、神经痛、皮肤创伤以及免疫相关性疾病)中的作用机理和治疗作用已有报道,但相关研究仍缺乏深度和系统性。更重要的是,限制无创光医疗本身发展的瓶颈问题,比如量效关系不清、效应机理不明确、有效与安全性缺少循证医学研究、缺乏相应的临床治疗指南和规范等,仍未得到解决。对上述瓶颈问题的解决将极大促进我国LED无创光医疗技术的发展,并推动我国医疗技术在这一领域取得新的突破。

8) 汽车LED照明的进展

LED用于汽车灯具,因为其功能、重要性的不同,对LED的可靠性、光电效率、使用环境等要求均有差异。汽车灯具系统的分类如图2.2.43所示。

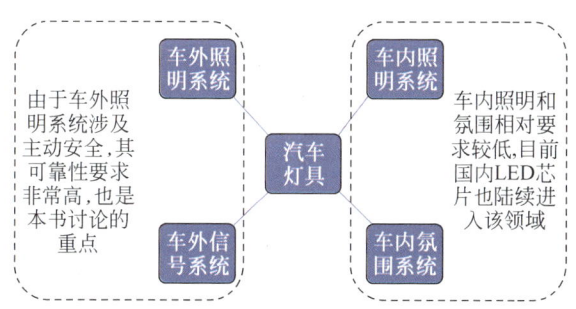

图2.2.43 汽车灯具系统的分类

现阶段,因为卤素前照灯在成本上比LED前照灯具有较大的优势,将在一段时间内保持卤素前照灯与LED前照灯共存。卤素前照灯只能实现传统照明功能,主要用于10万元以下的经济型轿车。LED的发光及控制原理,也为汽车灯具的电子化、智能化提供了很好的物理基础,能够更好地为"人"和"机器"提供夜间良好的照明。近年来,在中高级车上,基于LED光源领域发展成熟并被大量使用电子控制技术,如自适应前照灯(AFS)及自适应远光灯(ADB)等,如图2.2.44所示。

① 自适应前照灯(adaptive front lighting system,AFS),功能定义示意图如图2.2.45所示。

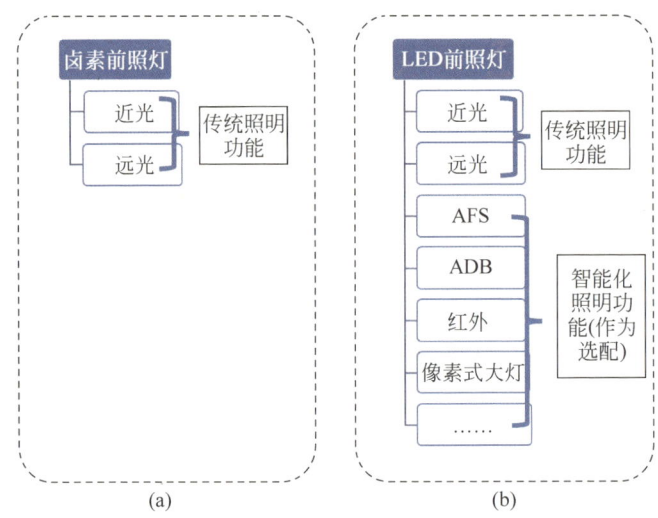

图 2.2.44 LED 照明灯具技术

(a) 大部分搭载在 10 万元以下的 A 级车；(b) 大部分搭载在 10 万元以上的 B/C/D 及豪华车

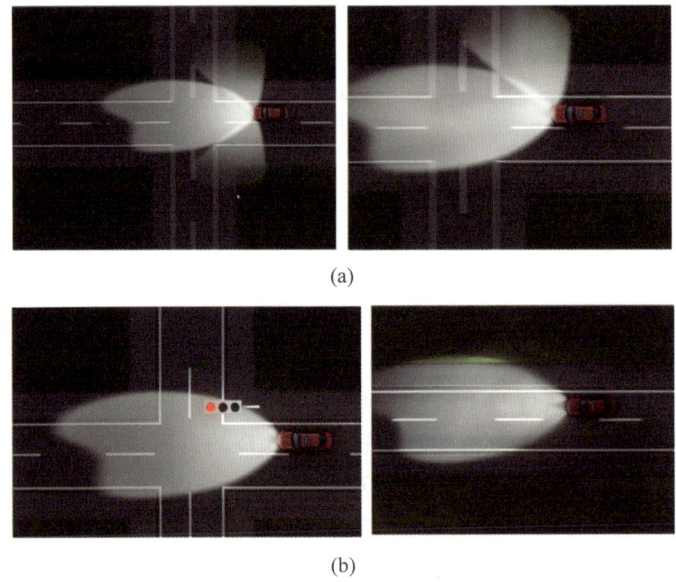

图 2.2.45 AFS 功能定义示意图，AFS 的功能可以由主机厂根据用户需求自行定义

(a) 城市道路模式和城市弯道照明模式。光束宽且对称，防眩光干扰其他车辆，增强弯道内侧照明，提升弯道转向安全性。(b) 城市节能模式和市郊道路模式。在道路照明良好情况下，提供比市区道路更远的照射距离。(c) 远、近光全开模式和动态弯道模式。光束变小且远，以防前方和侧方车辆眩光，为转弯方向提供额外照明。(d) 高速公路照明模式。光束变小且远，以防前方和侧方车辆眩光。

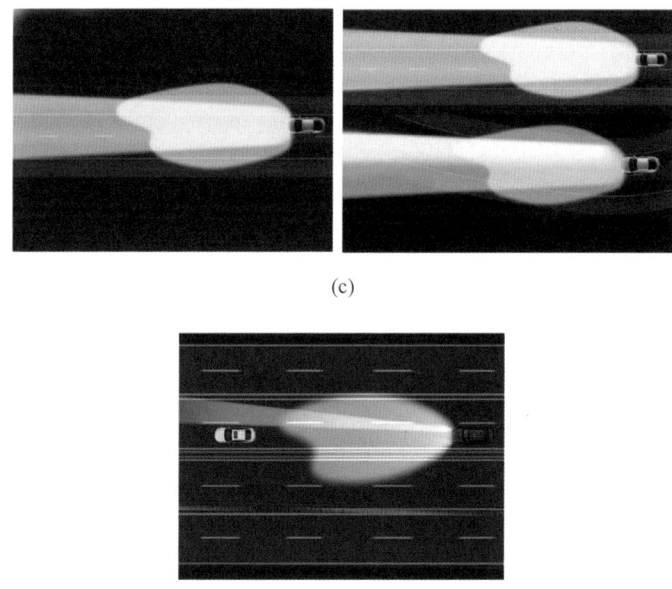

图 2.2.45 （续）

② 自适应远光灯(adaptive driving beam system,ADB)，自适应远光原理示意图如图 2.2.46 所示。

当车辆检测到前方车辆时，可以关闭相应光束，规避对方或前方车辆炫目，产生不安全因素。

③ 主动红外夜视。普通照明和主动夜视系统探测距离如图 2.2.47 所示。

雨雪雾及强光环境下，摄像头获取信息出现挑战时，主动红外夜视系统可以让摄像头获得更远距离处、更加稳定的图像质量，冷态物体和道路标志清晰可见。

目前我国汽车灯具行业已经形成了"一超多强"的竞争格局。"一超"是华域视觉科技（上海）有限公司（原上海小糸车灯有限公司），其主要为一汽大众汽车有限公司（以下简称"一汽大众"）、上汽大众汽车有限公司（以下简称"上海大众"）、上汽通用汽车有限公司（以下简称"上海通用"）等大型整车生产企业配套。"多强"是以法雷奥市光（中国）车灯有限公司（以下简称"法雷奥市光"）、广州斯坦雷电气有限公司、天津斯坦雷电气有限公司（以下合称"斯坦雷电气"）、长春海拉车灯有限公司、北方海拉车灯有限公司、长春一汽富维海拉车灯有限公司（以下合称"海拉车灯"）、马瑞利汽车零部件（芜湖）有限公司、马瑞利汽车照明系统（佛山）有限公司（以下合称"马瑞利汽车"）、大茂伟瑞柯车灯有限公司为代表的外资企业，以及以常州星宇车灯股份有限公司为代表的民营上市企业。

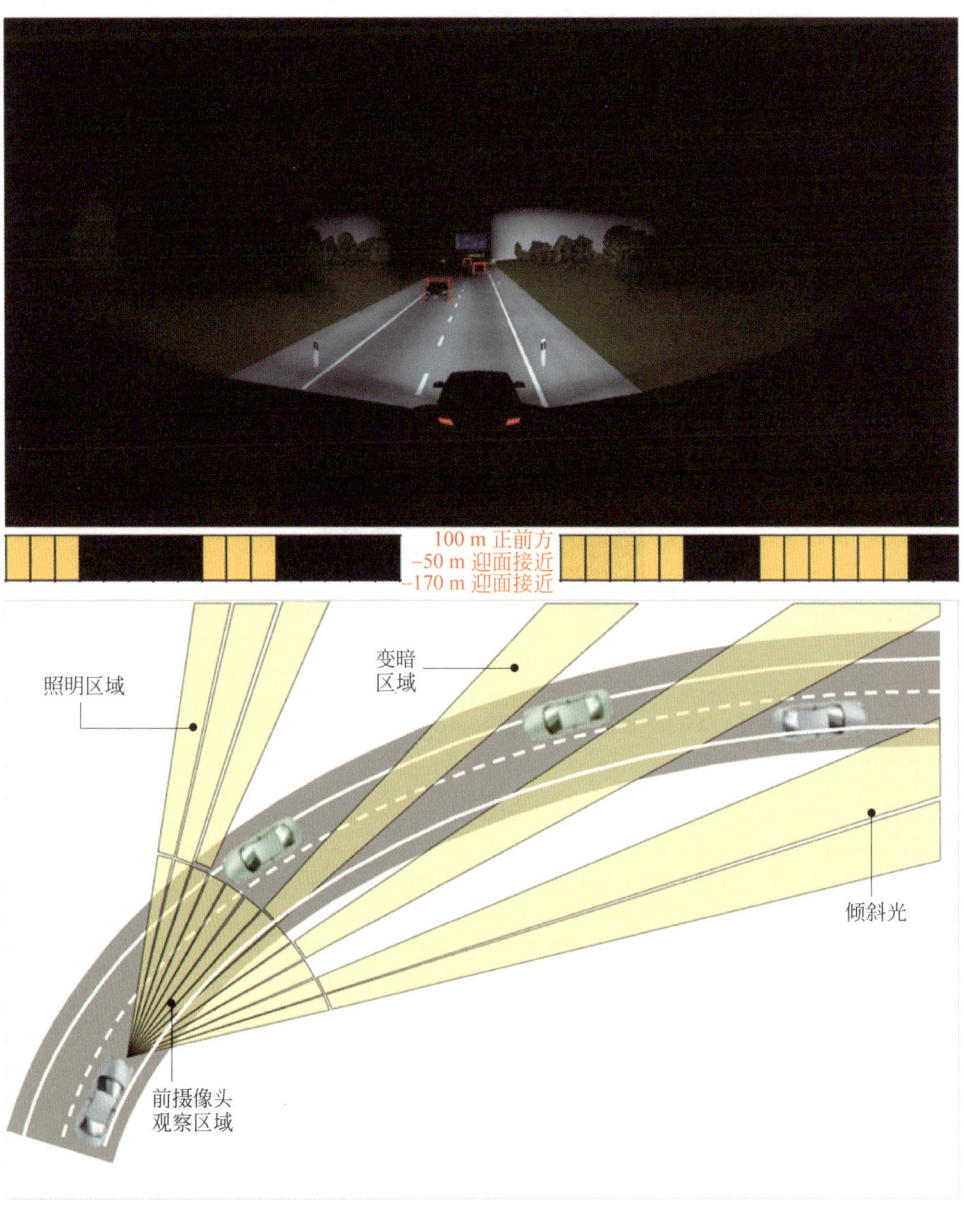

图 2.2.46　自适应远光原理示意图

中国汽车车灯行业不属于限制投资的行业,属于竞争较为充分、市场化程度较高的行业。为整车生产企业配套的供应商需要经过严格的体系认证,少数大中型企业凭借领先的研发技术能力、可靠的产品质量才能入围。目前华域视觉科技(上

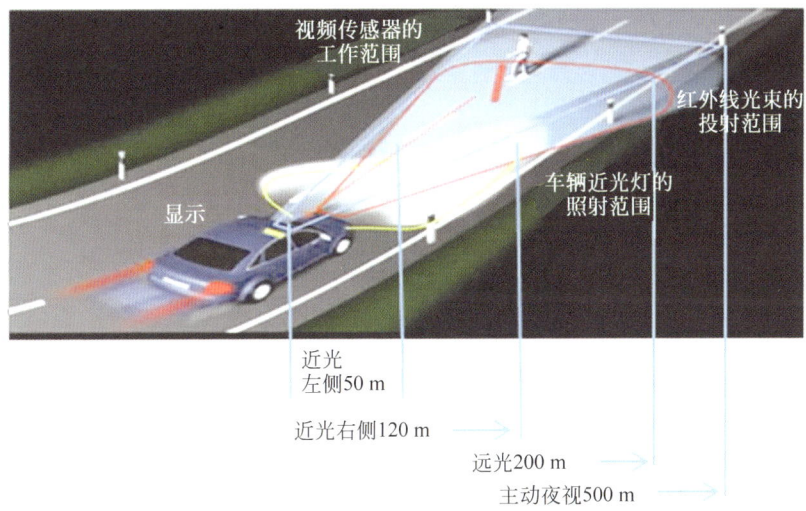

图 2.2.47　普通照明和主动夜视系统探测距离示意图

海)有限公司、斯坦雷电气、海拉车灯、法雷奥市光、马瑞利汽车等外资车灯企业和常州星宇车灯股份有限公司等少数内资大型车灯企业所占的市场份额较大。

前面已提到,由于车外照明系统涉及主动安全,其可靠性要求非常高。然而 LED 汽车灯具不仅仅是一个光源的替代,其可靠性受到电源、驱动、控制、LED 芯片及 LED 灯具其他结构的影响,是一个系统工程。这就要求灯具总供应商在结构、光学、电子、热管理等方面有较强的系统整合能力,所以目前 OEMLED 灯具的生产及供货基本上集中在表 2.2.4 中主要的几家灯具大公司。

表 2.2.4　汽车灯具主要供应商

序号	公　司　名　称	类型	主　要　客　户
1	华域视觉科技(上海)有限公司	国企	一汽大众、上汽大众、上汽通用、长安、广汽等
2	常州星宇车灯股份有限公司	民企	一汽大众、上汽大众、上汽通用、奇瑞、广汽等
3	法雷奥市光(中国)车灯有限公司	合资	东风日产、一汽大众、长安福特、吉利等
4	长春海拉车灯有限公司	外资	一汽大众、华晨宝马
	嘉兴海拉灯具有限公司	外资	上汽大众、一汽大众、吉利等
	北方海拉车灯有限公司	外资	北京吉普、江铃汽车
	长春一汽富维海拉车灯有限公司	合资	一汽大众等

续表

序号	公 司 名 称	类型	主 要 客 户*
5	大茂伟瑞柯车灯有限公司	外资	长安福特、长安汽车等
6	南宁燎旺车灯股份公司	民企	上汽通用五菱
7	马瑞利汽车零部件有限公司	外资	福特、本田、菲亚特
7	华中马瑞利车灯	合资	长安福特、长安汽车
8	广州斯坦雷电气有限公司	外资	广汽本田、东风本田
8	天津斯坦雷电气有限公司	外资	一汽丰田

* 表中均用简称。

从应用部位上看,LED车外照明、信号市场规模大概为LED车内照明、氛围功能的两倍,未来LED车外照明市场规模将会快速增长,而LED车内照明将会出现萎缩,主要原因在于LED车内照明主要为小功率,目前市场占比已经较高,价格下滑速度大于成长速度,而LED车外照明如雾灯、远近光灯等大功率照明保持着较快的成长速度。然而,全球车用LED厂商中,欧司朗公司、日亚化学工业株式会社(以下简称"日亚化学公司")、Lumileds公司三巨头所占市场份额超过70%,处于垄断地位,其他厂商还有首尔半导体、斯坦雷、Dominant、科锐、三星等公司。欧司朗公司占比最大,目前业内少有对手能与之抗衡,其主要优势为产品线丰富、与许多下游顶级OEM及车灯供应商保持着稳定的合作关系。

中国LED芯片在汽车车内、日用、路灯照明方面使用量巨大,但在安全性、可靠性要求高的车外灯具上使用量是极小的,LED厂商还没有进入照明类车灯市场。近年包括三安光电公司、鸿利智汇集团股份有限公司(以下简称"鸿利智汇")、深圳市瑞丰光电子股份有限公司(以下简称"瑞丰光电")在内的公司都在LED汽车照明市场进行布局,其中三安光电公司的子公司芜湖安瑞光电有限公司实现信号类车灯的销售,鸿利智汇公司与中国台湾地区的晶元光电股份有限公司(以下简称"晶元光电")也已签订大额芯片采购合同,用于未来车灯产品。

9) LED可见光通信技术的进展情况

随着计算机、智能设备的迅速普及,移动数字终端的范畴发生了革命性的变化,给传统接入网络技术带来了巨大的考验。光纤到户"最后一公里"的困境,无线接入网频谱资源的紧张,光载无线通信(RoF)技术的不成熟和电磁辐射都制约着这一瓶颈的突破。当今世界正在演绎着一场接入方式的深刻变革,社会迫切需要一种拓宽频谱资源、绿色节能、可移动的网络接入方式,在此背景下,可见光通信应运而生。

自2000年可见光通信概念首次提出后,迅速获得了世界各国的关注和支持,在短短几十年得到了迅猛的发展。从几十兆比特每秒到500 Mbit/s,再到1.5 Gbit/s,

传输速率不断提升,从离线到实时,从低阶调制到高阶调制,从点对点到多输入多输出(MIMO),技术发展一日千里。可见光通信被《时代周刊》评为2011年"全球50大科技发明"之一。

目前我国在调制带宽拓展、实时传输速率、融合网络架构等方面的核心技术与关键指标达到当今国际先进水平。2013年,科技部在国家"863计划"和国家"973计划"中设置可见光通信研发项目;2014年和2015年,广东省和河南省分别设置了可见光通信重大专项;2016年,可见光通信列入国家重点研发计划。首个国家"863计划"项目"可见光通信系统关键技术研究"由中国人民解放军信息工程大学牵头,东南大学、北京大学、清华大学、北京邮电大学、复旦大学、中科院半导体研究所等共同承担。具体技术情况如下所述。

(1) 复旦大学。

复旦大学在基于RGB LED的可见光通信技术上的研究中,实现了物理层300 Mbit/s的传输速率、有效距离达5 m,广角覆盖大于60°,且可以实现多用户接入。迟楠教授所领导的课题组在实验室将网络信号接入一盏1 W的LED灯珠,灯光下的4台计算机即可同时上网,创造了3.7 Gbit/s传输速率。并制成国际首例集成PIN焦平面阵列,研制成功基于纳米图形荧光材料的可见光吸收器、微米尺度LED、表面等离子LED等。未来,该课题组将在LED灯定位、手机LED通信、显示屏LED通信、交通灯LED通信以及点对点LED大功率长距离通信等方向进行研究。图2.2.48为复旦大学研发的实时样机。

图2.2.48 复旦大学研发的实时样机

(2) 中国人民解放军信息工程大学。

在邬江兴院士的直接指导下,2011年正式组建可见光通信实验室,现为河南省重点实验室,是国内首个可见光通信省级重点实验室。面积约1100 m^2,拥有通信与光学相关高档仪器设备价值近7000万元,累计科研经费逾1.16亿元。2011—2015年,该实验室先后研发成功"可见光点播电视业务""可见光新型无线广播""可见光网络台灯""可见光家庭基站""可见光近场通信""矿下可见光通信与定位""可见光隐式广告""可见光精确定位""可见光接入卡"等12套应用示范系统,申请专利167项。

2015年7月,该实验室研发的"可见光超高速无线通信试验系统"(图 2.2.49)实现 50 Gbit/s 的传输速率,将当时国际最高速率提升 5 倍;2015 年,研发 500 Gbit/s 的超高速试验系统,通过采用四基色合成白光,总等效带宽达到 1 GHz,单通道传输速率 5 Gbit/s,传输距离 30~50 cm;2015 年 10 月,通过工信部中国信息通信研究院第三方测试;2015 年 11 月,新华社播发通稿,国内 150 余家平面媒体进行了报道。

图 2.2.49　可见光超高速无线通信试验系统

可见光单向安全传输系统已开始量产,多家单位使用并拟作为信息网络系统标准配置设备,政府需求旺盛;同时参加乌镇世界互联网大会、上海国际展会以及青岛信息安全展会,获得一致好评。

面向室内高速接入的应用需求,该实验室的单灯实时通信速率突破 480 Mbit/s,并在完成"可见光点播电视业务"(图 2.2.50)、"可见光信息台灯""可见光家庭基站"3 套演示示范系统基础上,于 2015 年 7 月成功完成基于电力线通信(PLC)套片的"可见光高速室内接入演示示范系统"的搭建,有望大大缩短产业化进程。

图 2.2.50　可见光点播电视系统

2014 年 10 月,该实验室在平顶山的中国平煤神马集团公司一矿实训基地完成了"基于可见光通信的煤矿井下综合信息示范系统"的搭建与功能验证。该系统具有井下人员定位跟踪、井下无线报警、地面广播告警等功能,信息矿帽的可见光通信速率为 2 Mbit/s,定位精度达米级。该实验室研发的小型化低功耗可见光接入卡设备,于2015年6月在中国平煤神马集团公司的煤矿巷道中安装测试成功,实现了网页访问、煤矿井下用户导航定位、高速视频播放等多项功能。接入卡尺寸为3.5 cm×5.5 cm×2.5 cm,采用USB供电方式,传输速率达10 Mbit/s。

实验室研制的"基于可见光通信与成像的定位模块",其定位精度达到厘米级,优于日本庆应(Keio)大学研发的单传感定位系统(误差小于1.5 m)及穆罕默德(Mohammad)双片图像传感器定位系统(误差小于0.15 m);同时,基于可见光定位的智能讲解系统,也已在兰考焦裕禄纪念馆完成布设并投入应用。

(3)北京邮电大学。

北京邮电大学在可见光通信信道模型、LED驱动电路均衡技术方面研究较为深入。2010年,他们提出基于光子追踪的室内可见光通信系统仿真算法,该算法的效率和复杂度相比传统的光线追踪算法都有较大改进。在上述算法研究的基础上,他们进一步研究了室内各个位置接收信号的均方根时延扩展,并由此估计可以达到的最大速率。在LED电路均衡方面,他们提出的一均衡电路将可见光通信系统的E/O/E带宽扩展至220 MHz,在553 Mbit/s的OOK信号传输实验中,系统误码率小于$2×10^{-3}$。此外,他们在室内可见光实验系统、定位、多光源布局等方面均有所研究。

(4)南京邮电大学。

南京邮电大学研究团队在多用户MIMO可见光通信系统方面进行过一系列的仿真研究,他们提出的多用户MIMO可见光通信系统在通信速率为100 Mbit/s的条件下,误码性能达到了10^{-6}的数量级。

(5)暨南大学。

暨南大学是我国现代可见光通信技术的发源地,该大学的两大标志性研究成果如下:陈长缨团队采用可见光LED在国际上首次实现距离1 km、信道速率为125 Mbit/s的可见光通信(成果来源:2003年科技项目"可见光无线宽带接入技术及其产品"),该项目成果荣获第十六届全国发明展览会银奖(2006年);陈长缨团队是世界上最早研制出白光LED可见光通信实用样机的两个研究团队之一(日本太阳诱电公司样机的公开演示时间是2008年10月,中国暨南大学样机的公开演示时间是2008年12月,成果来源:广州市2006年科技项目"高附加值的半导体照明-通信兼用系统")。暨南大学可见光通信样机在2009年参展深圳中国国际高新技术成果交易会(高交会),2010年特邀参展上海世界博览会。暨南大学拥有广东省唯一的可见光通信工程技术研究中心和广州市唯一的可见光通信工程技术重点实验室,通过共同承担广东省重大科技专项研究,实验室与多个企业在可见光通信领域建立了良好的产学研合作关系。

(6) 清华大学。

清华大学宋健教授团队在 VLC-PLC 的深度融合方面进行了大量的研究,其在 2013 年 VLC+PLC(电力线通信)模式中,在 VLC 约 8 m、PLC 约 100 m 的情况下,实现了带宽为 8 MHz、速率为 48 Mbit/s 的研究成果。在 2014 年的初步运行下,将 VLC 距离减少到 1 m,实现了 192 Mbit/s 的通信传播速率,其未来的主要研究方向在于 VLC 结合 PLC 实现照明网络向通信网络的转变。

(7) 东南大学。

东南大学移动通信国家重点实验室已取得了阶段性的成果,其在单通道中实现了传输速率为 130 Mbit/s、距离为 5 m,且在日光或其他光源同时照射下稳定实现高清视频信号的实时传送。该实验室研究团队正在多通道传输链路的实现中将速率提高到 500 Mbit/s 以上。

(8) 北京大学。

北京大学研发了一套双向 VLC 试验系统,采用正交频分复用(OFDM)调制,实现了单路 200 Mbit/s 的传输速率,传输距离为 2 m,可实时传输视频和图像数据,应用层测试无误码传输信息率为 70 Mbit/s;在另外一套短距离 VLC 实验系统中,其传输速率达到了 320 Mbit/s,传输距离为 30 cm,误码率小于 2×10^{-3}。

(9) 中科院半导体研究所。

中科院半导体研究所的团队面向无线上网和智能家居控制的应用需求,开发了一套高集成度的可见光通信实验系统,该系统曾在 2010 年的上海世界博览会上展示了基于 LED 照明灯的光学无线上网系统和光学无线智能家居控制系统。2016 年,基于荧光型白光 LED 实现 610 Mbit/s 单路实时传输。

(10) 中国科学技术大学。

中国科学技术大学徐正元教授团队,牵头承担国家"973 计划"项目"宽光谱信号无线传输理论与方法研究"。研发的高速实时通信系统,传输速率达到 609 Mbit/s,传输距离达到 3.1 m,并通过工信部的第三方测试。

该校无线光通信与网络研究中心是由多名资深教授组成的交叉研究团队,针对室内外与大气及水下等应用场景,进行多种终端的无线光通信、定位、成像、传感与组网等方面的技术研究。面向室内机器人与移动终端的高精度定位技术的定位精度达 1 cm,可同时允许多个移动终端多业务接入网络,核电环境的全光上下行通信可以支持几十个手机终端同时接入语音和视频业务,使用手机摄像头实现数据接收速率超过 120 kbit/s,与显示屏进行隐藏信息获取时的通信速率达到 16 kbit/s,以及水下通信系统在 10 m 距离高达 500 Mbit/s 以上的速率。

(11) 清华大学深圳研究生院。

清华大学深圳研究生院光载无线通信技术工程实验室于 2013 年开始开展可

见光通信技术的研究和应用。光载无线通信技术工程实验室是由深圳市和清华大学深圳研究生院大力资助建立而成,并由特聘教授作为学术带头人组成世界前沿技术团队,主要从事基于手机、移动终端、车辆等的可见光光波在自由媒介中信息传输相关的实验和应用系统研究,涵盖白光 LED 的照明通信、泛在宽带无线光接入、光定位/导航、智能交通、物联网等方向,适用于室内外不同应用场景下的无线光通信和信息化的多种需求。清华大学深圳研究生院目前在室内高速大容量通信技术、智能移动设备安全通信、室内导航、智能交通、空气粉尘监测等方面做了相关研究,已经取得一些技术成果,主要包括室内高速大容量通信技术及组网研究,LED 可见光通信在智能移动设备的安全通信研究,基于 LED 的室内定位与导航等技术研究,基于 LED 的智能交通控制技术研究等。

从总体上看,相对于日本、欧洲和美国,我国在 VLC 领域的研究起步较晚,与国外研究还存在一定差距。国内在可见光通信方面的研究还处在实验室研究阶段。

10) 智能 LED 照明的进展情况

作为被控对象,LED 照明与现代控制技术结合得到了高度重视。目前已经实现了动态艺术的景观照明,以及从简单的开关、调光控制到面向需求的多场景的动态控制的功能照明。

(1) LED 智能照明的定义。

LED 智能照明是指利用物联网技术、有线/无线通信技术、电力载波通信技术、嵌入式计算机智能化信息处理,以及节能控制等技术智能化控制照明设备,实现调光、调色、软启动、定时控制、场景设置等功能。

与传统照明相比,智能照明可达到安全、节能、舒适、高效的目的。对家庭而言,智能照明是智能家居的重要组成部分。自苹果公司的 iPhone、iPad 以及 Android 手机和平板计算机日益普及后,智能照明走进普通消费者家庭,从智能灯泡到智能灯座和智能控制系统已经成熟,其中 Philips Hue 灯泡的出现,第一次打开了普通家庭的智能照明场景变化,实现了低功耗、环保、调光、配色的智能化家居照明。随着国内智能照明研发生产技术的发展和产品推广力度的加大,家居领域的智能照明应用有望得以普及。因此,智能照明在家居领域、办公领域、商务领域及公共设施领域均有较好的发展前景。

(2) LED 智能照明控制系统。

目前的 LED 智能照明控制系统主要通过连接技术、感知技术和前后台软件实现节能、场景控制和集中监控等功能。系统分为集中式控制和分布式控制。集中式控制具有响应速度快、收敛时间短的特点,但存在扩展性不强、单点失效问题。而分布式控制具有可扩展性、灵活的特点,便于满足建筑中不同空间中的人的需求,通过有线和无线技术,将灯具连接起来,在此基础上进行调光、调色、监测能耗以及查看灯具状态等。应用的有线技术主要包括RS485、DALI、电力线载波、以太网等;无线技术如ZigBee、LoRa、WAN、Sigfox、NB-IoT及Wi-Fi等,在后装改造等方面优势明显。但是出于大网络下的可靠性和稳定性的考虑,无线技术还没有完全占据市场主流。应用较多的感知技术包括被动红外(PIR)传感器、照度传感器、超声波传感器等。后台软件可实现相关逻辑功能,根据记录的数据进行统计分析。前台软件一般实现人机交互,如场景控制、状态显示等。在景观照明中,将有线与无线结合,通过智能控制系统实现静态、动态、单体、区域同步、联动等多种效果。例如,2017年杭州西湖苏堤及周边区域景观照明(中国照明学会照明工程设计奖项目),该LED智能灯光控制系统采用光纤局域网络与4G网络并行的双系统模式。该系统平时运营时,所有设备以全球定位系统(GPS)精准时间为基础,对整个区域内的15000套灯具进行信号监控,同步自动运行,并根据景观效果实时进行色温、亮度调节。遇重大活动或程序更新、节目重新编排时,计算机实时接管,两套系统自由切换,确保可靠。同时,该系统结合了杭州市地理信息系统(GIS),可实时查询设备工作状态,并形成工作报表,准确反馈到监控中心,便于精准维护、管控,为景观效果的稳定保驾护航。

LED智能照明控制系统的组成如图2.2.51所示。

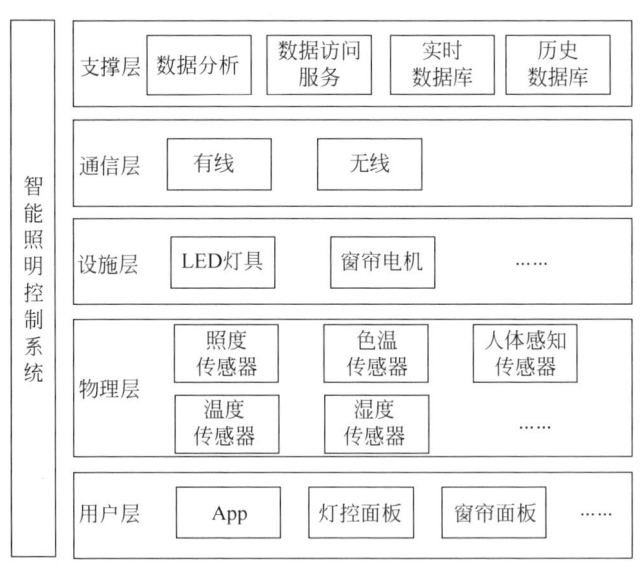

图2.2.51 LED智能照明控制系统的组成

(资料来源:同济大学)

目前,LED智能照明市场并未成熟,智能照明的应用领域还主要集中在城市景观照明和市政工程、道路交通等室外为主的区域,以及公共设施领域,如办公楼、酒店、会展场馆、体育建筑等。在高端住宅、别墅等场所智能家居也发展迅速；但是普通住宅等场所LED照明智能系统的应用还需要进一步推进和完善。另外，在应用过程中，如灯光秀表演与城市景观的差异、动态效果对人生理和心理产生的影响，以及光污染等问题，也亟待研究、解决。

（3）典型的智能LED照明的进展。

① 建筑室内空间LED智能照明的研究。研究背景：照明科技的发展日新月异，从最早的电光源钨丝白炽灯到气体放电灯，再到以LED为代表的半导体照明技术。LED具有优异的光学特性，比如可通过光学系统设计调控光分布；基于光谱动态调节实现多种颜色变换等；而白光的研发、发光效率的大幅提升、智能照明控制系统的飞速发展，实现了光通输出、色温的方便控制，同时其体积小、外形可塑的特性为建筑室内空间照明一体化提供了有利的技术支持。因此基于LED的智能照明成为建筑绿色生态、城市智能宜居的有效实现途径之一，使以人为本、按需用光、科学控光成为可能。

来自美国环保署的研究结果表明，人的一生之中有80%以上的时间是在建筑室内空间度过的；世界卫生组织指出，除"水、空气、噪声"，光学辐射和电磁波是当前人类所面临的新的环境健康问题，良好的光环境不仅可以提供更为舒适的视觉环境，更能给人们的健康带来有利影响。因此需要高度关注并不断提升室内光环境的照明质量。

亘古以来，人类喜爱、亲近天然光，依赖它劳作、生活。因此天然光更适合人的生物本性，对心理和生理的健康尤为重要。而天然光存在着不稳定和不连续性，20世纪50年代，随着人工照明技术的发展，可随时提供光源、照明，即使在夜晚也可以提供照明，导致人们一度只重视人工照明，忽视天然光的利用。直到20世纪70年代，随着能源、环境危机和光污染的出现，人们才重新重视天然采光。在建筑物中充分利用天然光以减少照明用电时间，达到节能的目的，改善室内的光环境，使人感到舒适，有利于健康。不论是自然光还是人工光，其所构造的室内空间光环境与人们的健康等都有着密不可分的关系。

因此，基于LED的"主动式照明模型"研究，最大限度利用天然光，实现天然采光与人工照明联动控制，为室内智慧照明提供理论支持，是室内光环境智能化的发展趋势。

② 基于LED的"主动式照明模型"研究。充分利用LED照明可控性，室内空间LED照明的主动性体现在两个方面：一是"主动"将天然光引入室内，利用天然光进行照明，旨在调控进入室内的天然光数量；二是"主动"控制室内灯具的输出，与天然采光系统相辅相成，旨在弥补天然光的不足，营造舒适的光环境。在现代建筑空间中，大多采用百叶控制天然光进入室内的角度及数量，以避免直射光的影

响。室内照明主要采用人工照明,百叶系统与人工照明相互独立,根据人们的自身感受对两个系统进行人为控制。在此基础上,引入天然采光与人工照明联合控制策略,构建室内动态环境下的"主动式 LED 照明智能控制模型",依托联合控制系统,发挥天然光均匀、光质好、照度高且节约能源等优点,并利用人工照明弥补天然光随昼夜、气候和季节而变化的不稳定性,降低眩光等问题,从而营造出舒适健康的光环境。

A. 采光控制系统模型。合理利用天然光能够降低人工照明的能耗,但是天然光的强弱变化是不确定的,并且很难预先估计。2004 年,国际照明委员会(CIE)和国际标准化组织(ISO)联合针对不同国家和地区所做的相关基础研究,将成果进行总结、归纳、提升,最终把各种不同天空的亮度分布的数学模型归纳为 15 种不同的标准天空模型,并形成 ISO 15469—2004、CIE 011—2003 标准。因此,快速、准确地识别出当前天空的类型,就能够获得天空亮度的分布情况,为有效合理地利用天然光提供了可能。

采光控制系统模型的研究中,选用百叶窗帘作为采光设备,采光控制系统模型的实质为根据室外的天然光强度,调节百叶的角度以控制进入室内的天然光数量,进而控制室内的昼光照度大小。

所谓昼光照度,即由天然光引起的照度,与灯具输出无关。室内某一点的采光系数定义为该点的昼光照度与室外无遮挡水平面上(相同时间、相同地点)的照度的比值。针对某一特定的建筑物,其窗地面积比、采光口位置以及窗透射比、窗沿高度等参数均为确定值,其天然采光系数仅与遮阳措施以及室内进深长度有关。在室内某一进深处,当遮阳措施选用百叶遮阳时,天然采光系数是百叶角度的函数,空间内一点的昼光照度可通过其采光系数函数以及窗外的照度求得。

如果引入天然采光系数函数矩阵,矩阵的每一元素均为天然采光系数——百叶角度函数,室内不同进深处的采光系数与靠窗口的采光系数有关,呈衰减函数形式,而靠窗口基准点的采光系数与室外照度和百叶角度有关,因而可以得到室内昼光照度:

$$\boldsymbol{E}_N = \begin{bmatrix} E_{N,0} \\ E_{N,1} \\ \vdots \\ E_{N,n} \end{bmatrix} = \begin{bmatrix} 1 \\ d(x_{a1}) \\ \vdots \\ d(x_{an}) \end{bmatrix} \times f_{DF}(w) \times \boldsymbol{E}_{out}$$

其中:$E_{N,i}$ 为室内某一进深处的天然光照度;$d(x_{ai})$ 为某一进深处的天然光衰减函数;$f_{DF}(w)$ 为靠窗口基准点采光系数与百叶角度的函数;$\boldsymbol{E}_{out}$ 为室外天然光照度。

为充分利用天然光,人们提出照度特征值的概念——室内昼光照度矩阵中照度值满足 300~700 lx 的矩阵元素数量,即当前天空条件以及百叶角度下,不加人工照明,室内满足照度要求的进深长度值。

B. 主动式照明控制模型。天然采光和人工照明联动系统。室内工作面上某一点的照度主要由通过采光控制系统进入室内的天然光引起的昼光照度,以及室内灯具打开后,灯具发出的光通在工作面上产生的人工照度两部分组成。由于照度为标量值,室内工作面上的照度值为昼光照度值和人工照度值的叠加,即室内任意一点的照度计算公式如下:

$$E = E_N + E_A$$

根据光通传递理论可以得到室内照度点的人工照度矩阵:

$$E_A = \begin{bmatrix} E_{A,0} \\ E_{A,1} \\ \vdots \\ E_{A,n} \end{bmatrix} = \begin{bmatrix} k_{0,1} & k_{0,2} & \cdots & k_{0,m} \\ k_{1,1} & k_{1,2} & \cdots & k_{1,m} \\ \vdots & \vdots & & \vdots \\ k_{n,1} & k_{n,2} & \cdots & k_{n,m} \end{bmatrix} \begin{bmatrix} \phi_1 \\ \phi_2 \\ \vdots \\ \phi_m \end{bmatrix} = K\phi$$

其中,K 称为光通传递函数矩阵,其元素 $k_{i,j}$ 称为光源 j 对点 i 的光出射比。假设室内共有 m 盏灯,$\phi_j(j \in [1,m]$,j 是整数) 为第 j 盏灯的光通输出。如图 2.2.52 所示,根据叠加原理,这 m 盏灯在室内任意一点 i 产生的照度为

$$E_{A,i} = \sum_{j=1}^{m} k_{i,j} \phi_j$$

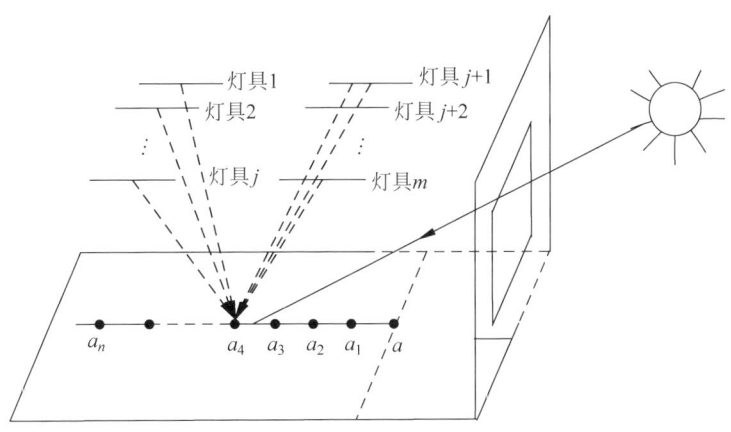

图 2.2.52　人工照明计算模型
(资料来源:同济大学)

当昼光照度矩阵根据特征值最大原则确定时,便可由全照度矩阵求出相应的人工照度矩阵,进而计算出光源光通输出值,也就是按照光通输出调节相对应的灯具,即可得到期望的人工照度矩阵,实现按需调光。

天然采光和人工照明联合控制系统流程如图2.2.53所示。

C. 基于天然采光的色温照度耦合模型。目前在研究基于天然光的室内光环境控制时,主要考虑采光对室内被照面的照度影响,多局限于室内被照面的照度控制,未考虑对于环境光色带来的动态变化,也没有考虑相关的控制方法和手段。这样,室内照度水平和色温对室内工作者的健康影响被割裂开来。当室内照明只有人工光源的时候,人眼感知的光环境色温与光源色温没有差距,但是当室内空间同时存在天然光和人工光时,人眼感知环境光的色温将受到天然光色温变化的影响。这种情况在引入天然光照明越多时表现得越明显。对此,人们提出"混合视色温"概念,即在任意时刻被照面的天然光和人工照明相叠加、混合形成的光是由一个假想的"混合光源"发出的,该混合光源的色温即人眼感知到的被照面接收到光的颜色温度,称为混合视色温。

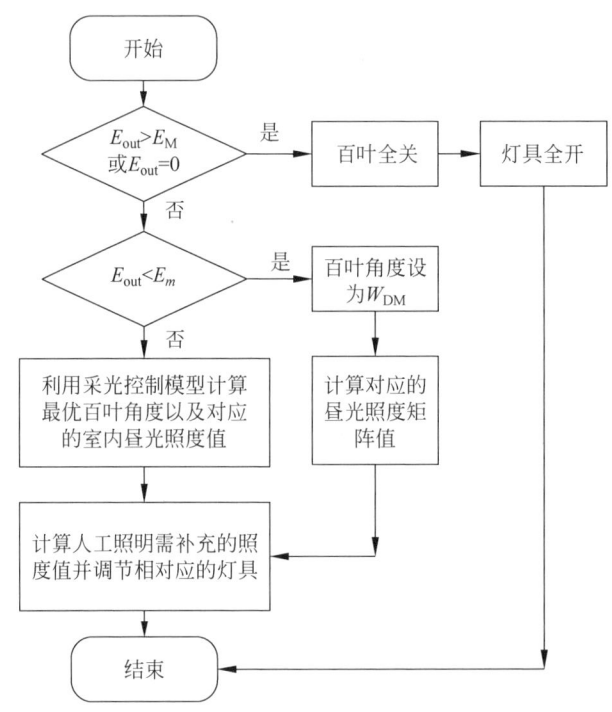

图2.2.53 联合控制系统流程

(资料来源:同济大学)

由于天然光的光通和色温具有动态变化特性,与建筑物所处地域和季节也有直接联系,引入天然光的建筑室内光环境,其照度和色温分布受到人工照明灯具和天然光的双重影响,呈现一种复杂的非线性耦合关系。基于LED光通量和色温可调技术,人们提出色温与照度参量耦合控制方法,即在天然光与人工照明双重影响的动态光环境中,实现工作面满足照度均匀度的同时,其混合视色温的分布均匀且可调控,完善照明质量评价指标,提升室内光环境品质。

具体而言,在天然采光和人工照明联合控制模型的基础上,可利用进化算法,既满足室内工作面上的混合照度,也同步计算工作面上的混合视色温,实现多目标问题的优化求解。进化计算是一种成熟的具有高鲁棒性和广泛适用性的全局优化方法,具有自组织、自适应、自学习的特性,能够不受问题性质的限制,有效地处理传统优化算法难以解决的复杂问题。除了上述优点以外,进化算法还经常用于多目标问题的优化求解。因此,人们采用进化算法求解满足目标函数的灯具输出取值。

首先,根据现行室内工作面的照度标准值和要求的混合视色温制定目标函数。设定工作面的计算网格所有照度的平均值在给定照度的±10%内,且照度均匀度大于0.6,所有混合视色温的平均值在给定混合视色温的±10%内,且混合色温均匀度大于0.9,这四个指标需同时满足。其次,针对目标函数,进行优化求解,若满足要求,结束优化进程,得到灯具输出值,提升室内光环境质量。

由此可见,利用LED照明的主动式智能控制模型,计算室内工作面上的混合照度、混合视色温,并通过进化计算,对灯具的输出进行优化,其结果满足平均照度、照度均匀度、平均混合视色温及均匀度四个指标,实现了室内LED照明的照度和色温的可控、耦合、协同。

D. 基于用户行为的LED照明协同控制模型。针对不同的地域、气候类型,人们在考虑天然光照度和色温动态变化的基础上,通过实时研究建筑物的外部气象、内部环境、用户行为,建立面向采光与LED照明联动控制的动态预测模型,精准预测天然光照度。同时,基于室内光环境参数的动态变化规律,研究在不同行为模式下用户的视觉习惯、生理影响因子与室内空间照明的映射关系,建立智慧形态照明系统功能与情感平衡性的数学模型,以人为本,满足人的需求变化,实时智能协同,调控色温、输出光的强度,营造舒适宜人的效果(图2.2.54)。

基于现行的国家、行业照明标准和规范,人们在分析用户类数据、项目类数据、设备类数据和实时工况数据,结合人体生理参数和心理情绪影响的研究成果的基础上,提出相应各类行为的光环境指标要求,增加主观指标,优化光环境评价体系,实现了LED照明的最优效果。

(4) 总结。

建筑室内LED智能照明的发展,一方面以室内用户行为及照明规律多维度、多尺度的大数据为导向,基于物理信息系统构建照明云平台,形成区域物联网、态势传感体系下的主动式LED照明控制系统,实现人与光环境的交互,达到光环境的动态优化;另一方面,未来不仅要进行对视觉效应的研究,还应更多地关注非视

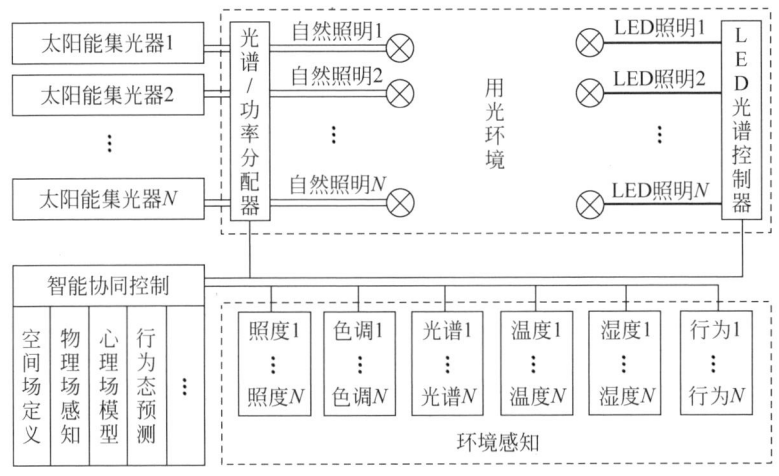

图 2.2.54 基于用户行为的 LED 照明智能协同控制模型
(资料来源：同济大学)

觉效应,即光生物机理、健康安全的研究,如人昼夜生理节律、情绪等光调节,实现以人为本。除此之外,从全生命周期考虑建筑室内 LED 照明一体化,进一步优化空间、时间、成本,实现设计、施工、管控、运维一体化,有机协同。

未来 LED 智能照明将结合人工智能、物联网及 5G 技术等,面向用户,以需求为导向,通过智能感知、信息融合、实时优化等智能算法和控制技术的应用,构建"人机协同"系统,实现从"智能"到"智慧"的飞跃,营造舒适、健康、高效和节能的室内光环境,实现光生态文明,开启人类的"智慧生活"。

11) 文物光环境保护性照明技术的研究

(1) 研究背景。

文物的光照褪色问题是文物保护的一个重要研究课题。例如,秦始皇陵兵马俑(图 2.2.55)是国务院公布的第一批全国重点文物保护单位,被联合国教科文组织批准列入《世界遗产名录》,并被誉为"世界第八大奇迹"。在兵马俑的早期发掘过程中,考古学家们往往只能眼睁睁地看着陶俑的色彩在几分钟内逐渐褪去,承载着悠悠历史的生动色块便丧失殆尽,其中光照也是褪色的重要因素之一。

博物馆承担着保护和展示文化与自然遗产、开展社会教育的重要任务。其中,光环境是衡量博物馆的重要技术参数之一,因此在文物展陈设计中,设计师既要使展品避免受到光辐射的损害,又要满足观众所需的良好的视觉环境。

(2) 文物光环境保护性照明控制系统的研究。

① 文物光环境保护性照明系统的总体架构。文物光环境保护性照明系统是完整的博物馆光环境解决方案,系统总体框架如图 2.2.56 所示。该系统基于文物

图 2.2.55 颜色未脱落和已经脱落的跪射俑
（资料来源：浙江大学）

的光辐射损害研究（模块 5），采用博物馆光环境传感器（模块 1），以光环境无线监控网络（模块 2）为核心，构造博物馆光环境的分布式检测网络系统，并基于上述检测系统的数据来源，通过控制 LED 照明光源（模块 3）的实时光强调节，达到博物馆光环境全方位、分布式、实时的无线监控网络系统，并提供文物的安全照明环境。最终该系统可基于光环境历史数据的记录分析和评价，对现有博物馆照明标准（模块 4）提出建议和补充。

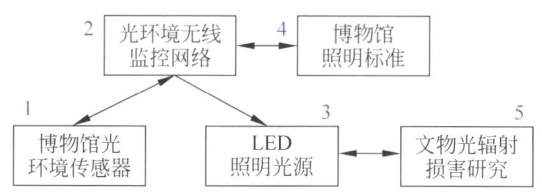

图 2.2.56 系统总体框架
（资料来源：浙江大学）

② 全系列高精度光辐射传感器及其网络接口和硬件平台。全数字光辐射传感器以数字 $V(\lambda)$ 传感器替代现有的传感器，以全数字信号检测系统替代现有的模拟信号检测系统，彻底改变了以模拟信号检测方法为中心的现有积分式光测仪器。图 2.2.57 为全数字照度计原理框图。

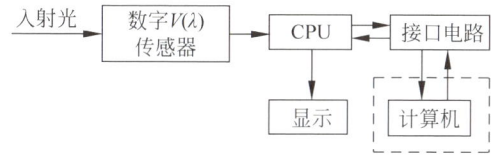

图 2.2.57 全数字照度计原理框图
（资料来源：浙江大学）

全数字传感检测技术具有检测系统无漂移、检测精度高、抗干扰能力强、无换挡误差、长期稳定性好等优点,以全数字检测技术为核心,形成全系列的光环境测试仪器,包括应用于博物馆光环境监测的照度、紫外辐照度、空间照度、亮度、色度、相关色温、年曝光量等测试仪器,传感器精度达到国家一级标准。

全数字传感器以微处理器为核心,外接无线通信模块构成无线传感器网络节点,有利于博物馆光环境的分布式长期监测。图2.2.58为无线全数字传感器和无线照度计实物图。

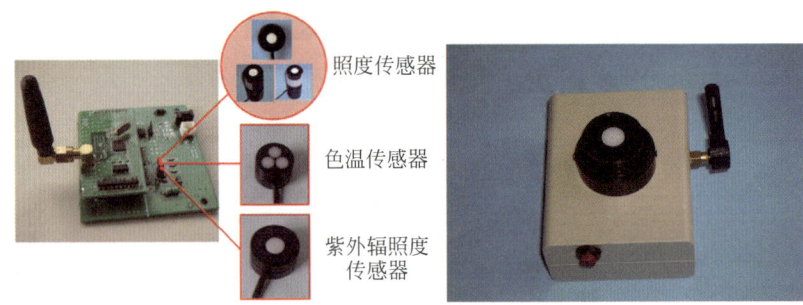

图2.2.58 无线全数字传感器和无线照度计实物图
(资料来源:浙江大学)

③ 面向博物馆光环境分布式监测的传感器组网关键技术。充分考虑博物馆光环境分布式监测中相关检测设备供电能力的差异性,以及建筑结构布局的特点,人们提出基于地理位置的Mesh-Star混合拓扑结构(图2.2.59)。

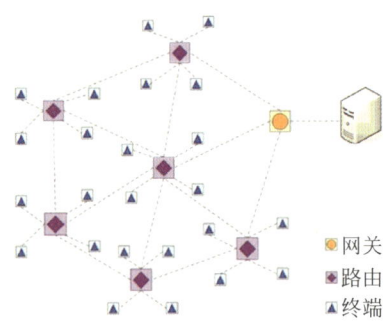

图2.2.59 Mesh-Star混合拓扑结构
(资料来源:浙江大学)

Mesh-Star混合拓扑结构中,建立基于预测的全网时间同步方法,具有长同步周期下保持节点间高度同步能力,从而使所有节点一致地工作或者进入休眠周期,降低能耗。

通过全方位、分布式、实时的无线监控网络系统,对所有光信息进行长期的、连续的在线监测,参照现有博物馆照明标准可以对历史数据分析计算和评估,同时根据博物馆光环境的实际测量参数对现有博物馆照明标准提出建议和补充。

④ 文物保护性照明 LED 光源。低色温高显指 LED 光源(图 2.2.60):在封装工艺中,采用内部空腔设计的 LED 基座均温板。以蓝光芯片激发黄色荧光粉构成的白光 LED,选择性地集成封装红色 LED 芯片或采用红色荧光粉,使 LED 光源可覆盖高低色温区域。低色温高显指 LED 光源不含紫外、红外辐射,符合博物馆文物照明的要求。

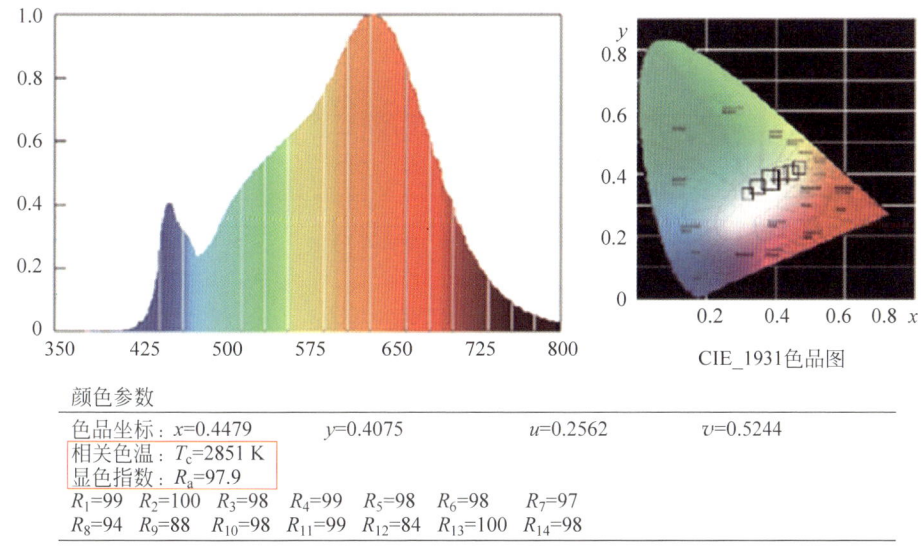

图 2.2.60 低色温高显指 LED 光源

(资料来源:浙江大学)

二次光学系统:精确指向的分割式光束控制法可以最大限度地利用 LED 光源所发出的绝大部分光能。如图 2.2.61 所示,该方法是根据被照射面的形状及单个 LED 所发出的光通量和照度标准的要求,将被照面分割成多个正方形的子面元,通过光学设计软件对 LED 光源照明进行仿真计算,并对 LED 芯片配置不同光学特性的透镜组,可以灵活配置照明面的光形。

多光谱 LED 光源:研究表明,光敏脆弱文物具有不同的光敏感波段。目前所采用的照明光源的光谱组成是确定的,无法根据文物照明的特殊需求进行光谱能量的调整。

多光谱光源通过多种光谱的合成,可以获得

图 2.2.61 分割式光束控制

(资料来源:浙江大学)

具有高显色性的照明光源。通过对每个波长的独立控制,可以获得不同LED光谱效果。通过12光谱合成的多光谱光源,具有光谱范围宽、可任意调节相对光谱功率分布的优点。基于多光谱光源的可变相对光谱功率分布如图2.2.62所示。

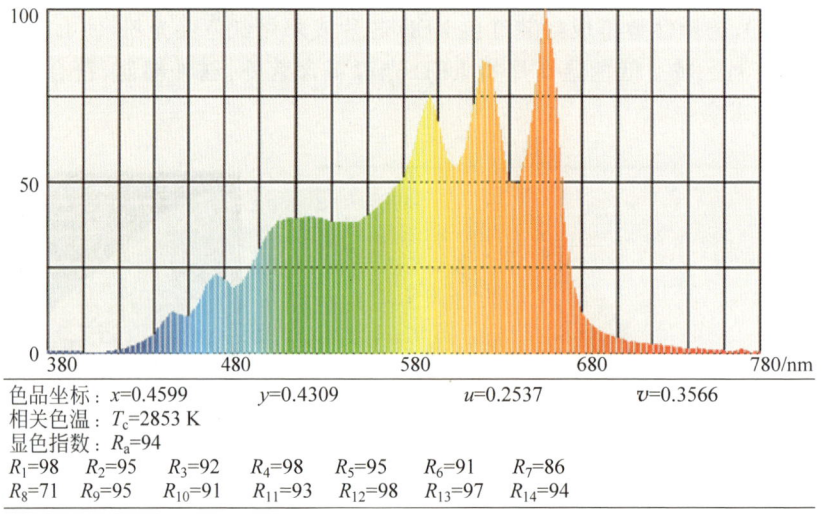

图2.2.62　模拟卤素灯光谱

（资料来源：浙江大学）

针对多光谱光源的特点,设计独立驱动的电源模块,其结构框图如图2.2.63所示。通过电源的多路分离模块进行电源分离,达到对多光谱光源中不同光谱LED的独立驱动。同时该驱动模块拥有计算机接口,为上位机计算和调整控制多光谱光源的光谱能量提供智能接口。

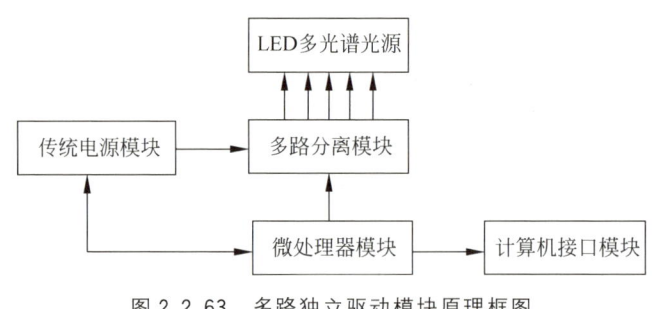

图2.2.63　多路独立驱动模块原理框图

（资料来源：浙江大学）

（3）光环境参数对文物影响的实验。

文物在陈列和研究过程中,不可避免地受到一定量的光照。对光敏感脆弱文物,特别是纺织品、纸张等有机质文物的光受损进行综合研究,对文物受损检测方法进行实验,探索纺织品纤维、纸张纤维的降解机理以及文物本体及其染料、颜料的光致褪色和变色原因,具有重要意义。

实验针对植物染料进行对比测试,包括茜草、苏木、青黛、黄柏、栀子、槐米等六种。选取较有代表性的 LED 灯、卤素灯、荧光灯、节能灯进行比较,分别为 1# LED 光源、2# 飞利浦卤素灯、3# 8 W 雷士照明灯(NFL08-T5)、4# LED 光源、5# LED、6# 8 W 飞利浦节能灯。实验在一致的照度、相对稳定的环境条件(温度为 12~15℃,相对湿度为 55%~65%)下进行。图 2.2.64 为光照实验箱实物图。

图 2.2.64 光照实验箱实物图
(资料来源:浙江大学)

实验表明由于各种不同的植物颜料(染料)具有不同的敏感波长,对应各种不同光谱特性的光源照射,呈现不同的褪色影响。例如,卤素灯是目前博物馆照明中最为常用的照明光源,由于卤素灯中含有极为丰富的长波能量,卤素灯对青黛的影响相对较大,而对黄柏、槐米等的影响较小;低色温 LED 光源也对青黛的影响相对较大,而对黄柏、槐米等的影响较小,对苏木的照明效果最为明显;据已有研究报道,蚕丝织物上的茜草染料和真丝织物上的槐米染料对 450~500 nm 的蓝绿光波段较为敏感,卤素灯在该波段能量较低,而 LED 由于其激发波长更靠近蓝端,在 480 nm 正好是能量的波谷,因此可以解释这两种光源对上述植物染料影响相对较小的原因。可见,对于植物染料有保护需求的博物馆照明光源,需要针对所保护的植物染料对象的光照敏感波段而采用不同光谱分布的照明光源,以减小光照辐射对植物染料的影响。

(4) 应用案例。

该照明改造项目主要针对敦煌莫高窟"100 窟"洞窟照明采光不足的现状,结合"100 窟"现有的安装条件,采用最新设计的屏风灯照明系统,在降低壁画光辐射损害、不增装照明光源辅助设施的前提下,提升视觉光环境。"100 窟"照明改造项目方案如图 2.2.65 所示。图中,在 A、B 和 E 处安装高显指 LED 光源,在 C 和 D 处安装多光谱 LED 光源。光源置于屏风上,形成屏风和光源一体化的屏风灯。其中 $A\sim D$ 屏风灯含上下共 3 组光源,E 处为一组光源。在四角(红色处)设置顶部照明补光灯。

屏风灯是为保护需要补光且禁止游客触摸的重要文物而特意定制的。屏风灯光源隐藏在屏风后,其发光面不被观众所看到,做到"见光不见灯",不会对观众产生眩光,也不会影响景点的整个布局。作为敦煌莫高窟洞窟照明试点,屏风灯光源采用高显指和多光谱两种形式,其光谱特性符合文物保护要求,最大限度地降低光

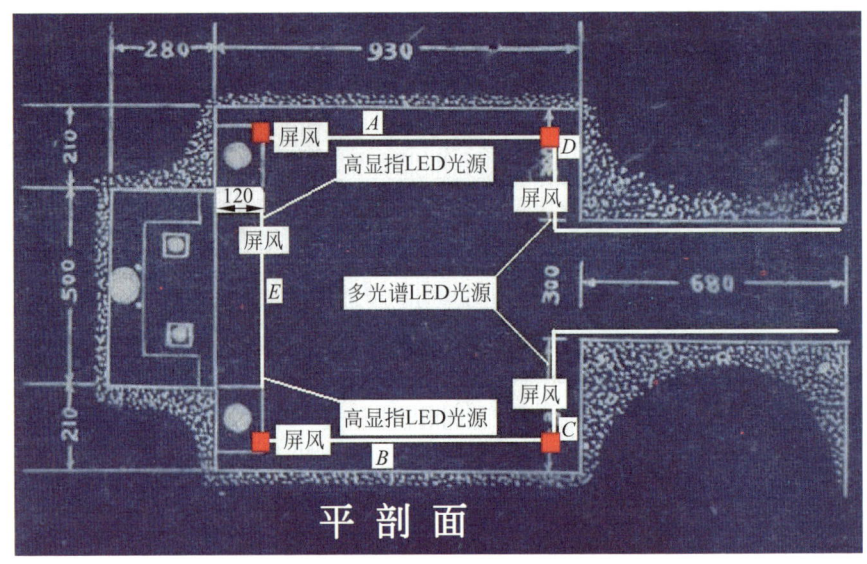

图 2.2.65 "100 窟"照明改造项目方案
(资料来源:浙江大学)

辐射对壁画的光损害。屏风灯的每个光源独立,相互不影响,有着良好的散热效果,保证光源的寿命。图 2.2.66 为木结构屏风灯结构,图 2.2.67 为"100 窟"改造后的实际照明效果。改造后,照度最大值低于 40 lx,均匀性优于 0.6,色彩还原逼真,达到设计效果。

图 2.2.66 木结构屏风灯结构
(资料来源:浙江大学)

图 2.2.67 "100 窟"改造后的实际照明效果
(资料来源:浙江大学)

(5)总结。

基于文物光环境保护照明系统的研究成果和应用案例,本书建议制定从文物光环境监测到保护性照明光源及控制系统的博物馆文物光环境保护相关标准。目前,已建立《文物保护装备产业化及应用协同工作平台标准》中的《馆藏文物保存环境监测 监测终端 紫外线》(T/WWXT0013—2015)和《馆藏文物保存环境监

测 监测终端 光照度》(T/WWXT0014—2015),如图2.2.68所示。

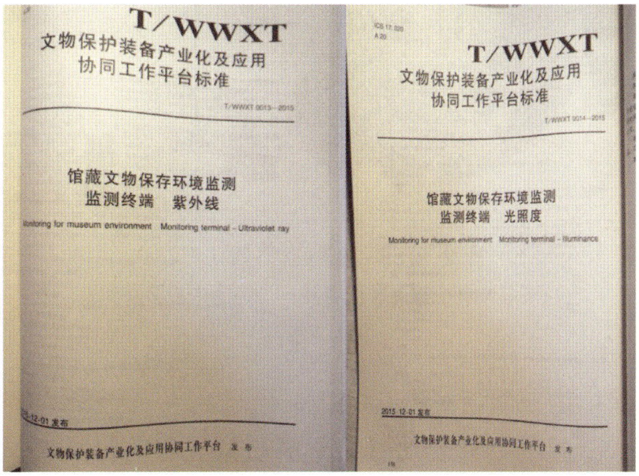

图 2.2.68　文物保存环境监测标准

(资料来源:浙江大学)

12) 以"人"为中心的智能家居中的照明系统

智能家居可以带来舒适、节能、设备管理等多项益处。自20世纪80年代被提出,其一直不温不火,曾经一度只是小众市场。近年来,随着物联网(internet of things,IoT)的发展,互联网巨头们(如美国的谷歌公司、苹果公司、亚马逊公司,中国的阿里巴巴集团控股有限公司(简称"阿里")、深圳市腾讯计算机系统有限公司(简称"腾讯")、百度在线网络技术(北京)有限公司(简称"百度")等)的加入,以及人工智能(AI)技术的接入,语音识别、人脸检测等,逐渐热潮不断。智能家居就其表面意义,即家居赋予智能化的概念,智能家居应该给居住在家中的用户——"人"提供服务,从用户出发,以"人"为中心,在充分满足使用者各种需求的前提下,提升居住空间和生活品质,从而获得长足发展。

(1) 智能家居的概念。

维基百科(Wikipedia)把智能家居称为家居自动化(home automation),是用来控制照明、温度、娱乐和电子设备的建筑自动化系统,安防系统也被纳入其中。智能家居(smart home,home automation)就是以住宅为平台,利用综合布线技术、网络通信技术、安全防范技术、自动控制技术、音视频技术将家居生活有关的设施集成,构建高效的住宅设施与家庭日程事务的管理系统,提升家居安全性、便利性、舒适性、艺术性,并实现环保节能的居住环境(如图2.2.69)。

然而,从用户角度而言,智能家居可以理解为使用了有线或者无线网络连接的"家居产品",用户可以通过操作多种界面,如开关面板、手机屏幕、平板计算机、计算机、智能音箱等,实现主动控制居家环境的温度、照明、安防,以及提供娱乐等不

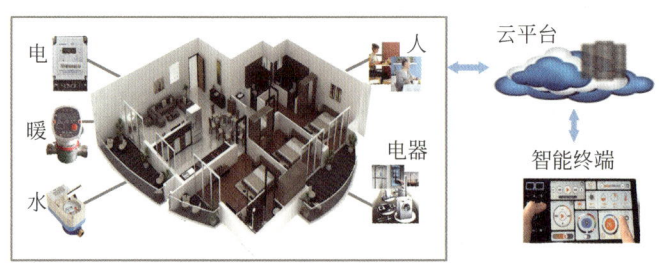

图 2.2.69　智能家居照明系统

（资料来源：邦奇智能科技（上海）股份有限公司）

同功能，满足多种需求。

（2）智能家居中的照明系统。

根据目前中国一家互联网企业对其智能语音音箱的控制指令应用分析，消费者对智能照明发出的控制指令占对智能家居控制指令的46%，排在第一位。由此可见，消费者对采光管理，特别是照明灯具的管理是非常看重的。采光管理对消费者的体验有最直接的影响。由于智能家居无需大型的照明控制系统，现在LED照明技术也在迅速发展，我们在家居照明系统内可以考虑以下几点。

① 从芯片级将连接层和执行层结合在一起，把传输协议、控制协议和开关、调光、变色等功能组合，直接植入LED驱动器，从而与LED光源紧密结合，提供紧凑、简便、自适应的照明设备。

② 将传感器与灯具结合，并可根据需要增加传感器的类型，而不是仅局限在与照明相关的动静传感器和照度传感器。

③ 将智能语音的拾音终端与灯具结合。目前智能语音多以独立音箱或是墙面盒的形式存在，多个房间控制，就需要在每个房间放置独立音箱，不仅成本过高，而且占地过多，破坏整体空间感。但是每个房间都需要灯具，如果可以将其完美结合，可以更加简洁、美观。

④ 灯具可以实现更多的AP功能，提升家庭局域网络的覆盖性和稳定性，并可传输控制指令，优化控制设备的连接。

（3）总结。

从智能家居的发展看，主要分成三个阶段：第一阶段是人的主动控制即开关控制；第二阶段是传感控制与主动控制的结合，通过传感器（如动静探测器）主动探测人的进入，并自动执行指令，如欢迎场景模式，或者通过温度传感器，自动探知温度，并对空调设备进行调整等；第三阶段，即未来真正的智慧控制，是通过传感器，对数据收集并基于后台人工智能的运算，主动判断需求，再通过硬件的执行机构，把场景体现出来，到那个阶段才是真正的智慧控制。当然，所有的自动控制系统都要保持人工干预的功能，因为还是要由生活在这个空间的人来最终决定是否要进行调整。

目前,从严格意义上说,并未形成自动控制的闭环。未来如果要建立自动控制的闭环,则需要加入大量的传感器,如温湿度传感器、照度传感器、动静传感器、室内空气质量传感器等,再通过预先设定的阈值或者经过 AI 计算的最优值,自动形成指令。同时,智能家居控制系统和专业楼宇控制系统将走向更加紧密的结合,比如智能家居控制系统将连接智慧社区系统,形成更大更方便的智慧应用环境。在可预见的未来,这些变化将进一步改变人类的生活。但是无论技术如何发展,我们始终要坚持"以人为本"的初心。

13)基于 RDMX 控制技术的城市级景观照明控制

(1)城市景观照明控制的发展阶段。

二十世纪八九十年代,全国各城市开展景观亮化工程,揭开了我国景观照明控制技术的序幕,此即第一阶段,实现了景观灯光的开关、静态控制。

进入 21 世纪后,随着 LED 光源在建筑景观亮化中的广泛应用,控制系统可以开关控制,也可以对灯具进行调光调色,灯具不再是简单的亮和灭,而是可以通过控制技术让 RGB 三色 LED 光源任意组合,实现五颜六色、不同亮度、动态变换的效果,此即第二阶段。但这个阶段的照明控制采用串行移位技术,单灯故障会影响其他灯的正常工作,常常造成大面积的不正常显示。

2008 年北京奥运会、2010 年上海世博会前后,DMX512-A 控制技术协议开始应用,通过总线方式实现灯具控制,单灯故障不再影响其他灯具的正常工作,国内景观照明控制技术标准也逐渐统一,兼容性越来越强。城市景观照明控制迈入第三阶段。

随着技术的进步、制造工艺的成熟,城市景观照明的建设规模从小范围向整个城市范围扩展,照明效果不再停留在小规模、单一变化场景的状态。特别是 2013 年年底江西南昌对赣江两岸近 300 栋建筑的灯光集中控制,其中超 110 栋建筑的 LED 景观灯具联调、联控的成功实施,使照明控制技术进入了里程碑式的第四阶段,城市景观照明由控制系统统一规划、集中管理。

近年来,城市景观照明建设飞速发展,2014 年武汉"两江四岸"、2015 年宁波"三江六岸"和绵阳"一江两岸"、2016 年杭州 G20 峰会、2017 年厦门金砖五国峰会、2018 年青岛上合峰会等,各城市的灯光建设规模越来越大,单一项目灯具种类越来越多,灯光场景越来越丰富,并在持续升温。因此,城市景观照明控制技术应不断完善和提高集中管控功能,并进一步节省建设和运维成本,提高效率。

(2)基于 RDMX 技术的城市级景观照明控制系统。

近年来,一方面,城市级的景观照明项目体量大、覆盖范围广,建成后的运营、维护工作量庞大而复杂,业主甚至需要成立特别的运维单位,耗费巨大的人力、物力、财力在亮灯时间段巡视、记录，保障项目正常工作；另一方面，DMX512-A 控制技术虽然能实现灯具的统一控制，但无法实现对灯具及设备工作状态的信息反馈，该技术已经不能满足大体量景观亮化项目的运维需求。对此，上海光联照明有限公司自主研发了基于 RDMX 控制技术的城市景观照明控制系统。

该系统在常规 DMX512-A 协议控制灯具的基础上，综合城市景观灯光的多场景控制、远程无线调光调场景、控制安全性能提升，实现灯具自动在线写址、灯具状态实时侦测与反馈、故障点自动屏蔽等功能，满足城市级景观照明项目运维效率提升与运维成本降低的需求，为运维单位带来了诸多便利。

其架构图如图 2.2.70 所示。

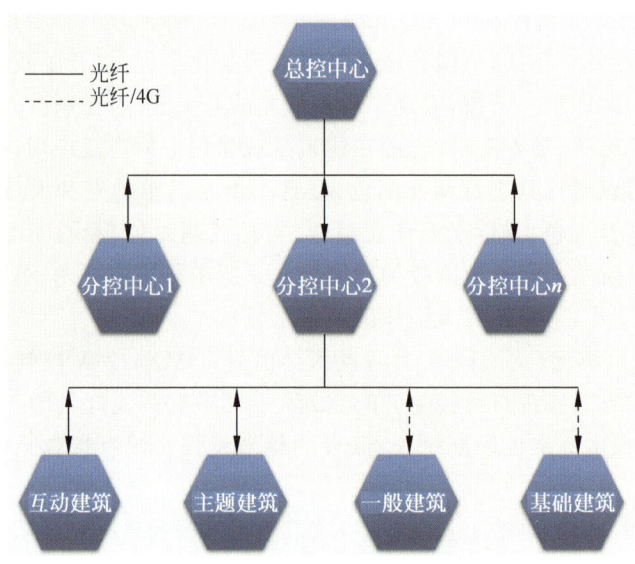

图 2.2.70 城市级景观照明控制系统架构图
（资料来源：上海光联照明有限公司）

从城市职能角度出发，在市一级控制平台设立总控中心，区一级设立分控中心，区下辖的各片区、各建筑根据灯光场景中角色需求的差异划分为互动类型、主题类型、一般类型、基础类型等，根据类型的差异选择合适的灯光控制器。

其中，总控中心管理整个城市的景观灯光控制，总控可对整个城市的景观照明实现灯光的开关指令、场景模式调控管理、所有景观照明设备的工作状态信息反馈、设备故障信息数据的统一管理。分控中心负责该片区内所有建筑的灯光开关、场景模式调控管理、灯具及控制设备状态的信息侦测、数据采集与管理。而每个片区或建筑上的控制系统对具体的每套灯具进行控制与监测。

整个系统的网络拓扑结构如图 2.2.71 所示。

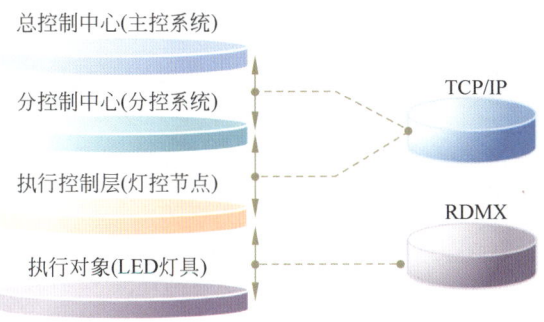

图 2.2.71　城市级景观照明控制系统网络拓扑结构
(资料来源：上海光联照明有限公司)

整个系统的上端(总控中心—分控中心—灯控节点)采用成熟的局域网或城域网架构模式，通过传输控制协议/网际协议(TCP/IP)相互访问，并实现控制指令和数据的交换，其中网络可以依托于网络运营商的基础设施，而灯光工程的建设方只需在各控制中心、灯控节点投入网络设备及灯控系统，各灯控节点到灯具的控制则采用 RDMX 技术，实现灯具的各种场景控制、在线写址、状态监测、故障屏蔽等功能。

(3) 基于 RDMX 控制技术实现的景观照明工程。

① 上海国际港务大厦亮化改造工程。RDMX 控制技术的第一代产品于 2015 年在上海国际港务大厦亮化改造工程(图 2.2.72)中首先应用，整个项目应用了 6500 多套 RGBW 的 LED 线条灯，控制像素体量超过了 5 万个点，该项目的景观灯具是紧贴玻璃幕墙安装，朝外发光，在室内无法观看到灯具运行状态，又加上该项目紧邻黄浦江，也没有很好的视角可以从室外观看灯具运行状态，而且该项目在北外滩，地理位置非常显著，也经常展现各类公益和商业广告，不允许项目出现长时

图 2.2.72　上海国际港务大厦亮化改造工程竣工实景
(资料来源：上海光联照明有限公司)

间、大面积的灯具不受控现象,要求故障点能在第一时间被发现并维护。如果采用常规 DMX512-A 的控制技术,会对后期的维护带来非常大的困难。通过 RDMX 的技术,实现了维护人员在总控室内控制计算机界面就能查看灯具运行状态,对故障灯具报警,并输出故障灯具的精确位置,指导维护人员快速便捷维修。项目建成几年来,给业主的运营提供了非常大的便利性。

② 杭州 G20 峰会西湖智慧景观照明项目。在 2016 年杭州 G20 峰会西湖智慧景观照明项目(图 2.2.73)中,RDMX 控制技术的第二代产品得到更大范围的应用。项目建设包括西湖南线五座山体照明及苏堤两岸全线植被照明,总覆盖面积达 3.03 km^2。整个项目应用了 12000 多套色温可调可变的投光灯以及近 3000 套蓝白色点光源,控制系统建设包括 1 个控制中心、8 个分控中心、7 个区域汇聚点,以及分布在山体和苏堤的 62 个室外灯控节点,通过 RDMX 技术实现了所有灯具及控制设备的远程灯光调控、在线监测、信息反馈等功能,在近 2 年的运维期间,通过总控系统的监测和故障报表能快速找到故障设备或灯具所在位置,给灯具及设备的检修带来了极大便利,大大提高了运营效率,降低了运营成本。

图 2.2.73　杭州 G20 峰会西湖智慧景观照明项目竣工实景
(资料来源：上海光联照明有限公司)

③ 宁波中山路夜景亮化提升项目。2017 年底宁波中山路夜景亮化提升项目(图 2.2.74)中,RDMX 控制技术第三代产品的成功应用,可以说标志着智慧照明控制技术正式进入可全面应用于城市景观照明控制的阶段。该项目中由上海光联照明有限公司提供全套的灯光控制器,并全面开放 RDMX 控制技术协议,指导不同灯具厂商生产不同类型但都能满足 RDMX 控制技术协议的灯具。整个项目覆盖宁波中山路沿线 10 km 近 180 栋建筑,由 7 个厂商供应的几十种灯型近 15 万套灯具参与了整体联调、联控、在线写址、状态信息反馈、故障侦测与屏蔽,极大便利地实现了故障点的快速发现、精准定位和及时维修。

④ 深圳中心区灯光秀项目。为打造深圳特色的数字化夜景精品,营造优美舒适、具有现代都市繁华和魅力的灯光环境,成为市民和游客夜晚城市公共文化空

图 2.2.74　宁波中山路夜景亮化提升项目竣工实景

（资料来源：上海光联照明有限公司）

间,2018年国庆节,深圳中心区以中轴线、深南大道等重要视看角度为展示界面,形成以深圳市民中心为核心、平安大厦为地标的夜景大格局,由43栋楼宇,118万个LED点光源参与联动表演灯光秀(图2.2.75)。该灯光秀通过有线和4G网络搭建的专网连接,在总控制室的统一控制下,实现同时播放表演画面,构建震撼的整体大联动和层次丰富的立体演示界面。表演中,平安大厦如同一个指挥棒,所有重要的画面都由其开始,依托600 m高的激光表演,与其他群楼形成光影二维空间。同时,由于深圳市民中心广场场地大,是观看灯光秀的最佳位置之一,站在这里观看就是270°环绕,形成环幕视觉效果,带来动态式、包围式、沉浸式的观赏体验,人是沉浸其中的。

图 2.2.75　深圳中心区灯光秀

城市景观照明的发展需要对灯光、音乐、喷泉、3D秀等各种表现场景的情景进行控制,并实现多场景统一协调。同时,为完成人与多场景的互动、体验,需要进一步完善控制技术,使控制系统越来越智能化。

14）基于智慧 LED 路灯的智慧城市

（1）应用背景。

在我国的大小城市中，由于各部门各自为政、杂乱布点、重复建设（图 2.2.76），没有一个统一的公共信息发布平台，使得很多城市变成了"森林城市"——不是由树木组成的森林城市，而是由各种太多的立杆组成的"森林城市"。有的路口立了十多个杆子，行人穿梭其中，险象丛生；有的杆子上装了 10 多个摄像头，杂乱无序，维护和安全都存在很大的隐患。对此，在智慧城市的建设、运行中，路灯将从传统的高压钠灯发展到 LED 路灯以及智能路灯。同时，结合灯杆在城市网络节点分布的资源优势，采用"多杆合一"的智能方案，使一盏盏路灯成为城市的一个个智能节点，承载着城市信息的采集、传输和发布。

图 2.2.76　城市中的多杆情况

（资料来源：上海三思电子工程有限公司）

道路照明灯杆的综合利用，有利于减少城市杆体的重复建设，避免城市道路两侧特别是路口杆体林立的乱象，有效地节约城市地面和空间资源，并积极推动市政建设集约化、基础设施智能化、公共服务便捷化和城市管理精细化的发展，提升城市科学化、智能化管理水平。

（2）智慧路灯"多杆合一"智能方案。

① 智慧路灯的定义。LED 智慧路灯不仅是灯，也是智能感知和网络服务的节点。智慧路灯是指每盏路灯的灯杆上安装 100～200 W 的 LED 光源替代原先 400 W 或 250 W 高压钠灯，在满足道路照明要求的基础上，大大降低电能损耗。同时，单灯可按照天气变化完成调节光强、色温等，实现智能照明。除此以外，灯杆上加载的摄像头、显示屏、传感器、AP、微基站、充电桩等，提供安防监控、信息发布、Wi-Fi、移动网络、汽车充电等服务。因此，每盏路灯及灯杆，从单纯的一盏灯，演变成了复合型多功能灯杆，最后成为城市物联网智慧节点（图 2.2.77）。

② 智慧路灯的组成、功能。智慧路灯多功能灯杆的合杆分为四层，一般如图 2.2.78 所示。具体由智能照明管理子系统、户外信息发布子系统、市政设备管

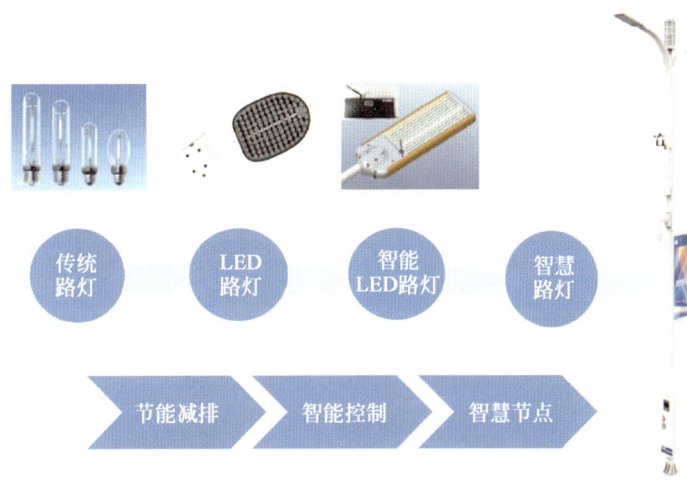

图 2.2.77 智慧路灯的定义
（资料来源：上海三思电子工程有限公司）

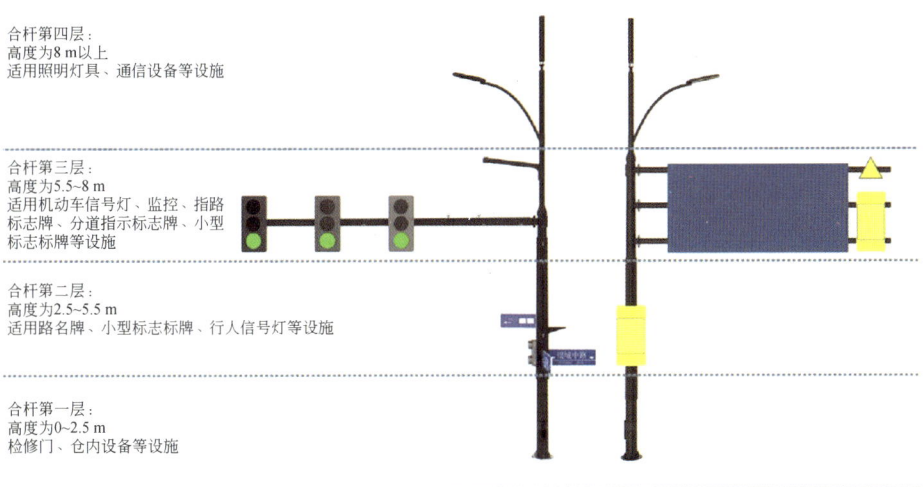

图 2.2.78 智慧路灯的四层结构示意图
（资料来源：上海三思电子工程有限公司）

理子系统、紧急事件联动处理子系统等组成，分别如图 2.2.79～图 2.2.82 所示。图 2.2.83 是智慧路灯多功能示意图。

智慧路灯遍布城市的配置，对智慧城市在城市运行的感知、数据的采集、公众服务的提供等方面，起到了统一的数据入口和统一的城市管理视角的作用，为智慧城市的建设提供了可行的落地方案。

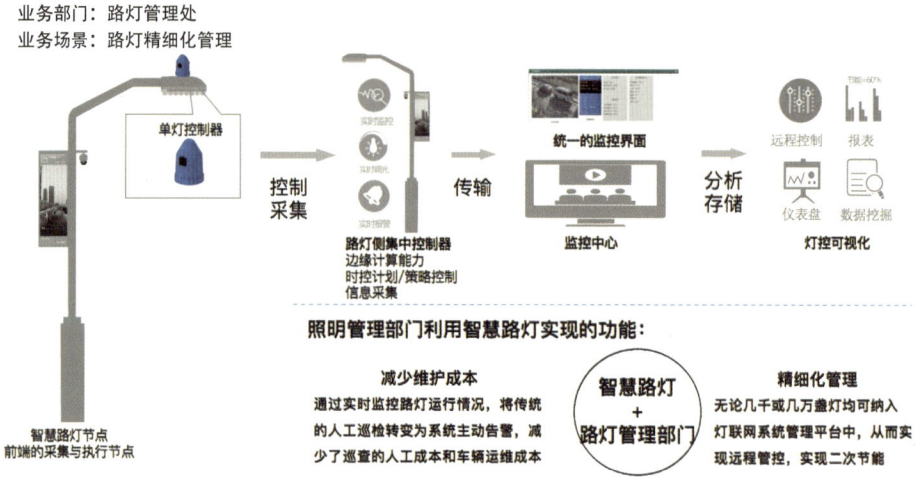

图 2.2.79　智慧路灯子系统 1 示意图
（资料来源：上海三思电子工程有限公司）

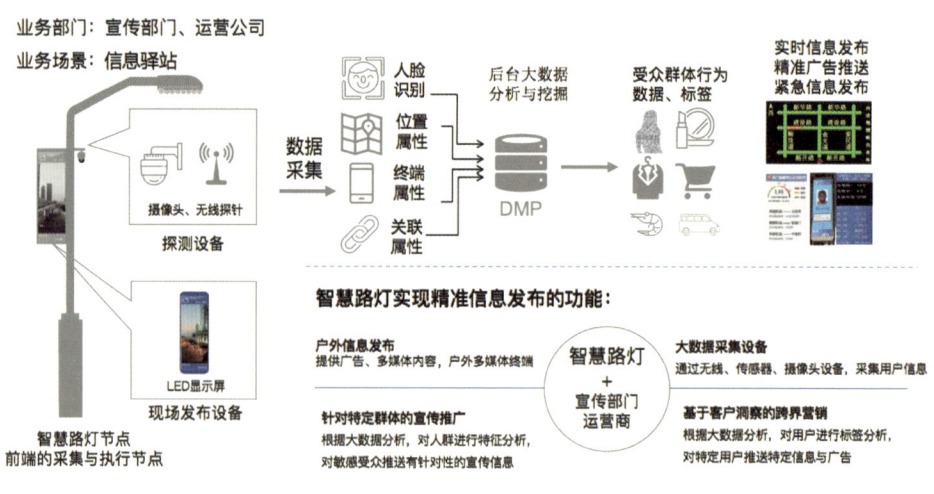

图 2.2.80　智慧路灯子系统 2 示意图
（资料来源：上海三思电子工程有限公司）

（3）应用实例。

① 北京通州行政副中心等地试用成功。北京、上海以及全国多个城市都逐步开始了复合型多功能灯杆的推广建设。如上海三思电子工程有限公司在"北京通

市政设备管理子系统

业务部门：市政部门
业务场景：资产管理
智能RFID、摄像头、显示屏联动——窨井盖、垃圾桶监控

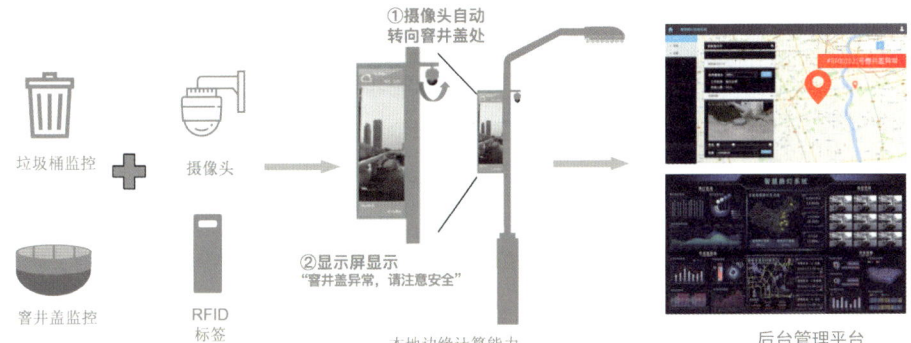

图 2.2.81　智慧路灯子系统 3 示意图
（资料来源：上海三思电子工程有限公司）

紧急事件联动处理子系统

业务部门：公安、城管部门
业务场景：紧急情况的快速处理机制

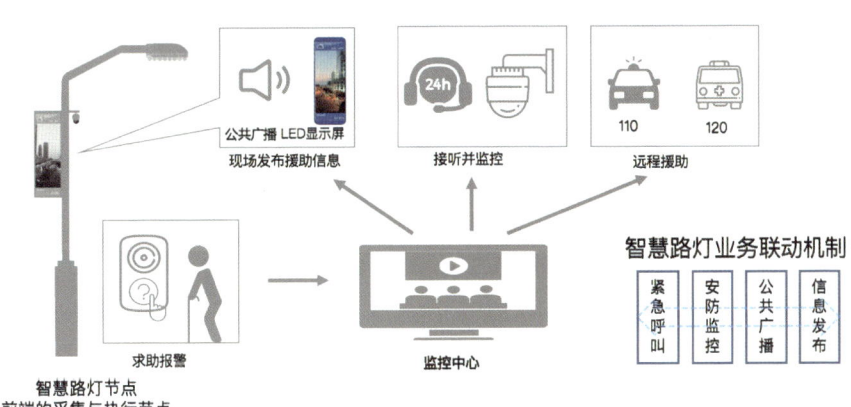

图 2.2.82　智慧路灯子系统 4 示意图
（资料来源：上海三思电子工程有限公司）

州行政副中心多功能灯杆"（图 2.2.84）、"上海中国国际进口博览会周边道路多杆合一"项目中均承担了重要的工作。此外，在江西瑞金的"依托智慧路灯建设瑞金智慧城管系统"、江苏洪泽的"依托智慧路灯建设智慧城市"、华为技术有限公司（以

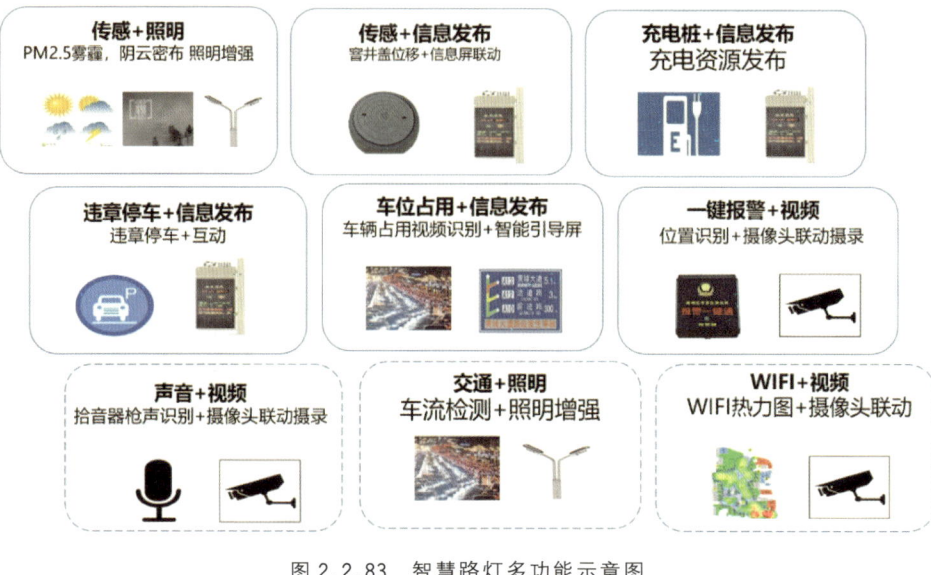

图 2.2.83 智慧路灯多功能示意图

（资料来源：上海三思电子工程有限公司）

图 2.2.84 北京通州行政副中心的智慧路灯

下简称"华为"）承担的"沙特阿拉伯延布智慧城市"项目中，智慧路灯均起到了至关重要的作用。

② 武汉市中心道路"S形智慧路灯"应用。2018年9月，武汉市首批150多盏智慧路灯亮相汉口三阳路、澳门路，造型变为五颜六色的"S形小蛮腰"（图2.2.85）。S形LED光带调出多种颜色，如同霓虹闪烁，在节日或特殊时点，"起舞"变色，还可随着交通流量的密度变化，起到示警作用。每盏灯的单灯控制器可收集参数信息，与人流、车流量联动调整功率，达到更好的节能效果。"共享灯杆"一杆多用，

LED显示屏可播报天气,监测细颗粒物(PM2.5),查询地理、景点旅游、商业购物及政府发布的新闻、示警、公益广告等多类信息。

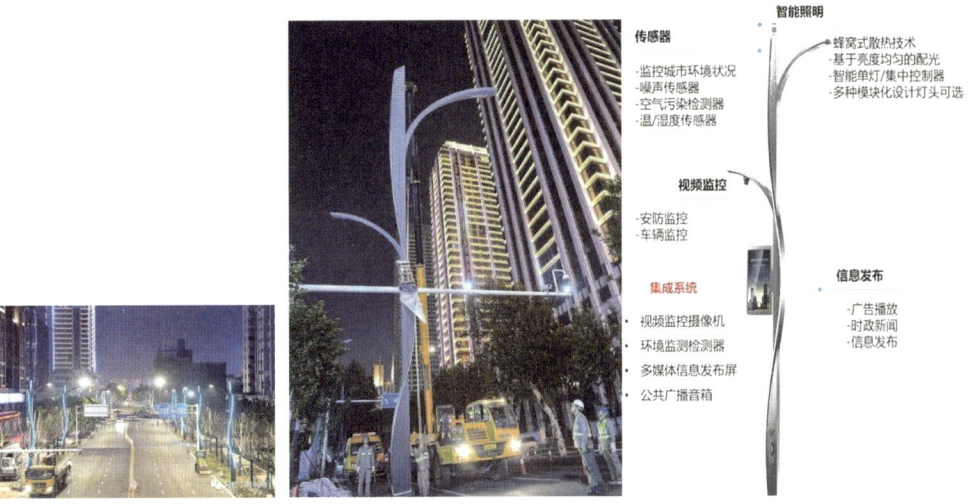

图 2.2.85　武汉"S形智慧路灯"实景

(资料来源:阿拉丁照明网)

③ 团体标准《基于窄带物联网(NB-IoT)的道路照明智能控制系统技术规范》(T/CSA 052—2018)正式实施。基于 NB-IoT 技术的道路照明智能控制系统由监控管理平台、NB-IoT 网络通信系统和终端控制器组成,其系统架构如图 2.2.86 所示。

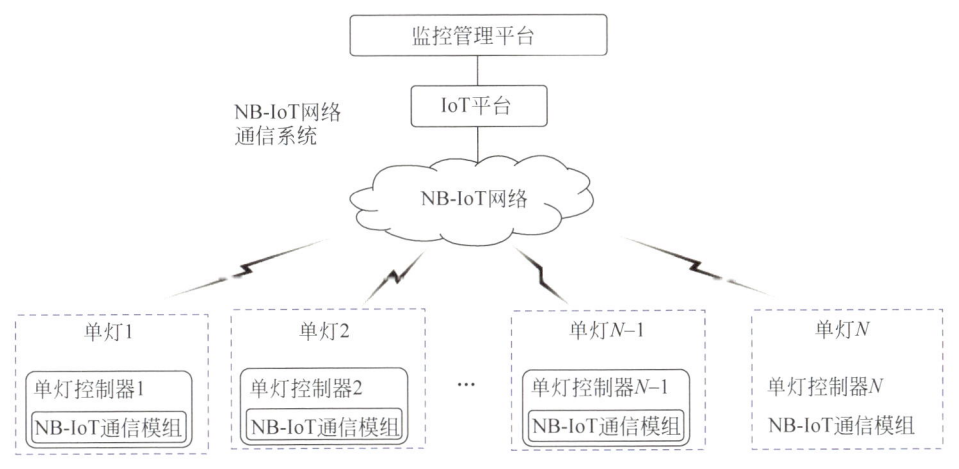

图 2.2.86　基于 NB-IoT 的道路照明智能控制系统架构

终端控制器(单灯控制器、NB-IoT 模组)通过 NB-IoT 射频信号与基站通信,对 LED 单个灯具进行监测和控制,能够上传路灯相关数据并接收中央管理平台控制命令,负责对道路照明设施的运行进行监测和控制。NB-IoT 网络通信系统是构建大区域跨平台的物联网通信平台,由基站、核心网、IoT 平台组成,实现对城域级道路照明设备的远程监控,通信传输系统采用运营商部署的基站连接终端控制器及 IoT 平台和监控中心相连接,对道路照明控制系统而言,实现了单跳通信模式。监控管理平台是整个道路照明智能控制系统的核心,具有数据的分析、汇总、存储、控制命令的发布等功能,同时具有路灯巡检、路灯设备管理、路灯运行维护管理和相关运行报表等功能。2017 年 2 月,由华为、中国移动通信集团杭州分公司和浙江大学网新易盛网络通信有限公司共同打造的全球首个基于标准 NB-IoT 的智慧照明示范区,在杭州滨江士兰微园区建成,标志着 NB-IoT 在道路照明领域的开端。目前,国内已有数百个成功案例。首个基于标准 NB-IoT 的道路照明示范区如图 2.2.87 所示。

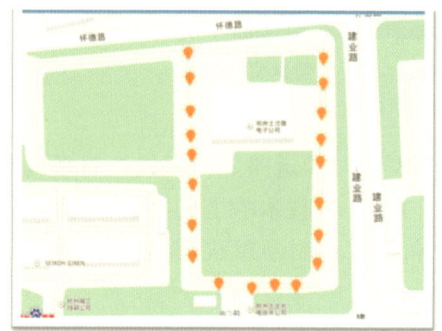

图 2.2.87　杭州滨江士兰微园区——全球首个基于标准 NB-IoT 的道路照明示范区
(资料来源:浙江大学)

根据国家工信部发布的《工业和信息化部办公厅关于全面推进移动物联网(NB-IoT)建设发展的通知》(工信厅通信函〔2017〕351 号)的要求,为促进 NB-IoT 技术在照明行业的应用推广,由中国照明学会、国家半导体照明工程研发及产业联盟(CSA)、华为、福州物联网开放实验室作为主编单位,并联合了同济大学等二十余家参编单位组成了规范编制组,编制的团体标准《基于窄带物联网(NB-IoT)的道路照明智能控制系统技术规范》(T/CSA 052—2018)已于 2018 年 5 月 18 日正式实施,如图 2.2.88 所示。该规范首次提出基于 NB-IoT 的道路照明智能控制系统的架构以及相关技术指标,将 NB-IoT 技术应用到道路照明领域,引导照明行业的智能化发展。

一盏盏智慧路灯的联结,依托多功能灯杆,以智能照明为基本功能,通过加载

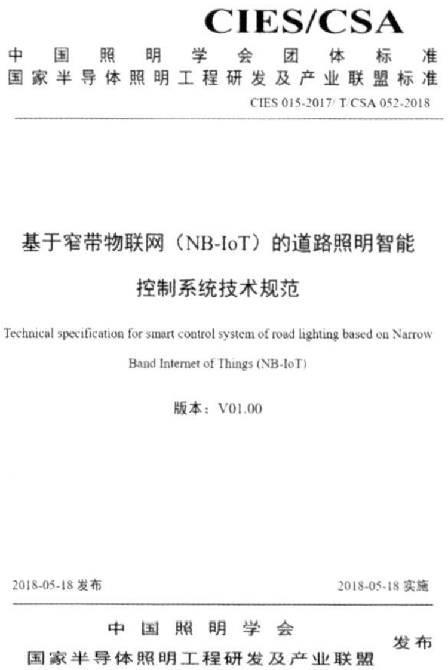
CIES/CSA
中国照明学会团体标准
国家半导体照明工程研发及产业联盟标准
CIES 015-2017/ T/CSA 052-2018

基于窄带物联网（NB-IoT）的道路照明智能
控制系统技术规范
Technical specification for smart control system of road lighting based on Narrow
Band Internet of Things (NB-IoT)
版本：V01.00

2018-05-18 发布　　2018-05-18 实施
中国照明学会
国家半导体照明工程研发及产业联盟　发布

图 2.2.88　团体标准《基于窄带物联网(NB-IoT)的道路照明智能控制系统技术规范》
（资料来源：中国照明学会智能控制专业委员会）

NB-IoT 基站、传感器、信息发布设备、视频监控、市民公众服务终端以及未来 5G 等，搭建城市物联网，感知城市运行状况，为社会提供公众服务，最终成为实现智慧城市不可或缺的一部分。可以预见，LED 路灯及智能控制在智慧城市的建设中，必将发挥越来越多的重要作用，让城市变得更美、更智慧。

15）半导体照明标准的进展情况

（1）目前我国半导体照明标准概况。

我国近年来围绕半导体照明产业链，已制定并发布的与半导体照明强相关标准共有 110 项，其中国家标准(GB)有 80 项、电子行业标准(SJ)有 21 项、轻工行业标准(QB)有 7 项，其他行业标准 2 项。

近年制定的与半导体照明强相关标准共有 68 项，其中国家标准(GB)有 53 项、电子行业标准(SJ)有 13 项、轻工行业标准(QB)有 2 项。

这些标准涉及以下内容。

通用基础标准，如术语。

材料标准：如荧光粉、LED 用衬底、外延片等产品规范、测试方法等。

设备标准：如粘片机、键合机等。

LED 芯片标准：产品规范、测试方法等。

LED 器件标准：产品规范、测试方法、型号命名、寿命试验方法、光辐射安全评价要求及方法等。

LED 模块标准：产品规范、测试方法、接口规则、寿命试验方法等。

　　LED 光源标准：各类 LED 灯（如道路照明用 LED 灯、装饰照明用 LED 灯、普通照明用 LED 灯）的安全要求、性能规范、测试方法等。

　　LED 灯具标准：各类 LED 灯具（如 LED 筒灯、LED 平板灯具、可移式通用 LED 灯具、固定式通用 LED 灯具）的安全要求、性能规范、测试方法等。

　　相关附件：电源、控制装置、灯头灯座、传感器、接口等性能要求、特殊要求等。

　　(2) 目前我国半导体照明标准的组织实施模式分析概况。

　　近年来，LED 照明产业在我国发展迅猛，因此对标准的需求也特别强烈，国家对 LED 照明标准化工作也特别重视，提出了围绕全产业链开展综合标准化的新模式。

　　① 国家半导体照明(LED)标准领导小组。2011 年 10 月，由国家标准化管理委员会(以下简称"国标委")发起，会同工信部电子信息司、国家发改委环资司、科技部高新司、财政部经建司、住建部城建司、质检总局计量司等部委成立了"半导体照明(LED)标准领导小组"和专家组，旨在协调国内半导体照明的标准化工作，按照顶层设计、总体分工、协调推进的原则，着力使半导体照明产业快速、健康、有序发展。并尽快研究建立满足产业发展的半导体照明标准体系和相应的工作机制。

　　国家半导体照明(LED)标准领导小组下设四个工作组：设备及材料组、器件及模块组、光源及灯具组、照明应用及能效组。设备及材料组由全国半导体设备和材料标准化技术委员会牵头，围绕材料、设备开展相关标准制定工作；器件及模块组由工信部半导体照明技术标准工作组牵头，围绕 LED 器件、LED 模块开展相关标准制定工作；光源及灯具组由全国照明电器标准化技术委员会牵头，围绕 LED 光源、LED 灯具开展相关标准制定工作；照明应用及能效组由半导体照明联合创新国家重点实验室、中国标准化研究院和中国建筑科学研究院共同牵头，围绕照明应用和能效开展相关标准制定工作。

　　国家半导体照明(LED)标准领导小组提出了 60 余项国家标准制修订项目，其中涉及中上游的标准有 20 项。

　　② 工信部半导体照明综合标准化工作组。2011 年 2 月 18 日，工信部科技司组织召开了工业和通信业标准化工作例会。会议对重点领域开展综合标准化工作、完善标准制修订工作流程和要求进行了具体部署。重点领域包括半导体照明和电动汽车。

　　其中"半导体照明"由工信部电子信息司牵头，会同消费品司和其他相关司局开展综合标准化工作，成立了以全国半导体设备和材料标准化技术委员会、工信部半导体照明技术标准工作组和全国照明电器标准化技术委员会为主的"半导体照明综合标准化工作组"。

　　工信部半导体照明综合标准化工作组围绕 LED 照明产业链，建立了"半导体照明综合标准化技术体系",提出2011年亟待制/修订的国家标准和行业标准33项,研究中的标准34项,并以工信部办公厅文件形式发布。随后不断补充新的项目,完善标准体系。

可以看到,无论是国家半导体照明(LED)标准领导小组下的工作组,还是工信部半导体照明综合标准化工作组,涉及LED照明的标准化组织是一样的。这些标准化组织,早期也是就标准归口问题有过矛盾,但在国标委、工信部的协调下,基本做到分工明确、沟通及时、互相协作。

中上游的标准,是以工信部半导体照明技术标准工作组为主制定相关标准。而对于采用IEC TC34标准制定我国标准的项目,主要由其国内技术对口的全国照明电器标准化技术委员会为主制定;对于参考国际半导体产业协会(SEMI)标准制定我国标准的项目,主要由其国内技术对口的全国半导体设备和材料标准化技术委员会为主制定。

(3)国内外半导体照明上中游标准体系的对比分析。

国内外半导体照明标准的主要异同如下。

LED照明用相关材料和设备标准:没有国际标准,只有SEMI制定了极少量的LED用相关材料和设备标准,这些标准我国尚未采用。

LED芯片标准:没有国际标准,我国有不同功率的LED芯片通用技术要求(包括LED芯片的性能的基本要求、检验规则等)、LED芯片测试方法等标准。

LED器件标准:有通用要求、安全要求的相关国际标准,我国采用这些标准制定了国家标准,技术内容相同。此外,我国按不同功率制定了相应的空白详细规范,以便于研制厂家编写产品有详细规范类标准;同时也制定了LED加速寿命试验、热特性测试等方法标准,没有相似的国际标准。

LED模块标准:有性能要求、安全要求、测试方法等相关国际标准,我国基本采用这些标准制定了国家标准,技术内容相同。此外,我国还制定了有关加速寿命试验、接口规则等标准,没有相似的国际标准。

LED光源标准:有性能要求、安全要求、测试方法等相关国际标准,我国基本采用这些标准制定了国家标准,技术内容相同。

LED灯具标准:有性能要求、安全要求、测试方法等相关国际标准,我国基本采用这些标准制定了国家标准,技术内容相同。

总体上看,我国在半导体照明产品标准的制定上比国际标准数量多、覆盖产业链较全、技术内容与国际标准相当。

16)我国半导体照明装备制造技术和产业的进展

(1)我国LED照明产业高端制造装备的发展现状及成就。

制造装备在半导体照明产业中具有举足轻重的地位。第一,LED照明产业是制造装备密集和高投入行业,70%的生产线投入用于制造装备;第二,LED制造装备与工艺高度关联,外延、芯片设计或工艺创新往往导致装备的颠覆性变化,而LED制造工艺及技术的突破也需要与之适配的装备来实现;第三,LED制造装备技术门槛高,集机械、控制、机器视觉、光学等技术于一体,是非常复杂的高精、高速装备;第四,消费者对LED照明产品性能的要求不断提升,导致生产企业对制造品质和效率的要求也不断提升,制造装备的折旧速度加快。

在国家"制造强国"战略、创新驱动发展战略的背景下,我国LED高端制造装备产业正迎来快速发展时机。一方面,我国将"装备制造业增加值占制造业增加值比重"作为制造强国的指标之一,表明国家高度重视高端制造装备的发展;另一方面,智能制造理念为LED高端制造装备创新带来新契机,通过制造过程的大数据挖掘,改进工艺和装备,通过装备智能化水平的提升,减少对人员操作水平的依赖,从而增强我国LED照明产业的竞争力。LED制造装备业也得到长足发展,中高端制造装备从无到有,中低端装备基本主导市场。

目前全球LED高端制造装备主要被美国、日本、德国和荷兰等发达国家垄断(表2.2.5),它们构成了LED高端制造装备的第一梯队。例如,德国爱思强(Aixtron)股份有限公司和美国维易科(Veeco)精密仪器有限公司占有全球金属有机化合物化学气相沉积(MOCVD)设备市场的90%以上,德国苏斯(Suss)光刻机有限公司和日本科研株式会社(DNK)占有全球光刻机市场的80%以上。韩国以及中国的台湾地区和香港地区在匀胶显影机、切割机、划片机等高端制造装备领域占有一席之地,属于LED高端制造装备的第二梯队。相对而言,我国大陆属于LED高端制造装备的第三梯队。

表 2.2.5　我国LED高端制造装备主要来源

主要设备类型	价格/万元	供应商在装备市场中所占份额
MOCVD设备	800~1500	Aixtron(德国)和Veeco(美国)接近100%
光刻机	200~330	DNK(日本)50%、Suss(德国)24%、Cannon(日本)10%、Neutronix-Quintel(美国)5%
ICP刻蚀机	350~500	Oxford(英国)48%、ULVAC(日本)45%、AMAT(美国)5%
蒸镀机	100~200	FSE(中国台湾)64%、ULVAC(日本)30%、AST(中国台湾)5%
PECVD设备	130~200	Oxford(英国)78%、ULVAC(日本)19%

注:Cannon为佳能集团公司;Neutronix-Quintel为恩科优有限公司;Oxford为牛津仪器公司;ULVAC为日本真空技术株式会社;AMAT为应用材料公司;FSE为富临科技工程股份有限公司;AST为聚昌科技股份有限公司。

在国家政策与市场需求的双重引领下,我国多个地区都积极参与MOCVD装备研发竞争,近年来已在技术和产业方面取得了积极的进展。目前我国MOCVD装备领域已初步形成了以上海、北京、山东、广东四地区为主的竞争局面。其中上海虽然起步时间相对较晚,但在企业的努力和政府的支持下后来居上,2012年底,上海三家企业几乎同步完成了国产大型MOCVD设备的技术研发及产业化,在全国取得了较大幅度的领先优势。

为了在全国范围的行业竞争和整合浪潮中占据先机,各地方政府也及时出台政策措施,加大力度促进本地MOCVD装备的研发和产业化进程。例如,广东省政府与中科院、地方院所和产业联盟共同组建了广东省半导体照明产业技术研究院和广东省中科宏微半导体设备有限公司,以重大专项形式推动MOCVD装备核心技术攻关,并构建MOCVD产业化基地等。

我国主要省市MOCVD装备发展情况见表2.2.6。

表2.2.6 我国主要省市MOCVD装备发展情况

地区	发展情况综合评价	本地主要企业	技术研发进度
上海	"十一五"期间开始研制,起步较晚但进展迅速,在生产型装备方面目前已达到国内领先水平	理想能源设备有限公司	3腔×84片生产级别,设备已下线,客户工艺验证阶段
		中微半导体设备(上海)有限公司	4腔×54片生产级别,设备已下线,客户工艺验证阶段
		中晟光电设备(上海)有限公司	4腔×66片生产级别,设备已下线,客户工艺验证阶段
		上海永胜半导体设备有限公司	完成96片整机,因特殊原因停业
北京	"九五"期间开始研制,始终处在实验室用机型状态,生产型装备一直未突破	北京思捷爱普半导体设备有限公司	完成红黄光49片,设备不适用于照明芯片
		华延芯光(北京)科技有限公司	制成生产样机,工艺验证阶段
		北方微电子公司	完成样机组装,现项目停顿
		北京泰科诺科技有限公司	研发起步阶段
山东	"十五"期间开始研制,已有实验室级别装备进入市场销售	青岛杰生电气有限公司	实验室级别6片设备,进入市场销售
		青岛精诚华旗微电子设备有限公司	实验室级别设备,进入市场销售
		潍坊绿种子材料科技股份有限公司	蓝光56片设备,开发过程中
广东	"十一五"期间开始研制,前期发展较快,后续推进有所放缓	广东昭信半导体装备制造有限公司	完成37片整机,现项目停顿
		广东省中科宏微半导体设备有限公司	蓝光48片样机,组装调试阶段
		东莞中镓半导体科技有限公司	研发起步阶段

续表

地区	发展情况综合评价	本地主要企业	技术研发进度
其他地区	较为分散，实力不强	西安华光慧能科技有限公司 浙江光达光电设备科技(嘉兴)有限公司 中科院沈阳科学仪器研制中心有限公司	研发阶段 11片设备(4 in)，开发过程中 实验室级别7片，设备产业转化过程中

我国制造装备企业在2005年前后进入LED照明领域，研发高端制造装备，在政府部门与企业的共同努力下，通过十余年的技术创新和市场探索，国产LED高端制造装备已取得一定进展。

① 大部分LED高端制造装备已经研制成功。在国家产业政策的支持下，我国着力跟进发达国家的制造装备发展水平，研制出大多数LED高端制造装备类型，基本实现了LED外延和芯片制造的全流程覆盖，如中微半导体设备(上海)有限公司、中晟光电设备(上海)股份有限公司、广东昭信半导体装备制造有限公司的MOCVD设备，上海微电子装备(集团)股份有限公司的光刻机，北方华创科技集团股份有限公司的电感应耦合等离子体(ICP)刻蚀机、蒸镀机、等离子体增强化学气相沉积(PECVD)设备，沈阳芯源微电子设备有限公司的匀胶显影机等。2014年还有6条国产高端制造装备成套生产线进入LED生产企业开展现场工艺验证。

② 国产装备与进口装备的差距日益缩小。我国LED高端制造装备行业发展迅速，装备发展水平不断提高，装备性能及技术指标快速提升。国产ICP刻蚀机、匀胶显影机、激光切割机的部分型号设备已经成为我国LED生产线的主力机型，少数装备能够很好地替代进口设备。

③ 部分LED高端制造装备的市场份额有所提升。ICP刻蚀机、匀胶显影机、激光切割机均已实现批量生产，近年来国内市场占有率达70%。此外，光刻机、匀胶显影机已成功进入我国台湾地区市场。

④ 装备企业的售后维护与快速响应等配套服务得到用户认可。我国LED高端制造装备企业具有靠近用户的天然地理优势，在售后维护与技术支持的速度方面远超国外同行。此外，他们也十分重视用户需求，与生产企业积极沟通，能够更好地满足用户的需求。

(2) 我国LED照明产业高端制造装备的不足。

由于发展时间晚、技术积累不足，我国LED高端制造装备与进口装备相比仍然存在不小差距，装备质量有待提升，市场占有率极低。

① LED高端制造装备市场占有率极低。当前我国LED生产企业使用的高端制造装备绝大部分依靠进口(表2.2.5)，其中MOCVD设备几乎全靠进口，其他高

端制造装备的对外依存度也高达90%以上。国产LED高端制造装备在国内市场的比重很低,除ICP刻蚀机、匀胶显影机、激光切割机等少数装备,国内市场较少见到国产装备的身影。

② LED高端制造装备质量较低。与进口设备相比,国产LED高端制造装备整体性能低,表现为装备稳定性和可靠性较低、工艺一致性较差、使用寿命较短。国产装备在生产线上故障率较高,生产周期和产品质量不稳定,增加了LED生产企业的运营成本和生产风险。

③ 装备企业研发投入意愿不足、能力不强。我国大多数装备企业研发投入的比重为2%~3%,主要为政府部门科技项目投入,而企业自身投入的研发费用非常少,这与许多国外同行5%~10%的平均研发投入相距甚远。

④ LED制造装备产业链发展不协调。从产业链视角来看,我国LED照明产业中的LED生产、产品应用等中下游环节快速发展,但是并没有带动LED高端制造装备、原材料及关键零部件制造等上游环节同步发展,而上游环节是LED照明产业的竞争力所在。从创新链视角来看,虽然我国已经研制出大部分LED高端制造装备,但是装备的工艺验证(即"中试"环节)尚未完成,产业化进程异常艰难。

2.2.3 历年在半导体照明方面获得的国家级科技奖励统计

2002—2018年,共有8项半导体照明方面的研究成果获得了国家级科技奖励,涵盖了材料外延、芯片制备、封装、非成像光学及照明光源、LED农业照明应用等产业链。

1. 2011年国家科技进步奖二等奖

项目名称:GaN基蓝绿光LED的关键技术及产业化

主要完成人:肖志国,罗毅,陈弘,武胜利,杨天鹏,韩彦军,贾海强,汪莱,王强,郭建华

主要完成单位:大连美明外延片科技有限公司(以下简称"美明公司"),中国科学院物理研究所(以下简称"中科院物理所"),清华大学,大连路美芯片科技有限公司(以下简称"路美公司")

项目摘要:在本项目实施之前,欧美、日本的企业构筑了强大专利壁垒,我国LED上游产业处于缺乏自主知识产权的被动局面。制约GaN基蓝绿光LED产业化的主要技术瓶颈包括外延材料的高位错密度、InGaN/GaN多量子阱内量子效率低下、光提取效率低下和器件可靠性尚需完善等。同属大连路明集团的美明公司和路美公司与中科院物理所、清华大学自2003年起就进行战略合作,针对上述瓶颈联合承担了国家科技攻关项目,并在人才培养等方面开展了长期产学研合作,已

发表 SCI 论文 48 篇,申请发明专利 42 项,授权 14 项。基于自主知识产权形成了系列化的核心技术,其中量子阱结构设计、干法刻蚀、布拉格反射镜等技术处于世界领先水平。成功实现了蓝绿光 LED 产业化,为本领域民族产业的发展奠定了重要的基础。产品成功应用于北京奥运会、上海世博会和 2006 年世界杯等重大场馆工程,在国内外产生了重要影响。其产品应用于众多绿色照明示范工程实现节电 25 亿千瓦时,减少煤耗近 90 万吨。本项目辐射应用产品产值 60 亿元,培育了年产值达 90 亿元的产业集群,并改善了我国在该领域的产业布局。

2. 2011 年国家技术发明奖二等奖

项目名称:高可靠性氮化镓基半导体发光二极管材料技术及应用

主要完成人:陆卫,张涛,张波,陈效双,王少伟,冯雅清

主要完成单位:中国科学院上海技术物理研究所(以下简称"中科院上海技物所"),上海蓝宝光电材料有限公司(以下简称"蓝宝光电")

项目摘要:通过一系列的技术发明解决了氮化镓基半导体发光二极管材料在达到高可靠性方面的核心工艺与技术问题。发明了一种基于量子点效应进行氮化镓基半导体照明材料量子结构优化设计和离子注入热退火氮化镓基量子结构材料改性的新方法,与其他材料制备工艺方法的结合有效提升了这类材料的可靠性。发明了非接触式发光波长移动法实现的高精度结温测量方法,为获得高可靠性氮化镓基半导体照明材料提供了材料优化和筛选的必要手段。

3. 2014 年国家技术发明奖二等奖

项目名称:调控光线行为的三维自由光学曲面构建及其在半导体照明中的应用

主要完成人:罗毅,钱可元,韩彦军,李旭亮,李洪涛,祝炳忠

主要完成单位:清华大学,东莞勤上光电股份有限公司(以下简称"勤上光电")

项目摘要:在本项目实施初期,半导体通用照明光源系统普遍采用常规封装 LED 简单组合,缺乏对 LED 出射光线的调控,无法同时满足大光通量、照度/亮度均匀以及散热等基本要求,难以实际应用。调控 LED 的光线行为需构建非旋转对称的三维自由光学曲面,而这是光学工程领域的难题,当时尚没有针对 LED 的可实用方案。项目组发明了采用三维自由光学曲面高效、均匀调控 LED 光线到被照明区域的系列技术,解决了制约半导体照明实际应用的瓶颈问题,获得中国发明专利授权 30 项,发明并研制了 LED 路灯、大型场馆照明灯、管灯等系列产品,率先在大规模应用中展示了半导体照明在照明效果和节能两方面的优势,在激烈的国际竞争中抓住了半导体照明光源系统产业的发展机遇,提升了我国相关产业的国际竞争力。

4. 2014 年国家技术发明奖二等奖

项目名称：低热阻高光效蓝宝石基 GaN LED 材料外延及芯片技术

主要完成人：李晋闽，王国宏，王军喜，伊晓燕，刘志强，戚运东

主要完成单位：中国科学院半导体研究所（以下简称"中科院半导体所"），扬州中科半导体照明有限公司，湘能华磊光电股份有限公司

项目摘要：本项目在半导体照明基础材料、新型器件集成技术方面取得一系列重大原创性技术发明，包括：国际首创新型复合光学膜结构及制备技术，突破了传统金属反射镜反射率的制约；国际首创金属复合衬底结构，相关指标为国际最好水平；创造性提出金属极性面极化诱导 p 型掺杂技术，攻克了氮化物 p 型掺杂效率低这一世界性难题，相比常规技术空穴浓度提升一个数量级；提出了微纳图形衬底二次成核技术，首次在纳米图形衬底上外延出高质量高铝组分氮化物材料，AlN、GaN 材料质量为国际最好水平。主要发明点均为国际首创，器件发光效率超过 160 lm/W，经查新及鉴定为国际最好水平。本项目建立了完善的技术发明创新体系，申请专利 180 项，其中授权 47 项，包括两项美国发明专利，解决了我国在大功率 LED 领域核心专利缺失的关键问题，有力地支撑了产业发展，项目合作完成单位三年累计直接销售总额达到 11.98 亿元，成果在北京奥运会、人民大会堂、京沪高铁等国家重大工程得到充分展示。通过本项目实施，极大地推动了我国 LED 产业从无到有的跨越，促进了产业链向高端发展，经济和社会效益显著。

5. 2015 年国家技术发明奖一等奖

项目名称：硅衬底高光效 GaN 基蓝色发光二极管

主要完成人：江风益，刘军林，王立，孙钱，熊传兵，王敏

主要完成单位：南昌大学，晶能光电（江西）有限公司，中节能晶和照明有限公司

项目摘要：该项目经过近 10 年的技术攻关和生产实践，具有完整（完全）的自主知识产权，冲破了国外的专利束缚，产品在市场上形成独特的优势，有力地提升了我国 LED 技术在国际上的地位，为我国 LED 产业可持续发展打下了坚实的基础。在硅衬底上制备 GaN 基 LED，业界一直孜孜以求。然而由于硅和 GaN 这两种材料巨大的晶格失配和热失配导致的外延膜龟裂、晶体质量差，以及衬底不透明导致的出光效率低等问题长期未能解决，致使业界普遍认为在硅衬底上制备高光效 GaN 基 LED 是不可能的。项目团队经过长期努力，经过 3000 多次实验，攻克了这一世界难题，发明了在材料生长和芯片制造过程中克服巨大张应力的方法、结构和工艺技术，在国际上率先研制成功高内量子效率硅衬底蓝光 LED 外延材料和高光提取效率、高可靠性单面出光蓝光 LED 芯片，并率先实现了产业化，获授权发明专利 68 项。

6. 2015年国家科技进步奖二等奖

项目名称：氮化镓基紫外与深紫外LED关键技术

主要完成人：郝跃，李培咸，林科闯，李晋闽，张国华，王军喜，马晓华，闫建昌，蔡伟智，高英

主要完成单位：西安电子科技大学，中科院半导体所，三安光电股份有限公司，青岛杰生电气有限公司，西安中为光电科技有限公司

项目摘要：项目提出创新的表面增强脉冲反应生长方法、脉冲超晶格p型掺杂方法和纳米微腔器件结构，解决了材料生长、掺杂和紫外光提取效率等重大难题，获得中国和美国发明专利授权22项，在信息产业、装备制造、国家安全、医疗健康等领域具有广泛应用前景。

7. 2016年国家技术发明奖二等奖

项目名称：多界面光-热耦合白光LED封装优化技术

主要完成人：刘胜，罗小兵，陈明祥，裴小明，王恺，郑怀

主要完成单位：华中科技大学，深圳瑞丰光电子股份有限公司（以下简称"深圳瑞丰光电"），广东昭信企业集团有限公司（以下简称"广东昭信集团"），武汉大学

项目摘要：多界面光-热耦合白光LED封装优化技术的出现突破LED封装涉及的一系列基础技术、材料和工艺方面的技术瓶颈。该项目成果具有完全自主知识产权，形成了从基础研究、技术开发到工程应用的完整LED封装技术体系，并在深圳瑞丰光电、广东昭信集团、武汉帝光电子等LED企业推广应用：LED隧道灯广泛应用于国家重点工程建设，参与了国内最长海底隧道——青岛胶州湾海底隧道（全长7800 m）的照明工程建设；LED背光模组应用于康佳、TCL、冠捷等电视机和显示器生产企业，产品批量出口到欧盟、印度等地区和国家。

8. 2017年国家科技进步奖二等奖

项目名称：高光效低能耗LED智能植物工厂关键技术及系统集成

主要完成人：杨其长，魏灵玲，宋卫堂，周增产，刘文科，郭文忠，张国义，程瑞锋，李琨，李成宇

主要完成单位：中国农业科学院农业环境与可持续发展研究所，中国农业大学，北京大学东莞光电研究院，北京农业智能装备技术研究中心，北京中环易达设施园艺科技有限公司，北京京鹏环球科技股份有限公司，四川新力光源股份有限公司

项目摘要：植物工厂是一种环境高度可控、产能倍增的高效生产方式，不受或很少受自然资源限制，可实现在垂直立体空间的规模化周年生产，甚至可在岛礁、极地、太空等特殊场所应用，对保障菜篮子供给、拓展耕地空间与支撑国防战略具

有重要意义。植物工厂发展潜力大,但产业化应用面临成本控制与效益提升等问题,亟待突破光源发光效率低、系统能耗大、蔬菜品质调控与多因子协同管控难等关键技术难题。项目团队历经12年系统研究,在植物工厂关键技术及系统集成方面取得重大创新和突破。该项目获授权专利86件,其中发明专利42件(美国等国际专利4件),发表论文112篇(SCI和EI38篇),出版专著5部。获军队推广特等奖、省部级一等奖、著作一等奖各1项。整体水平达国际先进,光配方构建以及光-温耦合节能技术居国际领先。项目入选国家"十二五"科技创新成就展,并荣膺十三项重大科技成果之一。成果已实现在北京、广东、浙江等22个省区、南海岛礁部队与航天系统以及美国、英国、新加坡等国内外应用。近3年直接效益6.3亿元,间接效益35.8亿元,社会、经济与生态效益显著,应用前景广阔。

2.3 我国半导体照明各产业链产值

自2003年中国工程院院士建议提交以来,我国半导体照明产业的发展进入快车道。年产值从2003年的90亿元,增加到2010年的1000亿元,进而在2017年达到6538亿元,相比2013年增长了71.6倍,年均复合增长率为35.8%。我国半导体照明产业的产值变化趋势如图2.3.1所示。

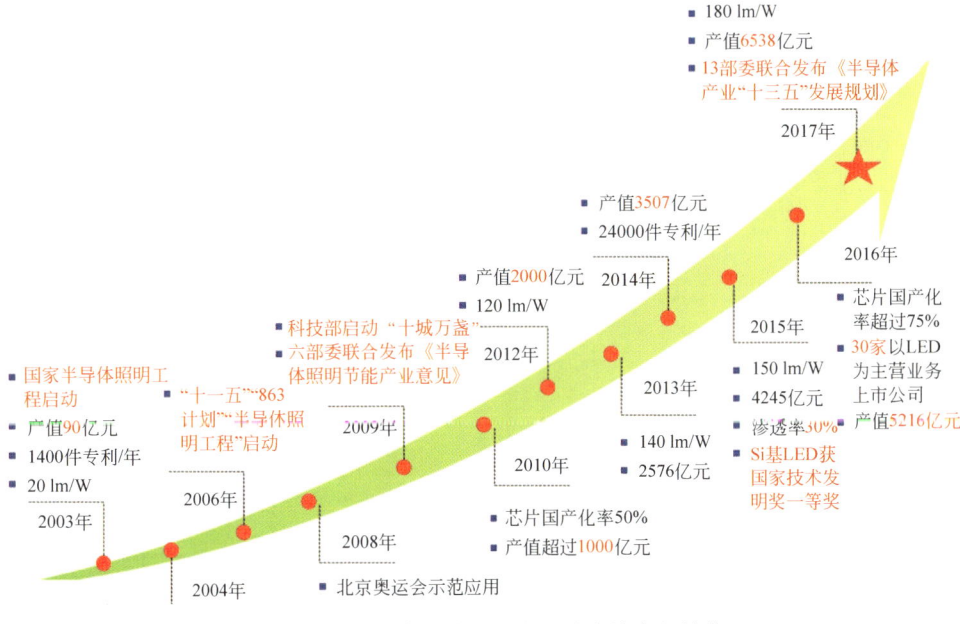

图2.3.1 我国半导体照明产业的产值变化趋势

(资料来源:CSA)

2.3.1 材料外延和芯片产业产值变化趋势

据历史资料,2003 年前国内的 LED 芯片以四元系铟镓铝磷(InGaAlP)的红、橙、黄色 LED 芯片为主,但产值很低,估计为 1 亿元;2004 年时,红、橙、黄色 LED 芯片年产量约 30 亿只;GaN 基蓝、绿色芯片也可以批量生产,年生产能力约为 12 亿只,产值约为 2.4 亿元。此后 LED 芯片的产值发展迅速,2006 年达到 10 亿元,2010 年达到 50 亿元,2013 年超过 105 亿元,在 2017 年达到了 232 亿元,近 11 年间的年均复合增长率为 33%。我国 LED 芯片的产值变化趋势如图 2.3.2 所示。

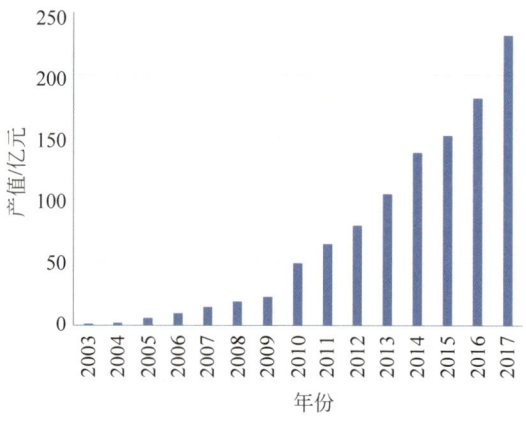

图 2.3.2 我国 LED 芯片产值的发展趋势

(资料来源:CSA,公开资料整理)

伴随着 LED 芯片产值的增加,我国 LED 芯片的国产化率经历了从零开始迅速增加,到基本保持稳定的发展历程,目前稳定在 80% 左右,如图 2.3.3 所示。

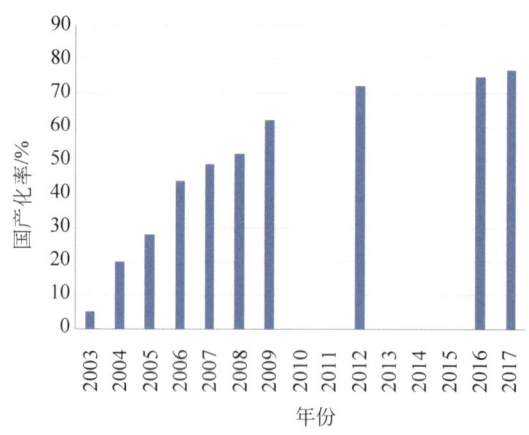

图 2.3.3 我国 LED 芯片国产化率的发展趋势

(资料来源:CSA)

目前,我国 LED 芯片的类型结构如图 2.3.4 所示。GaN 基蓝绿光 LED 芯片产量占比超过 80%,而以 InGaAlP 基芯片为主的四元系芯片的产量占比约为 15%,砷化镓(GaAs)等其他基材的芯片占比仅 5% 左右。

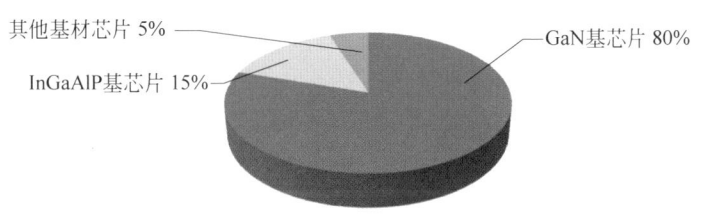

图 2.3.4 我国 LED 芯片的结构

(数据来源:CSA Research)

2017 年,我国金属有机化合物化学气相沉淀(MOCVD)设备保有数量超过 1700 台,外延片月供给量 1000 万片左右(以 2 in 计算)。国内 15% 左右的企业装机数量超过 50 台,18% 的企业装机数量在 20~50 台(图 2.3.5)。据 CSA Research 数据,2017 年上游前 10 大企业产能占比达到 82%,特别是前 3 大企业 2017 年的扩产使得上游集中度显著提升。

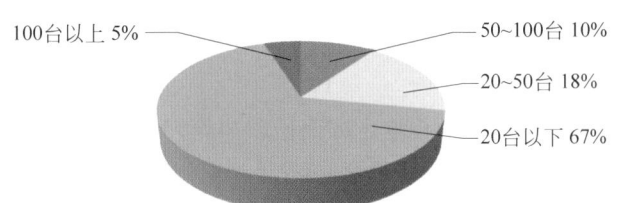

图 2.3.5 2017 年我国 MOCVD 设备保有量分布

(数据来源:CSA Research)

根据 2017 年上市公司年报,三安光电公司、德豪润达电气股份有限公司(以下简称"德豪润达")、澳洋顺昌、华灿光电股份有限公司(以下简称"华灿光电")、厦门乾照光电股份有限公司(以下简称"乾照光电")的产能位居我国 LED 芯片产业前列。

2.3.2 LED 封装产业产值发展趋势

我国 LED 封装产业一直在世界上占有重要地位。2003—2017 年,LED 封装产业产值的发展趋势如图 2.3.6 所示。可以看出,在 14 年间,产业规模增长了 12.2 倍,年均复合增长率为 20%。

2017 年,我国 LED 封装环节发展平稳,封装环节产值 963 亿元。中小功率在光源、室内灯具等产品中广泛应用,其中 0.2~0.5 W 的器件是照明市场主流。高

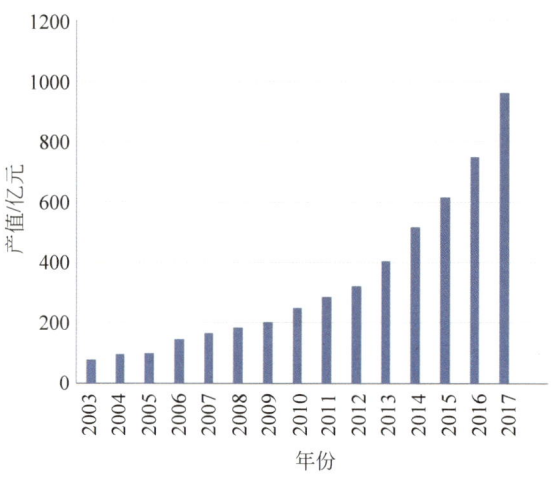

图 2.3.6　我国 LED 封装产业产值的发展趋势
(资料来源：CSA)

功率产品除路灯等市场,在景观照明、汽车照明高速增长带动下,2017 年也保持较好势头。

在 LED 封装领域,木林森股份有限公司(以下简称"木林森公司")的领骑地位无可撼动,也是在资本市场上动作最频繁的一个,且领先身位有进一步扩大趋势,目前其在全球封装器件厂商营收排名方面已跃居第四；在照明用封装器件营收方面甚至已进入前三,紧随其后的是佛山市国星光电股份有限公司(以下简称"国星光电")、广州市鸿利光电股份有限公司(以下简称"鸿利光电")、深圳瑞丰光电、深圳市聚飞光电股份有限公司(以下简称"聚飞光电")、深圳市兆驰股份有限公司(以下简称"兆驰股份")、福建天电光电有限公司(以下简称"天电光电")等群雄逐鹿。

封装大厂们业绩的快速提升也得益于近年来随着 LED 技术的进一步发展,中低功率器件登堂入室并大行其道,使得技术和专利优势渐微的国际巨头们将代工订单逐步向中国厂商集中,和下游照明应用的局面类似,全球的封装产能也呈现出向中国聚拢的趋势。

2.3.3　LED 应用领域产值

1. 应用领域总体产值

LED 的下游应用领域主要包括通用照明、景观照明、背光源、显示屏、指示和交通灯、汽车照明等方面。

据本书统计调研,自 2003 年至 2017 年的 14 年间,我国半导体照明下游应用产业的产值从约 40 亿元增长到 5343 亿元,增长了约 133 倍,年均复合增长率达 41.8%,在上中下游的全产业链中增速居于首位。2003—2017 年的应用领域总体产值的变化趋势如图 2.3.7 所示。

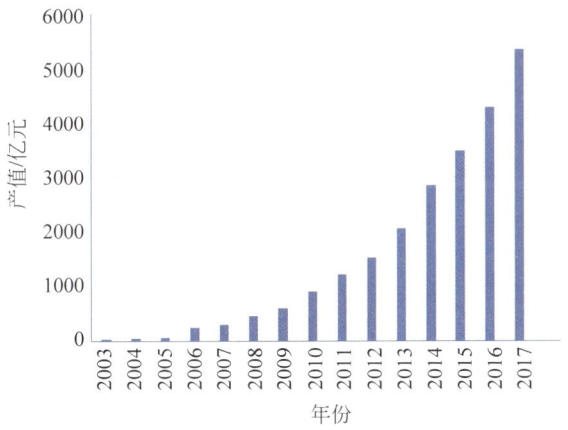

图 2.3.7　我国半导体照明应用领域总体产值的变化趋势

(数据来源:CSA、中国光学光电子行业协会等)

14 年来,伴随 LED 以及照明光源性能的不断提升,LED 在不同应用领域中的比重发生了重大变化。2003—2017 年 LED 在不同应用领域的占比变化趋势如图 2.3.8 所示。2003 年,占比最大的应用领域是背光源,约占 50%;其次是显示屏,约占 20%;指示灯+交通灯和汽车照明的占比均为 15%。2017 年,占比最大的应用领域是通用照明,约占 47.9%,其次是景观照明,约占 15%,接下来依次是显示屏和背光源,分别占 13.7% 和 9.6%;指示灯+交通灯和汽车照明的占比分别减少到 1.7% 和 1.4%。

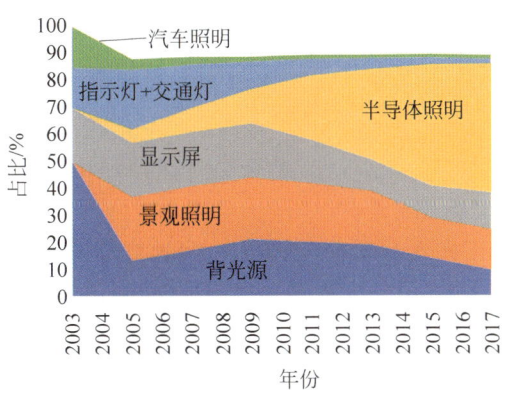

图 2.3.8　LED 在不同应用领域的占比变化趋势

2. 半导体照明光源产值变化趋势

我国半导体照明光源的产值变化趋势如图 2.3.9 所示。可以看出,我国半导体照明光源的产值从零起步,自 2008 年后,产值从 18 亿元迅速提升,在三年内完成了三次跨越——2009 年超越"交通灯+指示灯"的产值;2010 年超越显示屏的产值;2011 年后照明产值占半导体应用总体产值的比重最大,到 2017 年达到 2551 亿元,近 8 年的年均复合增长率达到 55%。

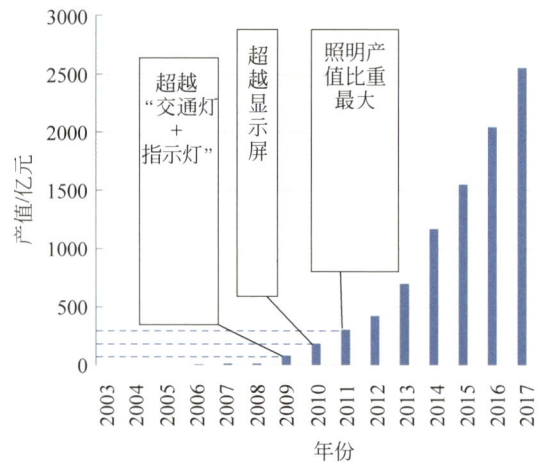

图 2.3.9 我国半导体照明光源产值的变化趋势

我国照明电器行业一直的特点是企业数量众多,单体规模偏小,民营成分为主,导致产业集中度不高。LED 进入通用照明领域后,企业数量愈加庞大,照明整体市场循序渐进的增长无法满足纷至沓来的上万家企业的分食,如果说传统照明时期还是"大家都吃不饱却也有饭吃",LED 照明时代则是"要抢别人碗里饭吃"的生死江湖。中国照明电器行业进入 LED 时代后,客户需求多样化,产品类型多样化及市场渠道多样化的特点更为突出,很多企业要承受大量的小批量非通用产品的研发投入和模具压力。因此相对于上游芯片外延的高度集中和中游封装的中度集中,下游照明应用端难比家电行业,最终也只能做到相对集中,而达到行业的相对健康。

近年来这种情况正在逐渐改观,诸如大型房地产开发商的精装房联合采购、酒店连锁品牌的集团化采购、国外大型连锁商超的集中标准品采购、景观亮化中城市管理部门的大项目统一招标等,这些大客户的采购正趋向于集约,而在这一供应链条中,将形成标的规范、规模庞大、品牌集中、品类标准的新局面。在这样的局面下,照明应用端也体现了较为明显的产业集约化趋势,在整体市场环境并不算突出的情况下,绝大多数大企业都保持了相当不错的增长业绩,排名前列的优质企业的营收占全行业比重与日俱增,而与之相对应的则是低端企业的苟延残喘,同时随着LED照明产品生产自动化进程的深化,这种市场洗牌引起两极分化直至优胜劣汰的进行,将继续推进产业整合升级,从而利于整个行业的健康可持续发展。

业绩突出的照明应用厂商主要分类如下。

内销自主渠道型企业,代表为内销渠道四"天王":欧普股份有限公司、佛山电器照明股份有限公司(以下简称"佛山照明")、广东三雄极光照明股份有限公司、惠州雷士光电科技有限公司等;

外销大量代工型企业,代表为立达信物联科技股份有限公司、阳光得邦、浙江凯耀照明有限责任公司、生迪智慧科技有限公司等;

优势特色单品型企业,代表为山蒲照明电器有限公司、珈伟新能源股份有限公司、光阳、勇电照明科技有限公司、诚泰、杭州华普永明光电股份有限公司等;

外销特色市场型企业,代表为红壹佰照明有限公司、泰格力美、庄诚等;

专业细分市场型企业,代表为惠州市西顿工业发展有限公司、中山汤石照明有限公司、三本、太龙照明股份有限公司、广东金莱特电器股份有限公司、长方集团康铭盛(深圳)科技有限公司等;

特种照明领域型企业,代表为海洋王照明科技股份有限公司(以下简称"海洋王照明")、华荣照明有限公司、常州星宇车灯股份有限公司、恒之源、鸿联等;

成品工程综合类企业,代表为上海三思电子工程有限公司、飞乐、晶日、三星、华体等。

中国作为全球照明电器产品的头号生产大国和首席出口大国,又是照明电器产品的消费大国,有充分的理由和基础涌现出"百亿级航母"。近年来,多家照明应用大厂纷纷喊出了"向照明业务营收百亿的目标迈进"的口号,令人振奋。

3. LED 显示

LED 显示产业在我国 LED 应用领域很早就占据重要地位。据中国光学光电子行业协会统计,2003 年时 LED 显示屏产值就达 30 亿元。此后,年产值逐渐提升,至 2017 年时达 732 亿元。近 14 年间的复合年增长率达 25.6%。2003—2017 年我国 LED 显示屏产值的变化趋势如图 2.3.10 所示。

我国 LED 显示应用产业主要集中在华东和华南地区,华北地区所占比重近年来持续增加,东北地区和西南、西北、华中地区所占比重持续下降。LED 显示屏总体可以分为通用和非通用两大类,每类产品的具体品种非常丰富。总体而言,通用类 LED 显示屏占约 85%,非通用类 LED 显示屏占约 15%。根据 LED 行业协会的统计调查,由于小间距产品特别是户内小间距产品的爆发式增长,户内、户外显示屏产品各占半壁江山的局面在 2016 年度发生变化。2016 年全国 LED 显示屏产品市场总额中,户内 LED 显示屏占 56%,户外 LED 显示屏占 44%,户内显示屏的

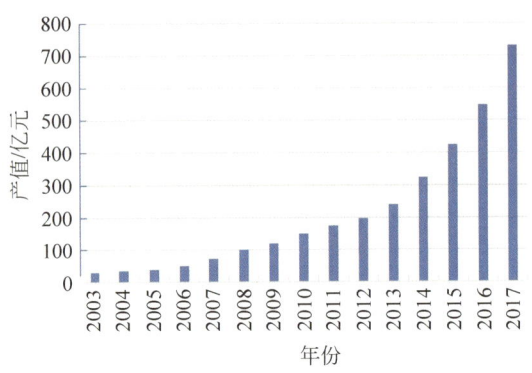

图 2.3.10 我国 LED 显示屏产值的变化趋势

(数据来源：中国光学光电子行业协会、CSA)

市场份额首次超越户外显示屏。

2015 年后小间距 LED 显示屏市场增长明显，属于爆发式增长，小间距显示技术的进一步提升带来市场格局的变化，整个行业已从 P2.X 时代跨入 P1.X 时代，小间距显示屏的"坏单率"大幅度降低，其核心器件和关键部件在技术创新上都有了长足进步。小间距 LED 显示产品正在替代监控指挥中心显示、会议显示、商业广告显示中传统的数字光处理(DLP)、LCD 等产品。

2.4 我国半导体照明产业的兼并重组情况及其影响分析

我国照明行业在经历了 2012 年的深度洗牌后，2013 年投资呈现回暖态势，LED 全产业链整合潮开始涌现。2013 年，引发业内强烈关注的雷士照明公司、三安光电公司等并购案例也拉开了 LED 照明行业并购的序幕。2014 年，国内 LED 照明行业兼并重组事件进一步增加。据了解，2014 年各类大小相关并购案例超过 100 起，涉及并购金额超过 100 亿元。其中 LED 产业链上市公司并购案例超过 20 个，并购金额超过 60 亿元。整体看来，虽然纵向并购活跃，但是横向整合极少，传统照明企业和 LED 照明企业之间的相互整合也不明显。2015 年，整合并购几乎成为 LED 照明行业"新常态"，据不完全统计，2015 年发生重大 LED 照明企业并购案例 40 余起，涉及并购金额超过 400 余亿元。虽然行业整体较为低迷，但并购的热度丝毫未减退。而 2015 年也已成为业界默认的 LED 照明产业的"并购年"。该年的并购案例主要呈现出以下几个特点。

① 跨界并购显现。除 LED 照明产业链上的企业并购，互联网、教育等企业也成为并购的目标。

② 单一并购案例规模急剧扩大,如 2015 年 GO Scale Capital 公司牵头收购飞利浦公司的 Lumileds 公司(现已更名为"亮锐商贸(上海)有限公司")80.1%的股份,整体作价 33 亿美金,约合人民币 204.6 亿元。

③ 在并购的推动下,行业集中度进一步提高。2015 年对我国的 LED 照明企业来说是艰难的一年,随着利润率的下降,很多中小企业最终被大型 LED 照明企业兼并,经初步测算,市场参与企业数量降低了近 10%。"大者恒大、强者恒强、弱者淘汰"的状态在 2015 年被淋漓尽致地表现出来。

2016 年,LED 照明行业并购的关键词是"大并购""海外并购""跨界并购"。国内并购重组依旧在如火如荼地进行,据 CSA Research 数据分析,2016 年半导体照明行业共发生 40 起重要的并购整合交易,其中披露的交易总金额超过 220 亿元。整合方向不仅有行业内部的垂直整合(交易金额占 37%),也有不同行业的"跨界"融合(交易金额占 63%),同时海外并购动作频繁(交易金额占 17%)。

据不完全统计,2016 年共有大型并购案例 33 起,总体展现出了单笔并购金额巨大的特点。如木林森公司联手美国国际数据集团公司(IDG)以 4 亿欧元收购欧司朗公司照明业务;利亚德集团公司出资 3.5 亿收购上海中天照明成套有限公司、拟出资 8.44 亿收购美国光学巨头 OptiTrack 母公司;广东正业科技股份有限公司出资 4.5 亿收购炫硕光电;雷士照明公司出资 5 亿收购耀能控股等。另外,众多国内大型照明企业开始通过海外并购的方式进军国外市场。此外,跨界并购仍然在 LED 照明企业并购中扮演着重要的角色。

2017 年,半导体照明行业共发生 45 起重要并购整合交易,披露的交易总金额超 200 亿元,基本与前几年持平。从交易总价值来看,26 起交易金额过亿,其中奥瑞德光电股份有限公司收购合肥瑞成产业投资有限公司(简称"合肥瑞成")的交易金额超过 70 亿元,为年度最大交易案(该收购案已于 2018 年 4 月终止)。从并购类型来看,纵向整合仍是主体,跨界融合更加活跃。按交易金额统计,横向并购发生 21 起,披露的交易额超 32 亿元,占 17%,在城市景观照明(工程)和车用 LED 两大方向的整合力度较大;纵向垂直一体化并购发生 6 起,披露的交易额超 115 亿元,占 60%,主要方向是其他环节企业集中向利润较高的芯片环节靠拢;跨界并购发生 16 起,披露的交易额超 44 亿元,占比达到 23%,主要布局在汽车和教育等方向。从 2017 年整合并购的特点可以看出,有高达 23%的资金被挤出 LED 行业,用于投资其他行业寻求资本的增值。值得一提的是,2017 年海外并购占比也达到了 6%,在国内市场竞争激烈的情况下,资本亦在空间上寻求扩展增值。

上述并购如果能够达到预期的目标,则对我国半导体照明产业的影响可能在如下几个方面。

① 提升技术水平,打破专利壁垒。LED 照明行业是一个技术密集型和资本密

集型行业,对专利技术、资本投入的依赖程度非常高。而通过并购,可以直接获取被并购企业的先进垄断技术,从而减少研发成本,利用已有的生产资源完善产品线,进一步扩大市场份额。例如,2015年1月9日,LED芯片大厂晶元光电公司宣布以约1.60亿元的现金价格向台积电公司与其子公司台积光能公司购买其所持有的台积半导体照明公司全部股份。虽然台积电公司自己表示在LED产业做不好,但是其手中仍然拥有为数不少的白光LED专利作为筹码,形成强大的专利防护。与此同时,台积电半导体照明公司的地利优势与厂房设备完善,也能够为晶元光电公司提供最稳健的基底。

近几年国内与国外企业的专利战时有发生,这让很多国内企业深刻意识到当走上国际舞台时专利技术的重要性。如果没有专利,纵使产品再好、再便宜,也是寸步难行。随着世界经济复苏,LED的发展前景巨大,中国LED企业要争取更大的市场份额,就必须解决专利技术带来的问题。过去,LED上游核心专利技术长期被五大国际巨头所掌握。五家大厂商通过交叉授权形成垄断,对国内LED厂商形成专利重压。通过并购,或许可以削弱对中国的专利威胁,甚至消失。可以说,并购的存在,或许开辟了一条中国LED企业打破国外专利垄断的新路,有望释放和整合国内LED的产能,走出国门对接国际市场。

② 提升产业规模。产业规模是指一类产业的产出规模或经营规模,可以简单地理解为该产业中的各个生产企业规模的综合。若要实现产品规模的稳步扩大,最有效的途径有两个,一是增加产业内企业数量,二是扩大企业的经营规模。而从并购的角度讲,由于存在规模效应,即并购后企业的经营规模不仅仅是"1+1=2",而是"1+1>2",所以虽然并购会降低企业数量,但总体来说还是对产业规模的稳步扩大有正向意义。

从经济学的角度,"协同效应"(synergy effects)一直是并购最主要的目的,并且也是为股东创造价值最重要的手段。所谓的"协同效应",是指企业生产、营销、管理的不同环节、不同阶段、不同方面共同利用同一资源而产生的整体效应;或者是指并购后竞争力增强,导致净现金流量超过原来两家公司预期现金流量之和,又或合并后公司业绩比原来两家公司独立存在时的预期业绩高。

LED照明行业作为一个典型的"大者恒大,强者恒强,弱者淘汰"行业,随着行业资源的高度集中,已经引发一批竞争力弱、技术水平低的中小企业退出市场。随着它们的退出,LED照明行业市场集中度将进一步提高,各领域龙头企业也将更具有技术优势和规模效应。

③ 提高产业集中度。产业集中度是指市场上的某种行业内少数企业的生产量、销售量、资产总额等方面对某一行业的支配程度。而提高产业集中度最有效的方式就是并购重组。通过优质大型企业不断并购中小型企业,可以实现物质资源

的最大化利用,通过规模效应提升产品产量和企业利润。只有当企业利润增加了,才能有更多的资源投入研发,才能不断提高产品质量,突破关键技术。

④ 打造国际知名品牌。目前国际 LED 行业基本由五大厂商控制,且厂商之间通过交叉授权形成垄断,在专利、市场渠道等方面限制了我国 LED 照明企业参与国际市场竞争。而通过对国外企业的并购,可以逐步打开国际市场,弱化甚至消除海外企业的垄断和限制,从而在国际市场站稳脚跟,获得一席之地。

2.5 我国半导体照明的市场占有率、照明用电量和半导体照明节电量统计调研

2.5.1 统计样本量估算

为了解 2016—2017 年中国半导体照明产品的产销量、出口量,调查部分半导体照明产品的企业,了解半导体照明产品产销量、出口量;调查 2016—2017 年居民、工业和商业等不同群体半导体照明产品的市场在用量;调查半导体照明产品的日使用时间;在此基础上分析统计照明用电占全国用电总量的比重以及不同地区、不同领域的照明用电比重,并分析中国半导体照明市场的占有率。

本次调研的照明产品仅针对电光源,不包括灯具及其他配套产品及器具。为了研究方便,本书将电光源分为传统电光源和高效照明电光源(也就是节能型电光源)两大类:

传统电光源包括白炽灯、卤钨灯、T12 直管荧光灯、高压汞灯;

高效照明电光源包括普通照明用自镇流荧光灯(下文均称其"螺口节能灯")和单端荧光灯,T8、T5 及 T5 以下直管荧光灯,高压钠灯,金属卤化物灯及各类 LED 灯。

根据调查目的,本次调研的范围包括室内照明调查和室外照明调查。室内照明的调查对象为全国(细分到大中城市、小城市、农村)居民用户,各类建筑物的大宗用户(细分到工业和商业用户)。室外照明调查对象是城市照明中的路灯和景观照明。

室内照明中,工业用户主要包括各类工矿企业(仅指其厂房、车间等生产作业的场所)。由于工矿企业类型复杂,针对本次调研特点将其分三大类调研,第一类是采掘业;第二类是各类机械设备等重工业企业;第三类是轻工业企业。商业用户主要包括宾馆、商场/商厦(仅指其营业场所)、办公楼(包括写字楼、政府机关、事业单位、科研院所、医院等办公楼)、学校(图书馆、教学楼、宿舍楼)。

根据抽样理论,在比例抽样时,当置信度为 95%,标准差为 $P=50\%$,允许最

大相对抽样误差 $E=5\%$ 时,每类需要抽取样本量 $n=P(1-P)Z_{\frac{a}{2}}^2/E^2=384$ 个,9 类共需要 3456 个样本。

即居民用户总样本量 N 为 3456 个,其中大中城市居民用户样本量 1152 个,东部、中部、西部各 384 个样本;小城市居民用户样本量 1152 个,东部、中部、西部各 384 个样本;农村居民用户样本量 1152 个,东部、中部、西部各 384 个样本。

根据抽样理论,在比例抽样时,当置信度为 95%,标准差为 10%,允许最大相对抽样误差 $E=5\%$ 时,工业和商业用户细分到每个行业需要抽取样本量 138 个样本,即工业用户 414 个样本,商业用户 552 个样本;

考虑到大宗用户间的同质性及项目预算,最终确定工业用户和商业用户的样本量均为 $n=300$ 个,此时样本误差为 $d=Z_{\frac{a}{2}}\cdot\sqrt{\dfrac{P(1-P)}{n}}=5.7\%$。

2.5.2 实施方案

本次调研委托北京华通人商用信息有限公司(ACMR)和中国照明学会负责进行。中科院半导体所于 2017 年 8 月与北京华通人商用信息有限公司签订了正式合同。北京华通人商务信息有限公司于 2017 年 12 月召开了调研前的研讨会,于 2018 年 11 月 6 日召开了调研报告初稿的研讨会。根据专家质疑,经修改后形成了正式报告。

调研工作采用电话访谈、面对面深访和次级资料收集等多种形式进行。在大中城市的选择上,对 91 个大中城市的抽样分层进行,在每层内随机抽取 4 个地级市(地区),共 12 个城市,各个城市的平均样本量为 96 个。

东部大中城市具体调研区域:北京、大连、苏州、佛山;

中部大中城市具体调研区域:武汉、太原、安阳、保定;

西部大中城市具体调研区域:西安、成都、银川、柳州。

综合考虑国内生产总值(GDP)、居民家庭收支状况、职工工资等指标。小城市调查区域选定为:

东部地区:密云(北京)、永安(福建)、淳安(浙江)、沛县(江苏);

中部地区:天长(安徽)、樟树(江西)、原阳(河南)、望城(湖南);

西部地区:昌吉(新疆)、定西(甘肃)、宜良(云南)、铜梁(重庆)。

ACMR 将从抽取的小城市中,随机选择 3 个可以代表该地区农村整体水平的乡镇,对这 3 个乡镇所属的农村进行调研。各个地区间平均分配样本,每个镇(乡)32 户。

完成本次调研任务后,室内用户的样本接触情况总结见表 2.5.1。

表 2.5.1 室内用户调研情况

接触情况	居民用户		工业用户		商业用户	
	数量	占比/%	数量	占比/%	数量	占比/%
成功	3456	10.8	200	8.3	300	7.9
半成功	226	0.7	11	0.5	19	0.5
跟踪	4672	14.6	330	13.8	364	9.6
拒访	5220	16.3	286	11.9	295	7.8
条件不符	208	0.6	16	0.7	102	2.7
无人接听	8276	25.8	631	26.3	823	21.7
忙线	1378	4.3	124	5.2	146	3.8
直接挂断	654	2.0	67	2.8	60	1.6
非正常	412	1.3	59	2.5	21	0.6
错号	1854	5.8	203	8.5	264	7.0
空号	5220	16.3	427	17.8	932	24.5
配额已满	517	1.6	45	1.9	471	12.4
总计	32093	100.0	2399	100.0	3797	100.0

2.5.3 2016年和2017年我国在用照明光源的状况

1. 室内照明光源

首先是居民用户。2017年全国居民用户照明产品在用量大约为67.2亿只,见表2.5.2。其中,传统电光源6.2亿只,高效电光源60.9亿只。与2016年相比,传统电光源在用量减少1.7亿只,而高效电光源在用量增加4.8亿只。居民用户使用频率比较高的灯种类为LED吸顶灯和螺口节能灯。

表 2.5.2 居民用户照明产品按城乡分在用量 （单位：亿只）

产品	2016年				2017年			
	居民用户	大中城市	小城市	农村	居民用户	大中城市	小城市	农村
电光源合计	64.1	13.9	26.9	23.3	67.2	15.2	27.9	24.1
传统照明产品合计	7.9	1.2	3.0	3.8	6.2	0.9	2.1	3.2
白炽灯泡	7.1	1.0	2.5	3.6	5.5	0.7	1.7	3.0
高效照明产品合计	56.2	12.7	23.9	19.6	60.9	14.3	25.8	20.9
LED灯	26.8	6.8	12.6	7.4	39.8	10.1	18.4	11.2

数据来源：ACMR。

按城乡分,2017年大中城市、小城市和农村的电光源在用量分别为15.2亿只、27.9亿只和24.1亿只,其中LED照明产品分别为10.1亿只、18.4亿只和11.2亿只。与 2016 年相比,大中城市、小城市和农村电光源分别增加 1.3 亿只、1.0 亿只和 0.8 亿只,LED 的增加量分别为 3.3 亿只、5.8 亿只和 3.8 亿只。因为小城市和农村的户数较多,所以使用的电光源也多,但是由于农村 LED 普及率低,所以 LED 的增加量较少。

按地区分,2017 年东部、中部和西部的电光源在用量(表 2.5.3)分别为 25.4 亿只、24.0 亿只和 17.8 亿只,其中 LED 照明产品分别为 15.8 亿只、14.6 亿只和 9.4 亿只。与 2016 年相比,东部、中部和西部的电光源分别增加 1.3 亿只、1.3 亿只和 0.4 亿只,LED 的增加量分别为 5.1 亿只、4.8 亿只和 3.1 亿只。由于东部和中部地区较西部地区人口稠密,所以照明产品在用量更多。且东部和中部地区相对西部更发达,LED 增加量也相对较多。

表 2.5.3 居民用户照明产品按地区分在用量   (单位:亿只)

产品	2016 年				2017 年			
	居民用户	东部	中部	西部	居民用户	东部	中部	西部
电光源合计	64.1	24.1	22.7	17.4	67.2	25.4	24.0	17.8
传统照明产品合计	7.9	2.5	2.8	2.6	6.2	1.7	2.0	2.5
白炽灯泡	7.1	2.0	2.7	2.3	5.5	1.3	1.9	2.3
高效照明产品合计	56.2	21.6	19.8	14.7	60.9	23.7	22.0	15.3
LED 灯	26.8	10.7	9.8	6.3	39.8	15.8	14.6	9.4

数据来源:ACMR。

表 2.5.4 给出了居民用户在用的各种照明光源的平均功率数。

表 2.5.4 居民用户使用各种灯的平均功率数   (单位:W)

灯的种类	2016 年	2017 年
白炽灯泡	51.3	51.0
卤钨灯	39.8	40.3
T12 直管荧光灯	36.0	30.0
T8 直管	31.2	34.4
T5 及 T5 以下直管	31.8	26.6
螺口节能灯	20.9	21.2
插拔式节能灯	22.5	23.0
环形灯管	25.8	25.8
LED 球泡灯	10.6	11.0
LED 直管灯	15.5	16.1
LED 吸顶灯	25.7	25.8
LED 射灯	12.1	11.8

数据来源:ACMR。

调查结果显示,2016—2017年居民用户对各类电光源的使用时间集中在2～4 h。如图2.5.1所示,2017年,使用时间最长的为LED吸顶灯、单端荧光灯及卤钨灯,分别为3.94 h、3.87 h及3.69 h。2016年,使用时间最长的为LED直管灯、单端荧光灯及LED吸顶灯,分别为4.05 h、3.91 h及3.73 h。

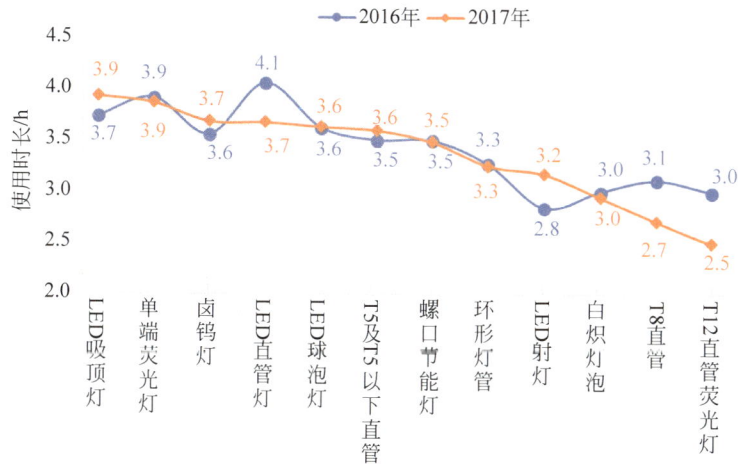

图2.5.1 居民用户照明产品的日使用时间

2017年与2016年相比,LED直管灯、T12直管灯及T8直管灯的日使用时间都缩短半小时左右,而LED吸顶灯及LED射灯的照明时长均有所增长。

回顾2013年的数据,居民用户虽然在各类电光源的使用时长上相差不大,均在2～4 h内,但当时使用时间最长的是T10及以上直管灯,与现在截然不同。

其次是大宗用户。由表2.5.5可见,2017年工业用户照明产品在用量大约为18.7亿只。其中,高效照明产品在用量为17.7亿只,且LED照明产品为14.3亿只。相比居民用户传统照明产品主要以白炽灯为主,工业用户中传统照明产品主要为T12直管荧光灯,其发光效率高,节能效果好。高效照明产品中,使用LED直管灯、LED球泡灯和LED平面灯的相对较多。

表2.5.5 2017年大宗用户照明产品在用量　　（单位：亿只）

产　　品	工业用户	商业用户	细分商业用户			
			商场/商厦	宾馆/酒店	学校	办公楼
电光源合计	18.7	49.1	6.4	11.9	10.9	19.8
传统照明产品合计	1.1	0.7	0.1	0.0	0.1	0.5
白炽灯泡	0.3	0.5	0.1	0.0	0.02	0.4
高效照明产品合计	17.7	48.4	6.3	11.9	10.8	19.4
LED灯	14.3	38.9	5.8	10.8	7.4	14.9

数据来源：ACMR。

2017年,商业用户照明产品在用量为49.1亿只,传统照明产品仅剩0.7亿只,高效照明产品为48.4亿只,其中LED照明产品为38.9亿只。商业用户照明产品中,办公楼用户相对其他用户使用更多的电光源产品,其次是宾馆/酒店和学校,最后是商场/商厦。但宾馆/酒店和商场/商厦的LED照明产品的使用率较高。从灯的种类来看,主要以LED直管灯、LED筒灯和LED射灯为主。

由表2.5.6可见,2016年工业用户照明产品在用量大约为18.3亿只。其中高效照明产品在用量为16.8亿只,且LED照明产品为9.4亿只。商业用户照明产品在用量为43.4亿只,传统照明产品为1.6亿只,高效照明产品为41.8亿只,其中LED照明产品为23.8亿只。

表2.5.6 2016年大宗用户照明产品在用量　　　　（单位：亿只）

产品	工业用户	商业用户	细分商业用户			
			商场/商厦	宾馆/酒店	学校	办公楼
电光源合计	18.3	43.4	5.0	9.4	10.7	18.2
传统照明产品合计	1.5	1.6	0.3	0.02	0.3	1.0
白炽灯泡	0.5	1.1	0.2	0	0.1	0.8
高效照明产品合计	16.8	41.8	4.7	9.4	10.5	17.2
LED灯	9.4	23.8	3.5	6.9	4.8	8.5

数据来源：ACMR。

与居民用户相比,大宗用户各类照明产品的日使用时间平均为居民用户的2～3倍。

由图2.5.2可见,工业用户中,2017年日使用时间最长的为LED厂房照明

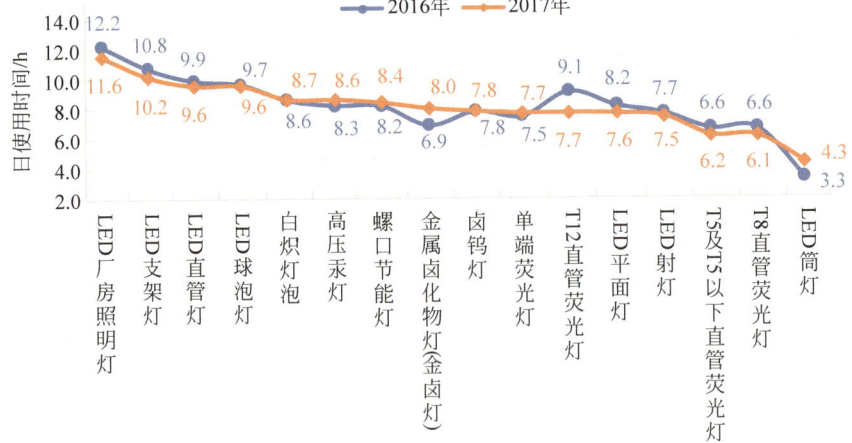

图2.5.2　工业用户照明产品日使用时间

灯、LED 支架灯和 LED 直管灯,时间分别为 11.6 h、10.2 h 及 9.6 h。2016 年,使用时间最长的也是这三种灯,其中 LED 厂房灯和 LED 支架灯比 2017 年多使用半小时。回顾 2013 年,高压钠灯的日使用时间最长,为 9.75 h。如今,日使用时间前三位置均被 LED 灯占领。

由图 2.5.3 可见,商业用户中,2016—2017 年各类照明产品日使用时间均集中在 6~13 h。2017 年日使用时间最长的为 T12 直管灯、金属卤化物灯及 LED 筒灯,时间分别为:11.6 h、10.9 h 及 10.5 h。2016 年,使用时间最长的也是这三种灯,其中金属卤化物灯使用时长更长一些,这类灯的使用样本量有限,主要集中在学校。回顾 2013 年,单端荧光灯的日使用时间最长,为 8.65 h,其他各类照明产品日使用时间均集中在 4~8 h。对比发现,商业用户照明产品的日使用时间近两年在增加。

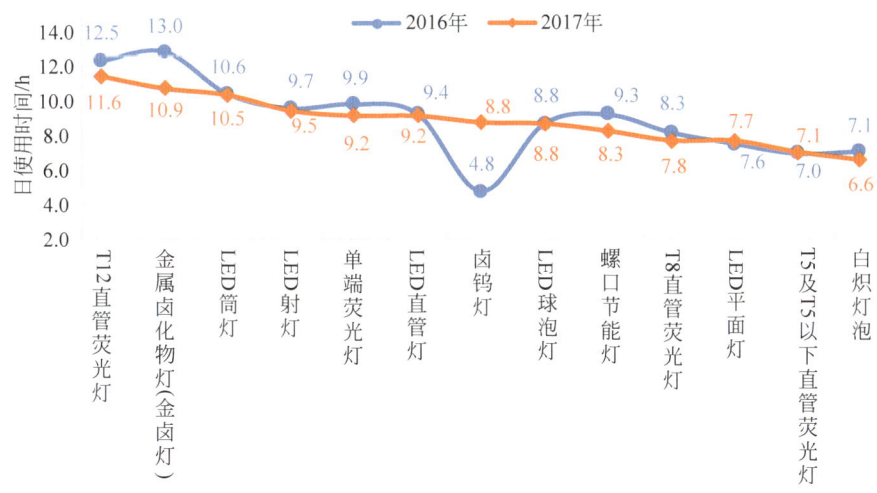

图 2.5.3　商业用户照明产品的日使用时间

本次调研获得的大宗用户使用的各种灯的平均功率见表 2.5.7。

表 2.5.7　大宗用户使用的各种灯的平均功率　　　　（单位：W）

灯的种类	工业用户		商业用户	
	2016 年	2017 年	2016 年	2017 年
LED 球泡灯	37.3	36.4	11.2	11.2
LED 直管灯	27.2	24.5	18.6	19.0
LED 射灯	85.8	87.2	37.5	33.3
LED 筒灯	11.5	13.0	13.7	13.2
LED 平面灯	47.6	47.5	28.3	27.3

续表

灯的种类	工业用户		商业用户	
	2016年	2017年	2016年	2017年
LED支架灯	81.3	69.0	39.9	39.9
LED路灯	87.7	97.2	48.0	54.1
LED隧道灯	52.0	52.0	36.5	36.5
LED厂房照明灯	80.1	83.4	—	—
T8直管荧光灯	35.7	35.9	33.2	32.5
T5及T5以下直管荧光灯	28.6	28.7	27.4	27.7
普通照明用自镇流荧光灯	53.9	47.9	24.2	23.5
单端荧光灯	29.8	33.2	18.6	18.6
金属卤化物灯(金卤灯)	383.3	298.7	354.5	359.6
白炽灯泡	70.2	74.1	35.2	36.2
卤钨灯	406.7	406.7	121.8	170.3
T12直管荧光灯	36.3	36.6	36.5	37.2
高压汞灯	168.0	169.7	200.0	200.0

考虑到后续计算方便,表2.5.8列出了各种灯的平均发光效率。

表2.5.8　各种灯的平均发光效率　　(单位:lm/W)

灯的种类	发光效率	灯的种类	发光效率
白炽灯泡	15	插拔式节能灯	80
卤钨灯	20	环形灯管	80
T12直管荧光灯	60	高压钠灯	120
T8直管	70	金属卤化物灯(金卤灯)	90
T5及T5以下直管	85	LED灯	100
螺口节能灯	70		

2. 室外照明光源

国务院第三次全国农业普查领导小组办公室和国家统计局2017年年底公布的统计数据表明,农村村内主要道路安装路灯的占比仅为61.9%,而且全国的占比差别很大,东部、西部、中部和东北地区的占比分别为85.9%、59.8%、35.5%以及54.1%。

据国家统计局公布的数据,自2004年至2016年,我国城市道路照明灯的数量从10531538盏增加到25623261盏,变化趋势如图2.5.4所示。由此可以计算城

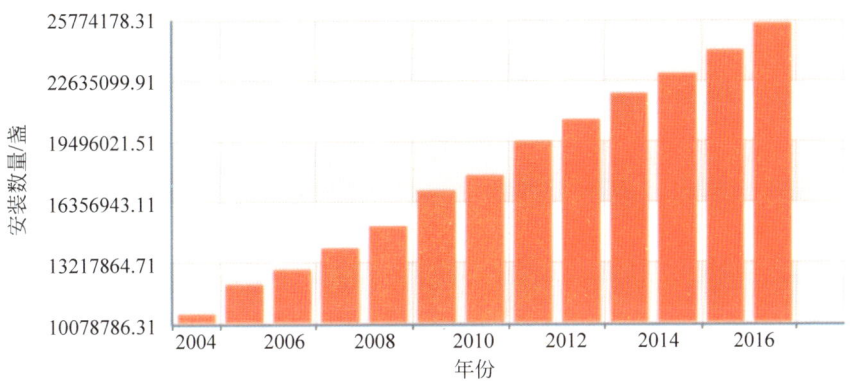

图 2.5.4　我国城市道路照明灯的安装数量变化趋势图
（资料来源：国家统计局）

市路灯数量的年均复合增长率为 7.69%。

根据《"十二五"城市绿色照明工程规划纲要》课题组对包括所有直辖市、省会城市、计划单列市在内的 81 个重点城市的统计，截至 2010 年 12 月，高压钠灯是城市道路照明中最主要的灯具类型，占路灯总数的 64%；其次是其他类灯具(主要是节能路灯)，占路灯总数的 17%；再次是 LED 路灯，占路灯总数的 9%；城市道路照明中还没有完全淘汰低能效照明产品，还存在一定数量的高压汞灯和白炽灯，各占总数的 3% 和 2%(图 2.5.5)。

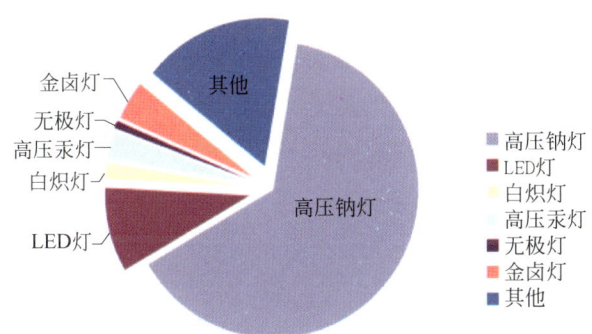

图 2.5.5　截至 2010 年 12 月我国城市道路照明灯的种类
（资料来源：国家住房和城乡建设部）

根据中国市政工程协会道路照明专业委员会的统计，截至 2010 年底，我国 811 座城市已有 682 万盏景观照明灯，总功率为 28 万余千瓦。2010 年各类景观照明光源中 LED 灯所占比例最大，为 57.1%；自镇流荧光灯(节能)占 15.5%，荧光灯占 8.8%，金属卤化物灯占 5.5%，高压钠灯占 5.2%，白炽灯仅占不到 0.2%，各种灯的比例如图 2.5.6 所示。

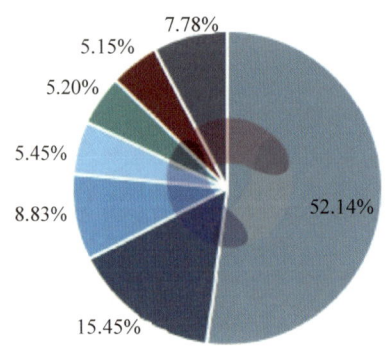

■ LED路灯 ■ 自镇流荧光灯 ■ 荧光灯 ■ 金属卤化物灯 ■ 高压钠灯 ■ 白炽灯 ■ 其他

图 2.5.6　2010 年年底我国城市景观照明灯的种类

（资料来源：国家住房和城乡建设部）

根据国家住房与城乡建设部编制的《"十三五"城市绿色照明规划纲要》，2015年末，全国 1064 个城市共有城市照明管理人员约 5 万人，道路照明灯较"十二五"期间新增 833 万盏，安装功率总计 407 万千瓦；景观照明灯较"十二五"期新增 1076 万盏，安装功率总计 21 万千瓦。该规划同时规定，到 2020 年底，新、改（扩）建城市景观照明中 LED 产品应用率不低于 90%；新、改（扩）建道路照明中 LED 路灯应用率不低于 50%。

结合上述数据，2017 年道路照明中，城市路灯 3600 万只，厂房、学校等场所的路灯、隧道灯及高压钠灯 9800 万只，其他 8700 万只为乡村、高速公路、体育场、公园等场所的路灯。而且专家估计，在路灯中，高压钠灯约占总量的 80%，LED 路灯约占 20%，其余灯的占比很小。

3. 我国照明光源的总体状况

据调查，2017 年全国范围内电光源产品在用量总数约为 142.8 亿只（表 2.5.9）。其中，传统照明产品 8.0 亿只，高效照明产品 134.7 亿只。与 2016 年相比，2017 年电光源产品在用量增加 10 亿只，其中传统照明产品减少 3.0 亿只，高效照明产品增加 12.9 亿只。

2017 年电光源产品在用量为 142.8 亿只，居民、工业和商业的电光源产品在用量分别为 67.2 亿只、19.4 亿只和 49.4 亿只，路灯 2.2 亿盏，景观照明灯 4.6 亿盏。其中 LED 产品在用量为 98.7 亿只，居民、工业和商业的在用量分别为 39.8 亿只、14.8 亿只及 39.1 亿只，路灯和景观照明灯分别为 0.4 亿盏和 4.6 亿盏。2017 年 LED 照明产品增长率较大，总体为 52.3%，其中居民、工业和商业分别为 48.5%、52.4% 和 62.1%。

表 2.5.9　2016—2017 年中国各类用户电光源产品在用量　（单位：亿只）

产品	2016 年					2017 年				
	各类用户	居民	工业	商业	室外	各类用户	居民	工业	商业	室外
电光源合计	132.8	64.1	19.0	43.8	5.9	142.8	67.2	19.4	49.4	6.8
传统照明产品合计	11.0	7.9	1.5	1.6	0	8.0	6.2	1.1	0.7	0
白炽灯泡	8.7	7.1	0.5	1.1	0	6.4	5.5	0.3	0.5	0
高效照明产品合计	121.8	56.2	17.5	42.2	5.9	134.7	60.9	18.3	48.7	6.8
LED 灯	64.8	26.8	9.7	24.1	4.2	98.7	39.8	14.8	39.1	5

数据来源：ACMR、项目组调研。

2.5.4　2016 年和 2017 年半导体照明光源的占有率

2.5.3 节主要计算了室内用户半导体照明产品市场占有率，本节将结合室外照明（道路和景观，其中道路照明包括城市、乡村、高速公路、体育场、公园、学校、小区、厂房等场所的路灯），分析整体照明市场中 LED 的市场占有率。同理，用前文提到的四种方法计算 LED 的市场占有率，按照数量、功率、发光效率和用电量等四种方法核算，2017 年 LED 的市场占有率分别为 69.1%、50.2%、59.8% 和 46.3%；2016 年 LED 的市场占有率分别为 48.7%、31.8%、40.8% 和 29.4%，见表 2.5.10～表 2.5.13。

表 2.5.10　方法 1：按照数量核算 LED 的市场占有率

年份	分类	总灯数/亿只	LED 灯数/亿只	LED 的市场占有率/%
2016	室内照明	125.7	59.9	47.7
	道路照明	2.1	0.4	20.0
	景观照明	3.8	3.8	100.0
	合　计	131.6	64.2	48.7
2017	室内照明	135.0	92.9	68.8
	道路照明	2.2	0.4	20.0
	景观照明	4.6	4.6	100.0
	合　计	141.7	97.9	69.1

注：2017 年道路照明中，城市路灯 3600 万只，厂房、学校等场所的路灯、隧道灯及高压钠灯 9800 万只，其他 8700 万只为乡村、高速公路、体育场、公园等场所的路灯。

表 2.5.11 方法 2：按照功率核算 LED 的市场占有率

年份	分类	总功率/万千瓦	LED 功率/万千瓦	LED 的市场占有率/%
2016	室内照明	38141	13435	35.2
	道路照明	7356	630	8.6
	景观照明	571	571	100.0
	合　计	46067	14637	31.8
2017	室内照明	35709	20808	58.3
	道路照明	7725	662	8.6
	景观照明	685	685	100.0
	合　计	44119	22155	50.2

注：道路照明中，LED 的功率按照 150 W 核算，非 LED 灯的功率按照 400 W 核算。景观照明中，LED 的功率按照 15 W 核算。

表 2.5.12 方法 3：按照发光效率核算 LED 的市场占有率

年份	分类	总发光效率/亿流明	LED 发光效率/亿流明	LED 的市场占有率/%
2016	室内照明	285944	134355	47.0
	道路照明	66833	6305	9.4
	景观照明	5708	5708	100.0
	合　计	358484	146368	40.8
2017	室内照明	293572	208080	70.9
	道路照明	70191	6622	9.4
	景观照明	6849.32	6849	100.0
	合　计	370613	221551	59.8

注：LED 照明产品的发光效率按 100 lm/W 核算；非 LED 照明产品的发光效率按 90 lm/W 核算。

表 2.5.13 方法 4：按照用电量核算 LED 的市场占有率

年份	分类	总用电量/亿千瓦时	LED 用电量/亿千瓦时	LED 的市场占有率/%
2016	室内照明	5237	2040	38.9
	道路照明	2685	230	8.6
	景观照明	83	83	100.0
	合　计	8005	2353	29.4
2017	室内照明	5510	3558	64.6
	道路照明	2820	242	8.6
	景观照明	100	100	100.0
	合　计	8430	3900	46.3

注：路灯按照每年 365 天、每天照明时长 10 h 核算；景观灯按照每年 365 天、每天照明时长 4 h 核算。

在计算了半导体照明产品的市场占有率后,本书还计算了市场上其他种类的电光源的占有率,如荧光灯、白炽灯、高压钠灯、金卤灯、卤钨灯及高压汞灯等,具体市场占有率见表 2.5.14～表 2.5.17。

表 2.5.14　方法 1：按照数量核算各类灯的市场占有率　（单位：%）

年份	分类	LED 灯	荧光灯	白炽灯	高压钠灯	金卤灯	卤钨灯	高压汞灯
2016	室内照明	47.7	43.6	6.9	—	1.0	0.6	0.2
	道路照明	20.0	—	—	80.0	—	—	—
	景观照明	100.0	—	—	—	—	—	—
	合　计	48.7	41.6	6.6	1.3	0.9	0.6	0.2
2017	室内照明	68.8	25.5	4.7	—	0.4	0.4	0.1
	道路照明	20.0	—	—	80.0	—	—	—
	景观照明	100.0	—	—	—	—	—	—
	合　计	69.1	24.2	4.5	1.2	0.4	0.4	0.1

表 2.5.15　方法 2：按照功率核算各类灯的市场占有率　（单位：%）

年份	分类	LED 灯	荧光灯	白炽灯	高压钠灯	金卤灯	卤钨灯	高压汞灯
2016	室内照明	35.2	38.2	11.4	—	11.7	2.1	1.3
	道路照明	8.6	—	—	91.4	—	—	—
	景观照明	100.0	—	—	—	—	—	—
	合　计	31.8	31.6	9.5	14.6	9.6	1.8	1.1
2017	室内照明	58.3	24.8	9.1	—	5.6	1.7	0.5
	道路照明	8.6	—	—	91.4	—	—	—
	景观照明	100.0	—	—	—	—	—	—
	合　计	50.2	20.0	7.4	16.0	4.5	1.4	0.4

表 2.5.16　方法 3：按照发光效率核算各类灯的市场占有率　（单位：%）

年份	分类	LED 灯	荧光灯	白炽灯	高压钠灯	金卤灯	卤钨灯	高压汞灯
2016	室内照明	47.0	35.3	2.3	—	14.0	0.6	0.9
	道路照明	9.4	—	—	90.6	—	—	—
	景观照明	100.0	—	—	—	—	—	—
	合　计	40.8	28.1	1.8	16.9	11.2	0.5	0.7
2017	室内照明	70.9	20.6	1.7	—	6.2	0.4	0.3
	道路照明	9.4	—	—	90.6	—	—	—
	景观照明	100.0	—	—	—	—	—	—
	合　计	59.8	16.3	1.3	17.2	4.9	0.3	0.3

表 2.5.17 方法 4：按照用电量核算各类灯的市场占有率　　（单位：%）

年份	分类	LED 灯	荧光灯	白炽灯	高压钠灯	金卤灯	卤钨灯	高压汞灯
2016	室内照明	38.9	33.6	6.6	—	18.1	1.9	0.8
	道路照明	8.6	—	—	91.4	—	—	—
	景观照明	100.0	—	—	—	—	—	—
	合　　计	29.4	22.0	4.3	30.7	11.9	1.3	0.5
2017	室内照明	64.6	19.9	5.0	—	8.2	1.7	0.6
	道路照明	8.6	—	—	91.4	—	—	—
	景观照明	100.0	—	—	—	—	—	—
	合　　计	46.3	13.0	3.3	30.6	5.4	1.1	0.4

2.5.5　我国半导体照明节电量统计调研结果

全国照明用电总量包括室内照明（居民用户、工业用户、商业用户照明）、室外照明（道路（城市、乡村、高速公路、机场、地铁、体育场、公园、小区、学校等场所的路灯）、景观）及其他公共照明（公共管理和社会组织、国际组织）的用电量。

国家统计局发布数据显示，2017 年与 2016 年全国用电总量分别为 63076.6 亿千瓦时、59198.4 亿千瓦时，同比增长 6.5%。调查显示，2017 年照明用电量共计 8857.5 亿千瓦时，占全国用电总量的 14.04%，相比 2016 年，该比例减少 0.15 个百分比。其中，2017 年室内照明用电量占全国用电总量的 8.74%，其中居民用户、工业用户和商业用户的占比分别为 1.70%、3.22% 和 3.82%；道路景观照明占全国用电总量的 4.63%，见表 2.5.18 和表 2.5.19。

表 2.5.18　全国照明用电情况

大　　类	细　　分	2016 年		2017 年	
		照明用电量/亿千瓦时	占全国用电总量的比例/%	照明用电量/亿千瓦时	占全国用电总量的比例/%
室内照明	居民用户	1032.7	1.74	1071.9	1.70
	工业用户	1985.2	3.35	2030.2	3.22
	商业用户	2219.3	3.75	2407.6	3.82
城市照明	道路景观照明	2768.2	4.68	2919.8	4.63
其他照明	公共设施照明等	393.5	0.66	428.0	0.68
	合　　计	8398.9	14.19	8857.5	14.04

数据来源：ACMR、中国照明学会、路灯管理处；公共设施照明数据来源于路灯管理处调研及专家会讨论推算。

第2章　2003—2018年我国半导体照明技术和产业取得的巨大成就

表 2.5.19　2010—2017 年照明用电情况

年份	全国用电总量/亿千瓦时	照明用电量/亿千瓦时	室内照明用电量/亿千瓦时	道路景观用电量/亿千瓦时	其他照明用电量/亿千瓦时	照明用电量占全国用电总量的比例/%
2010	41927	5551	3613	1728	210	13.24
2011	45287	6023	3850	1915	258	13.30
2012	47768	6587	4182	2106	300	13.79
2013	51213	7247	4624	2290	332	14.15
2014	55233	7838	4994	2484	360	14.19
2015	55500	8142	5144	2613	385	14.67
2016	59198	8399	5237	2768	393	14.19
2017	63077	8857	5510	2920	428	14.04

数据来源：国家统计局、ACMR、中国照明学会、路灯管理处。

2010—2017 年，照明用电量占全国用电总量的比例（图 2.5.7）先逐步上升，在 2015 年达到最大值，然后再逐年下降。这说明虽然随着人民生活水平的提升，照明产品的在用量与前几年相比有所增加，但是由于 LED 产品的推广，使得节能减排效果较好，因此照明用电量占全国用电总量的比例有所降低。

图 2.5.7　2010—2017 年照明用电量占全国用电量的比例

（数据来源：ACMR）

LED 照明产品替换传统照明产品是节能减排的主要推动力量，与传统白炽灯照明产品相比，LED 室内照明节电 80% 以上，因此相同时间下白炽灯的用电量为 LED 灯的 5 倍。经计算，2017 年室内 LED 照明产品节能贡献为 10439 亿千瓦时，实现碳减排 10.0 亿吨；2016 年室内 LED 照明产品节能贡献为 5862 亿千瓦时，实现碳减排 5.6 亿吨。

计算方式：

① 2017 年 LED 灯对比传统白炽灯的节能减排贡献为

2017 年室内 LED 总功率 $\times 365$ d $\times 5.5$ h/d $\times (5-1) = 10439$ 亿千瓦时

2016 年 LED 灯对比传统白炽灯的节能减排贡献为

2016 年室内 LED 总功率×365 d×5.5 h/d×(5－1)＝5862 亿千瓦时

② 碳排放按照每千瓦时电排放 0.959 kg 二氧化碳来计算。

根据中国长江三峡集团有限公司的年报,项目组绘制了三峡大坝年发电量的走势变化图,如图 2.5.8 所示。

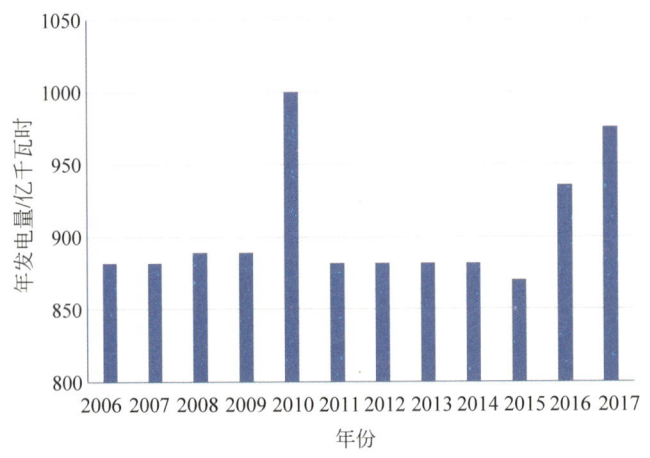

图 2.5.8　三峡大坝 2006—2017 年的年发电量走势图

可以看出,三峡大坝的年发电量最高的是 2010 年的 1000 亿千瓦时,绝大部分年份的发电量为 900 亿千瓦时以下。以三峡大坝的最高年发电量计算,半导体照明在 2016 年省了 5.8 个三峡大坝的发电量,在 2017 年节省了 10 个三峡大坝的发电量。

2.6　我国半导体照明产业发展情况（2017—2018 年）与 2002 年中国工程院咨询报告提出指标的对比情况

表 2.6.1 列出了 2002 年中国工程院咨询报告中预测的技术和产业指标与 2017—2018 年获得的数据对比情况。

表 2.6.1　2002 年中国工程院咨询报告中预测的技术和产业指标与 2017—2018 年获得的数据对比

技术或产业指标	2002 年咨询报告中预测的 2020 年的指标	2017—2018 年实际达到的指标
白光 LED 发光效率/(lm/W)	200	180*

续表

技术或产业指标	2002年咨询报告中预测的2020年的指标	2017—2018年实际达到的指标
每千流明成本/元	15	14.9~25**
半导体照明光源市场份额/%	40	数量占67.9 用电量占44.9 发光效率占67
照明节电率(相对于白炽灯)/%	30	80
年照明节电/亿千瓦时	1000	10439

数据来源：* 国家半导体照明研发及产业联盟的统计数据；** 京东网站上欧普(Opple)球泡灯的报价。

由表2.6.1可以看出，除了在白光LED的发光效率上尚没有达到预期的指标，2017—2018年的指标全面超过了2002年预测的指标，并产生了非常好的节能减排效果。

2.7 小结

自2003年中国工程院院士建议提出以来，伴随着国家半导体照明工程的实施，我国半导体照明技术和产业取得了巨大的成就，全球范围内，中国持有的LED照明领域授权发明专利达33037项。LED材料外延、芯片制备、封装和半导体照明光源取得了全面发展，半导体照明产业的市场规模达到了6500亿元，半导体照明光源的市场占有率超过了60%，年节电量超过10个三峡大坝的年发电量。

第 3 章

国外半导体照明技术和产业现状

3.1 国外半导体照明技术、政策和产业现状概述

近 20 年来，发达国家（地区）大力扶持本国半导体照明产业发展，加紧全球战略部署。一是实施国家（地区）科技计划，如日本"21 世纪光计划"、美国"下一代照明计划"、欧盟"彩虹计划"、英国"NoveLELS 计划"、韩国"半导体照明计划"，以及中国台湾地区的"新世纪照明光源开发计划"等；二是发布白炽灯禁限售令，为应对气候变化，自 2009 年以来，包括美国、欧盟、中国、日本、韩国、加拿大、澳大利亚、印度等在内的全球多个国家（地区）均发布逐步淘汰低效白炽灯的禁限计划，加快推广应用 LED 高效照明产品；三是出台节能照明产品应用示范推广政策，如美国的《复苏与再投资法案（ARRA）》、日本环保积分（Eco-point）制度等。

3.2 美国的半导体照明技术、政策和产业现状

3.2.1 美国半导体照明方面的研究计划

1）"下一代照明计划"

作为美国半导体照明的主要推进部门，美国能源部（DOE）在 2000 年就开始启动国家半导体照明研究计划，即"下一代照明计划"（NGLI），计划原定时间为 2002 年至 2020 年，后又延长至 2025 年。该计划已被列入美国能源法案，由美国国防高级研究计划局和光电产业发展协会负责执行，共有 13 个国家重点实验室、公司和大学参加。该计划为从 2000 年至 2010 年，投资 5 亿美元，用 LED 取代 55% 的白

炽灯和荧光灯。

2)"半导体照明研究与发展计划"

美国能源部制定了"半导体照明研究与发展计划"(以下简称"SSL 研发计划"),该计划为半导体照明确定了无机发光二极管(LED)和有机发光二极管(OLED)两个方向,已进行了多次修订。

2017 年美国能源部发布了其年度 SSL 研发计划。计划分为两个文件:《2017 年建议研究课题》和《2017 年建议研究课题副本》。《2017 年建议研究课题副本》根据半导体照明行业当前的路径来预测节能。根据当时的行业路径,美国能源部表示,LED 转型将在 2015 年至 2035 年间为美国累计节省 42 夸脱(quad)的能源(1 quad 大约相当于 293 太瓦时(TW·h)或者 1 万亿英国热量单位(TBtu))。美国能源部还表示,如果该行业可以实现能源部的目标,累计节能可达到 62 quad,额外的 20 quad 足以为美国 90%的家庭提供一年的电力。

2017 年研究课题文件显示,冷白光和暖白光荧光体转换的 LED 的功效差距正在缩小。美国能源部表示,到 2020 年典型的 218 lm/W 冷白光效能在封装层面的差异将为 10 lm/W。到 2025 年,该机构预计冷白光效能会达到 240 lm/W,与暖白光 LED 只有 3 lm/W 的差距。

3)半导体照明商业化支持五年计划

为了充分利用 SSL 研发计划项目的研究成果,以及增加这些项目投资回报的商业成功率,最大限度地节约能源,美国能源部制定并出台了 SSL 研发计划的"商业化支持战略",并于 2007 年发布了《半导体照明商业化支持五年计划》草案。该计划的战略措施包括:"能源之星"(Energy Star)计划、"明日照明"设计竞赛、商用产品检验计划、技术信息的开发与传播、标准和测试程序的开发等。商业化支持计划的目标是:提升高效 LED 光源的制造水平,到 2012 年美国市场能够推出的商用暖白光 LED 照明光源至少达到 105 lm/W 的发光效率,商用冷白光 LED 照明光源至少达到 135 lm/W 的发光效率;加快基于半导体照明技术的照明光源市场开发,到 2012 年满足"能源之星"计划要求的光源每年能够销售 500 万只;逐步推广应用半导体照明光源,到 2012 年实现每年至少节约电能 19 太瓦时。

4)复苏与再投资法案

2009 年 2 月,由奥巴马签署生效的《2009 年美国复苏与再投资法案》(ARRA)总额达 7870 亿美元。该方案以通过"能源之星"计划认证的产品为主,其中投入 3 亿美元到各州政府支持节能家电补助,直到预算花费结束。同年,美国环保署在"能源之星"计划项目中推进 LED 产品,对达到美国政府技术要求的产品加贴"能源之星"标识,从而在进入美国市场时获得相应的政策支持。在节能补贴活动中,政府推广 LED 产品取代霓虹灯类广告牌(20 亿美元市场)。

5）美国政策特点

美国半导体照明产业政策以科技创新为突破口,形成了较为完善的政策体系。美国发展半导体照明产业的核心路线是"通过科技突破带动市场,加速市场渗透速度"。美国拥有完善的法律法规框架和政策体系,其战略计划、激励措施、标准标识、示范项目等活动均是在联邦法律法规的支持下。

美国是两级政府,技术研发主要是联邦政府的部门在推动,如美国能源部,企业和大学直接申请,州没有对应的部门,也很少有经费的支持。这避免了政出多门的弊端。以美国能源部的 SSL 研发计划为例,主要由 Radcliff 公司协助制定与实施,该咨询公司有专门的项目经理,另有 Navigant 公司向美国能源部提供市场研究等咨询报告。Radcliff 公司每年组织 2~3 次圆桌会议,1~2 次 workshop,总结计划的执行情况,并制定新的支持方向。美国能源部通过圆桌会议对各个方向提出几个议题,研究议题经讨论后,在每年的 workshop 上根据重要性等讨论通过,会议由 Radcliff 公司组织。

高度重视技术研发。每年美国能源部拨付大量资金用于半导体照明技术研发。美国能源部与工业界、学术界和国家实验室的研究人员合作,加速半导体照明技术的进展。这些研究人员在短短几年内取得了巨大的进步,取得了几项世界纪录,并获得了国家承认。协作、分担成本的美国能源部研发项目将一流的研究机构和国家实验室的技术资源,与行业领导者的产品开发、制造和商业化专业知识结合起来。美国能源部投资于旨在提高价格、性能和可制造性的研究项目,以加速 SSL 技术进入市场。由美国能源部资助的 LED 研发项目解决了阻碍实现 LED 效率、性能和成本的 SSL 计划目标的科技挑战。SSL 研发计划每年更新一次,并提供行业投入。2018 年美国能源部投资 1500 万美元用于半导体照明技术研发领域。

重视标准和产品测试程序的制定更新。美国在发展高效照明产业时,特别注重标准及时更新和测试程序的制定。通过标准制定和更新,解决半导体照明发展中出现的问题,及时引导企业改善产品质量,并根据消费者的反馈解决新出现的问题从而加快推广。

3.2.2 美国的照明产业现状

美国本土照明制造业也很发达,产业链配套亦相当完善。美国拥有众多世界知名照明行业品牌,举例如图 3.2.1 所示。

产业链中上游方面,有著名的五大 LED 芯片厂商之二的总部位于加利福尼亚州硅谷的 Lumileds 公司(前身是飞利浦公司和惠普(HP)公司半导体部门安捷伦公司的合资公司,后为飞利浦公司全资收购,历尽波折被 Apollo 基金收购)和总部位于北卡罗来纳的 SiC 巨头 Cree 公司;MOCVD 设备厂商方面,有和德国 Aixtron 公

图 3.2.1 美国照明产业相关知名品牌举例

司齐名的 Veeco 公司;封装厂商方面,朗明纳斯公司(Luminus)(2013 年被三安光电公司收购)和普瑞公司(Bridgelux,2015 年被开发晶照明(厦门)有限公司收购)在中国市场一直有不俗表现;照明光电检测设备厂商有蓝菲光学公司(Labsphere)闻名遐迩;著名半导体公司飞思卡尔公司(Freescale,2015 年并入 NXP 公司);五大石墨盘厂商之一的步高公司(POCO Graphite);互联工业巨头霍尼韦尔公司(Honeywell)的楼宇自动化和电工产品;杜邦化学公司(DuPont)的散热基材;道康宁公司(Dow Corning)(由陶氏化学公司(Dow)和康宁公司(Corning)合资)的有机硅导热胶;3M 公司的反射膜、黏合剂和电材;富桦明公司(Fulham)和德州仪器公司(TI)的 LED 驱动电源;路创公司(Lutron)和立维腾公司(Leviton)的调光控制系统;英特美公司(Intematix)的荧光粉等,都享誉全球照明行业。

下游应用厂商方面,在全球营收前十的照明公司中,美国即占据了半壁江山,包括从中上游借势进入下游的 Cree 公司,几大传统灯具公司 Acuity Brands 公司、Hubbell Lighting 公司和 Cooper Lighting 公司(被 Eaton 工业集团收购),当然更少不了曾一度与飞利浦公司和欧司朗公司并称为世界三大照明公司的白炽灯鼻祖——通用电气(GE)公司。GE 公司将 LED 照明、太阳能新能源汽车等业务整合成立了新公司 Current。

此外,流通领域方面的翘楚包括北美 Sylvania 公司、FEIT 公司、LSG 公司等;专业灯具品牌 BETA 公司(为 Cree 公司收购)、Mercury 公司、RAB 公司等;HID 的王者 Venture Lighting 公司,一度推出的超高发光效率、超长寿命的镀红外反射膜卤钨灯,令人叹为观止;体育场馆照明专家玛斯柯公司(Musco);"蓝光之父"中村修二的 Soraa 公司;连数据存储厂商威宝公司(Verbatim)也推出了自己的 LED 替换产品;柯达公司(Kodak)则是 OLED 先驱;当然值得一提的还有华裔创立的强凌公司(TCP)和华格公司(WAC)。

照明产品进入美国市场都应通过国家认可测试实验室体系下的北美安全认证。同时,有关机构要求就限定或不限定照明产品加贴标签。目前,美国的主要认证和标签种类见表 3.2.1。

表 3.2.1　美国市场照明产品的主要认证和标签种类

认证或标签标识	颁发机构	主要作用
UL	美国保险商试验所（Underwriter Laboratories Inc.）	产品安全性能方面的检测和认证，不包含电磁兼容特性
FC	美国联邦通信委员会（Federal Communications Commission）	电磁兼容
ETL	美国电子测试实验室（Electrical Testing Lab.）	产品安全
ENERGY STAR	美国环保署和能源部	产品能效认证
DLC	美国东北能源效率合作组织（NEEP）	商业和工业 LED 灯具的能效
lighting facts	美国能源部	标签和在线目录上会标注关键性能指标：初始光通量（lm）、输入功率（W）、初始发光效率（lm/W）、显色指数（CRI）以及相关色温（CCT），以及新增可选项质量保证和光通维持率
Lighting Facts	美国联邦贸易委员会	针对所有中型螺口即 E26 灯头的灯泡，要求其加贴该标签，注明光通量、年耗能、亮度、寿命、功率、是否含汞等信息

统计表明,2016 年美国国内 LED 灯具累积安装量为 8.74 亿只,为 2014 年安装量的两倍多。这些灯具的使用直接减少了 469 万亿英国热量单位(TBtu)的能源消耗,相当于间接节省了 47 亿美元的能源开销。从如图 3.2.2 所示的产品渗透率来看,在室内照明领域,几乎所有的室内灯具的渗透率都在 20% 以下。这其中线灯(linear fixture)以及各种低/高棚灯(low/high bay light)的渗透率都在 10% 以下。美国能源部预测,到 2035 年为止美国国内的半导体照明灯具的安装量能够达到安装总量的 86%。

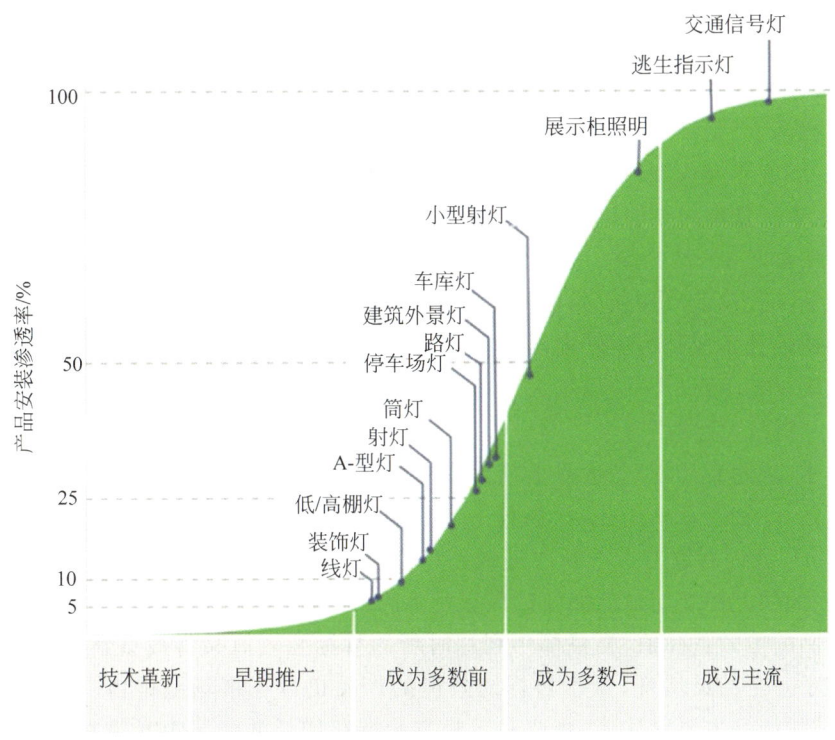

图 3.2.2　2016 年美国 LED 产品的渗透率

对于当时美国的现状,美国能源部认为,LED 技术的逐步应用将在 2015 年到 2035 年这 20 年的时间内为美国带来累计超过 42 夸特的能源节约(大约相当于 14.6 亿吨标准煤)。美国能源部表示,如果行业能够参照研发计划达到预期的技术指标,整个累计能源节约能够达到 62 夸特。而额外的 20 quad 就能够满足 90% 美国家庭一年的电力需求。

3.3 日本的半导体照明技术、政策和产业现状

3.3.1 日本的半导体照明支持政策和计划

1)"21世纪光计划"

日本是世界上最早启动半导体照明计划的国家,"21世纪光计划"始于1998年,计划的财政预算约为60亿日元。该计划由日本经济产业省(METI)为新能源产业技术综合开发机构(NEDO)提供资助,具体由NEDO和日本金属研究开发中心(JRCM)共同实施。研发工作由4所大学、13家企业和日本电灯制造协会合作进行。投入50亿日元的第一期计划(1998—2002年)早已完成,第二期计划的目标是在2006年完成用白光LED照明替代50%传统照明,2010年发光效率达到120 lm/W。日本的新能源政策全力支持新一代照明的发展,在2020年市面上销售的照明器具100%为新一代高效率照明,在2030年,使用中的照明器具将100%更换成新一代高效率照明(目前仍不足2%)。日本对于LED产业政策发展,已由过去以协助技术成长为主转向培养需求市场,即通过推进LED标准制定执行与减免税鼓励采购LED产品,以扩大市场需求与销量。

2)"领跑者计划"

日本"领跑者计划"是世界上最为成功的节能标准标识制度之一,所针对的产品总计达23种。日本1998年修订的节能法,采用了"领跑者计划"(Top Runner Program),该计划致力于不断改进最新产品的能源转换和性能标准。"领跑者计划"采用的领跑标准与最低能效标准有所不同,是将目前市场上的最高能效水平设定为产品的能效目标值,当目标年到达时新的目标能效值又将被重新设定。制造商被赋予一定的灵活性,低于目标能效值的产品仍可在市场上销售。"领跑者计划"涉及的产品主要以住宅、商业和运输方面持续增长的能源消耗为对象,着力于提高机器和设备的能效。"领跑者计划"的实施效果显著,不仅能有效激励市场竞争和创新,促进推广应用现有节能技术,而且能不断增强行业竞争,追求节能的最高标准。

"领跑者"标准主要由产品范围(区分)、目标年度、目标基准值(能效限定值)、测量/测定方法、基准值达成率的判定方法和标识六部分组成。产品范围和类型根据产品耗能情况、使用量情况、相关检测标准和检测能力等因素来确定。目标年度则在充分考虑能源消耗和能效水平社会需求度、产品开发周期、设施设备投资建设周期和未来高效节能技术开发前景的基础上确定,不同类型产品的目标年度可不同,一般设定为4~8年。目标基准或限定值根据目前最高能效值和能效水平提升

潜力,由产品分类来确定,可以是数值也可以是一个非数值的计算公式。

3) 白光 LED 理疗应用计划

该计划于 2004 年开始,2009 年结束,由日本文部科学省提供 1200 万美元,支持白光 LED 在医疗卫生领域的应用研究和产业发展。该计划有多所大学及 20 多家相关企业参与,目标是开发通用理疗光源、介入医疗设备及高性能诊断设备。

4) 铁路信号灯 LED 应用技术计划

该计划由日本经济产业省通过新能源和工业技术发展组织提供 50% 的研发基金,用以发展将铁路信号灯光源由白炽灯转变为半导体照明的技术和产品。超高度 LED 灯用于交通信号灯、警示灯、标志灯,现已普及世界各地。日本每年在交通信号灯上的耗电量约为 100 万千瓦时,采用超高亮度 LED 灯取代白炽灯后,其耗电量仅为原来的 12%。

5) 促进税法

2005 年 12 月,日本出台了改善与提高能源使用的促进税法,明确规定 2006—2007 年间企业或机构使用 LED 照明装置取代白炽照明装置,可获得投资额 130% 的超额折旧,或者是投资额 7% 的税率减免,以此缩小 LED 与传统照明装置的采购成本差距,提高企业使用 LED 照明的积极性,扩大日本国内 LED 照明需求。

6) 环保积分制度

2010 年日本经济产业省包括 2683 亿 1000 万日元信息政策预算在内的第二次补充预算案获批准通过,其中 2321 亿 400 万日元用于将环保积分制度延长至 2010 年年底。列为对象的产品将除了现行的薄型电视、电冰箱和冷气空调之外,另外追加 LED 照明产品。

7) 日本政策的主要特点

重点推进技术研发。日本"21 世纪光计划"的一期计划强调 LED 技术的基础性研究。在 1998—2002 年间,日本政府投入 50 亿日元开发白光半导体照明 LED 以及新型半导体材料、衬底、荧光粉和照明灯具等,以实现 2005 年生产出能够替代白炽灯和荧光灯的第一代普通照明 LED 光源。日本已经实现了"21 世纪光计划"第一阶段目标。

通过标准标识建立和税收激励措施培育市场。日本政府调整了"21 世纪光计划"第二阶段的实施重心,从第一阶段的推动技术研发为主转向第二阶段的构建和培养需求市场。技术攻关方面,更多地由产业界和行业联盟来主导,政府的直接财政投入逐渐减少,政府希望通过培育市场和加强推广应用来打开困局。因此在计划的第二阶段实施过程中,日本政府积极采取了推动 LED 标准设立、税收激励 LED 产品推广应用等措施来扩大 LED 照明市场。

在日本政府的组织下,日本半导体照明产业界联合日本电灯制造协会进行了

LED产品样式及量测标准化,此后整合了日本72家LED相关厂商成立了LED照明推动协会,进行了标准整合与制定,希望通过产业标准降低买卖双方交易成本,从而提高日本厂商全球竞争优势。日本出台的主要的LED标准包括制定与完善《照明用白色LED测光方法通则》。日本照明学会(JIES)、日本照明委员会(JCIE)、日本照明器具工业会(JIL)以及日本电球工业会(JEL)在2004年制定出共同标准——《照明用白色LED测光方法通则》,成为目前唯一针对照明用白光LED制定的测量标准。2010年5月,日本重新制定了《电气用品安全法》,明确规范电子发光体(LED、OLED照明器具)的电源、电压、固定频率等。但对于LED照明灯具,目前规范对象仅包括电球形照明,也就是说灯管型照明在规范对象之外。日本各领域设备的节能标准主要依据"领跑者"标准,自愿性节能标签和强制性零售器件节能标签就是在"领跑者"标准的基础上建立的。

减免税收鼓励采购LED产品。日本于2005年、2010年先后制定促进税法和环保积分制度。环保积分制度自实施以来,带动了相关产品销售的显著成长,其中LED照明灯在日本的市场占有率从2009年的不足1%迅速提高到2010年2月的10%,有效扮演起持续提振日本消费、支撑经济复苏的角色。

3.3.2 日本的半导体照明产业现状

日本本土的照明产品制造业非常发达,产业链配套完善,制造工艺先进。产业链上游方面,有列于著名五大芯片厂商的位于德岛县的日亚化学公司(Nichia)和位于爱知县的丰田合成公司(Toyoda Gosei),此外昭和电工公司(Showa Denko)和罗姆半导体公司(ROHM)也致力于LED芯片开发,东芝电子公司(Toshiba Semicon)也曾通过购买Bridgelux公司的专利介入硅衬底技术,后退出;MOCVD设备厂商方面有大阳日酸公司(Taiyo Sanso);外延石墨载具厂商有东洋炭素公司(Toyo Tanso)和东海炭素公司(Tokai Carbon)。在原材料方面,日本拥有住友公司、京瓷(Kyocera)公司等MO源和衬底等方面的优质供应商。

中游封装方面有西铁城公司(Citizen)和夏普公司(Sharp),封装材料方面则有信越化学公司(Shin-EtsuChem);京瓷公司的陶瓷封装也颇具看点。

下游应用厂商方面则可谓群英荟萃,除了享誉全球的松下公司、东芝公司、双雄公司,光源方面包括日电(NEC)、日立(Hitachi)、夏普、三菱(Mitsubishi)等公司,被誉为HID专家的岩崎电气公司(Iwasaki),还有后起之秀爱丽思公司(Iris Ohyama);灯具方面,远藤(Endo)、小泉(Koizumi)、大山(Odelic)等公司各具特色;特种照明领域,小糸公司(Koito)为车灯翘楚,斯坦雷公司(Stanley)则可谓多才多能,而牛尾电机公司(Ushio)是LED灯丝灯鼻祖。

在日本,松下公司和东芝公司是日本照明市场当仁不让的超级品牌,两家企业产量约占整个通用照明市场的七成,Endo、Iwasaki、Koizumi 等公司则在灯具领域各显神通。虽然 Iris Ohyama、夏普、NEC 等公司借东日本地震后 LED 替换类产品高速成长之东风占据了市场的一席之地,但目前来看,松下公司、东芝公司的市场双雄地位依然不可动摇。松下公司作为日本照明头牌也在前几年频频扩张国际版图,先后收购了美国名企 Universal、德国配件厂商 VS 公司和印度电工照明品牌 Anchor 公司等,照明业务销售额超越 GE 公司。但近年来由于经济低迷、需求萎缩和竞争惨烈等原因,双雄也在逐步回收,松下公司先后关闭了位于中国杭州、印度尼西亚和本土的工厂;东芝公司则在 2016 年宣布退出白光 LED 业务,之后又将照明的中国业务卖给了康佳集团股份有限公司。

除去文化意识领域的深层次原因,日本拥有强大的产品研发和制造能力,完善的配套产业,这也决定了其是个相对封闭的市场。强如国际巨头飞利浦公司和欧司朗公司也未能真正打开日本市场,只是分别依靠收购 Iris Ohyama 公司和与三菱公司合资成立 Osram-Melco 公司(该公司目前已停止)才勉强进入。

日本市场的照明产品认证自成体系(PSE 认证),对电气安全要求严格,如外置电源的 LED 灯具要求有 A 类 PSE 菱形认证,内置电源的 LED 灯具和自镇流 LED 灯泡则需 B 类 PSE 圆形认证。此外要求电源必须是隔离电源,同时对整灯的芯片和荧光粉也有专利要求,总而言之,准入门槛高,单体客户要求也高,但总量和利润均可观,信誉普遍较好,适合生产中高端产品的企业进入。

2011 年 3 月发生的日本地震是日本 LED 照明开始迅速发展的契机,地震导致的核泄漏令日本民众的能源消费观发生颠覆性改变,核能已不再令人高枕无忧,对照明节能的迫切需要让新兴的 LED 照明有了用武之地。从 2011 年开始,LED 替换类产品(retrofit)得以高速成长,不到 3 年的时间已占据照明市场的多半壁江山;而 LED 具备节能优势的同时也有长寿命的特点,这使得到 2013 年底,替换产品市场迅速趋于饱和,市场潜力开始转向 LED 一体化灯具方向。2006—2015 年日本照明产品产量和销售额数据分别如图 3.3.1、图 3.3.2 所示。

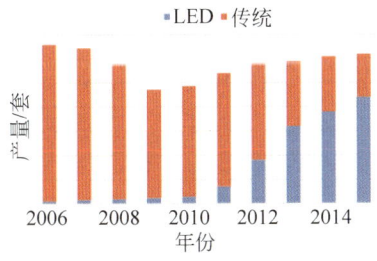

图 3.3.1　2006—2015 年日本照明器具产量变化趋势

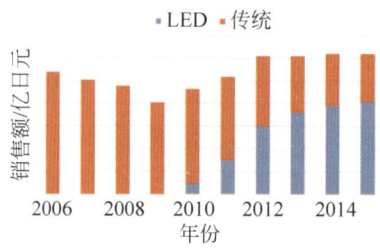

图 3.3.2　2006—2015 年日本照明器具销售额变化趋势

日本照明工业会的产业规划设想是在 2020 年日本照明市场上 100％销售 LED 产品（图 3.3.3）；到 2030 年，包括市场销售和存量使用的全部照明产品将为 LED 产品。总体而言，日本目前已是全球 LED 照明普及率最高的发达国家。

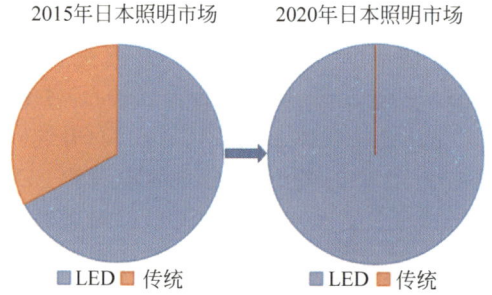

图 3.3.3　2015 年 LED 和传统产品占日本照明市场份额和 2020 年所占份额

3.4　欧洲的半导体照明技术、政策和产业现状

3.4.1　欧洲的半导体照明支持政策和计划

1)"彩虹计划"

2000 年 7 月，欧盟实施"彩虹计划"，通过欧盟的 BRITE/EURAM-3 Program 支持推广白光 LED 的应用。委托 6 家大公司（LSTM、CRHEA-CNRS、Epichem、Aixtron、Thomson-CSF、Philips）和 2 所大学（Surrey、Aveiro）执行。

"彩虹计划"是欧盟至今最为完整的半导体照明发展计划，希望通过应用半导体照明实现高效、节能，不使用有害环境的材料，达到与自然光相似的目标。

"彩虹计划"历时 42 个月，主要内容是发展氮化镓基设备和相关的制造业基础设施，推动两个重要的市场增长：一是高亮度户外照明，如交通信号灯、大型户外显示牌、汽车灯等；二是高密度光碟存储，如用于多媒体环境。"彩虹计划"的主要技术目标是实现光电设备的示范，包括 LED 在 400～590 nm 范围发光原型和激光二极管在 400 nm 波长时的工作。

该项目包括四个已成功实现的技术里程碑：①开发了多晶片 MOCVD 生长炉，用于生长Ⅲ族氮化物材料；②辨别并开发了最适宜的Ⅲ族源和高纯气体；③优化了用于Ⅲ族氮化物的 LP-MOCVD 生长过程；④定义构成了第三代氮化镓基设备的基本技术。

2004 年 7 月，"彩虹计划"的后续半导体照明研究项目在欧洲正式启动，该项目由俄罗斯国家科技中心自主，白俄罗斯（Belarus）国家科学院半导体光学实验室承担实施（德国西部的 Aixtron 公司参与）。这个为期三年的项目目标在于提高白光 LED 的性能，探索以低成本的硅作为衬底来替代传统的蓝光 LED 生产中使用的蓝宝石或碳化硅等小而昂贵的衬底。

2) OLLA 项目

2004 年 10 月，欧盟正式启动了"用于信息通信技术与照明设备的高亮度有机发光二极管"（OLLA）项目。该项目经费大约为 2000 万欧元，由欧盟第六个研发框架计划（FP6）中的信息社会计划（IST）提供。该项目由来自 8 个欧盟成员国的 6 所大学、8 个研究所和 10 家公司共同完成，持续到 2008 年 7 月，为期 45 个月。其目标是开发出 OLED 灯的样品性能要求达到尺寸 30 cm×30 cm，亮度 1000 cd/m^2，效率 50 lm/W，寿命 10000 h 和彩色重现指数 70。最终研究成果是，基于 Novaled pin OLED 技术的白光 OLED，其初始亮度为 1000 cd/m^2 时，发光效率可达到 50.7 lm/W。OLLA 团队的成员在发光效率、色彩表现力及亮度方面都达到了预期目标，特别是 Novaled 设备的寿命超过了目标值一个数量级。该项目对美国的"下一代照明计划"和日本的"21 世纪照明计划"都是一个补充。

3) EuP 指令

2005 年，欧洲议会和理事会正式公布了"关于制定能耗产品环保设计要求框架的指令"（以下简称"EuP 指令"）。2010 年 9 月 18 日，欧盟发布非定向光源 EC 244—2009 的 EuP 指令执行措施修订法规（EC 859—2009）。根据该指令，欧盟将逐步禁止使用低效能灯泡（传统的白炽灯泡和传统卤素灯泡），所有非定向灯具（灯泡）必须遵守最低能源效益规定。逐步淘汰措施于 2009 年 9 月 1 日开始，规定非透明灯泡必须属于 A 级类别（按欧盟能源效益标签分类）。透明灯泡必须至少达到能源效益标签的 C 级类别。2016 年后，透明灯泡的要求将提升至 B 级类别，也就是说除非新技术出现，否则 2016 年后欧盟市场销售的透明灯将只剩能效 B 级的低压卤素灯以及 C 级的带 G9 或 R7s 灯头的灯。这时家用灯将以高效节能的紧凑型荧光灯和 LED 灯（若 LED 家用灯技术得到普及）为主。此外，该法规还对额定寿命、光通维持率、报废前开关周期次数、过早报废率、启动时间、显色指数等与能效相关的性能指标进行了明确规定。

4) 英国 NoveLELs 计划

2007 年 7 月,英国商业、企业和制度改革部(DBERR)启动了"用于有效照明解决方案的新型发光二极管计划"(以下简称"NoveLELs 计划"),该计划致力于开发新型 GaN 芯片技术,将固态 LED 光源商业化。该计划获得 DBERR 330 万英镑的资助,而英国政府及技术战略委员会(the Technology Strategy Board)为其提供的资助超过 170 万英镑。NoveLELS 计划将由巴斯大学和布鲁内尔大学两所大学、IQEplc 公司、Exxelis Limited 公司、Mesophotonics Limited 公司和 Enfis Limited 公司 4 家制造商,以及 Airbus 公司、Agusta Westland 公司和 GE Aviation 公司等 3 家大型航天公司组成的垂直整合联盟合作完成。其中 4 家制造商将提供制造经验,2 所大学的研究小组将主持新型 LED 芯片及荧光粉技术的研究。该计划的领导者还希望该计划能刺激先进 GaN 外延、LED 芯片制造、先进荧光粉及有效散热封装的商业化。

5) OLED100.eu 计划

在 OLLA 项目之后,为继续提升 OLED 特性,OLLA 项目成员 Philips 公司宣布,欧盟将成立 OLED100.eu 计划。此计划在 2008 年开始执行,共进行 3 年的研发,有来自奥地利、法国、德国、英国、荷兰、比利时的 15 家企业和研究机构参与研究,总投入 1996 万欧元(约合 3100 万美元)的研发经费,其中欧盟提供 1200 万欧元(约合 1900 万美元)的经费支持。该计划的目标为发光效率提高 2 倍至 100 lm/W,同时寿命提高 10 倍到 1 万小时,尺寸放大至 1 m^2,其生产成本希望可以低于 100 欧元每平方米(约合 154 美元每平方米)。

6) 以 2025 年为战略目标的行业发展路线图

欧洲照明协会(Lighting Europe)正式对外发布了以 2025 年为战略目标的照明行业发展路线图。该路线图对应欧盟政策框架中有关创新、能源、环境与增长的政策内容,提出了"提升生活品质"和"循环经济"两条发展主线,在照明节电的基础上进一步增加了可持续照明和健康照明的发展内容,包含 LED 照明产品的普及、智能照明系统的应用和实现以人为本的照明三个主要发展步骤。路线图的实施将积极推动照明系统与能源基础设施、建筑管理系统、智能照明系统的相互关联,而不是与单个产品的关联,并通过智能照明系统实现以人为本的照明发展目标。

7) 主要特点

(1) 重视顶层设计和技术研发。

自 2000 年"彩虹计划"实施以来,欧盟先后对 LED、OLED 技术研发进行了战略部署,并提出"以人为本"作为照明发展的核心。2016 年欧洲照明协会正式发布了以 2025 年为战略目标的照明行业发展路线图,提出了"提升生活品质"和"循环经济"两条发展主线。

(2) 重视标准标识建设。

欧盟注重标准标识化战略,以企业牵头开展技术研发、市场推广以及标准建设。欧盟近期提高了 LED 照明产品的标准,以提高市场占有率和市场竞争力。2016 年法兰克福国际照明展览中,各参展企业纷纷打出"意大利制造""希腊制造"等标识,欧洲各国都在积极推动本国制造业的复苏,而其原本在产品设计理念和生产制造工艺上的优势,将对欧盟国家照明电器产业的复苏起到助推作用。

3.4.2 欧洲的半导体照明产业现状

在欧盟中,德国经济总量的占比超过 20%。分析德国的照明工业可窥见欧盟整体的照明工业状况。德国本土照明制造业很发达,产业链配套相当完善,以设备水平发达和制造工艺精湛著称。德国拥有众多知名品牌,如图 3.4.1 所示。

图 3.4.1 德国照明产业相关知名品牌举例

产业链中上游方面,有著名的世界五大芯片厂商之一的欧司朗光电半导体公司(Osram Opto Semiconductor),其外延生长工厂位于巴伐利亚州的雷根斯堡,马来西亚的槟城主营芯片制造,封装则主要在中国无锡;于 2017 年底投产的占地 300 亩的马来西亚居林工厂则涵盖外延和芯片的研发和生产;MOCVD 设备厂商方面,有和美国 Veeco 齐名的爱思强公司(Aixtron);检测仪器著名厂商有 LMT 公司和 Instrument Systems 公司;被松下公司收购的照明配件厂商 VS 公司;外延石墨盘厂商西格里公司(SGL Carbon)。此外,著名半导体公司英飞凌公司(INFINEON)的驱动 IC;著名医药公司拜耳(BAYER)的光学透镜;贺利氏公司(Heraeus)的特种金属;百电宝公司(BJB)的连接器、机械手和灯具套件;安铝公司(Alanod)的铝反射器;汉高公司(Henkel)的黏合剂;赢创德固赛公司(Evonik)的氧化铝和亚克力材料;肖特公司(Schott)的玻璃;博世公司(BOSCH)的精密机床;莱菲尔德公司(Leifeld)的旋压机;巴斯夫化学公司(BASF)的工程塑料等,都正在为全球的照明行业提供最前沿的产品服务和技术支持。

下游应用方面,享誉全球的两大照明公司之一的 OSRAM 公司是无法绕开的帝国般存在,该公司始创于1919年(OSRAM品牌为1906年),总部位于德国慕尼黑,2013年从西门子公司分拆出来独立IPO(首次公开募股),其早先拥有五大事业部:传统照明及镇流器(CLB)、LED照明及系统(LLS)、照明解决方案与系统(LSS)、特种照明(SP)和光电半导体(OS)。2016年,其将CLB和LLS两个通用照明事业部分拆成立新公司Ledvance,以5亿欧元卖给了木林森公司牵头的中国资本。

欧司朗公司旗下还包括收购的Sylvania(喜万年,北美市场)、Siteco(专业灯具)、Traxon(解决方案)、ClayPaky(舞台灯具)等品牌。拥有遍布全球的多家工厂,德国本土的奥格斯堡(CFL、直管、玻璃、设备)、埃斯坦(民用卤素灯)、黑伯廷根(车用卤素灯)、柏林(民用及车用金卤灯)和雷根斯堡(LED外延及芯片和OLED)等,及位于法国(白炽灯和卤素泡中泡)、意大利(镇流器)、捷克(白炽灯)、斯洛伐克(汞灯及杂项)、俄罗斯(荧光灯)、印度(荧光灯)、北美(喜万年)、马来西亚(居林LED外延芯片和槟城LED芯片封装)等。在中国则有最早的佛山工厂(几乎全品类),以及昆山工厂(车灯、投影灯等特种照明)和无锡LED封装工厂(前后增加投资约12亿欧元扩产)。

灯具方面亦是群英荟萃,ERCO和BEGA代表着灯具"Made in Germany"的极致工匠精神,尽显独具匠心的配光和妙到毫巅的工艺,此外还有专注室内的SPITTLER、内外兼修的PROLED、百年企业TRILUX和灵感四溢的SLV等各领风骚。

特种照明领域,海拉(HELLA)是德系车灯之王,贺利氏(Heraeus)则是特种光源专家,氘灯、紫外固化灯、光离子化灯、氙气灯等产品不胜枚举。

以德国为代表的欧盟国家对照明光源的市场准入有非常严格的要求。代表性的安全认证和标签见表3.4.1。

表3.4.1 德国照明产品的主要认证和标签种类

认证或标签标识	主 要 作 用
CE	电气类产品进入欧洲市场强制性认证,适用欧洲标准(EN)进行检测,包含电磁兼容(EMC)和低电压指令(LVD)等要求
GS geprüfte Sicherheit	依据德国安全法规(SGS)进行检测的自愿性认证,内容已经包含了低电压指令(LVD)的全部要求
ENEC	欧洲电工标准化委员会(CENELEC)的一项自愿性认证计划,认证范围包括灯具在内的五大类产品

续表

认证或标签标识	主 要 作 用
RoHS	适用于包括照明产品在内的10大类电子电气产品,规定在新投放市场的电子电气产品中,限制使用铅、汞、镉、六价铬、多溴联苯(PBB)和多溴二苯醚(PBDE)等6种有害物质
WEEE	适用于包括照明产品在内的10大类电子电气产品,要求生产商对自身产品的废弃负责
ENERG (能效标签)	2012年欧盟委员会发布的关于光源和灯具的能效标签要求,其中光源涵盖了热辐射光源、荧光灯、HID和LED四类主要产品

以德国为代表的欧洲市场的消费习惯具有鲜明的特点,主要表现如下所述。

(1) 低温高显。

在售和存量产品中,对比以日本为代表的亚洲国家,其明显区别是,无论是传统还是LED产品大部分为暖白选项,欧洲人喜好低温高显是一种根深蒂固的消费习惯。这也解释了在欧洲热辐射光源依然大量应用和LED灯丝灯产品近年大行其道的现象。

(2) 带罩即好。

传统的卤钨灯和CFL也好,LED球泡灯也好,带罩的灯泡价格会高些,销售的情况却也十分理想。在我们看来多此一举的做法却也是迎合"见光不见灯"的消费需求。

(3) 简约设计。

户外的路灯、隧道灯,室内的筒灯、顶灯,德国人要的是"这样就好"的简洁实用设计,花样繁多在这个简约生活的国度实属画蛇添足。

(4) 不相信物美价廉。

价格竞争在照明行业的每个角落里如火如荼地进行着,但我们崇尚的"物美价廉"在这里则属于伪命题。商场里同类产品售价最贵的一定是经久耐用的德国造,对产品品质的极致追求是这个民族深入骨髓的认知;而"好东西自有它的好市场",就是德式的评价体系。

埃信华迈(IHS Markit)公司统计表明,2016年欧洲地区销售的LED灯具和照明产品分别占整个照明市场的20%和10%。已安装的LED灯具和照明产品分别占8%和9%。

欧洲照明协会预测,从2016年开始,传统电光源产品的年销售数量将持续下滑,到2020年欧盟28个成员国双端荧光灯的年销售数量下降至7亿只左右;紧凑型荧光灯的年销售数量下降至2亿只左右;卤素灯的年销售量下降至3亿只左右,而LED光源的年销售数量将增长至8亿只。

同时,IHS预测,截至2024年,欧盟市场销售的LED灯具和照明产品分别达到72%和87%的高占比,安装的灯具和照明产品也分别达到53%和58%。因为欧洲当地的限制政策正在大力推动LED照明产品,传统的荧光灯销售限令已经在2009年公布。与此同时,单一方向性的卤素灯也在2018年受到限制。

3.5 韩国的半导体照明技术、政策和产业现状

1) 氮化镓(GaN)半导体开发计划

早在2000年以前,韩国就出台了关于光产业的发展计划,目标是使韩国在2008年后上升为全球光产业前五名的国家。2000年,韩国产业通商资源部制定了光电子产业分支——"GaN半导体开发计划",并成立光产业振兴会(KAPID)负责该计划的组织与实施。从2000年至2008年,由政府投入4.72亿美元,企业投入7.36亿美元来实施该计划,目标是成为亚洲最大的光电子生产国。

2) 15/30普及计划

2006年,韩国制定了"在2015年LED占整体照明比重达到30%"的目标和推动半导体照明产业发展的四大政策,包括2012年前LED照明占韩国国家机关照明的比重达到3成并扩大范围至街灯、隧道灯,研发提升LED发光效率与延长平均寿命技术,加快制定LED照明认证标准、构建LED照明稳定成长基础和加强LED照明产业垂直整合化等。

3) "低碳绿色成长"国家战略

2008年,韩国提出将"低碳绿色成长"作为未来的国家战略,而其中LED产业被作为重点推动领域。为了未来在这个巨大的市场上确保稳固的地位,韩国提出了"2012年将LED的市场份额由2008年的8.3%提高至15%"的目标。

4) MOCVD设备自制计划

2009年,韩国国内MOCVD设备需求大增且全数依赖进口,为摆脱这种状况,韩国知识经济部积极开展MOCVD设备自制计划,主要以全球科技发展计划

(Global Tech. Develop Program)与新的增长引擎装备竞争力强化项目(New Growth Engines Equipment Competitive Power Reinforcement Program)两大主要方案推动。预定于2010—2012年投入500亿韩元(约合4500万美元)用于推动MOCVD机台的设备自制,引进制程自动化系统,以及开发高速封装/检测设备。

5)"绿色LED照明普及发展方案"及"LED照明2060规划"

2011年6月,韩国政府出台了"绿色LED照明普及发展方案"及"LED照明2060规划"。目标为到2020年,韩国LED照明将达到全国照明设备的60%。为完成该目标,政府将给予大幅补贴,未来韩国将同时推广普通建筑和住宅的LED照明设备。公共事业领域提供补贴的范围从现有的地方政府以及少数机构,扩大到所有的公共事业机构,补贴力度从现在的50%扩大到70%。普通建筑以及住宅等的LED高效照明推广需要阶段性地扩大其范围。并计划向以养鸡场、住宅、商业街等为对象的LED照明购买者提供补助金,为民间的大规模建筑提供名为"ESCO"的融资。

3.6 其他国家和地区的半导体照明技术支持政策或产业现状

1. 澳大利亚

本土照明制造业并不发达,照明生产商可谓凤毛麟角,比如澳大利亚照明协会(Lighting Council Australia)的会长Russell Loan先生就并非生产商代表,而是日本著名灯具厂商岩崎电气(Iwasaki)公司在澳大利亚的经销商,而该协会的会员单位也绝大部分来自当地的照明经销商。因此澳大利亚的照明产品大量依赖进口,其中绝大多数产品来自中国。

澳大利亚却有为数不少的从事照明控制的厂商,具有代表性的就是被Philips公司收购的Dynalite公司和被GE公司收购的Daintree公司。

澳大利亚共有700万~800万个家庭,平均每个家庭拥有70~80个灯座,产品原以MR16卤钨灯和传统吸顶灯为主,替换潜力较大。澳大利亚也是全球首个全面淘汰普通照明用白炽灯的国家,算得上是高效照明产品应用的天堂,其LED照明产品普及率在发达国家中相对较高,仅次于日本,其最大城市悉尼在城市道路中使用了相当数量的GE公司的LED路灯。

此外,澳大利亚照明产品认证自成体系(SAA认证),对电气安全的要求尤为严格,准入门槛较高;单个客户整体量并不大,但利润较好,整体情况适合中高端产品进入。

2. 俄罗斯

俄罗斯的照明工业既比不了德、美、日等国的高精尖,亦比不上中国的完整配套和成本优势。在传统照明时代尚可以达到30%的本土生产,LED照明产品则绝大多数依赖进口。光源和功能类灯具多来自中国和德国,装饰类灯具则以意大利和西班牙为主。当地照明应用光源目前仍以传统光源产品为主,室内主要是低色温荧光灯和卤素灯,LED灯丝灯逐渐增多;室外则是金卤灯和高压钠灯,而在严寒多雾的一些地区,低压钠灯亦有用武之地;灯具产品和西欧类似,普遍有防眩光处理;筒射灯、LED面板灯等灯具方兴未艾。

3. 印度

和世界上大多数国家相比,印度具有较大规模的照明产品生产能力,但多是照明产品来料组装企业(半散件组装(SKD)和全散件组装(CKD)),主因在于印度不具备完整的产业链配套能力,大量的照明产业原材料、元器件和半成品仍要依赖进口,中国则是其最主要的进口源。

印度的照明光源或灯具生产大厂的分布特点为"双城记+群雄逐鹿"。"双城"是指德里和孟买。首先看大德里首都圈,Surya Roshni、HPL、Harmilap Roshni 等公司位于新德里,而欧普公司和木林森公司的印度总部也设于此地;处于德里东南方向的高新区 Noida 则汇聚了 Havells、Halonix、Eon 和刚接下飞利浦大单的 Dxion 等大厂;而 Philips 公司和 Ledvance 公司双雄将其印度公司设在了德里西南的新城 Gurgaon。再看大孟买经济圈,本土名企 Bajaj 公司、Orient 公司、Crompton Greaves 公司均在此地,被 Panasonic 公司收购的 Anchor 公司则位于孟买的卫星城 Thane。这些大公司的生产基地则多分布在周边各邦,诸如 Noida、Pune、Faridabad、Vadodara、Baddi、Haridwar、Mohali、Jabli 和 Sahibabad 等。

印度的室内公共场所仍以荧光灯为主,部分地区由于电压不稳,白炽灯用量可观。紧凑型荧光灯中90%以上为双U和3U产品;值得一提的是,莲花形节能灯在印度人的日常生活中应用也十分广泛,这是由于莲花是印度的国花,且在印度教、锡克教和巴哈教中均有吉祥之意。五星级酒店、餐厅和博物馆中白炽灯和卤钨灯的使用比较普及,但在一些新建的公共设施中,已有相当数量的LED球泡、筒灯和洗墙灯的应用。

室外照明方面,虽然印度已在一些二级公路上应用LED路灯,但还是以高压钠灯和金卤灯为主流,在德里和孟买等大城市的一些路段,在同一根灯杆上,主路侧多使用的是高压钠灯,不过光衰较严重,并有繁茂树叶遮挡,感观上比较昏暗,辅路侧使用的则是小功率的金卤灯。总体上说,印度的LED照明应用还处于初级阶段。

3.7 小结

　　LED 照明是一次具有重大意义的革命,国际上已掀起了一股应用 LED 照明的研究与产业化热潮。发达国家在制定决策之前开展了一系列预研究工作,分析了各种照明产品的能效和推广现状,调研了相关产业的发展现状,并研究了国际半导体照明产业的最新动态;在此基础上,针对半导体照明产品认可度低、技术标准缺失、初始投资高等特点制定了半导体照明推广战略;针对半导体照明产业技术优势明显、创新能力分散化、本土制造能力低的特点制定了半导体照明产业发展战略。发达国家借助其技术优势,积极推动有利于本国的国际标准化制定和实施,并将其作为半导体照明推广政策的重要组成部分。发达国家的半导体照明战略强调加强照明设计和城市规划领域与传统照明产业的沟通,注重技术更新带来的产业价值链的延伸和发展。半导体照明技术由于其初始投资高而维护成本低的特点,需要创新的商业模式来促进其推广。发达国家的半导体照明推广战略特别强调价值链的延伸和商业模式的创新。

　　近年来,随着 LED 发光效率的大幅度提升,单位流明的价格逐步下降,各类创新产品不断涌现,照明质量不断提高。其应用已从最初的指示灯,逐步拓展到室内照明、舞台照明、景观照明等各个照明领域。目前,照明耗能约占整个电力消耗的 20%,降低照明用电已成为节省能源的重要途径。为此发达国家纷纷宣布白炽灯淘汰计划,积极推广 LED 照明,以应对逐年严峻的全球温室效应。美国、欧盟、日本、加拿大、澳大利亚、韩国等相继宣布停止销售白炽灯。在政府政策的推动下,半导体照明技术和市场得到了迅速的发展,并取得了一定的节能效果。

第 4 章

中国半导体照明技术和产业的优劣势分析

4.1 半导体照明的专利对比分析

本书基于 Innography 和 incoPat 这两个专利信息检索和分析平台,对在"九国两组织"(即中国大陆-CN、美国-US、日本-JP、英国-GB、德国-DE、法国-FR、瑞士-CH、俄罗斯-RU、韩国-KR,以及欧洲专利局-EPO 和世界知识产权组织国际局 WIPO-IB)已经获得授权的与 LED 照明(含显示)相关的发明专利进行了统计和分析。

4.1.1 授权趋势对比分析:中国起步晚,增速快

从 1978 年 1 月 1 日到 2018 年 8 月 31 日,共检索到全球 LED 照明相关的授权发明专利 194871 项。对全球 LED 照明授权发明专利数量按照授权的国家/组织进行分析,得到表 4.1.1 以及图 4.1.1 和图 4.1.2。可以看出,美、中、日、韩四国依次占据了专利授权国家/地区的前四名。其中,美国所占比例最高,约占 26%;中国和日本所占比例大体相当,各约占 21%;韩国所占比例略低,约 18%。以上述四国为授权国家的 LED 照明授权发明专利数量,占到全球总数量的 85% 以上。这充分说明了美、中、日、韩四国对 LED 照明市场的统治地位,众多企业对上述四国市场的高度重视;也反映出上述四国在 LED 照明领域较强的研发实力、活跃的技术创新以及强烈的专利保护意识。

表 4.1.1　全球 LED 照明授权发明专利申请目标国家/组织分布情况

专利申请目标国家/组织	专利数量/项	专利申请目标国家/组织	专利数量/项
美国	50409	英国	9461
日本	41077	欧洲专利局	3480
中国	40563	法国	1884
韩国	35013	俄罗斯	1432
德国	11451	瑞士	101

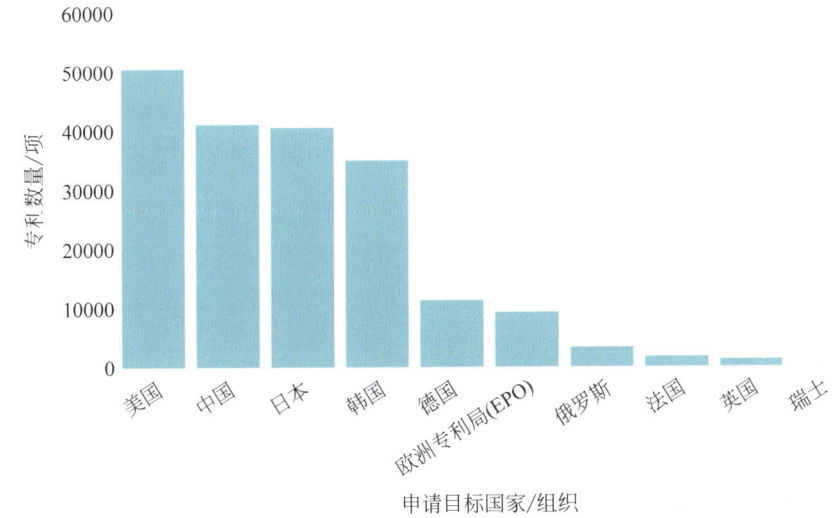

图 4.1.1　全球 LED 照明授权发明专利申请目标国家/组织分布情况（数量）

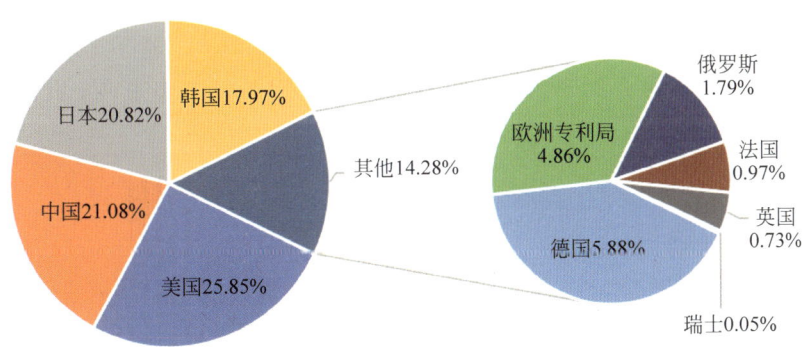

图 4.1.2　全球 LED 照明授权发明专利申请目标国家/组织分布情况（比例）

对全球 LED 发明专利的持有国家/组织进行分析,得到图 4.1.3。可以看出,日、韩、中、美四国依次占据了专利持有国家/组织的前四名。其中,日本以超过

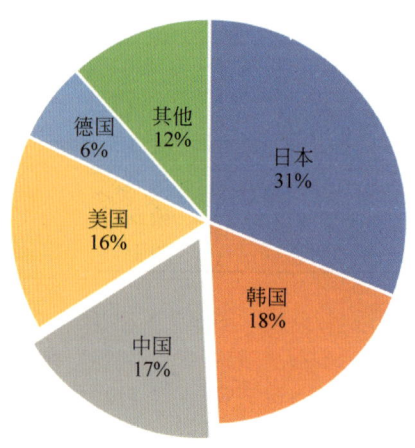

图 4.1.3　LED 照明全球授权发明专利持有国家/组织分布情况（比例）

30%的占比位居榜首,这反映出日本在 LED 照明领域强大的研发实力和强烈的专利保护意识；韩国、中国、美国所占比例大体相当,为 16%～18%；上述四国持有的 LED 照明授权发明专利数量,占全球总数量的 80%以上。这充分说明了以上四国对 LED 照明技术的统治地位。

全球 LED 照明授权发明专利数量的年度变化情况如图 4.1.4 所示。可以看出,1978 年至 1987 年间,全球 LED 照明授权发明专利数量略有起伏。从 1988 年开始(这之后的几年也正是日亚化学公司和中村修二(Nakamura Shuji)以及赤崎勇(Akasaki Isamu)、天野浩(Amano Hiroshi)等获得高质量氮化物生长以及蓝光 LED 制备关键技术的时期),全球 LED 照明专利授权量缓慢增长。从 1993 年开始,进入快速增长期,这一期间,市场对 LED 显示、LED 照明产品的大量需求,推动着众多企业和研发机构不断加大研发的人力和物力投入,促进了 LED 照明知识产权的快速产出。到了 2008 年,授权发明专利的数量超过 96000 项；此后迅速增

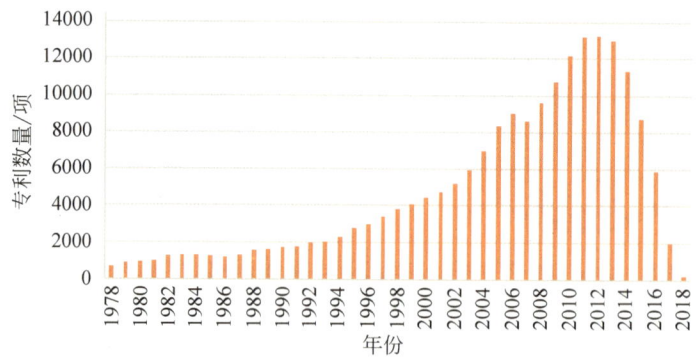

图 4.1.4　LED 照明技术全球专利授权量的总趋势

长,在 2012 年,全球授权发明专利的数量达到最高值,超过 1.32 万项;随后专利授权量呈现逐渐下降的特征。

中、美、日、韩四国专利发明人获得全球 LED 照明相关发明专利的年度数量对比如图 4.1.5 所示。可以看出,相对来说,日本、美国对 LED 照明技术的研发时间较早,发展态势相对平稳,连续性较好;韩国发展稍晚,发展态势与日本、美国发展态势有些相似。中国的 LED 照明相关专利布局起步较晚,2001 年之前授权发明专利数量都比较少,2005 年首次超过 500 项;此后快速增加,2007 年首次超过 1000 项,之后飞速上升,于 2014 年达到 4597 项的最高值。总体上看,四国在 LED 照明方面的授权专利数量都呈现了先增长然后到峰值再下降的过程,但增长和下降速度并不均衡。在 2011 年之前,日本的申请量一直保持领先;2012 年,中国专利发明人获得的发明专利的数量首次超过日本,并在之后几年一直保持领先。

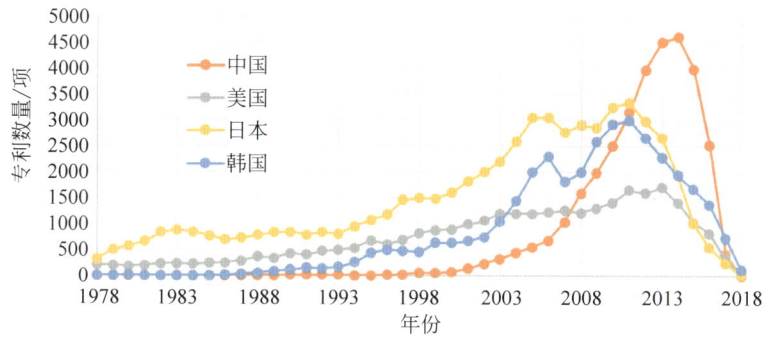

图 4.1.5 四国专利发明人获得全球 LED 照明发明专利的年度数量

4.1.2 全球专利布局对比分析:中国专利国际化程度还有待加强

中、美、日、韩四国专利发明人获得的 LED 照明相关发明专利在全球的分布情况如图 4.1.6 所示。可以看到,各国发明人均对本国市场高度重视,在本国所申请的专利占比最高。同时,各国发明人都积极在全球进行专利布局,其中日本发明人海外专利占比最高,超过 40%;其次是美国,海外专利占比超过 30%;再次是韩国,海外专利占比接近 20%。中国海外专利占比最低,不到 8%,本土占比超过 92%,整体上看,我国 LED 照明相关企业和研究机构主要在深耕国内专利市场,对海外市场的专利布局还不够深入、广泛,这与中国 LED 产品要大量进军海外市场的需求相矛盾,是当前急需解决的问题之一。

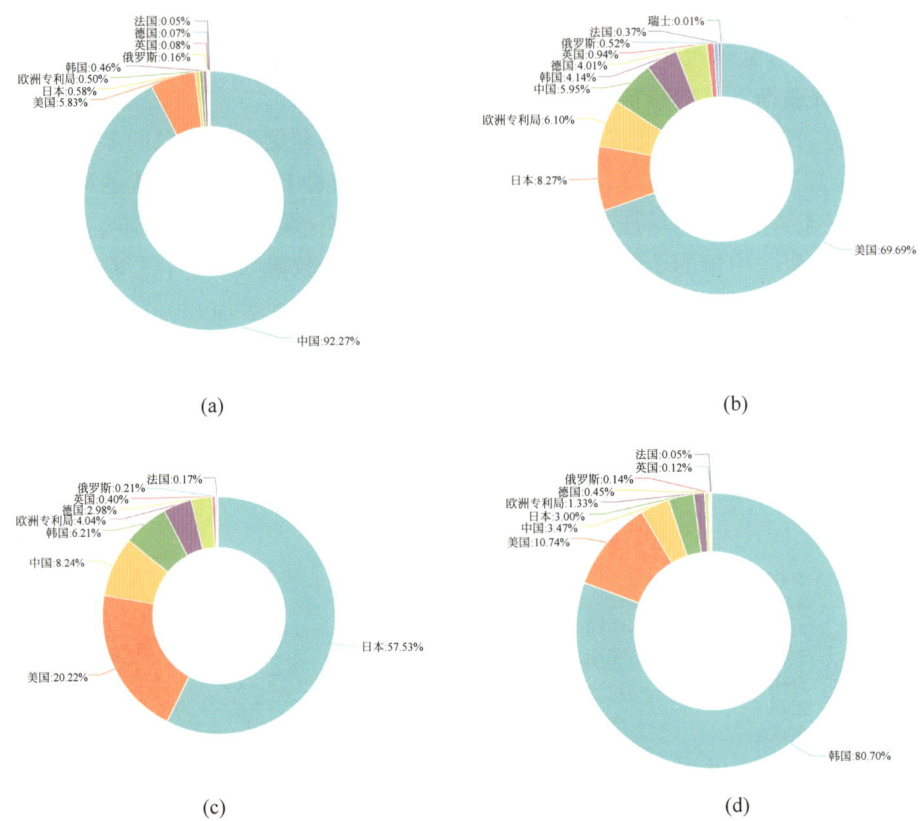

图 4.1.6 四国专利发明人获得的 LED 照明发明专利在全球的分布
(a) 中国专利发明人获得的发明专利在全球的分布；(b) 美国专利发明人获得的发明专利在全球的分布；
(c) 日本专利发明人获得的发明专利在全球的分布；(d) 韩国专利发明人获得的发明专利在全球的分布

4.1.3 申请人对比分析：中国企业专利有待加强，缺少专利龙头企业

对全球 LED 照明授权发明专利的主要申请人(企业、研究机构或个人)进行统计分析,得到图 4.1.7。在统计的时候,对同一个集团的各个分公司和子公司所申请的专利,都归到集团名下(可能涉及某些公司存在业务拆分成独立公司以及出售部分业务等复杂情况,比如 Philips 公司和 Lumileds 公司,此处仍将 Lumileds 公司归到 Philips 公司名下进行统计)。从图中可以看出,排名前十的申请人,其发明专利授权数量都超过了 2000 项,其中有 5 个日本公司(松下公司、东芝公司、夏普公司、三菱公司和住友公司),占到了一半,反映出日本在 LED 照明领域强大的研发实力；另外还有 3 个韩国公司(三星公司、乐金(LG)公司和 SK 公司)和两个老牌著名欧美公司(飞利浦公司、IBM 公司)。这些公司都是半导体、电子、光电子等领域著名企业,反映出国际重要企业和资本对 LED 照明技术的前瞻性和高度重视。

第 4 章　中国半导体照明技术和产业的优劣势分析

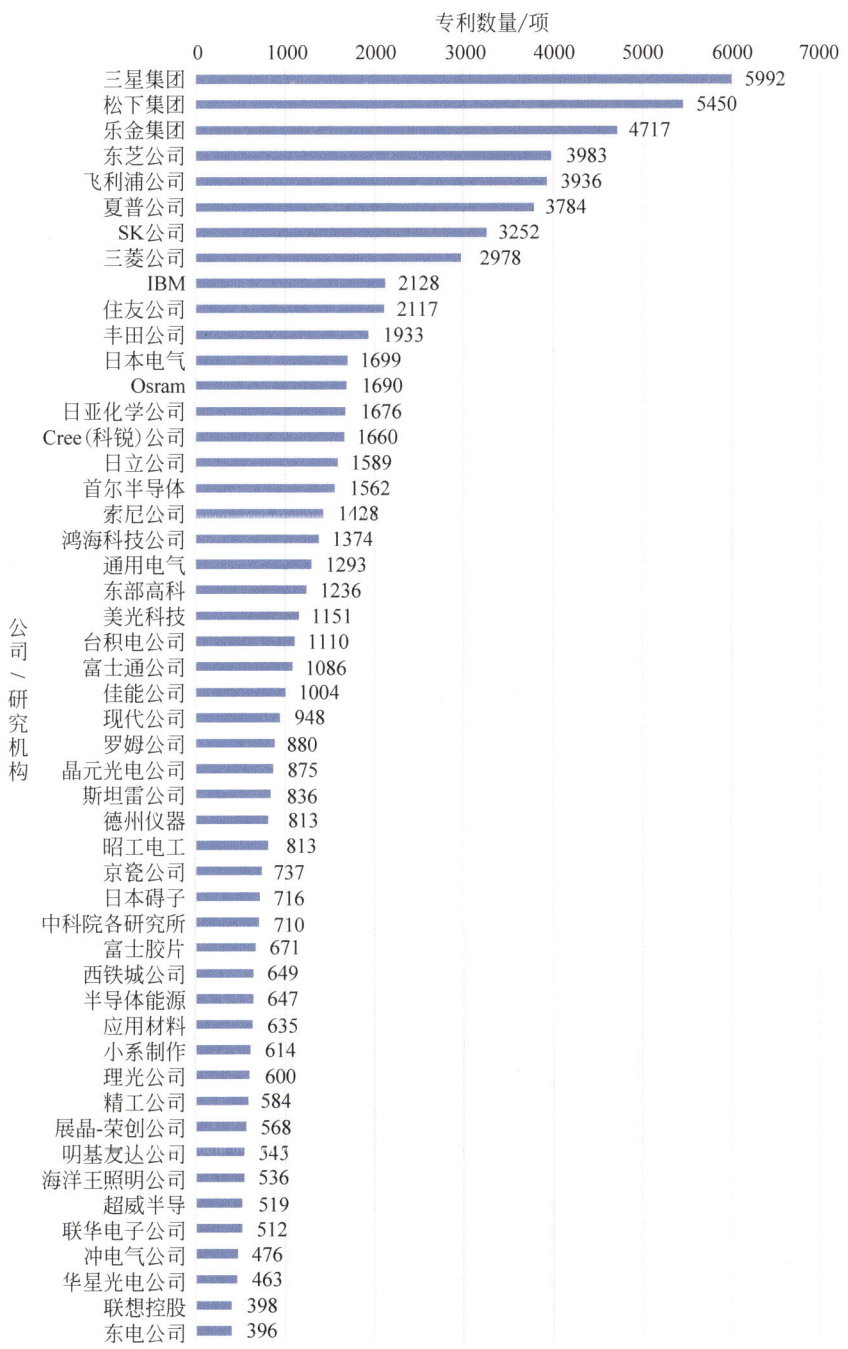

图 4.1.7　全球 LED 照明授权发明专利的主要申请人的申请量（前 50 名）

对全球 LED 照明授权发明专利的申请量排名前 50 的主要申请人的国家(地区)进行统计,结果如图 4.1.8 所示。日本公司仍然占据一半。此外,美国、韩国和欧洲分别有 7 家、6 家和 2 家公司进入前 50。中国台湾地区有 6 家公司进入全球前 50,分别是鸿海科技公司、台积电公司、晶元光电公司、展晶-荣创公司、明基友达公司和联华电子公司,分别位列全球第 19、23、28、42、43 位及 46 位;中国大陆有 4 家公司/研究院所进入前 50,分别是中科院各研究所、海洋王照明公司、华星光电公司、联想控股公司,其中中科院各研究所以 710 项位列全球第 34 位,海洋王照明公司以 536 项排名全球第 44 位。从授权专利量上可以看出,超过 1000 项专利的公司有 25 家公司,均为 LED 照明国际巨头,而授权专利数量最多的中国大陆研发机构是中科院(其下的各个研究所合并计数),最多的公司是海洋王照明公司,有 500 余项,其余公司的专利数量均不到 500 项,这反映出目前中国大陆还缺少专利上的龙头企业,企业的专利体量还比较小。

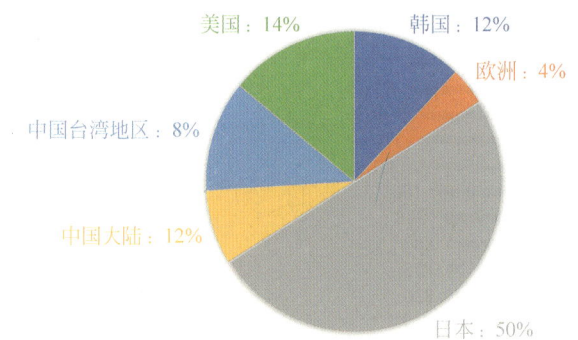

图 4.1.8　申请量排名前 50 的主要申请人的国家(地区)分布

对持有全球 LED 照明授权发明专利的排名前 100 的主要发明人的国家(地区)进行统计,结果如图 4.1.9 所示。日本仍然以 36％的占比遥遥领先,美国以

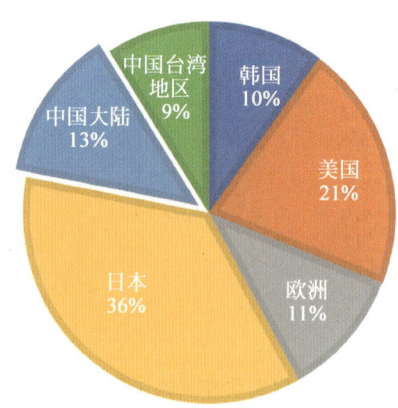

图 4.1.9　持有量排名前 100 的主要申请人的国家(地区)分布

21%位居第二,充分体现了日、美两国在 LED 照明领域的技术领先优势。中国大陆和中国台湾地区分别有 13 家和 9 家公司进入前 100,表现出较强的实力。

对主要国家(地区)中持有全球 LED 照明授权发明专利数量排名靠前的申请人的性质类别进行统计分析,如图 4.1.10 所示。从统计结果可以明显看出,日本、美国、欧洲以及中国台湾地区排名靠前的申请人,绝大部分是企业;韩国前 20 名申请人中,有 80%是企业。在中国大陆,前 50 名申请人中,企业占 56%,而高校/

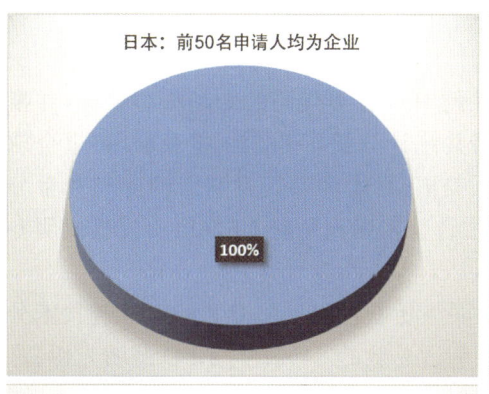

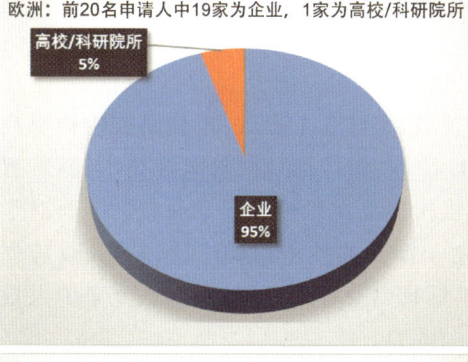

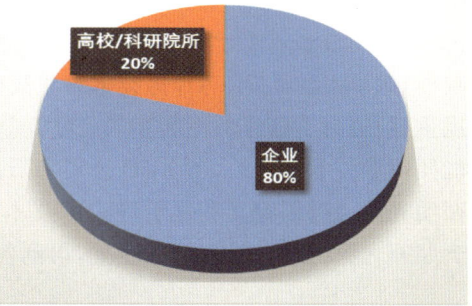

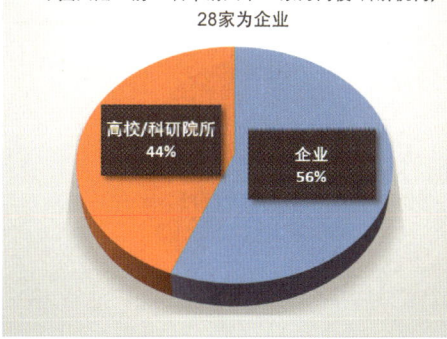

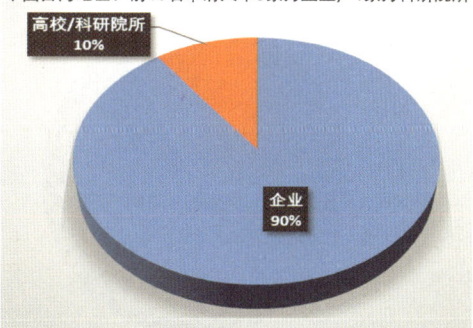

图 4.1.10　申请量排名靠前的申请人的性质类别分布

科研院所占比高达44%。这从一个侧面反映出，在一定程度上，当前中国大陆LED技术的研发主体仍是高校及科研机构，而中国LED企业在技术上优势不明显，导致中国LED企业在国际照明中的专利话语权还比较小。

4.1.4 产业链环节对比分析：中国上游领域仍处于劣势，下游应用领域数量上有所突破

本书根据《国际专利分类表》(IPC分类)对中、美、日、韩四国发明人的LED照明授权发明专利进行了分类和统计。共统计了F21S2/00、H01L33/00、H01L33/48、H05B37/02等90余个与LED照明最相关的IPC分类代码的专利分布情况，并根据产业链技术环节进行了归类合并；本书共统计分析了66212项专利，超过全球LED照明授权发明专利的1/3，其中中国、美国、日本和韩国发明人的专利数量分别为15242、11003、23189、16778项，分别占各国发明人所获LED照明授权发明专利总数量的46%、36%、39%、47%。

图4.1.11给出了中、美、日、韩四国发明人所获授权发明专利的产业链技术分布情况。可以看出，与外延、芯片相关的专利占总数的34%；与LED照明光源、灯具、背光和显示相关的专利，约占总数的31%；而与LED控制、调光、电路、驱动、电源技术相关的专利，占比也比较大，约为15%；与光学系统技术相关的专利，约占6%；与波长转换、荧光粉、散热及其他封装技术相关的专利，约占14%。这反映出，对于上游外延、芯片等技术含量高的领域，全球各LED公司和研究机构都高度重视，进行了密集的专利布局；对于LED控制、调控、驱动、电源等技术，随着智能照明等技术的发展，各LED公司和研究机构也都在积极进行专利布局。而对于照明光源、灯具、背光和显示等应用技术，由于涉及的技术门类广泛，从LED阵列到照明光源、照明模组、照明装置，再到各种灯具以及各种应用，所以也分布了大量

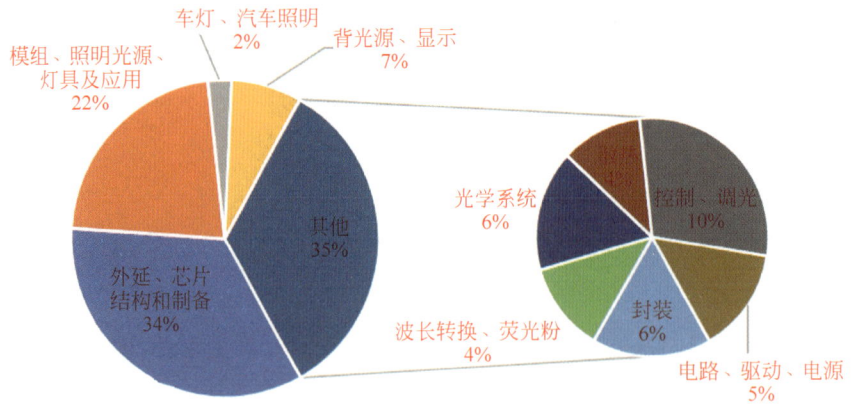

图4.1.11 中、美、日、韩四国发明人所获发明专利的产业链技术分布

的专利,但总体来说,这些专利的技术较为分散。

对中、美、日、韩四国发明人所获授权发明专利的产业链技术分布进行统计和分析,得到图 4.1.12;中国和美国、日本、韩国发明人所获授权发明专利的各技术分支国内占比的分析如图 4.1.13 所示。分析发现,目前中国发明人所获授权发明

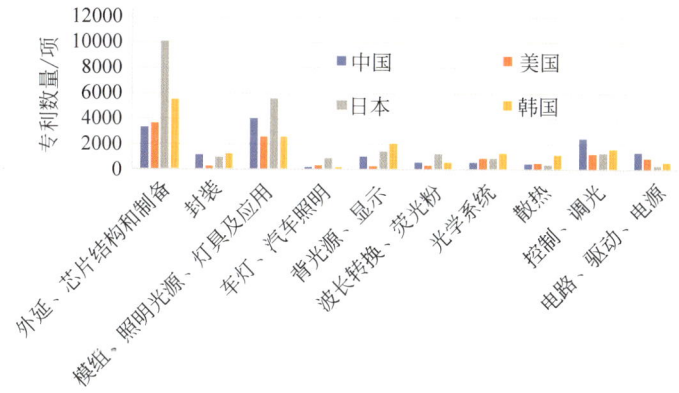

图 4.1.12 中、美、日、韩四国发明人所获授权发明专利的产业链技术分布

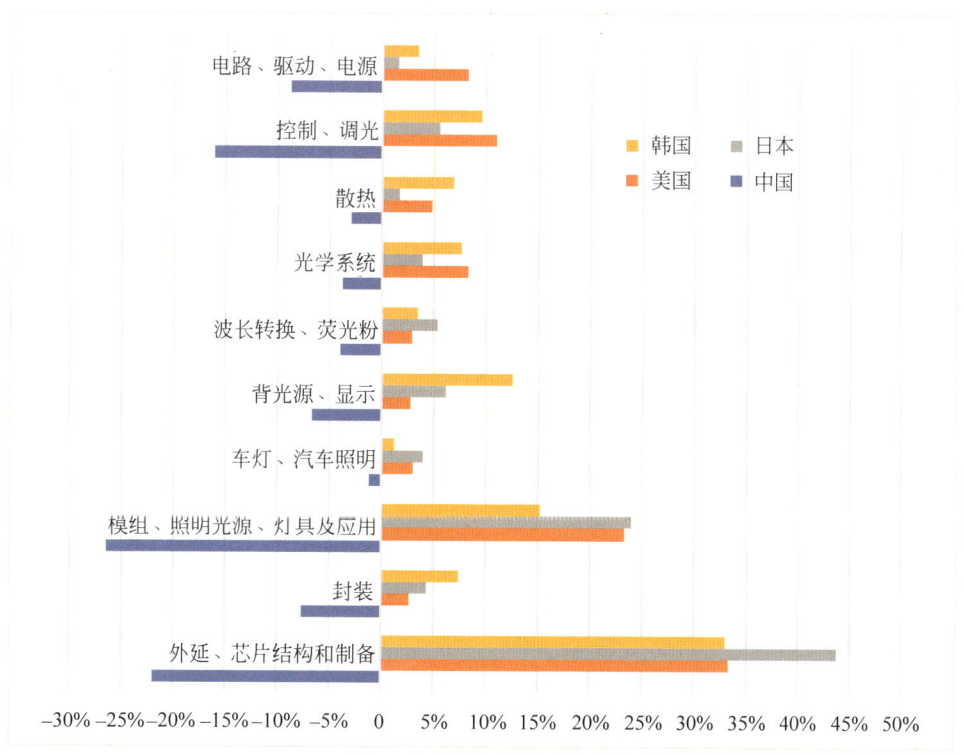

图 4.1.13 中、美、日、韩四国所获授权发明专利的技术分支国内占比分析

专利已经在LED照明整个产业链环节进行了较为全面的布局;对美国、日本和韩国来说,占比最大的是外延和芯片领域,均超过30%,尤其是日本,占比超过43%,而中国外延和芯片领域的专利占比仅为22%左右。在模组、照明光源、灯具,以及控制、调光、电路、驱动、电源等与下游应用相关的领域,我国专利占比大于美、日、韩。在其他领域,除车灯、汽车照明领域所占比例明显低于其他三国外,其他技术领域的占比没有明显差距。这反映出在产业链布局上,相对来说,我国LED照明企业和研究机构总体上还是偏重于下游应用相关的领域,在上游相关领域仍然相对薄弱。

图4.1.14给出了中、美、日、韩四国在各技术分支所获授权发明专利的相对量对比分析。结合图4.1.12和图4.1.14可以看出,从数量上看,在外延和芯片领域,我国LED照明授权专利数量还处于劣势;在模组、照明光源、灯具等领域,比日本少而比美国和韩国多;在控制、调光、电路、驱动、电源等领域,我国LED照明授权专利数量要多于其他三国;此外,除车灯、汽车照明领域专利数量明显低于其他三国,其他技术领域的专利数量没有明显差距。

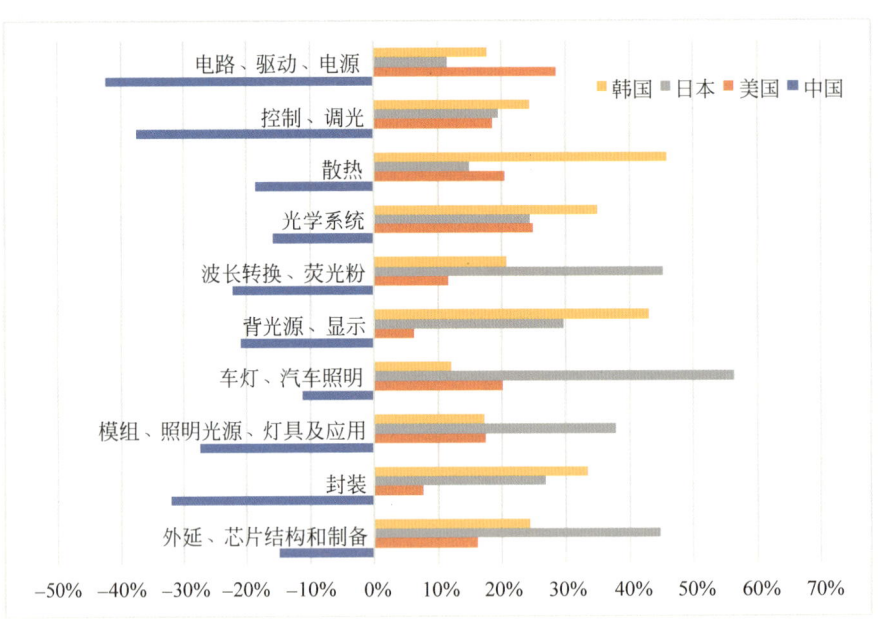

图4.1.14 中、美、日、韩四国所获授权发明专利在各技术分支的相对量

以上分析表明,从专利数量看,经过近年来的长足发展,我国LED照明授权发明专利虽然在上游领域与美、日、韩等传统LED照明大国相比还有一定差距,但在中游封装、下游应用领域已经与其相当,并在个别领域形成了专利数量上的突破。

4.1.5 核心专利分析：以白光 LED、LED 路灯、Si 基 LED 技术为例

在 GaN 基 LED 照明研发方面居于全球领先水平的公司主要有日本的日亚(Nichia)、丰田合成(Toyoda Gosei)、三菱、索尼、东芝、松下、日本电气(NEC)、住友等公司，美国的 Phlips/Lumileds、Cree 等公司，欧洲的欧司朗和韩国的三星、LG、首尔半导体等公司。这些跨国公司大多在产业链各个环节拥有众多原创性专利。而中国台湾地区的一些光电企业(如晶元光电、鸿海科技、亿光电子等公司)，在外延和芯片、封装等环节也具备各自的若干自主知识产权。

对日亚、科锐、丰田合成、Osram、飞利浦、GE、三菱、东芝、日立、夏普、松下、索尼、住友、日本电气、三星、LG、首尔半导体、SK 等全球 LED 照明授权发明专利数排名前 20 的公司，和三安光电、海洋王照明、TCL、华星光电技术有限公司(以下简称"华星光电")、京东方科技集团股份有限公司(以下简称"京东方")、湘能华磊光电股份有限公司(以下简称"湘能华磊")、华灿光电、勤上光电、乾照光电、科技(上海)有限公司(以下简称"映瑞光电")、国星光电、木林森、鸿利光电、雷士照明、深圳雷曼光电科技股份有限公司(以下简称"雷曼光电")、利亚德等 15 家中国 LED 照明代表企业的 LED 照明授权发明专利进行了统计和分析，综合专利保护范围、同族专利数量、同族国家数量、引用次数、法律纠纷等数据可以得出，日亚、科锐、Philips/Lumileds、欧司朗、丰田合成、东芝、松下、三星、LG、首尔半导体等公司拥有该领域绝大部分的原创性发明专利，涵盖了衬底、外延、芯片结构和制作、封装、波长转换/荧光粉及其涂覆技术、白光/颜色/显色性等色度相关技术等方面；相对而言，我国绝大多数 LED 照明企业，主要是针对器件可靠性、控制电路/驱动/电源、显示屏/光源/模组/灯具的制备技术以及产品应用开发方面进行研究，缺少能够引领技术发展的潮流的原创性专利。但是经过多年发展，我国 LED 照明在 Si 基 LED、LED 光学系统等方面形成了技术突破，拥有了自主知识产权的技术路线。

1. 白光 LED 专利分析

LED 通过半导体内部电子跃迁而发光，光谱宽度只有几十纳米，是一种单色发光器件。实际应用中，无论在照明还是显示领域，往往需要白光，因此白光实现方式是极为重要的核心技术。

在白光 LED 方面，日亚、欧司朗、丰田合成、科锐和 Lumileds 五大公司几乎控制了整个白光 LED 产业，这里专利密集，是专利壁垒最高的技术领域之一。在此领域最重要也是最有意义的技术是使用荧光粉将蓝光和紫外光转化成白光的技术。因为白光 LED 的广泛、快速应用，以及各大公司在此领域的大力投入，专利侵权、交叉授权等法律事务不断发生。日亚化学公司在 1993 年成功开发出蓝光

LED,而该公司为了达到完全垄断蓝光 LED 市场的目的,运用了坚守专利的策略,悍然拒绝将该专利授权给其他任何厂商,设下进入市场的专利障碍。随着欧司朗、丰田合成、科锐、Lumileds 等公司在 LED 领域拥有专利数的不断增加,2001 年起日亚化学公司在专利诉讼方面遭到挫败,使其不得不改变专利授权的态度,分别与上述公司达成了专利和解和授权协议,平息彼此纠纷。随着拥有核心专利公司的进一步增多,日亚、欧司朗、丰田合成、科锐等专利垄断公司都更加积极地通过专利授权扩大自身在 LED 市场的影响力,并通过韩国、中国台湾地区及中国大陆企业的授权代工来扩大产品的市场份额,基本呈现出了欧美与日本等传统 LED 大厂对拥有高生产技术、强大制造能力的亚洲新兴业者收取专利费,授权代工的新局面。随着这些传统 LED 大厂采取扩大授权策略的施行,有强大制造能力的中国台湾地区与韩国的 LED 业者成为第一波最大的受惠者。而目前中国大陆已经成为下一波的受惠者。以前的专利纠纷及授权等专利事件绝大多数集中在蓝光外延、芯片领域,再延伸至白光 LED 领域,而现在随着应用市场规模和应用领域的不断扩大,围绕照明应用系统的专利事件逐渐增多,近年逐渐成为专利事件的主体。LED 白光技术领域也是我国 LED 企业进入国际市场所遇到的最为重要的专利壁垒之一,下面将对此进行较为详细的分析。

早期的白光 LED 专利状况如图 4.1.15 所示,大体上如下所述。

- 贝尔实验室于 1970 年 1 月 18 日申请了美国发明专利 US3691482A,将单个或多个荧光粉组合用于荧光屏的发光,获得白色或所需的颜色。
- 三菱公司于 1986 年 2 月 15 日申请了日本发明专利 JP62189770A(1972.9.11),将荧光粉与平板 pn 结型发光器件结合,组成波长转换装置,将红外光转换为可见光。

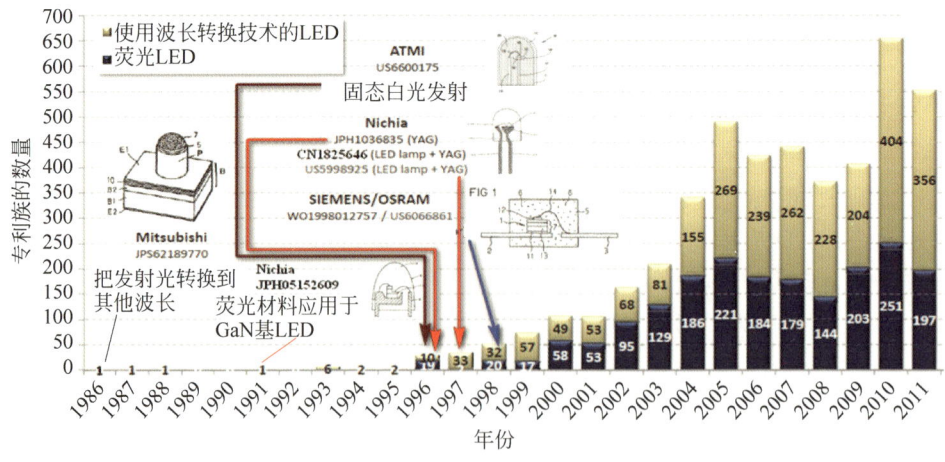

图 4.1.15　早期白光 LED 授权发明专利申请概况(参考、改编自 Yole Développement)

- 日亚化学公司于 1991 年 11 月 25 日为"荧光粉使用在树脂中并用来模塑成型"这一方法及其在峰值分别为 430 nm 和 370 nm 附近的 GaN 基 LED 上的应用,申请了一项日本专利 JPH05152609A,该技术已于 1993 年 6 月 18 日公布。
- 科锐拥有一项美国专利 US6600175 的所有权(该专利最初被授权给 AMTI 公司),受理日期是 1996 年 3 月 26 日,授权日期是 2003 年 7 月 29 日。该专利声称,保护一项"由单颗 LED 通过波长下转换的荧光粉产生白光的设备",并且该专利试图保护所有与之相关的技术和工艺。
- 惠普(HP)(安捷伦(Agilent))公司专利 US5847507A 受理日期是 1997 年 7 月 14 日,授权日期是 1998 年 12 月 8 日,该专利后被授权给 Lumileds 公司,现为飞利浦公司所拥有。该专利保护的重点是"磷光体的发光原理(方式)",涵盖了较大范围的各种式样的磷光体。
- 日亚化学公司于 1996 年 7 月 29 日针对"用于可见光(蓝光)和紫外光激发的荧光粉技术"申请了一项专利 JPH1036835,该专利于 1998 年 2 月 10 日被授权。
- 日亚化学公司于 1997 年 7 月 29 日这一天针对"LED+YAG 荧光粉的白光技术"在全球申请了 107 项专利,如 CN1825646、US5998925 等,后者于 1999 年 12 月 7 日在美国被授权。此一系列专利涉及基于钇铝石榴石的 GaN LED 用荧光粉,奠定了日亚化学公司商业白光 LED 的技术路线和市场霸主地位。
- 欧司朗公司申请了将近 40 项优先权日期均为 1996 年 6 月 26 日的专利,用以保护"紫外、蓝或绿 LED 与一种或多种荧光材料组合的光合成方式",典型专利如 DE19625622(1996 年 6 月 26 日申请、1998 年 1 月 2 日授权)、US6576930(2000 年 12 月 7 日申请、2003 年 6 月 10 日授权)、CN100435369(1997 年 6 月 26 日申请、2008 年 11 月 19 日授权)等。

该公司申请了 22 项优先权日期均为 1996 年 9 月 20 日的专利,描述了"蓝、绿和紫外 LED 与掺铈、铽或硫代石榴石的磷光体",并重点保护"荧光粉颗粒尺寸规格(颗粒尺寸小于 20 μm,平均颗粒尺寸小于 5 μm)"。典型专利如 DE19638667(1996 年 9 月 20 日申请、2001 年 5 月 17 日授权)、US6066861(1998 年 5 月 20 日申请、2000 年 5 月 23 日授权)等。

- 丰田合成公司申请了 20 多项专利保护和"蓝色或紫外线 LED 配合使用的掺铕的碱土正硅酸盐荧光粉",这些专利的优先权日期都是 2000 年 12 月 28 日,典型专利是 US6809347,授权时间是 2004 年 10 月 26 日。

目前实现白光 LED 的方法很多,包括波长转换和多色组合,具体可分为以下几类。

(1) 多色芯片合成白光

将"红(InGaAlP)+蓝(GaN)+绿(GaN)"三颗或"蓝(GaN)+黄绿(GaP)"两颗LED芯片封装在一起,通过透镜加以混合产生白光。这一结构中每个LED芯片都有不同的正向电压、驱动电流,温度与光衰减率也都不一样。同时,为达到发出白光的目的,必须有效地将光线混合,对电路的优化要求高,成本也比较高。飞利浦公司2003年申请了"R+G+B"三基色合成白光的专利(US6513949B1),专利中包含了通过紫外激发的荧光粉产生蓝光和绿光再混光的结构。

(2) 紫外光LED芯片激发荧光粉三基色合成白光

通过紫外光激发红、蓝、绿三种颜色的荧光粉实现白光,得到的白光显色性好、制备简单,但紫外波段的LED目前效率很低,应用还不成熟。同时由于辐射波段在紫外,应用过程中需要考虑封装材料的抗紫外能力。

飞利浦公司于1998年获得"紫外LED+荧光粉"得到白光的专利(US5813753),2000年获得紫外激发"R+G+B"三色荧光粉获得白光的专利(US6084250),同时柯尼卡(Konica)、日亚、丰田合成等公司也分别申请了这方面的专利(JP2004027151、JP2006257199、CN1502137)等。

(3) 蓝光LED激发黄色荧光粉

蓝光激发YAG的方法最早在1996年由中村修(Nakamura)(日亚化学公司)提出,并申请了专利(US5998925)。图4.1.16为该专利所示的"蓝光+YAG荧光粉"的结构。

这是目前最常用的产生白光的方式,是在蓝光(460 nm)LED芯片上涂覆一层YAG,YAG荧光粉吸收部分蓝光并辐射出黄光(555 nm),利用黄光与蓝光互补的原理产生白光。由于只使用一颗LED晶粒,其驱动电路就像单颗LED一样简单。为改善其显色指数,日亚化学公司提出了一些新的荧光粉材料(US7258816B2)。此外,由于蓝光芯片发出来的光具有明显的方向性,荧光辐射的黄光属于散射,各方向比较均匀,使各个方向的颜色均匀性较差。黄色荧光粉材料种类比较多,日亚化学公司、丰田合成公司都有相关专利技术。

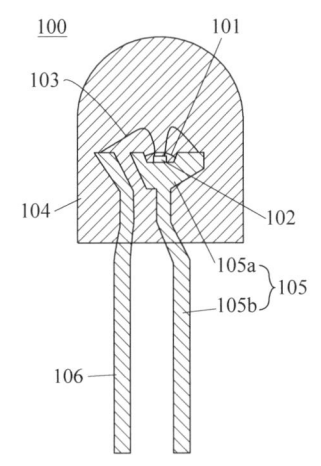

图4.1.16 专利US5998925所示的"蓝光+YAG荧光粉"的结构

日本Sumitomo公司也在1999年1月研发出使用ZnSe材料的白光LED,其技术是先在

ZnSe 单晶基板上形成 CdZnSe 薄膜(US6337536B1),通电后使薄膜发出蓝光,同时部分的蓝光与基板产生连锁反应,发出黄光,最后蓝、黄光形成互补色而发出白光;或者是在 GaN 基蓝光或紫外 LED 增加一层 ZnSe 材料,产生黄光。由于这类结构也是采用单颗 LED 芯片,其操作电压仅 2.7 V,比 GaN LED 的 3.0 V 要低,不需要荧光物质就可发出白光。因此一般预料将比 GaN 白光 LED 更具价格上的优势,但其缺点是发光效率比较低,寿命也比较短。

(4) 红光 LED 补充紫外或蓝光 LED 激发荧光粉

代表专利有科锐公司提出的专利(US7005679B2),该专利申请于 2003 年 5 月 1 日,授权于 2006 年 2 月 28 日。缺点在于光学及电路设计困难,成本也因而提高。

(5) 蓝光激发双色荧光粉

代表专利有 Lumileds 公司提出的"采用蓝光激发双色荧光粉的结构",这一结构用"黄色荧光粉加红色荧光粉"补充(US6351069B1,申请于 1999 年 2 月 18 日),或者是"绿色荧光粉加红色荧光粉"(US6686691B1,申请于 1999 年 9 月 27 日),与加红光芯片补充相比,结构简单,驱动方便,不需要考虑不同光衰的问题。

(6) 单色激发量子点荧光材料

量子点荧光材料具有辐射波段可调的特性,可以覆盖很宽的光谱范围,2005 年,麻省理工学院(MIT)提出"用量子点进行波长转换,得到其他颜色或者白色光源",并由 Lumileds 公司申请了专利(US6914265B2,申请于 2006 年 12 月 26 日)。美国 Rensselaer Polytechnic Institute 提出"用量子点与荧光粉混合产生高显色指数的白光"(US20080105887A1,申请于 2006 年 6 月 20 日)。

除了上述六种方法,还有一些在芯片层上实现白光的方式,如 Fred Schubert 教授提出的"光再生结构白光 LED"(WO200076005-A,申请于 2000 年 6 月 2 日,授权于 2000 年 12 月 14 日,优先权日是 1999 年 6 月 4 日),韩国三星电机公司提出的"在 p 型层与透明电极层间生长一层含有稀土金属的一维纳米结构氧化锌"(US20070034857,申请于 2006 年 8 月 11 日,授权于 2007 年 2 月 15 日)等。

在同一基板上生长多波长 LED 的结构也可以实现白光,由于多种材料间的应力失配问题不好解决,目前技术还不成熟。在芯片层产生白光的方法得到的白光方向均匀性好,封装工艺简单,具有很好的技术前景。

目前,主要的荧光粉材料归类整理见表 4.1.2。

白光技术的荧光粉专利普遍掌握在日亚、科锐、欧司朗、Lumileds、丰田合成等几家公司手中,为了保持市场垄断优势,各公司相互授权形成垄断壁垒,早期的白光 LED 专利技术授权如图 4.1.17 所示。这严重阻碍了后进入企业的发展。

表 4.1.2　白光 LED 用主要荧光粉材料分类

材料结构	激活剂	主色	主要厂商
#1：石榴石（YAG）	Ce^{3+}	黄色	Nichia，Osram（IP）
#2：硅酸盐（BOSE）	Eu^{2+}	黄色	Intematix，Merck/Litec，LWB，Toyoda Gosei/Tridonic
#3：氮化物（CASN-SCASN）硫化物（CAS）	Eu^{2+}	红橙色	Mitsubishi
#4：氮氧化物（SiALON）	Eu^{2+}	绿色	Denka
新兴成分			
材料结构	激活剂	主色	主要厂商
钼酸盐，钨酸盐	Eu^{3+}	红色	Philips
$K_2SiF_6:Mn^{4+}$	Mn^{4+}	红色	GE（under development）
量子点	NA	红色	NN Crystal，Nanosys，QD Vision，Nanoco
非传统氮化物/碳二腈	Eu^{2+}	红色	Intematix，Nichia，Dow Electronic Materials
硒化物	ZnSeS	红色	Phosphortech
非传统氮氧化物	Eu^{2+}	绿色	Dow Electronic Materials…
其他石榴石	Ce^{3+}	绿色	Philips，Misc…
绿色铝酸盐	Eu^{2+}	绿色	Intematix

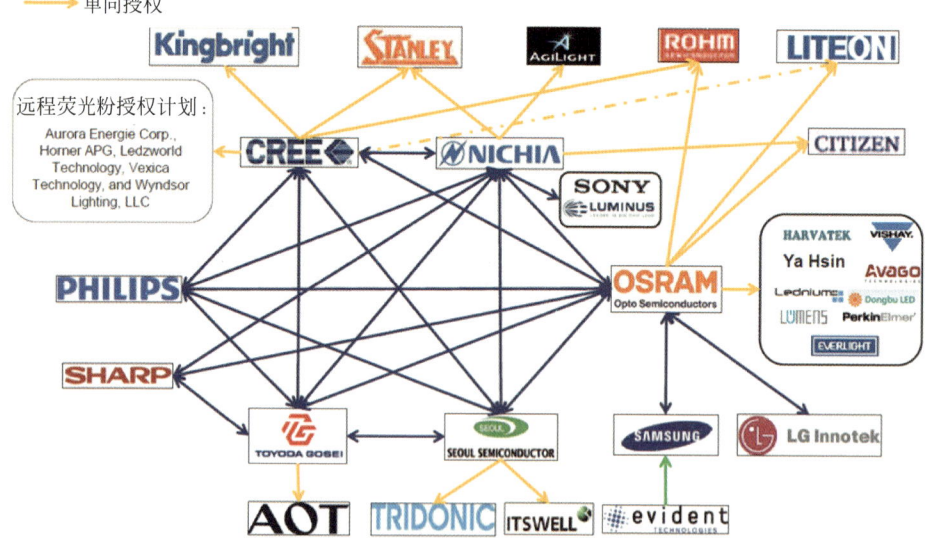

图 4.1.17　白光技术相互授权示意图

近两年 LED 市场出现了一些重要的变化，LED 照明应用获得了重大发展。

就LED荧光粉而言,氮化物荧光粉仍旧是高显色指数照明和广色域显示器应用的主要红色荧光粉。但是目前市场上出现了一种新材料,即由通用电气(GE)公司开发的四价锰掺杂的氟硅酸钾,并且日本电气化学(Denka)、日亚化学公司、GE等公司已经实现了该材料的量产。这种新材料得益于其极窄的光谱宽度,或可挑战氮化物荧光粉在显示应用中的主导地位。

量子点技术得益于其设计灵活性(发射波长可调)以及非常窄的发射光谱带,在市场上逐渐兴起,成为显示应用十分可靠的替代选择方案。钇铝石榴石(YAG)荧光粉目前仍是白光LED应用的最佳黄色荧光粉。但是其使用却受到日亚化学公司强大的专利保护限制。硅酸盐荧光粉是YAG荧光粉的最佳替代品,但是目前在性能上仍稍逊一筹。自2017年开始,随着YAG荧光粉关键专利开始逐个到期失效,而其价格又大幅低于替代产品,预计YAG荧光粉在2020年前将主导整个荧光粉市场,而硅酸盐荧光粉除非在性能和成本方面能够获得突破性进展,否则其市场份额将显著降低。

荧光粉专利是影响LED产业的重要力量,对整个LED产业产生了重大影响。整个LED产业早已为那些基础专利的失效而做好了准备。这将帮助像中国LED封装企业这样的新入局者扩张其海外市场。

同时,亿光电子(Everlight)公司一直在努力使日亚化学公司大部分基础专利无效,欧司朗公司和日亚化学公司则持续地通过专利诉讼加强其专利影响,BOSE联盟(2000年左右,丰田合成公司与奥地利Tridonic Jennersdorf公司、德国Leuchtstoffwerk Breitungen公司、Litec GbR公司共同组建的Barium Ortho-Silicate Europium联盟)则通过将其硅酸盐荧光粉专利许可给众多中国LED封装企业,不断扩大其专利许可计划。

从上面基本的历史和技术回顾可以看出,这其中基本上没有中国大陆研发机构和公司的原创性贡献,这从一定程度上反映出,在外延、芯片、白光等传统LED照明大国(地区)(美国、日本、欧洲等)已经取得众多原创性专利并进行严密专利布局的领域,中国LED照明整体上话语权还比较小。

2. LED路灯专利分析

LED路灯是满足道路照明要求的组合式LED照明装置,其以LED作为光源,配置光学、机械、电气和电子部件等,并将这些部件组合成一个整体。路灯分为道路照明灯具和街路照明灯具。从设计角度来看,LED路灯节能和长寿命的关键技术在于其整体高能效,具体在于高效合理的配光、高效率的散热结构以及高效、高可靠的控制装置(驱动电路)。因此,一个高效的LED路灯需要在以下关键技术上进行研发[*]。

---

[*] 吕天刚.LED路灯技术发展与专利分析[J].照明工程学报,2016,27(4):150-156。

(1) 配光技术。

主要包括路面布光设计、光输出效率和防眩光设计等,作为道路照明灯具,LED 路灯既要满足道路照明照度值大小、照度均匀度、环境比、眩光限制的要求,又要满足道路照明 LPD 的要求。所以必须进行配光设计,对光强分布进行控制,更要充分考虑到综合灯具安装高度和路面宽度等因素对配光设计的影响,以获得较为理想的配光。

(2) 散热技术。

LED 路灯的散热效果是提高 LED 路灯能效、减少光衰、延长使用寿命的关键,因此在大功率 LED 路灯设计中,合理的散热设计十分重要。具体来说,LED 路灯的散热主要有两个层面:一是结合 LED 芯片封装,通过热沉将芯片产生的热量有效地导出并传导给散热器;二是在路灯设计制造时进行二次散热设计。如果灯具的散热设计不到位,LED 芯片的结温就会过高,将导致芯片本身及封装树脂性能的恶化,从而引起发光效率的降低和寿命的缩短。只有使 LED 结温维持在较低水平,才能保证 LED 光源稳定并可靠地工作,由此可见,在城市道路照明中 LED 路灯的散热结构应用很重要。

(3) 驱动技术。

由于驱动电路的效率会影响到 LED 路灯的总效率,所以不可忽视驱动电路设计的重要性,应最大限度地提高驱动电路的效率。要有效提高 LED 路灯驱动电路的可靠性,就必须从提高路灯在恶劣工作环境下的电子元器件的可靠性、完善驱动电路的保护功能、提高电磁兼容性等方面着手。

(4) 智能控制技术。

随着我国经济的高速发展,城市建设的逐步加快,道路照明和景观照明的要求和数量不断增加,导致城市路灯管理难度越来越大,现有的路灯管理模式已经不能满足实际的需求。因此,路灯管理部门迫切地需要新型的路灯管理系统,以实现路灯的智能化管理和维护。

如上所述,LED 道路照明技术是一项综合技术,技术含量比较高;同时,LED 路灯照明技术是城市中具有重要地位的公共设施,是 LED 走向通用照明的重要突破口,并且将在智慧城市建设进程中扮演重要角色,因此对 LED 路灯进行专利布局具有重要意义。

本书对 1978 年 1 月到 2018 年 8 月期间全球已获得授权的与 LED 路灯相关的发明专利进行了统计,共检索到 1560 项专利。其中,中国授权发明专利 703 项,超过授权发明专利总数 45%;随后是韩国、美国和日本,占比分别约为 36.8%、8.4% 和 4.5%,如图 4.1.18 所示。这种分布在一定程度上和各国的 LED 路灯市场成熟度及当地政策有关。我国已成为全球 LED 道路照明最为重要的市场,我国在 LED 照明方面具有重要的话语权。

第4章 中国半导体照明技术和产业的优劣势分析

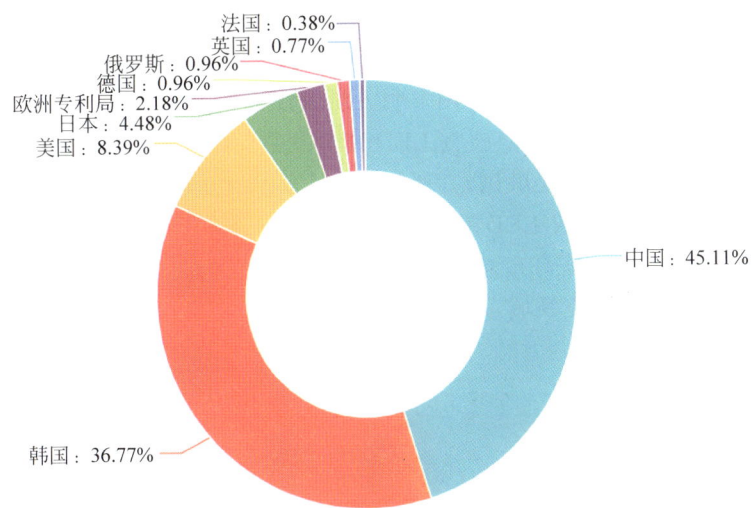

图 4.1.18 LED 路灯授权发明专利的全球分布

对已获得授权的与 LED 路灯相关的 703 项中国授权发明专利的申请人国家进行统计分析,得到图 4.1.19。可以看出,中国发明人所获得的授权发明专利占中国授权发明专利总量的 97% 以上,而国外发明人所获得的授权发明专利不到总量的 3%。这反映出在中国 LED 路灯市场,国外企业专利布局力量薄弱,国内

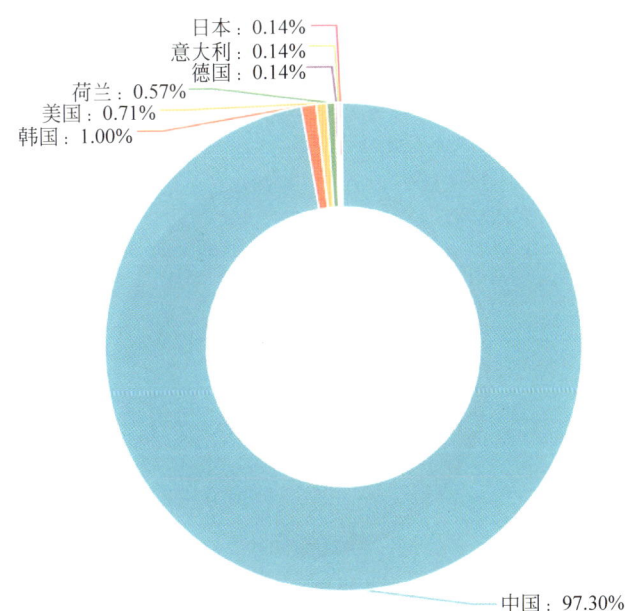

图 4.1.19 LED 路灯已获中国授权发明专利的申请人的国家分布

195

LED路灯企业和研发机构具有极大的话语权。

对全球LED路灯授权发明专利的发明人的国家(地区)分布进行统计分析,得到图4.1.20;图4.1.21给出了各国发明人所获授权LED路灯发明专利的数量占比。可以看出,中国发明人所获授权LED路灯发明专利数量最多,达到732项,占全球总量的近47%;其次是韩国,其所获授权LED路灯发明专利占全球总量的近39%;中、韩两国所获授权LED路灯发明专利占全球总量的85%以上。如前所述,这可能和两国LED路灯市场的成熟度以及相关扶持政策有关。这进一步说明,我国在LED路灯研究领域,进行了较为全面的专利布局。

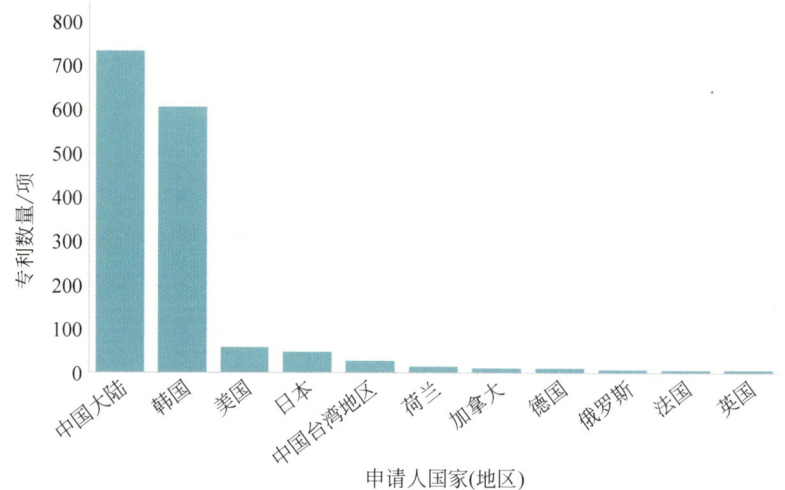

图4.1.20 各国(地区)发明人所获授权LED路灯发明专利的数量

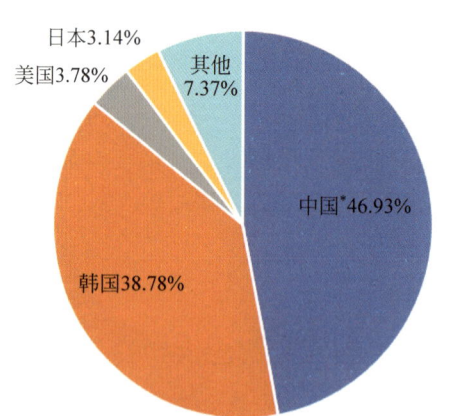

图4.1.21 各国发明人所获授权LED路灯发明专利的数量占比

---

* 不包括中国台湾地区的数据。

对中国发明人所获授权的 732 项 LED 路灯发明专利的申请目标国家(组织)进行统计分析,得到图 4.1.22。可以看出,中国发明人所获 LED 路灯授权发明专利主要为中国专利,占总量的 93% 以上。在立足本国专利布局的同时,中国发明人在美国、韩国、欧洲、日本等国家和地区都进行了某种程度上的专利布局。

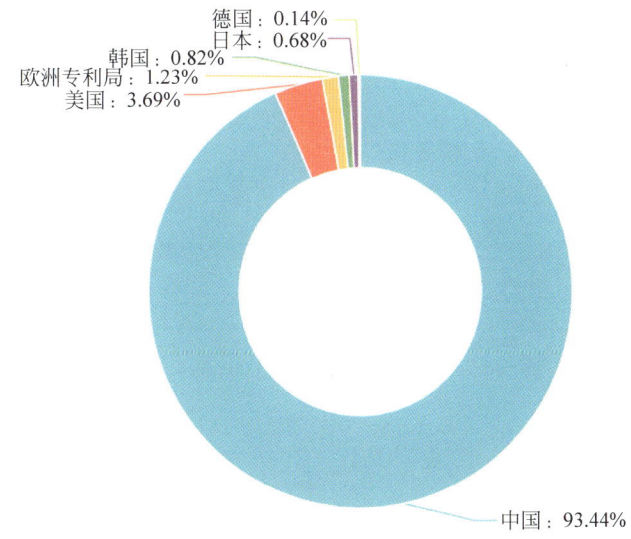

图 4.1.22 中国发明人所获授权 LED 路灯发明专利的申请目标国家(组织)分布

对全球获得 LED 路灯授权发明专利的数量最多的前 11 位申请人进行统计和分析,得到图 4.1.23。结果显示,在排名前 11 位的申请人中,有 7 位是中国的企业和研究机构,其中东莞勤上光电股份有限公司以 33 项专利名列榜首。这在一定程度

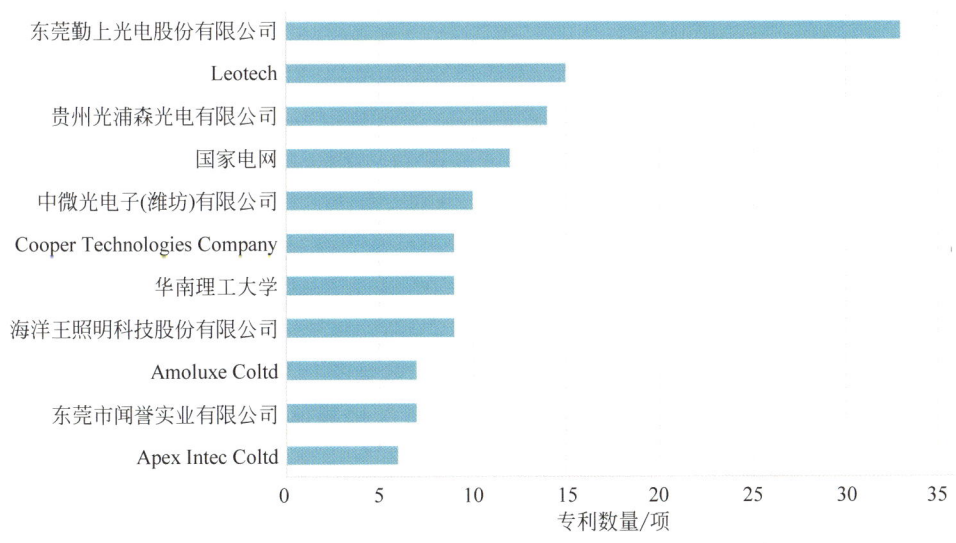

图 4.1.23 LED 路灯授权发明专利数量最多的前 11 位申请人

上说明,我国在LED路灯领域具有较强的专利布局,并形成了一定的龙头企业,话语权较强。

综上所述,在LED路灯领域,已授权的中国发明专利占全球授权发明专利总量的比例最大,并且中国发明人所获的授权发明专利最多,同时在全球排名前11位的申请人中,有70%为中国的企业或研究机构,这充分表明,中国在LED路灯领域具有较强的专利布局和话语权,形成了自主知识产权。

3. 硅基LED专利分析

1) 全球硅基外延生长专利现状

从图4.1.24可以看出,1999年以前关于硅基外延生长的专利很少,直到1999年才有7项专利产生。2000年以后专利申请量开始上升,在2003年达到了15项,2000—2003年专利申请量呈小幅上升的趋势。2004年开始,硅基外延生长的专利申请量增长较快,在2013年达到最高,为85项。2017年和2018年的数据由于公开时间的问题,还不能反映当年真实的专利申请量。

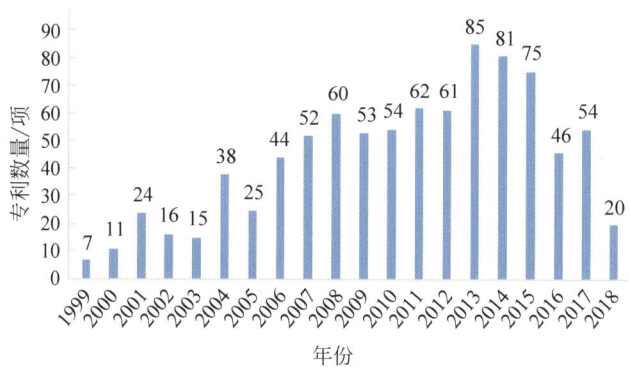

图4.1.24 硅基外延生长全球专利的申请趋势

从1999—2018年采集的专利数据来看,由于在分析中考虑了同族专利的情况,期间专利申请量为1001件,这些专利申请分布14个国家(地区)或组织,图4.1.25列出了前11位国家(地区)或组织的专利申请量。

从图4.1.25可以清楚地看到,世界范围内该技术领域的专利申请主要分布在中国大陆、日本、美国、韩国、世界知识产权组织、欧洲专利局、中国台湾地区等。其中前4位的专利申请量之和为931项,占总数的93.01%,反映出中国、日本、美国和韩国是专利申请的主要国家,同时说明申请人对这4个国家的重视程度比较高。

从硅基外延专利权人分析,中国主要有中科院半导体研究所、晶能光电公司、南昌大学、北京大学、浙江大学、众拓光电科技有限公司等,国外主要有日本东芝及韩国的三星、夏普、三垦电气等公司。

第 4 章　中国半导体照明技术和产业的优劣势分析

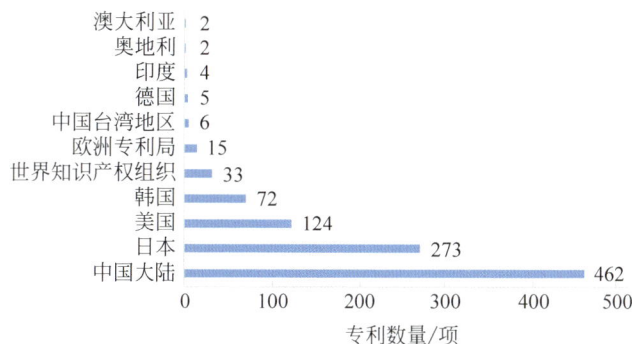

图 4.1.25　硅基外延生长全球专利的授权国家(地区)

2) 全球垂直芯片专利现状

从图 4.1.26 可以看出,从 1999 年开始出现关于垂直芯片制备的专利,专利数为 3 项,直到 2001 年专利申请量都很少,每年的申请量均为个位数。2002 年的垂直芯片制备全球专利申请量为 18 项。2002 年后,专利申请量呈现快速增长的趋势。垂直芯片制备的专利申请量在 2011 年达到一个峰值,为 154 项,然后平稳下降。2017 年和 2018 年的数据,由于公开时间的问题,还不能反应当年真实的专利申请量。

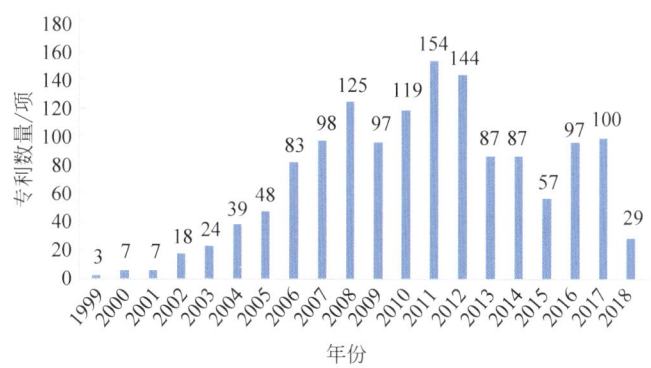

图 4.1.26　垂直芯片制备全球专利申请的趋势

从 1999—2018 年采集的专利数据来看,由于在分析中考虑了同族专利的情况,其专利申请量为 1444 项,这些专利申请分布于 11 个国家(地区)或组织,图 4.1.27 列出了前 11 位国家(地区)或组织的专利申请量。

从图 4.1.27 可以清楚地看到,世界范围内该技术领域的专利申请主要分布在中国大陆、韩国、美国、日本、欧洲专利局、中国台湾地区、世界知识产权组织等,这 7 个国家(地区)或组织所代表的专利申请量之和为 1413 项,占总数的 99.93%,反

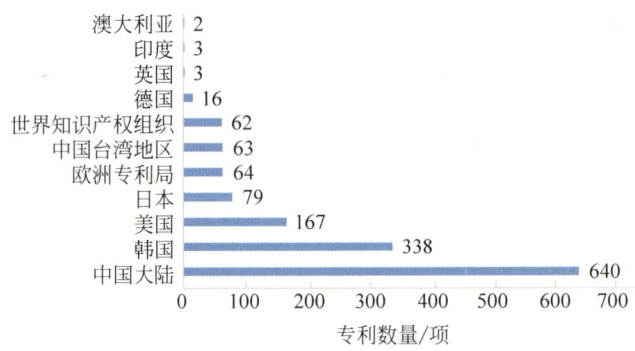

图 4.1.27 垂直芯片制备全球专利申请国家(地区)

映出这 7 个国家(地区)或组织是专利申请的主力,同时说明申请人对该国家(地区)或组织的重视程度比较高。

从专利权人分析,中国主要有晶能光电公司、南昌大学、中科研半导体研究所、三安光电公司等,国外主要有 LG 电子、三星电子、科锐、飞利浦、Lumileds、Bridgelux 等公司。

综合以上硅外延和垂直芯片专利方面的信息可知,同时布局外延和芯片专利的单位主要有晶能光电公司和南昌大学、三星公司、东芝公司和 Bridgelux 公司(两家合作)等。这也正好与硅外延和垂直芯片排名全球前四的国家吻合。在我国,南昌大学和晶能光电公司通过 10 多年的技术攻关和生产实践,从衬底加工、外延生长、芯片制造到器件封装应用均发明了适合硅衬底高发光效率 LED 生产的关键核心技术,自成体系,截至目前已申请专利 401 项,其中国外专利 107 项,授权专利 188 项,其中国外 30 项。

4.1.6 中国 LED 专利态势分析

如 4.1.5 节所述,凭借在白光 LED 技术方面的先发优势和众多原创性、基础性核心专利,日亚化学、欧司朗光电半导体、科锐、丰田合成、Lumileds 等五大厂商交互授权形成庞大而严密的专利网,向新兴的想要进入海外市场的 LED 厂商收取高额专利费。然而,随着早期一些基础核心专利的陆续到期、中国台湾地区与韩国厂商新的专利强权的崛起,以及中国大陆厂商的迅猛发展,如此寡占型态已经悄悄出现改变。

1. 早期白光技术专利网逐渐式微

过去的 LED 专利诉讼案件大多是这些专利大厂控告中国台湾地区、韩国与中国大陆厂商,其中又以日亚化学公司最为强硬,启动专利战争的频率最高。2009 年日亚化学公司与首尔半导体公司的专利大战以和解收场后,首尔半导体公司也成为专利授权网的一员,过去五角形的专利授权态势因而转变成六芒星的型态(图 4.1.28)。

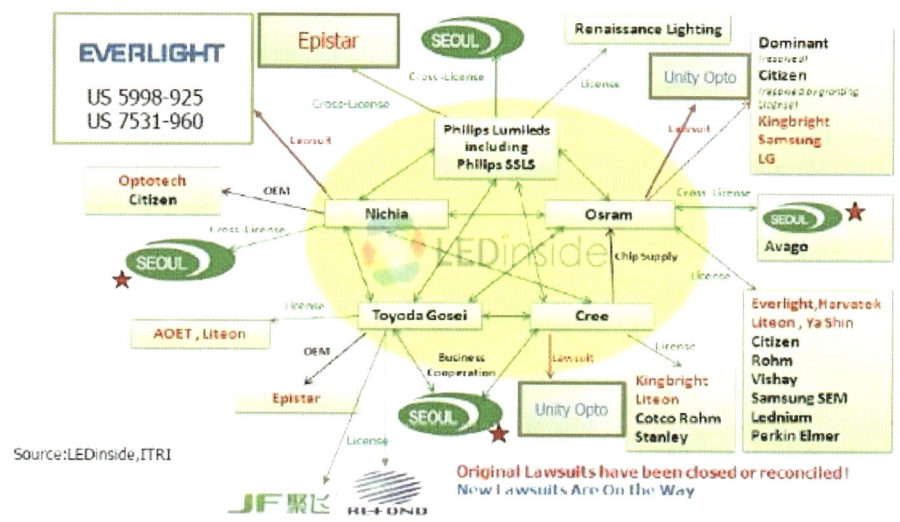

图 4.1.28　白光 LED 技术专利网

日亚化学公司被誉为"门神级"的白光专利(US5998925,"LED＋YAG")于 2017 年 7 月 29 日到期,再加上中国台湾地区的亿光电子公司针对日亚化学公司持有的专利提起专利无效诉讼,也在美国等部分国家获得专利无效的成功判决,已经大幅削弱日亚化学公司的专利强度。LED 大厂筑起的专利高墙开始崩解,过去这些厂商靠着专利壁垒在全球 LED 市场呼风唤雨的时代正在改变。

2. 中国大陆厂商试图取得海外市场的入场券

除了大厂关键专利将到期,可能影响过去严密的专利网,中国大陆厂商的动态也为后白光专利时代带来不少变量。

(1) 专利交叉授权。

近年来,不少国内企业通过与国际巨头的专利交叉授权形成"保护伞"。超时代取得晶电 LED 灯丝相关专利授权;东贝光电取得欧司朗公司白光 LED 专利授权;国星光电、聚飞光电、瑞丰光电等公司与 GE 公司签署专利授权;深圳市穗晶光电股份有限公司、易美芯光(北京)科技有限公司、聚飞光电、瑞丰光电、深圳市玲涛光电科技有限公司等大陆企业获得丰田合成公司白光 LED 专利授权。有了专利的保护,可以促进企业创新和推动 LED 照明市场的进一步增长,以便企业更好地服务于快速变化的照明领域的客户。

LED 企业在与国际巨头的专利交叉授权形成的这种"保护伞"方式也只是权宜之计。LED 技术仍在不断发展和完善中,技术路线也不尽相同,即使有的专利到期了,还会有新的专利出现,形成新的技术壁垒。

(2) 海外并购获取专利权。

除了交叉授权专利,通过购买方式也是 LED 企业获取专利的有效途径。通过并购,掌握全球先进的专利技术,能有效降低企业发展的风险和成本,充分利用经验曲线效应,获得产品竞争优势等。中西结合、优势互补,才能更有利于企业的发展。例如,中国电子信息集团公司旗下开发晶照明(厦门)有限公司收购普瑞(Bridgelux)公司,相当于控制了普瑞公司所拥有的 750 余项专利,以及与科锐公司专利交叉授权,掌握了芯片、外延片、封装、光学设计、白光等多项核心技术,并得以进入欧美、日、韩等全球高端 LED 产业供应链。

三安光电公司收购 Luminus 公司后,拥有其全球 100 余项专利,这些专利覆盖了 LED 产品的设计、制造方案、封装、系统和应用的各个环节;而且后者与日亚化学公司、首尔半导体公司、晶元光电公司均有技术专利方面的合作,部分专利取得麻省理工学院和加利福尼亚大学伯克利分校(UCB)的授权,这为三安光电公司进入北美等海外市场奠定了基础。

木林森公司通过收购欧司朗公司光源业务 Ledvance 公司,将获得欧司朗公司覆盖全球 150 个国家的销售渠道和品牌使用权,这不仅能提升企业利润水平,同时也能开拓海外市场。

此外,还有飞乐音响股份有限公司对喜万年的收购、安徽康佳绿色照明技术有限公司与东芝照明的战略合作等,不得不说,专利购买以及海外并购方式能有效改变中国 LED 企业在专利方面的不利局势。

但是上述并购行为非常容易受到欧美国家政策的左右。2018 年 8 月,时任美国总统特朗普签署《外国投资风险评估现代化法案》,表明美国从战略层面加大了对外国投资美国相关项目的审查。按照新规,就连中资对美国初创企业进行的小型非控股投资,也要受到审查。中国企业将愈发难以通过投资来获取外国的宝贵技术。

与此同时,欧洲议会于 2018 年 11 月批准了一项法律,将允许为欧洲境内未来的外国投资创建一套预警机制,并为当前投资建立一个中央数据库,同时让各个成员国自己最后决定是否批准交易。这些审查制度将对中国的技术和产业投资并购行为产生深远的影响。

3. 部分基础专利到期

以日亚化学公司"门神级"白光专利(US5998925,"LED+YAG")为代表的一部分基础专利在 2017 年已经到期或将陆续到期,这可能帮助中国 LED 企业扩展海外市场。

一方面,这一部分基础专利能够提供一条完整的、可以使 LED 商品化的解决方案,其属于LED上中游的核心技术,是当前我国LED上游制造企业难以逾越的技术鸿沟,是日亚化学公司、欧司朗公司等频频发起专利侵权诉讼的有力武器之一。尽管各个业界巨头提出了多种实现蓝光/白光LED的技术路径,但截至目前,我国LED企业还没有提出具有自主知识产权的解决方案。考虑到我国LED产业的布局上,封装、应用等中下游领域占据主要份额,而外延和芯片上游领域处于劣势,在上述技术路线释放出来之后,我国LED企业可以积极利用这些公知的基础技术,站在日亚化学公司等业界巨头的肩膀上对相关技术进行二次开发,做出更高起点、能够引领技术和市场趋势的专利技术,弥补我国在LED上游领域核心技术、核心专利的缺失。

另一方面,2017年年底到期以及即将到期的一些基础专利仅是LED相关专利的一小部分,在整个光电半导体产业价值链的各个层面,从外延和芯片技术到封装和模组技术,仍有几千项其他的专利,这些专利中的绝大部分在2017年后仍在有效期内。目前,业界在LED研发和专利上的投入并无大幅变化,LED相关的有效专利的总量在未来若干年内将有增无减,LED技术一直以来也将继续在各个方向和层面蓬勃发展,对应的知识产权布局也会相应一直持续跟进。随着众多不同技术热点取得市场成功,新的知识产权热点也将随之出现。

比如,就LED荧光粉和白光技术而言,虽然"YAG黄色荧光粉"专利到期,但目前氮化物荧光粉成为高显色指数照明和广色域显示器应用的主要红色荧光粉,这一部分专利仍然掌握在三菱公司等手中,而且目前市场上出现了一种新材料,即由通用电气公司开发的四价锰掺杂的氟硅酸钾,并且日本电气化学、日本日亚化学、通用电气等公司已经实现了该材料的量产。这种新材料得益于其极窄的光谱带,或可挑战氮化物荧光粉在显示应用中的主导地位。此外,量子点技术得益于其设计灵活性(发射波长可调)以及非常窄的发射光谱带,在市场上逐渐兴起,成为显示应用十分可靠的替代选择方案。这些新的技术点,有可能成为高品质LED光源新的专利壁垒。

以日亚化学公司为例,我们对其将要到期的核心专利进行了分析。

专利和技术是日亚化学公司在照明半导体行业的两大核心竞争力,特别是芯片技术和封装技术,日亚化学公司将专利战略作为应对竞争形势的王牌。截至2018年,日亚化学公司围绕33项专利,参与了多次诉讼案件。从占比来看,日亚化学公司占据纠纷总数量的60%左右。以日亚化学公司的"守门员"专利US5998925为例,与该专利相关的诉讼有12起。另一个有关封装的专利,与该专利相关的诉讼案件有18起之多。可见日亚化学公司在核心专利的布局和重要程度上占据了主导地位。下面就专利诉讼情况作一个简单的数据分析,如图4.1.29所示。

从图4.1.29中可以看出,日亚化学公司的专利纠纷大多数集中在美国和日本

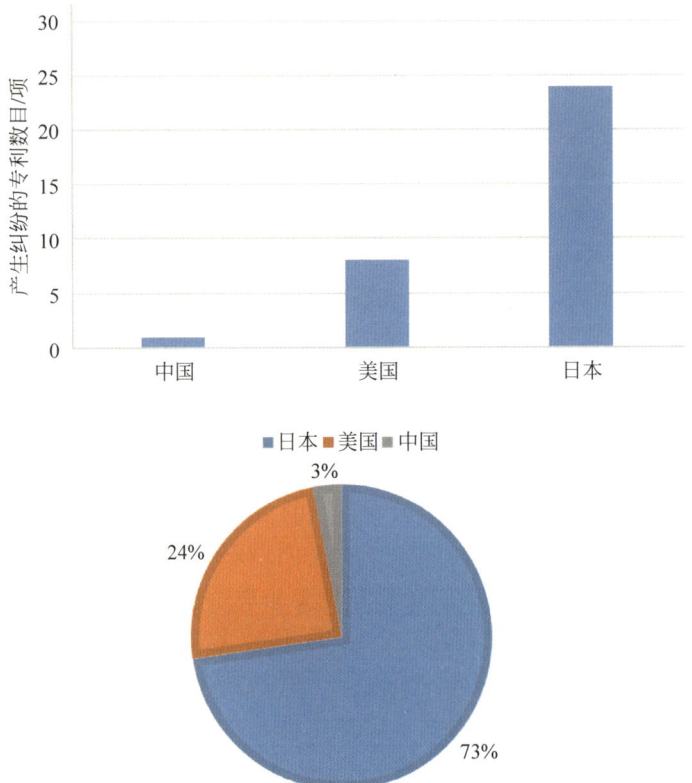

图 4.1.29 不同国家专利诉讼情况

本土,也与日亚化学公司在全球不同地区授权专利分布情况大致相同,说明日亚化学公司的专利布局十分合理。中国 LED 产业起步较晚,诉讼数量也相对较少,故产生纠纷的专利仅有日亚化学公司的"守门员"专利 US5998925 这一项。

其中近几年最引人瞩目的专利之战当属日亚化学公司和亿光电子公司之间的专利诉讼案件。双方的专利诉讼大战已缠讼许久,一路在日本、中国台湾地区、德国、美国等地进行诉讼,双方各有胜负,产生纠纷的专利依然是"YAG"专利。

从图 4.1.30 中可以看出,日亚化学公司的专利中最核心的依旧是外延、芯片和封装技术,与系统应用和衬底方面有关的诉讼数量为零。虽然外延技术的专利布局较早,但是诉讼数量占 30%,这些专利近几年已经或逐步失效。封装占总诉讼数量的 40%,其中有很大一部分是与荧光粉专利有关的。为了便于得到过期专利的诉讼情况,绘制了图 4.1.31。

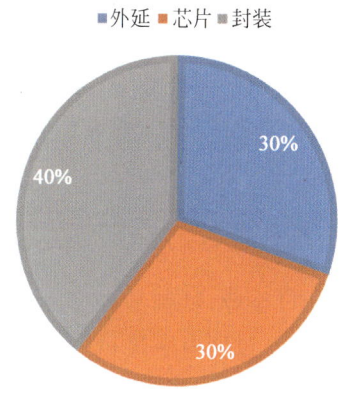 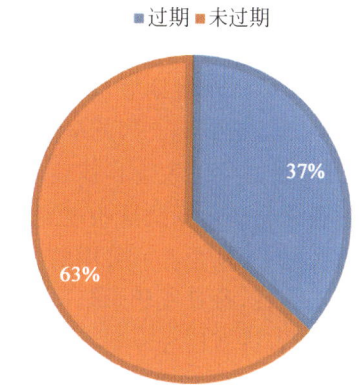

图 4.1.30　日亚化学公司诉讼专利技术分类占比　　图 4.1.31　日亚化学公司诉讼专利中过期与未过期专利的占比

诉讼案例中涉及的过期专利数目达到 37%，未过期的占 63%。然而过期的专利仅仅是日亚化学公司从 1989 年到 1998 年的 9 年间的专利，所以可以看出这些诉讼很大一部分是与过期专利有关的纠纷。诉讼越频繁越能凸显专利的重要性，比如，US5998925 的"YAG"专利，诉讼达到 12 起。日亚化学公司的重要专利有很大一部分已经到期失效，像往日那种因专利保护而导致的纠纷问题会一定程度上减少。但是技术都是有更新进步的，还有很多有效的专利依然是 LED 行业的壁垒。如 US8530250，诉讼案件达到 18 起之多，像这样仍然有效的涉及诉讼案件较多的专利依然存在。因此可以得到结论：随着日亚化学公司诸多核心专利的过期，所受到的核心专利的制约越来越弱，因核心专利导致的诉讼案件会逐渐减少，但是依旧存在新的发明专利对新技术保护。

日亚化学公司是核心专利到期最早的 LED 企业，例如早期中村修二的授权专利有很大一部分已经失效。随着这些专利技术保护期限的到来，日亚化学公司在中国的专利垄断将会被削弱。主要体现在以下几个方面。

日亚化学公司早期的"Two-Flow"外延方法、缓冲层技术、pn 结 LED、GaN 薄膜、InGaN 薄膜的外延技术等核心专利的到期，使得中国企业进军海外的威胁大大减少，这有利于企业进行海外市场的拓展。

目前我国照明产业布局集中于封装和应用等下游产业，若干年前我国在 LED 外延、芯片等上游领域处于劣势。虽然近年来我国涌现出一批规模较大的上游企业，但要说在上游领域形成自主知识产权，为时尚早。

日亚化学公司在国内授权的早期核心专利的到期，是我国 LED 业界所期待的，我国不再缺少完整的 LED 商业解决方案。日亚化学公司的 LED 技术方案是一条能够商业化的技术路径，这条技术路径完全开放之后，有利于我国在蓝光技术上的二次开发。

然而依然存在部分风险,主要表现在以下方面。

早期核心专利过期后,日亚化学公司依旧手握一部分核心专利,围绕这些核心专利有很多诉讼案例。因此早期的核心专利虽然提供了完整的LED商业方案,但是在LED的二次开发上日亚化学公司依旧占领先机。

日亚化学公司围绕这些过期专利进行了外围布局,形成了新的壁垒。这些也是值得国内LED企业所警惕的。

截至今日,除日亚化学公司,仍然有很多外国LED企业,特别是五大巨头中的另四家,拥有许多核心专利,而且均未到期。如果不能对过期专利进行有效的二次开发,形成一定数量的核心专利,那么也很难在LED市场竞争中胜出。

4. 日本、韩国、中国台湾地区大厂将诉讼转向下游厂商

近年中国台湾地区与韩国厂商在专利诉讼的策略上,也随着产业情势的骤变而出现转变,中国台湾地区与韩国厂商由于竞争压力日增,成本又不敌中国大陆厂商,因而改为采取主动出击打专利诉讼,透过诉讼进行防堵。

根据LED inside报道,以LED照明为例,若照明代工厂想要出口产品到欧洲、美国、日本等注重专利保护的市场,基本上还是需要使用没有专利疑虑的LED,零售通路与照明品牌才会接受,所以大部分代工厂只好选择五大专利厂商生产价钱较高的LED。但是考量成本,部分产品也会选择首尔半导体、三星LED以及LG等韩国厂商的LED元件。而中国台湾地区的亿光电子公司因为与日亚化学公司的专利诉讼取得有利的判决,再搭配晶元光电公司的芯片,产品获客户肯定,可以营销全球。

过去LED产业以竞争者之间的诉讼为主,但近来开始有大量的案件是直接针对应用厂商。以往业者不愿意对应用厂商提起诉讼,是因为应用厂商可能是竞争对手的客户,也可能是自己的客户。应用厂商使用LED时一向抱持着"A品牌的LED用一些、B品牌的也用一些、C品牌的也用一些"的心态,认为既然已算是客户,就不会有诉讼的问题。但2016年3月,日亚化学公司率先打破这个惯例,对北美第一大电视品牌Vizio提起诉讼,接着陆续对Feit公司、Lowe's公司、TCL公司等厂商提起相同专利的诉讼,其中,Lowe's公司为北美第二大DIY通路,仅次于Home Depot公司。据了解,被诉对象都一定程度地使用日亚化学公司的产品,这些案件目前都仍在进行中。

有此先例后,晶元光电、亿光电子、首尔半导体等公司也采取类似策略。首先晶元光电公司及首尔半导体公司都提出针对LED灯丝产品的专利诉讼,目前部分诉讼已达成和解,但对下游的LED照明业者已产生警惕作用。2017年4月,晶元光电公司控告美国通路厂商Lowe's公司,而亿光电子公司也对日亚化学公司、西铁城电子公司及其客户大光电机公司提起诉讼(表4.1.3)。

表 4.1.3　2016—2017 年 LED 侵权诉讼案例

日　期	原　告	被　告	诉讼内容	诉讼进度
2016/3/21	日亚化学公司	Vizio公司、TCL公司、Feit公司、Lowe's公司等	指控Vizio公司、TCL公司、Feit公司、Lowe's公司等品牌销售的产品侵犯日亚化学公司的白光LED专利	进行中
2016/8/30	晶元光电公司	Adamax公司	Adamax公司贩售其LED灯丝产品	和解
2016/9/9	首尔半导体公司	K-Mart公司	K-Mart公司贩售其LED灯丝产品	和解
2017/4/28	晶元光电公司	Lowe's公司	Lowe's公司贩售其Kichler Lighting公司及Utilitech公司产品,侵犯数件晶元光电专利,产品与LED灯丝相关	进行中
2017/4/25	亿光电子公司	日亚化学公司、西铁城电子公司、大光电机公司	日亚化学公司及西铁城公司的CoB产品,及大光电机搭载该CoB的灯具产品侵犯亿光电子公司专利	进行中
2017/5/4	亿光电子公司	首尔半导体公司	首尔半导体公司侵犯亿光电子公司高功率、中功率、低功率的LED产品专利技术	进行中
2017/6/10	亿光电子公司	普瑞光电公司	普瑞光电公司侵犯亿光电子公司US6335548及US7253448专利技术	进行中

LED inside 认为,尽管日亚化学公司的专利到期(图4.1.32)、专利网出现松动,已使得各厂商改变其专利布局与策略,然而这并不代表专利大门就此敞开,而仅是专利战的开端。因为日亚化学公司过去的专利绝对垄断的强势地位已经不复存在,加上各LED厂商均拥有自己的专利,彼此间的差距已经拉近,预计专利战火将持续延烧,LED应用厂商仍须小心应对。

总之,随着LED行业竞争的加剧,期间的专利纠纷、诉讼亦在同步增长。对中国LED产业来说,虽然在某些领域形成了一定的突破,但在专利积累方面与国外还有一定差距,且大多数专利只停留在衍生性专利阶段,目前还没有能够走出一条完整的、具有自主知识产权且引领技术发展趋势的技术路线,难免会遭受不少专利诉讼之苦。整体上来说,中国在LED专利方面的话语权还比较小,克服专利方面的问题任重而道远。

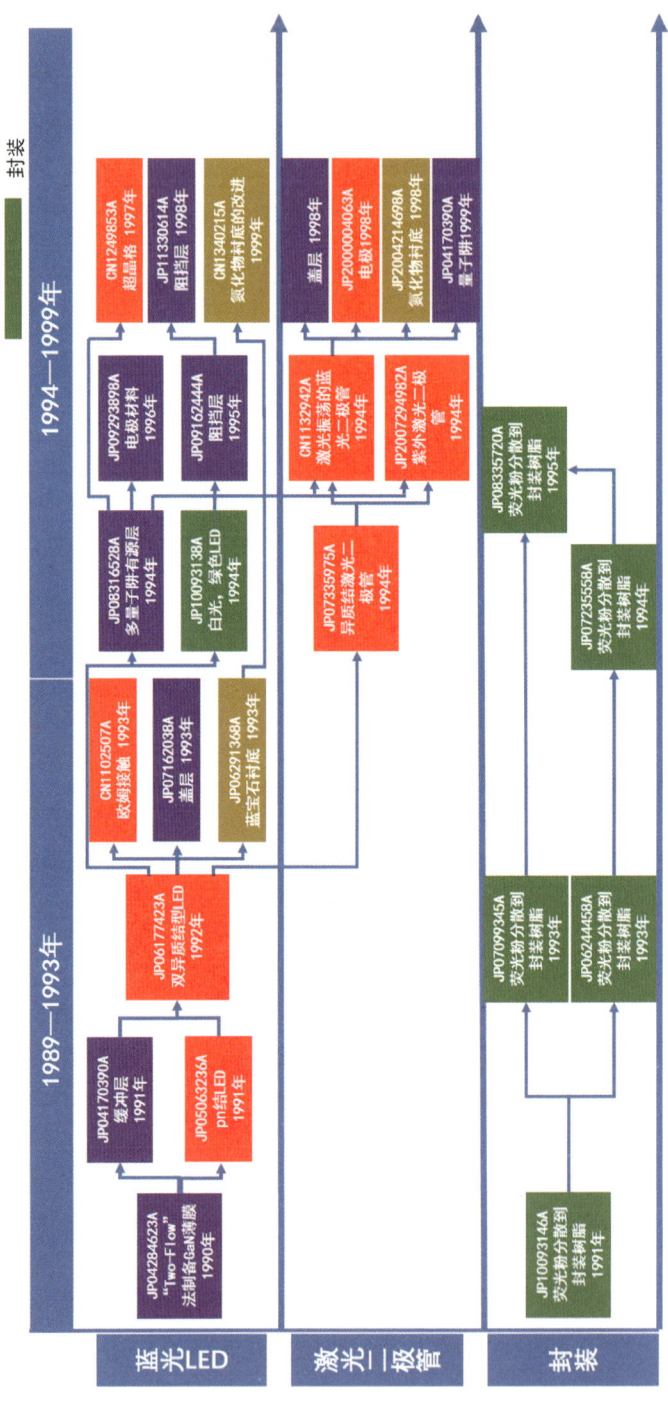

图 4.1.32 日亚化学公司的早期专利

4.2 半导体照明技术的国内外比较

4.2.1 材料外延、芯片制备和封装技术

我国在基于蓝宝石衬底、硅衬底和碳化硅衬底的材料外延和芯片制备方面都开展了深入的研究,虽然起步时间普遍晚于国外同行,但都取得了重大的进展。

在封装材料方面,目前市面上的高性能有机硅封装材料主要以进口产品为主,成本较高,间接拉高了 LED 产品的价格。

在保形涂覆方面,美国、德国等国家走在了前列。美国 Lumileds 公司开发的保形涂覆技术具有产品一致性好、空间颜色均匀等特点。在 Lumileds 公司之后,美国的科锐公司开发出了溶液蒸发法,将荧光粉和特定成分的溶液混合在一起,当溶剂蒸发之后,荧光粉通过残留的溶质成分能紧密地黏附在芯片表面。德国的欧司朗公司开发出晶圆级旋涂法实现保形涂覆,荧光粉胶通过旋转的方式被均匀地涂覆在整个 LED 晶圆的表面,然后将晶圆切片得到单个直接覆盖有荧光粉层的 LED。韩国的 Yum 等总结了这些方法,并提出了沉降法和粉浆法两种方法,利用荧光粉颗粒的沉淀效应实现保形涂覆。国内有人利用粉浆法和紫外固化胶实现了芯片级的保形涂覆。美国 Lumileds 公司还进一步开发出了荧光粉陶瓷技术——Lumiramic。Lumiramic 技术将荧光粉材料烧结成透明的、微晶型的薄陶瓷材料,然后键合在芯片表面,从而得到白光 LED。日本 Fuujita 等的研究表明,荧光粉玻璃陶瓷技术的高机械强度和高湿热稳定性,能有效提高白光 LED 的可靠性。

针对 LED 光源缓慢退化的寿命评价标准,主要以北美体系(IES)和国际电工委员会(IEC)体系最为典型。其中,IEC 体系不主张对 LED 光源的寿命进行评估,而是按照限定时间内的流明维持率进行分级,且老化试验的温度不能超过光源使用的最高环境温度。

2008 年,美国照明工程学会发布的"能源之星"认证标准 IES LM-80-08 要求,LED 光源流明维持寿命试验的最短持续时间为 6000 h,推荐试验持续时间为 10000 h。而"能源之星"2011 年发布的 IES TM-21-11 中 LED 光源流明维持寿命的推算方法,是对 IES LM-80-08 中试验结果处理的一个补充。在 IES TM-21-11 标准中,对 LED 光源流明维持寿命的拟合推算也只能是近似预测产品的寿命。

大功率 LED 的可靠性测试包括环境试验和耐久性试验。而其使用寿命一般指 LED 输出光通量衰减为初始的 70% 的使用时间,寿命测试通常采取加速环境试验的方法进行可靠性测试与评估。国内主要采用以下几个国家标准评估 LED 寿命:①电子元器件的加速寿命试验总则(GB 2689.1—81,简称总则);②电子元器

件的寿命估计方法(GB 2689.3—81 和 GB 2689.4—81);③半导体器件耐久性的估计方法(GB/T 4589.1—2006);④LED 应用产品寿命的估计方法(GB 5080.4—85);⑤LED 器件寿命试验的图估法(GB 2689.2—81)。而国际上一般以美国电子器件工程联合委员会(JESD)、日本电子情报技术产业协会(JEITA)和美国军方标准(MIL-STD)等几个标准为主,来进行大功率 LED 的可靠性测试。目前行业内还没形成比较统一的针对大功率 LED 可靠性试验规范或者标准,这也导致不同的企业各自形成自己的可靠性试验方案,从而造成市场上的 LED 产品质量参差不齐。

目前,半导体照明技术国际研发水平最高的是美国科锐公司。2013 年 2 月,科锐公司已经在 350 mA 的注入电流下实现了 276 lm/W 的实验室芯片效率,其量产瓦级芯片的效率也已达到 200 lm/W 以上水平。日本日亚化学公司小芯片在 20 mA 的注入电流下,发光效率达 249 lm/W。据 CSA《2017 年中国半导体照明白皮书》,我国白光 LED 发光效率为 180 lm/W。

可以说,欧、美、日、韩、中等国家和地区的企业间芯片与封装器件的技术差距有所缩小,但依然存在。

(1) 以标准的 EMC 3030 1 W(6 V/150 mA)或者 PCT 2835 1 W(9 V/100 mA)为例,在相关色温(CCT)4000 K 或者 2700 K、显色指数 80,同样额定输入电流条件下,日亚化学公司、欧司朗公司所需芯片尺寸若为 $0.5\sim0.6~mm^2$、$0.8\sim1.0~mm^2$,则要达到相同的光通量流明数输出,或者相近的发光效率 1 m/W 水平,日本、韩国与中国台湾地区、中国大陆厂商所需芯片尺寸分别为 $1.0\sim1.2~mm^2$、$1.2\sim1.4~mm^2$,这表明在相同芯片尺寸、相同电流输入密度条件下,日亚化学公司及欧美一线品牌器件尚具有一定性能优势。

(2) 以标准的陶瓷基 3535 或 3232(350 mA/ 700 mA/1500 mA)1 W/3 W/5 W 为例,在相关色温 6500 K 或者 3000 K、显色指数 70,一般在 35 A/cm^2 的电流输入密度条件下,欧司朗公司、科锐公司器件的发光效率可达 160~180 lm/W 水平,高于日、韩厂商和中国厂商 10%~15%。

(3) 以金属铝基或者氧化铝陶瓷基 CoB(36 V/350 mA,700 mA,1050 mA)12 W/25 W/35 W 为例,相关色温 3000 K 或者 3500 K、显色指数 90,通常在 1 W/mm^2 的芯片功率密度条件下,西铁城公司、科锐公司、欧司朗公司等一线厂商的发光效率可达 120~140 lm/W 水平,高于日、韩厂商和中国厂商约 10% 以上。

4.2.2　半导体通用照明技术

中国在国际上率先开展了 LED 照明的研发,推动了 LED 的应用,在半导体照明产品的研发、设计、应用上取得了国际领先地位。目前中国是世界上 LED 照明产品生产和应用的大国,半导体照明产品的设计和制造工艺达到国际水平,国际许多著名照明公司因 LED 照明的发展进入困难阶段。传统照明产品时代,国际许多大公司的产品在世界范围内占有垄断地位,如飞利浦公司、欧司朗公司的陶瓷金卤灯及配套电器;又如 ERCO 公司、iGuzzini 公司的筒灯、射灯具,在博物馆、专业店铺等细分专业领域得到广泛应用,其配光设计、加工工艺及应用设计等方面,国内企业的产品及应用设计无法与之相比。但半导体照明的发展给中国的照明企业提供了难得的发展机遇,由于中国在半导体照明领域产品研发的率先推动和应用,产品的开发及技术水平走在了世界前列,对国际老牌的照明企业产生了不利影响,飞利浦照明拆分上市寻求投资商加入,欧司朗公司拆分成立的 Ledvance 公司被国内企业木林森公司收购,通用电气公司计划出售照明业务,包括在欧美等发达国家有百年历史的细分领域的一线专业品牌,都在直面中国照明企业的挑战。伴随着半导体照明制造及应用的发展,国际老牌的照明公司多出现经营困难,转型升级或与中国照明企业合作是其较佳的选项之一,国际照明产业格局的调整势在必行。

从世界范围看,半导体照明产业方兴未艾。国内外在半导体照明系统技术方面都在迅速发展,国内在非成像光学系统研究方面还走在世界前列。清华大学电子工程系率先在半导体照明的光学设计方面取得突破,条状照度分布光学系统的产业化一举改变了半导体照明光源照明效果差的状态,引发了非成像光学在半导体照明中的研究热潮,国内的清华大学、浙江大学、华中科技大学、中科院长春光机所等单位近期发表了很多篇高水平的学术文章,对半导体照明光源的配光、光色一致性等进行了深入系统的研究。中国台湾地区也做了不错的工作。国外的诸多研究机构如 Lighttools 公司、罗切斯特大学等也在非成像光学的设计方面取得了一些成果。

不断降低光源的重量和成本,是国内外半导体照明光源散热方面的研发目标。我国在半导体照明光源的散热技术方面与世界保持同步,但在基础原材料方面与世界高水平的产品有一定的差距。在半导体照明光源的驱动和控制方面,囿于我国微电子工业的设计和制造水平以及信息化技术水平,我国的驱动和控制技术较为落后,许多接口、控制标准和协议由国际组织提出。

4.2.3 半导体健康照明与光医疗技术

改革开放以来,随着经济社会的快速发展,尤其是科学技术的进步,我国医疗器械行业取得长足进步。到 2016 年年底,我国医疗器械行业注册的各类医疗器械生产企业共计 15343 家,其中可生产一类产品的企业 4979 家,可生产二类产品的企业 8957 家,可生产三类产品的企业 2366 家;医疗器械行业的总产值从改革开放之初的微不足道,增加到 2016 年的近 5000 亿元。今天,我国已经成为全世界光医疗技术器械的主要生产国和消费国之一。

医疗照明产品准入门槛高、技术难度大、市场价格昂贵,其市场的实际市值大。另外,大型医疗器械企业大都只是兼营医疗照明产品,很少有专业生产厂家,实际市场规模较大。

光医疗技术行业受经济周期影响较小,受产业政策影响较大。与发达国家相比,我国光医疗技术工业基础薄弱,规模较小,发展较为滞后。同时,我国落后的光医疗技术装备水平与社会日益增长的医疗需求之间的巨大矛盾,一定程度上促进了我国近几年光医疗技术市场的快速增长,增长速度快于国内其他工业,也快于世界发达国家和其他发展中国家。

4.3 半导体照明各产业链产值的对比分析

4.3.1 材料外延和芯片产值对比分析

项目组归纳总结了我国 LED 材料外延和芯片发展过程中的一些历史数据。2004 年 LED 芯片生产国(地区)的市场份额如图 4.3.1 所示。可以看出,主要的 LED 芯片生产国(地区)是日本,占世界总量的 50%;其次是中国台湾地区,占比是 22%。

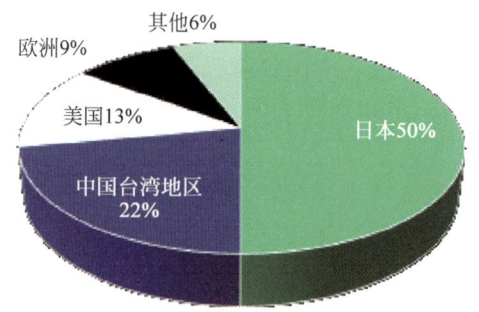

图 4.3.1 2004 年 LED 芯片的生产国(地区)的市场份额

2015 年,全球 LED 芯片主要生产国(地区)的市场份额发生了很大变化,如图 4.3.2 所示。当年中国大陆的 LED 芯片的市场份额已经达到了 24.2%,中国台湾地区的市场份额为 19.7%,欧美日韩合占 56.10%。

据前瞻产业研究院统计,2017 年中国大陆 LED 芯片产能占全球总产能的 58%,中国台湾地区排名全球第二,占 15%;其后是日本、韩国、美国,其 LED 芯片产能占比分别为 12%、9%、3%,全球 LED 芯片产能分布如图 4.3.3 所示。

毫无疑问,2017 年中国大陆 LED 芯片的产能全球最大。然而就产值来说,中国大陆 LED 芯片的产值占全球总产值的 37.1%,也就是说接近 1/3。2013—2017

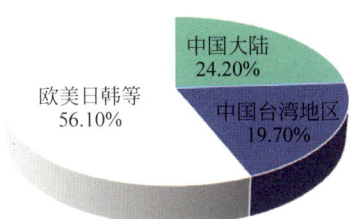

图 4.3.2 2015 年全球 LED 芯片的主要生产国(地区)的市场份额

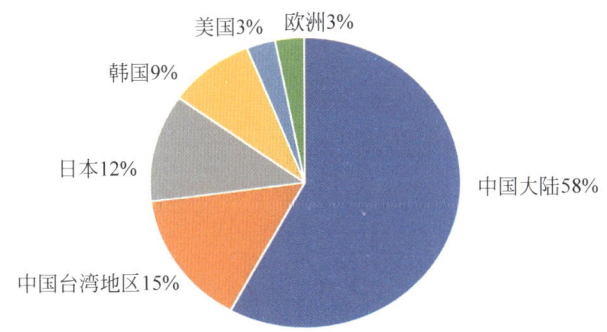

图 4.3.3 2017 年全球 LED 芯片的产能分布图
（数据来源：前瞻产业研究院）

年中国大陆 LED 芯片的市场份额的变化情况如图 4.3.4 所示。

图 4.3.4 2013—2017 年我国 LED 芯片在全球的市场份额
（数据来源：前瞻产业研究院）

4.3.2　LED 封装产值对比分析

业内普遍认为，从数量上看，中国大陆 LED 封装产品的数量约占全球的 70%。

LED inside 调研统计得出了 2017 年全球 LED 封装产品的市场份额(产值)情况,如图 4.3.5 所示。

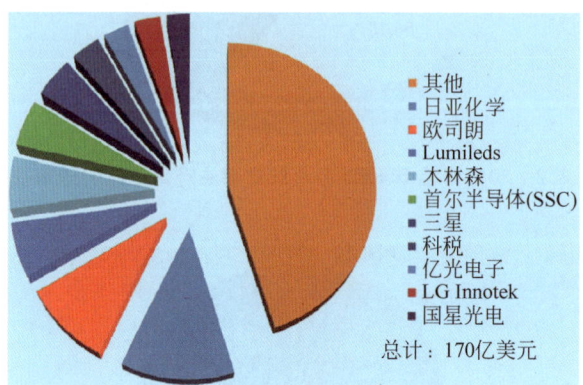

图 4.3.5　2017 年全球 LED 封装产品的市场份额
(数据来源:LED inside)

从图 4.3.5 中可以看出,日本日亚化学公司、德国欧司朗公司、美国 Lumileds 公司的市场份额位居前三。在排名前十位的公司中,我国有三家:排名第四位的木林森(MLS)公司、第八位的亿光电子公司(Everlight)和第十位的国星光电公司(Nationstar)。LED inside 公司同时得出了 2017 年中国厂商在全球 LED 封装市场的市场份额从 2016 年的 30% 提升至 35% 的结论。

全球照明用 LED 封装器件的市场份额的排名稍微有所变化,如图 4.3.6 所示。木林森公司的市场份额上升到了第三位,排名前十的公司中还有鸿利光电(Hongli)公司和国星光电公司,分别排名第九位和第十位。

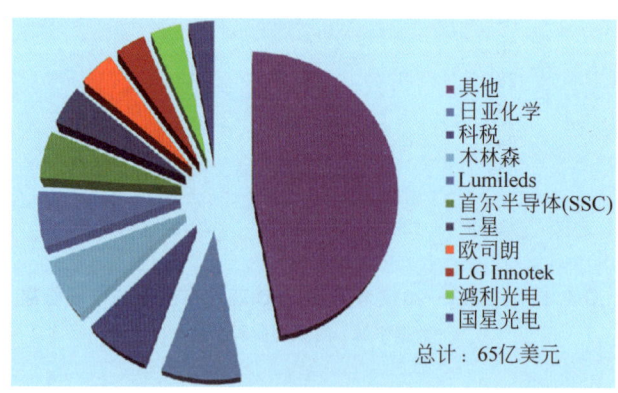

图 4.3.6　2017 年全球照明用 LED 封装器件的市场份额
(数据来源:LED inside)

4.3.3 LED照明产品产值对比分析

表4.3.1是IHS Markit公司统计得出的2017年全球非LED照明灯具和LED照明灯具的市场份额。有两点值得注意：第一，相比于非LED照明灯具，LED照明灯具的市场集中度有很大的提高，比如排名第一的市场份额从1%提高到了8.5%；第二，中国大陆的欧普照明（Opple）公司进入了全球LED照明灯具市场份额前十（并列第七位），实现了我国照明灯具在全球照明市场上的质和量的突破，代表了我国照明光源产业摆脱了"贴牌和代工"代名词的开端。

表4.3.1 2017年全球非LED照明灯具和LED照明灯具的市场份额

排名	非LED照明灯具公司	所占比例/%	排名	LED照明灯具公司	所占比例/%
1	Acuity Brands	1.0	1	Signify, formerly known as Philips Lighting	8.5
2	Panasonic	0.5			
=2	Eaton Lighting	0.5	2	Acuity Brands	4.5
4	Signify, formerly known as Philips Lighting	0.5	3	Eaton Lighting	4.0
			4	Panasonic	2.5
=4	Osram	0.5	5	Osram	2.0
6	Hubbell Lighting	0.4	=5	Zumtobel	2.0
=6	Eglo	0.4	7	Hubbell Lighting	1.5
8	Zumtobel	0.3	=7	Opple	1.5
9	Toshiba	0.3	==7	Trilux Group	1.5
10	iGuzzini	0.2	===7	Current, by GE	1.5
	其他	95.7		其他	70.5
	总量	771亿美元		总量	376亿美元

数据来源：IHS Markit

业界也普遍认可中国是全球重要的LED照明产品生产基地，产量占到了全球总产量的80%以上。综合各类公开数据，本书绘制了我国LED照明产品产值与全球LED照明产品产值在2010—2017年间的变化趋势，如图4.3.7所示。可以看出，我国LED照明产品产值的全球占比在70%~86%波动，与产量的全球占比十分接近。

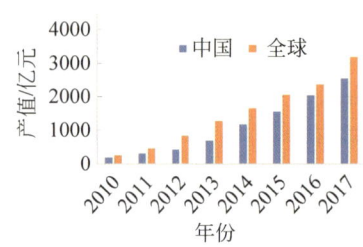

图 4.3.7　2010—2017 年间我国 LED 照明产品产值与全球产值的比较

4.4　半导体照明各产业链利润率的对比分析

对中国大陆 22 家 LED 行业上市公司(4 家上游、7 家中游、11 家下游)2017 年的营业收入、扣非净利润以及净利率进行了统计,统计结果见表 4.4.1。

基于表 4.4.1,绘制了中国大陆半导体照明企业的毛利率和净利率按照产业链分布的关系图,如图 4.4.1 所示。从图中可以看出,半导体照明产业链符合"微笑曲线"的规律,上游(外延＋芯片)和下游(应用产品)具有较高的毛利率和净利率,净利率分别为 11.81％和 8.69％。中游的毛利率和净利率相对较低,净利率为 6.88％。

在这些企业中,三安光电公司基本涉及全产业链,毛利率最高;上游环节利润率较高,但属于重资产环节,总资产周转率明显低于中游和下游环节;下游 LED 产品资产相对较轻,总资产周转率较快,毛利率较高,呈现"渠道为王"的特征。

由于国外公司在上述财务方面不透明,其净利率等准确数据难以获得,只能间接估计。据童敏、邵嘉平发表在 2017 年 8 月《照明工程学报》上的文章,欧美、日韩跟中国台湾地区、中国大陆厂商在 LED 芯片与封装领域的大致数量占比如图 4.4.2 所示(分别约为 10％、30％、60％)。值得注意的是,由于技术和品牌附加值等方面的差异,三个区域尽管在数量产出上相差悬殊,但总体金额却大致相当。因此可以得出结论,在外延芯片与封装领域,欧美、日韩地区厂商的毛利率与中国大陆厂商相比还是占相当的优势。

但是在下游领域,中国照明电器协会温其东指出:此前科锐公司高调进军照明应用领域,业绩却长期受困于照明应用业务的低毛利率。在日趋激烈的竞争中,国际照明巨头们的优势比之传统时代已不再显著,而且已经深刻地影响到其自身的盈利模式。因此可以估计,在照明光源领域的毛利率上,中国大陆厂商与国际厂商的差距不大。

第4章 中国半导体照明技术和产业的优劣势分析

表 4.4.1 2017年中国大陆 LED 行业主要上市公司的营收情况

(单位：亿元)

产业链环节	上市公司	净资产收益率/%	市值	PE	净利润(扣非)	营业收入	毛利率/%	总资产周转率	权益乘数	净利率(扣非)/%	备注	净资产收益/%	资产负债率/%	净利率(软件数据)/%
全产业链	三安光电	13.72	888	33	26.53	83.94	48.79	0.34	1.23	31.61		17.13	21.65	37.70
应用	利亚德	25.14	400	34	11.68	64.71	40.48	0.62	2.25	18.05		24.06	55.49	18.71
应用	欧普照明	17.56	282	48	5.82	69.57	40.59	1.21	1.74	8.37		20.22	42.37	9.80
外延芯片	华灿光电	11.03	207	70	2.95	24.96	33.80	0.39	2.42	11.81	2017	10.26	58.63	19.86
封装	木林森	10.25	204	39	5.25	81.69	21.02	0.50	3.19	6.43		12.06	68.64	8.28
应用	佛山照明	7.16	104	29	3.54	38	22.63	0.65	1.18	9.32		15.14	15.44	19.63
封装	洲明科技	15.25	99	37	2.69	26.19	31.58	0.87	1.71	10.29		14.03	41.54	9.55
外延芯片	澳洋顺昌	9.98	87	27	3.21	36.39	24.01	0.63	1.80	8.82		16.27	44.31	14.85
封装	国星光电	10.63	86	27	3.22	34.73	23.67	0.58	1.98	9.27		11.90	49.40	9.98
封装	鸿利智汇	10.27	84	35	2.4	36.99	20.42	0.89	1.78	6.49		15.35	43.79	9.54
外延芯片	聚灿光电	14.85	71	80	0.89	6.21	28.97	0.50	2.07	14.33		20.41	51.75	17.72
应用	三雄极光	15.02	64	30	2.15	22.66	33.72	1.10	1.25	9.49		14.09	19.81	11.28
外延芯片	乾照光电	6.24	61	44	1.39	11.3	36.90	0.26	1.55	12.30		8.10	48.72	18.63
应用	阳光照明	10.46	60	18	3.41	50.38	24.73	0.83	1.86	6.77		12.44	46.28	8.22
应用	艾比森	8.89	56	63	0.89	15.47	36.29	0.90	1.72	5.75		10.51	41.77	6.74
封装	瑞丰光电	6.49	47	66	0.71	15.84	18.71	0.74	1.56	4.48		12.32	48.91	8.38
应用	海洋王	5.41	47	55	0.85	9.25	70.88	0.51	1.16	9.19		7.04	13.45	12.03
应用	得邦照明	7.85	45	29	1.55	40.31	14.58	1.39	1.47	3.85		15.47	31.95	5.27
封装	聚飞光电	3.22	43	77	0.56	20.55	21.72	0.66	1.79	2.73		3.30	44.13	2.19
应用	奥拓电子	1.80	41	35	1.17	10.41	39.76	0.68	1.54	11.24		12.32	35.25	12.62
应用	雪莱特	5.44	41	82	0.5	10.26	28.18	0.53	2.11	4.87		5.39	52.50	3.43
封装	光莆股份	5.76	22	52	0.42	4.95	28.77	0.86	1.34	8.48		11.78	25.26	10.55

217

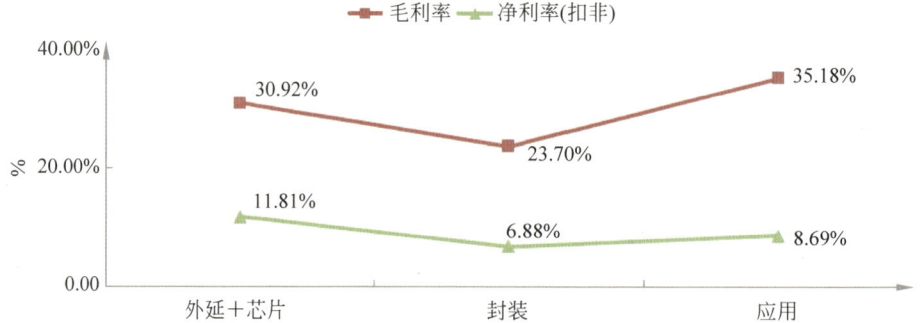

图4.4.1 中国大陆半导体照明企业的毛利率和净利率按照产业链分布的关系图

图4.4.2 欧美、日本、韩国、中国台湾地区、中国大陆厂商在LED芯片与封装领域的大致数量占比示意图

4.5 我国半导体照明产业经历的"337调查"、召回事件以及在中美贸易战中的地位

2008年4月18日,四家中国照明企业因其在美销售的LED和激光产品涉嫌侵犯美国哥伦比亚大学荣誉退休教授罗斯柴尔德(G. N. Rothschild)的一项专利(专利号:5252499)而被起诉。涉案的四家企业分别为广州鸿利光电子、深圳洲磊、超毅光电子和佳光电子。其中,广州鸿利光电子、深圳洲磊抱团应诉,而超毅光电子和佳光电子两家企业以企业无力承担过高的诉讼费用为由,放弃联合诉讼,彻底退出美国市场。最终,鸿利光电子和洲磊接到了和解协议书,二者将共同向申请人支付数十万美元的费用——包括申请人需向政府支付的25%的个人所得税。通过赔偿的方式与申请人取得和解,让两家中国照明企业保住了在美国市场的一席之地,但也给很多出口美国的中国照明企业敲响了警钟。

2014年1月12日,科锐公司向美国国际贸易委员会(ITC)提交申请,指控"美国进口以及美国国内市场销售的部分发光二极管(LED)产品及其同类组件(light-emitting diode products and components thereof)侵犯了其专利权"(美国专利注册号 6614056、6657236、6885036、7312474、7976187、8596819、8628214、8766298),申请启动"337 调查",并发布排除令和禁止令。

2015 年 2 月 12 日,美国国际贸易委员会投票决定正式对部分 LED 产品及其同类组件(certain light emitting diode products and components thereof)启动"337 调查"。涉案产品包括 LED 灯泡以及 LED 芯片等。美国国际贸易委员会最终确定将下列企业作为此案的被诉方:Feit 电子公司(Feit Electric Company, Inc.);中国厦门 Feit 电子公司(Feit Electric Company, Inc., of Xiamen, China);中国台湾地区东贝光电科技股份有限公司(Unity Opto Technology Co., Ltd.);美国 Unity Microelectronics 有限公司(Unity Microelectronics, Inc.)。中国照明企业又一次在"337 调查"中上榜。

2016 年 8 月 2 日,科锐公司收到了美国国际贸易委员会有关 337-TA-947(部分 LED 产品及其同类组件)调查案的初步裁定通知。其中,美国国际贸易委员会法官的判决结果显示,费特和东贝已被裁定违反关税法第 337 节。

2017 年 9 月 21 日,美国 Philips Lighting North America Corp. of Somerset, NJ 和荷兰 Philips Lighting Holding B. V. of Eindhoven, Netherlands 向美国国际贸易委员会提出"337 立案调查"申请,主张"对美出口、在美进口和在美销售的该产品使用或含有被盗商业秘密"(美国注册专利号为 6586890、7038399、7256554、7262559 和 8070328),请求美国国际贸易委员会发布普遍排除令(或有限禁止令)和禁止令。

2017 年 11 月 3 日,美国国际贸易委员会投票决定对 LED 照明设备、LED 电源及其组件(certain led lighting devices, LED power supplies, and components thereof)启动"337 调查"(调查编码:337-TA-1081)。调查涉及 LED 照明设备(例如使用 LED 作为光源的照明设备和灯泡)及其部件、LED 电源、反射器和光学器件。

2018 年 3 月 6 日,美国 Fraen Corporation 公司指控"对美出口、在美进口或在美销售的 LED 照明设备及组件(certain LED lighting devices and components thereof)侵犯其专利权",请求美国际贸易委员会发布普遍排除令和禁止令。广州市浩洋电子股份有限公司、广州乐狐电子有限公司、广州彩熠灯光有限公司、广州飞星灯光设备有限公司、无锡市畅盛特种光源电器厂等 5 家中国企业为列名被诉企业。

近年美国以侵犯知识产权为理由发起的"337 调查"的案件越来越多,特别是在特朗普时代下的美国,中国比以往任何时期面临更大的知识产权风险。因此我国企业,尤其是海外贸易的企业应更加重视专利等知识产权工作,在产品出口各阶段中采取侧重点不同的专利策略;对广大中小企业而言,可与专业的知识产权咨询机构合作来更迅速有效地完成专利布局、分析、侵权风险预警等工作。

2018年1月31日,美国消费品安全委员会(CPSC)和朗德万斯(Ledvance)有限责任公司联合宣布对中国产的LED灯组实施召回。召回的产品是一种嵌入式筒灯套件。原因是"该产品有灯光闪烁的故障,当消费者试图排除故障时,可能造成电击和触电的危险"。美国相关安全部门收到3起消费者触电的报告,但是尚未有人身伤亡报告。此次召回的产品是中国制造商在2015—2016年期间生产的,已经售出约45000件,每组售价为45美元。

报道指出,这批产品违反了《TBT协定全文》第2条第2款中"技术法规对贸易的限制不得超过为实现合法目标所必需的限度,同时考虑合法目标未能实现可能造成的风险。此类合法目标特别包括:国家安全要求;防止欺诈行为;保护人类健康或安全、保护动物或植物的生命或健康及保护环境。"的规定,未能达到美国LED照明产品安全标准(UL保险标准体系)、绿色节能标准(《ANSIC82.77-2002 Harmonic Emission Limits—Related Power Quality Requirements for Lighting Equipment》)等标准中对产品绿色环保及消费者安全保障方面的要求,该批LED照明产品被整体退回。

除了美国的召回事件,欧盟对中国的照明产品每年都有大批量的召回、禁售以及下市等处罚。根据欧盟委员会网站Safety Gates:Rapid Alert System for Dangerous Non-food Product公布的数据,本书对该网站自有数据记录以来的2005年至2018年11月的标注产地为"China"的"Lighting Equipments"预警信息进行了统计,结果如图4.5.1所示。

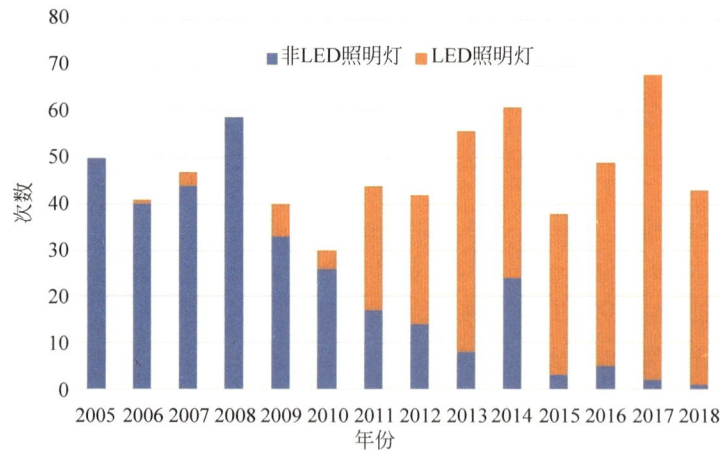

图4.5.1 欧盟委员会发起的对标注产地为中国的照明产品的召回、下市等处罚的次数统计

从图 4.5.1 中可以明显看出,2010 年以前,欧盟主要是针对传统照明产品实施召回等制度,而从 2011 年后,LED 照明光源和灯具的比例迅速上升。特别是最近几年,几乎所有的召回等措施都指向了 LED 照明产品。这些数据也从侧面反映了我国半导体照明产品的出口自 2011 年以来迅速增长的趋势。

本书还对 LED 照明产品召回、下市等处罚的原因进行了统计分析,如图 4.5.2 所示。很明显,我国照明产品存在最多的问题是电击,统计次数达到了 330 次;其次是着火和引燃,分别为 58 次和 19 次。其余 5 种问题出现的频次相差不大。

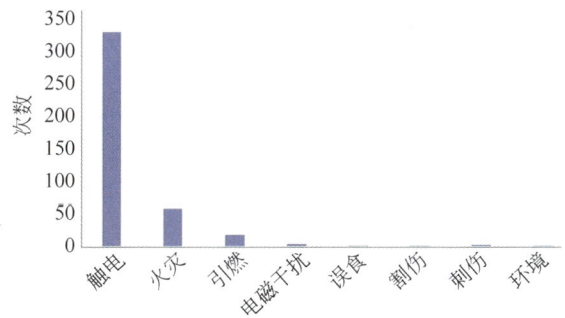

图 4.5.2 欧盟委员会发起的对标注产地为中国的照明产品的召回下市等处罚的次数统计

频繁的召回事件,在很大程度上影响了我国出口产品的竞争能力和市场份额,以及国外消费者对我国产品和品牌的认同与信赖。同时增加了我国出口企业的认证成本。中国的 LED 照明产品出口到欧盟,必须通过 CE、UL、VDE、FCC 等复杂资质认证程序。当前欧盟等国的技术法规和标准中,不仅规定了传统的触电和火灾危险要求,而且严格限制由闪光灯、紫外线等光源造成的光污染,对环保和能源效率的要求大大提高。这些技术门槛的提高,增加了我国 LED 产品认证的难度。严格的认证程序使得我国 LED 出口企业的生产成本增加、利润下降,削弱了出口企业的国际竞争力。

另一方面,照明产品不可避免地卷入了中美贸易战。2018 年 8 月 8 日,美国公布了对 279 个类别价值约 160 亿美元的中国产品加征 25% 关税的清单,从 8 月 23 日起正式实施,清单中多为半导体及相关产品(包括 LED 封装器件所在的 8541.40.20 和 LED 芯片所在的 8541.90.00)。

美对华 2000 亿美元产品加收关税的建议产品清单相较于第一轮的 500 亿美元产品清单,对我国照明行业对美出口的影响要大得多。其中涉及照明行业相关的产品见表 4.5.1。

表 4.5.1 美对华 2000 亿美元产品加收关税的建议产品清单（涉及照明行业相关的产品）

美国HS编码	内容描述	中文解释	原一般税率/%	对应中国HS编码	内容描述
8539.10.00	Sealed beam lamp units	封闭式聚光灯	2.0	8539.10.00	封闭式聚光灯
8539.21.20	Tungsten halogen electrical filament lamps. designed for a voltage not exceeding 100 V	卤钨灯用于≤100 V	0.0	8539.21.10/20/30/90	科研/医疗专用卤钨灯；火车/航空器及船舶用卤钨灯；机动车辆用卤钨灯；其他卤钨灯
8539.21.40	Tungsten halogen electrical filament lamps. designed for a voltage exceeding 100 V	卤钨灯用于>100 V	2.6		
8539.31.00	Fluorescent. hot cathode discharge lamps. other than untraviolet lamps	热阴极荧光灯（紫外灯除外）	2.4	8539.31.10	科研/医疗专用热阴极荧光灯
				8539.31.20	火车、航空器及船舶用热阴极荧光灯
				8539.31.91	紧凑型热阴极荧光灯
				8539.31.99	其他热阴极荧光灯
8539.32.00	Mercury or sodium vapor discharge lamps or metal halide discharge lamps (other than ultraviolet lamps)	高压汞灯、高压钠灯、金属卤化物灯（紫外灯除外）	2.4	8539.32.30	钠蒸气灯
				8539.32.40	汞蒸气灯
				8539.32.90	其他金属卤化物灯
8539.39.90	other electrical discharge lamps, other than fluorescent (hot cathode), mercury or sodium vapor, metal halide or ultraviolet lamps	除热阴极荧光灯、汞灯、钠灯、金属卤化物灯、紫外灯外的其他放电灯	2.4	8539.39.90	未列名放电灯管

续表

美国HS编码	内容描述	中文解释	原一般税率/%	对应中国HS编码	内容描述
8539.49.00	Ultraviolet or infrared lamps	紫外线或红外线灯	2.4	8539.49.00	紫外线灯管或红外线灯泡
8504.10.00	Ballasts for discharge lamps or tubes	放电灯或放电管用镇流器	3.0	8504.10.10	放电灯或放电管用电子镇流器
				8504.10.90	其他放电灯或放电管用镇流器
8512.10.20	Electrical lighting equipment of a kind used on bicycles	自行车用电气照明设备	0.0	8512.10.00	自行车电气照明或视觉信号装置
8512.10.40	Electrical visual signaling equipment of a kind used on bicycles	自行车用视觉信号装置	2.7		
8512.20.20	Electrical lighting equipment of a kind used for motor vehicles or cycles other than bicycles	机动车辆用电气照明设备（除自行车）	0.0	8512.20.10	机动车辆用电气照明装置
8512.20.40	Electrical visual signaling equipment of a kind used for motor vehicles or cycles other than bicycles	机动车辆用视觉信号装置（除自行车）	2.5	8512.20.90	机动车辆用视觉信号装置
8513.90.20	Parts of flashlights	手电筒零部件	12.5	8513.90.10	手电筒零部件
8513.90.40	Parts of portable electric lamps designed to function by their own source of energy, other than flashlights	其他自供能源的手提式电灯的零件（除手电筒）	3.5	8513.90.90	其他自供能源的手提式电灯的零件

续表

美国HS编码	内容描述	中文解释	原一般税率/%	对应中国HS编码	内容描述
9405.10.40	Chandeliers and other electric ceiling or wall lighting fittings (o/than used for public spaces), of brass	铜制枝形吊灯及天花板或墙壁上的电气照明装置（非用于公共空间）	3.9		枝形吊灯及天花板或墙壁上的电气照明装置
9405.10.60	Chandeliers and other electric ceiling or wall lighting fixtures (o/than used for public spaces), of base metal (o/than brass)	其他金属制枝形吊灯及天花板或墙壁上的电气照明装置（非用于公共空间）	7.6	9405.10.00	
9405.10.80	Chandeliers and other electric ceiling or wall lighting fixtures (o/than used for public spaces), not of base metal	非金属制枝形吊灯及天花板或墙壁上的电气照明装置（非用于公共空间）	3.9		
9405.20.40	Electric table, desk, bedside or floor-standing lamps, of brass	铜制台灯/床头灯或落地灯	3.7		电气的台灯/床头灯或落地灯
9405.20.60	Electric table, desk, bedside or floor-standing lamps, of base metal (o/than brass)	其他金属制台灯/床头灯或落地灯	6.0	9405.20.00	
9405.20.80	Electric table, desk, bedside or floor-standing lamps, not of base metal	非金属制台灯/床头灯或落地灯	3.9		

第4章 中国半导体照明技术和产业的优劣势分析

续表

美国HS编码	内容描述	中文解释	原一般税率/%	对应中国HS编码	内容描述
9405.30.00	Lighting sets of a kind used for Christmas trees	圣诞树用的成套灯具	8.0	9405.30.00	圣诞树用的成套灯具
9405.10.40	Chandeliers and other electric ceiling or wall lighting fittings (o/than used for public spaces), of brass	铜制枝形吊灯及天花板或墙壁上的电气照明装置（非用于公共空间）	3.9	9405.10.00	枝形吊灯及天花板或墙壁上的电气照明装置
9405.10.60	Chandeliers and other electric ceiling or wall lighting fixtures (o/than used for public spaces), of base metal (o/than brass)	其他金属制枝形吊灯及天花板或墙壁上的电气照明装置（非用于公共空间）	7.6		
9405.10.80	Chandeliers and other electric ceiling or wall lighting fixtures (o/than used for public spaces), not of base metal	非金属制枝形吊灯及天花板或墙壁上的电气照明装置（非用于公共空间）	3.9		
9405.20.40	Electric table, desk, bedside or floor-standing lamps, of brass	铜制台灯/床头灯或落地灯	3.7		

续表

美国HS编码	内容描述	中文解释	原一般税率/%	对应中国HS编码	内容描述
9405.60.20	Illuminated signs, illuminated name plates and the like, of brass	铜制发光标志、发光铭牌及类似品	5.7		发光标志、发光铭牌及类似品
9405.60.40	Illuminated signs, illuminated name plates and the like, of base metal (o/than brass)	其他金属制发光标志、发光铭牌及类似品	6.0	9405.60.00	
9405.60.60	Illuminated signs, illuminated name plates and the like, not of base metal	非金属制发光标志、发光铭牌及类似品	5.3		
9405.91.10	Parts of lamps, lighting fittings, illuminated signs & the like, globes and shades, of lead crystal glass	铅晶玻璃制照明设备和发光标志及类似品的零部件	12.0		品目9405所列货品的玻璃制零件
9405.91.30	Parts of lamps, lighting fittings, illuminated signs & the like, globes and shades, of glass (o/than lead crystal)	玻璃制照明设备和发光标志及类似品的零部件(除含铅水晶)	12.0	9405.91.00	
9405.91.40	Parts of lamps, lighting fittings, illuminated signs & the like, chimneys, of glass	玻璃制照明设备和发光标志及类似品的零部件(玻璃灯罩)	7.5		
9405.91.60	Parts of lamps, lighting fixtures, illuminated signs & the like, of glass nesoi	其他未列明玻璃制照明设备和发光标志及类似品的零部件	4.5		

续表

美国HS编码	内容描述	中文解释	原一般税率/%	对应中国HS编码	内容描述
9405.92.00	Parts of lamps, lighting fixtures, illuminated signs & the like, of plastics	塑料制照明设备和发光标志及类似品的零部件	3.7	9405.92.00	品目9405所列货品的塑料制零件
9405.99.20	Parts of lamps, lighting fixtures, illuminated signs & the like, of brass	铜制照明设备和发光标志及类似品的零部件	3.9	9405.99.00	品目9405所列货品的其他材料制零件
9405.99.40	Parts of lamps, lighting fixtures, illuminated signs & the like, not of glass, plastics or brass	非玻璃,塑料或铜制照明设备和发光标志及类似品的零部件	6.0		

227

对照表 4.5.1 中除白炽灯类光源(HS 编码:8539.22 和 8539.29 等)和 LED 替换类光源(HS 编码:8539.50.00)等产品,涵盖了大部分照明行业相关的出口主要产品。上述产品类别的对美出口额占 2017 年中国全部照明产品对美出口额的近 80%,超过了 80 亿美元。

4.6 我国半导体照明技术和产业的优劣势分析

4.6.1 我国半导体照明技术和产业的优势

(1) 具有良好的研究基础,技术研发与产业水平和国外差距正逐步缩小。

我国在半导体照明方面拥有一支优秀的队伍,包括清华大学、北京大学、南昌大学、山东大学、南京大学、西安电子科技大学、复旦大学、同济大学、浙江大学、深圳大学、北京工业大学、天津工业大学等在内的高等院校,包括中科院半导体研究所、物理研究所、长春光学精密机械与物理研究所、安徽光学精密机械研究所等在内的研究机构,自 2011 年以来涌现出一批国家级研究成果,有些方面还位居世界前列。

尽管 2003 年起步时国内 LED 产业基础比较薄弱,工艺水平比较低,但国内一些企业通过聘请海外技术人员,在技术上不断取得突破,许多企业已经取得自主知识产权,国内优质企业的技术水平与国际大厂的整体差距在不断缩小。

(2) 产业配套完善,产量雄踞全球首位。

通过"863 计划"等科技计划的支持,我国已经初步形成从外延片生产、芯片制备、器件封装到系统应用的比较完整、配套的产业链。珠三角地区和长三角地区是国内 LED 产业最为集中的地区,上中下游产业链比较完整,集中了全国 80% 以上的相关企业,也是国内 LED 产业发展最快的区域,产业综合优势比较明显。2017 年的统计结果表明,我国的 LED 芯片产能、LED 封装产能、LED 通用照明光源产量、LED 显示屏产量都位居世界第一。完整配套的产业链与雄踞全球首位的产业规模,使得我国的半导体照明产业在世界上的影响力日渐显著。

(3) 人力资源丰富,人力成本较低。

总体上看,半导体照明产业既是一个技术密集型产业,又是一个劳动密集型产业。我国许多高校、高职院校、研究所设有与半导体照明有关的专业,每年有大量的人才可以进入半导体照明行业工作。我国作为一个发展中国家,总体上看人力资源的成本比较低,降低了我国半导体照明企业的发展成本。

(4) 产业政策支持力度大。

国家"863 计划"自 2001 年就在新材料领域设立课题,支持我国半导体照明材料外延技术的研发。2003年国家半导体照明工程实施以来,在国家半导体照明工程研发及产业的积极推动下,我国国家"863计划"、国家科技支撑计划、目前的国家重点研发计划先进电子材料专项,以及广东省、北京市等省市层面的许多科技项目都大力支持半导体照明技术的研发。为降低企业负担,许多地方政府还对购买MOCVD设备提供大额补贴。国家和省市各部门还实施了大量半导体照明示范工程,加大半导体照明产品的推广力度。

(5) 节能意识强烈,市场容量大,发展前景广阔。

我国经济经过长期的高速增长所积累的深层次问题日益凸显,特别是大气环境污染加重,引发了全社会节能减排意识的高涨。目前,我国不仅是照明产品生产大国,还是照明产品消费大国,统计表明,2017年有约92.9亿只半导体照明产品在用。可以预计,随着老旧产品的更新、城市化的加快、住房条件的不断改善,我国本身的半导体照明市场将是十分巨大的,发展前景广阔。

4.6.2　我国半导体照明技术和产业的劣势

(1) 原创技术还不够,学科交叉基础薄弱。

虽然我国在半导体照明技术方面取得了一些进展,在Si基LED、非成像光学等方面还取得了优势,但总体上我国在半导体照明领域的原创技术还不够多,突出表现在欧美等国的早期专利失效后,我国的技术优势尚不太明显;我国企业面临着越来越多的美国"337调查"等知识产权相关的诉讼等。

另外,半导体照明日益与光生物、光健康等密切相关,我国的学科交叉优势不明显,相关研发发展的后劲不足。例如,由于LED健康照明与光医疗技术产业是一个跨学科交叉的新兴照明领域,因此派生出许多新的问题,如将生理学与心理学、美学结合,研究健康照明、改善整体照明效果;将生物学、医学与色度学结合,通过改变光源的色温、显色性,突出对某种组织器官的分辨能力;将医疗消毒除尘与空气动力学结合,进行光源结构流线型优化;将医疗照明特点与半导体照明优点结合,研究、开拓全新的医疗照明理念,获得全新的医疗照明体验,开发全新的医疗照明产品,提升现有医疗照明的水平等。面对这些特殊需要,LED健康照明与光医疗技术产业已经暴露出研究力量匮乏、研究基础及研究资金不足的先天缺陷,因此急需从基础研究出发,提出科学概念、原理,然后构建模型、原型器件和应用,再进一步延伸到技术路线,通过工程化、产业化的过程,最后形成产品,这样才能走出"仿制"道路,改变国产设备落后于进口设备的状况。

(2) 高端产品、高端配套产业、优势品牌不足。

我国的LED芯片产品在发光效率、可靠性等方面与国际高端水平相比,差距还很明显,导致我国企业的产品在汽车照明等高端产品领域的竞争优势不明显,产品同质性较高,企业的净利润率相对较低。半导体照明产品相关的荧光粉、驱动器、控制接口等方面的高端技术和产业还比较薄弱。包括 MOCVD、ALD 等在内的高端装备还明显不能国产。另外,与在传统照明时代我国品牌状态相比,虽然半导体照明灯具涌现了欧普照明等本土品牌,但数量仍然较少,与我国半导体照明生产大国的地位不相称。

(3) 行业应用市场壁垒较高。

目前,半导体照明在道路照明、教室照明等方面的应用占比还很低。尽管半导体照明产品的优势相对于传统的高压钠灯、荧光灯,在节能、环保、寿命等诸多方面的优势已经很明显,但在这些领域推广的速度比较慢,反映出行业应用的壁垒较高,阻力较大。

(4) 照明标准体系的构建和实施有待加强。

半导体照明产品标准的不足以及非强制性的实施造成半导体照明产品良莠不齐。为进一步推广半导体照明产品的应用,必须能效规范化,规范市场,让低效照明光源退出市场,让差、次品不能进入市场,这也是半导体照明在应用上的另一种节能模式。还要规范半导体照明的电气能效指标,让市场上的半导体照明器具的电气均是高效的,而不是光源高效、配套电气低效。

特别是,我国缺乏针对健康照明的标准体系,健康照明的评估体系尚不完善。健康照明的概念提出的时间并不长,目前国内及国际上健康照明的相关标准仍不多。现阶段光的健康相关的标准包括光的色品要求(光谱、照度、频闪、眩光、光生物辐射)、测试方法、产品设计规范等。比如,在光生物安全标准方面,最有名的是 IEC 62471 以及衍生出来的 IEC 62778,该标准对蓝光进行等级划分,通过有无危害、低危害之间的具体数值检测其是否安全。

虽然目前已有的灯具标准在安全、性能、电磁兼容和能效方面都适用于 LED 医疗照明,但是 LED 医疗照明灯具的一些已知特性在现有标准中尚无具体体现。所以,为保证 LED 医疗照明灯具具有良好的性能和能效,在现有标准的基础上,针对 LED 医疗照明灯具的特性,制定 LED 灯具特殊的性能和能效标准是一项亟需解决的课题。

目前由于 LED 健康照明与光医疗技术产品标准尚无,所以标准编制、发布工作以及相应的检测设备、检测方法确定工作亟待完善。

第 5 章

半导体照明未来的技术和市场发展趋势分析

5.1 LED 材料外延和芯片的技术及市场发展趋势

目前,LED 实现白光照明的方式主要是蓝光 LED 激发黄光荧光粉。然而,荧光粉的激发过程存在转化损失,并且热稳定性相对较差,严重制约了该方式在白光照明领域更长久、稳定的应用。比起采用蓝光 LED 激发荧光粉这一技术路线,RGB 多芯片白光技术有效地避免了荧光粉转化的损失,可以获得更高的发光效率,包括绿色光谱在内的多色光谱可以实现优越的显色性(显色指数达到 95)。通过调节各色芯片的发光强度,使混合白光的色温可调,不仅可以获得高效率的冷白光,还可以获得高效率的暖白光。随着市场对发光效率、光源品质需求的不断提升,多芯片白光技术必将成为主流白光路线。其中,绿光 LED 的亮度提升研究引起了人们的极大重视。由于绿光 LED 较高的铟(In)组分将导致较强的极化电场,造成电子空穴复合效率较低,因此未来非极性或半极性绿光 LED 将成为主要的研究趋势。

5.1.1 硅基 LED 技术和产业的发展方向

硅基 LED 技术和产业主要向超高发光效率长波长发光器件、无荧光粉的多基色 LED 照明、大尺寸外延生长、高光束质量 LED、照明通信两用 LED 器件等方向发展。

硅基 LED 将继续提高绿光和黄光 LED 的发光效率,达到美国能源部 2017 年制定的 LED 黄绿光的发展目标,即在 35 A/cm^2 电流密度工作时,2025 年时的功率效率 575 nm 黄光达到 25%,535 nm 绿光达到 50%。从南昌大学在该波长范围取得的快速进步来看,加大技术和资金的投入,可望提前达到甚至超过这些目标任务。同时,大尺寸(6 in 以上)硅衬底价格相比蓝宝石和碳化硅衬底明显偏低,为硅基 LED 芯片进一步降低制造成本提供了发展空间。2017 年美国能源部制定的红黄绿蓝四基色 LED 发展的终极目标是功率效率均为 86%,这是一项需要全球同行长期努力奋斗的工作。

目前市场主流 LED 白光是通过蓝光 LED 激发黄色荧光粉获得的,在显色指数、色温和发光效率之间难以协调发展。长期以来,由于受到黄光和绿光 LED 发光效率不高的限制,无荧光粉纯 LED 照明技术始终没有发展起来。近 3 年来,南昌大学在黄光和绿光发光效率方面取得了重要突破,预示着无荧光粉的多基色 LED 照明技术和产业即将到来。

荧光粉发光的响应时间是毫秒量级,而纯 LED 的响应时间是纳秒量级,两者相差 6 个数量级。因此,在需要 LED 作高速通信的应用市场,非用纯 LED 不可,目前该研究已经在实验室获得了喜人的结果。研究开发无荧光粉全光谱 LED 光源十分必要,将为智能照明、可见光通信、健康照明、情景照明等提供关键支撑。

5.1.2 AlN 紫外材料

1. AlN 材料的重要用途

与 GaN 和 SiC 相比,AlN 材料具有更宽的禁带宽度,因此可以作为衬底材料应用于制备深紫外 LED、紫外激光二极管、日盲探测器;AlN 材料在高温和抗辐射方面的优势,可广泛地应用于航空、航天探测、核能开发、卫星等领域;高频和高功率的 AlN 电力电子器件,如高电子迁移率晶体管(HEMT)、异质结双极型晶体管(HBT)、场效应晶体管(FET)等器件,在雷达、通信和深紫外探测方面也具有重要的应用前景。AlN 材料的高表面声波传播速率和高介电常数,适用于制备薄膜体声波谐振器(FBAR)、二次谐波发射器和表面声波器件(SAW)等。AlN 材料的基本性质和相应用途如图 5.1.1 所示。

特别是深紫外波段(200~280 nm)的 AlGaN 发光器件对于光致固化、空气和水的净化、消毒杀菌、高密度存储等领域意义重大,因此对深紫外发光器件的研究成为当下人们关注的焦点。

目前,深紫外发光器件面临两个技术难题。①生长 AlGaN 材料普遍使用蓝宝石衬底,材料中的穿透位错通常在 $10^{10} \sim 10^{12}$ cm^{-2} 量级,这严重影响着 AlGaN 基发光器件的量子效率。②深紫外波段发光器件的散热问题。众所周知,高 Al 组分 AlGaN 材料的 p 型掺杂是还未解决的一个技术难题。因而,目前深紫外 LED 外延结构中,为了避免外延材料对深紫外波段的光吸收,只能采用大量的高 Al 组分 Mg 掺杂 AlGaN 材料,这些材料的体电阻较高,导致器件电压过高,LED 芯片发热严重。同时,传统结构中使用的蓝宝石衬底(α-Al$_2$O$_3$)导热性能不好,其在 100℃

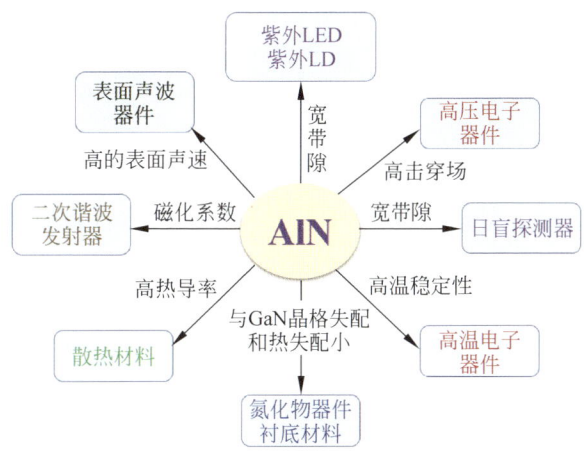

图 5.1.1　AlN 材料的基本性质和相应用途

时的热导率仅为 0.25 W/(cm·K)。

而 AlN 单晶衬底恰好可以同时解决这两个难题。AlN 晶体与其他Ⅲ-氮化物有着相同的晶体结构,与 GaN 在 c 面的晶格失配只有 2.5%,并可与 GaN 形成任意比例的固溶体。实验发现,在蓝宝石衬底上制备高质量的 AlN 薄膜作为 AlGaN 器件的模板,在此模板上可以获得高质量无裂纹的 AlGaN 材料。而采用单晶 AlN 衬底更可以实现低位错密度的同质外延,极大地降低材料中的穿透位错密度。同时,由于 AlN 单晶材料的高热导率(3.2 W/(cm·K)),比普通的蓝宝石衬底高 10 倍以上,使用 AlN 衬底的紫外芯片所产生的热量可以通过 AlN 衬底直接导出;另外,这种衬底不需要电流扩散层,因此光不会被电流扩散层的材料吸收,这样又提高了出光效率。

因此 AlN 单晶衬底是高 Al 组分 AlGaN 材料以及 AlN 材料外延生长的理想衬底,对深紫发光外器件,包括深紫外 LED、LD 以及日盲探测器,都具有极其重要的意义。并且 AlN 具有高击穿电压和高热导率,AlN 衬底材料可用在高温电学和高压微波器件中,大幅度提高相关器件的性能。同时由于同质外延,可以极大降低高 Al 组分 AlGaN 材料的位错密度。因此,AlN 衬底也是制作 HEMT、HBT、结型场效应晶体管(JFET)等高温、高频、高功率电力电子器件的理想衬底材料。

2. AlN 单晶材料的国内外研究进展及产业现状

由于 AlN 晶体具有优异的物理性质和化学性质,所以一直是国际上的研究热点。然而,AlN 良好的应用前景受限于高质量 AlN 单晶的制备,因此实现高质量、大尺寸 AlN 单晶的制备具有极其重要的意义,在世界范围内 AlN 晶体的制备受到极大的重视。经过几十年的研究,物理气相输运(PVT)法和氢化物气相外延

(HVPE)法被认为是能够制备出高质量、大尺寸 AlN 晶体的方法,已经被国际上多数科研机构和企业采用。因此,下面介绍这两种方法制备 AlN 单晶材料的国内外研究进展以及产业现状。

1) PVT 法制备 AlN 单晶的研究进展

PVT 法生长的晶体具有纯度高、缺陷密度低等优点,在未来可以作为 AlN 晶体商业化的理想方法。目前,欧美企业已经可以生长出直径大于 2 in 的 AlN 晶锭,但仍有许多问题需要解决,比如晶相难以控制、晶体不透明等。

2003 年,美国 Crystal IS 公司得到了直径为 15 mm 和几厘米厚的 AlN 体单晶,其位错密度低于 10^3 cm^{-2},在 300 K 时的热导率高于 300 W/(m·K)。2007 年,Crystal IS 公司从大块 AlN 晶体上切割,经过研磨、抛光等一系列加工得到直径为 2 in 的 AlN 晶圆。2008 年,该公司制备出大尺寸、高质量 AlN 体单晶以及直径达到 2 in 的商品级 AlN 晶圆,用 AlN 衬底外延生长的 GaN 和 AlGaN 材料显示出良好的结晶特性与较低的缺陷密度。目前,Crystal IS 公司制备的高质量 AlN 衬底已经成功应用于毫瓦级深紫外 LED 等器件的制备。图 5.1.2 为该公司制备的 AlN 晶体。

图 5.1.2 Crystal IS 公司制备的 AlN 晶体

几乎与 Crystal IS 公司同时,2008 年俄罗斯的 N-Crystals 公司也宣布成功制备出 2 in AlN 单晶衬底(图 5.1.3)。利用该商品级 AlN 衬底,制造深紫外 LED,其性能明显优于蓝宝石衬底制造的同类器件。

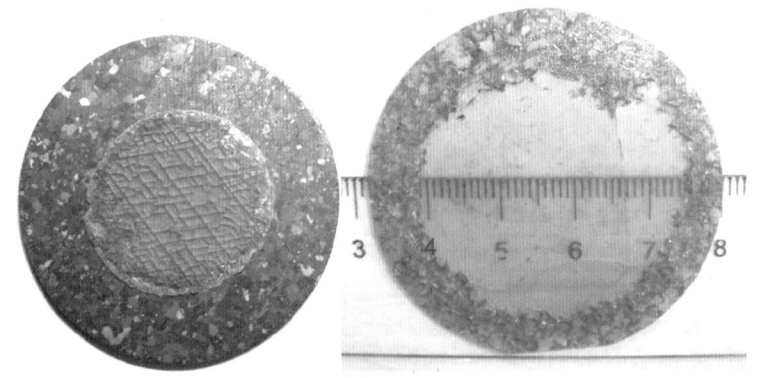

图 5.1.3 俄罗斯的 N-Crystals 公司制备的 AlN 晶体

美国北卡罗来纳州立大学于 2010 年获得了直径为 15 mm、高度为 15 mm 的无裂纹 AlN 晶圆(图 5.1.4)。其制备的梨晶的 C 和 O 浓度分别为 8×10^{18} cm^{-3}、

1×10^{19} cm^{-3},因此晶体呈黄褐色。他们发现,随着生长的进行,晶体质量持续改善,X 射线衍射(XRD)双晶半高全宽从梨晶底部的 78 arcsec 下降到梨晶表面的 13 arcsec。从梨晶切下厚度 2 mm、直径 10 mm 的 AlN 单晶片,如图 5.1.5 所示。

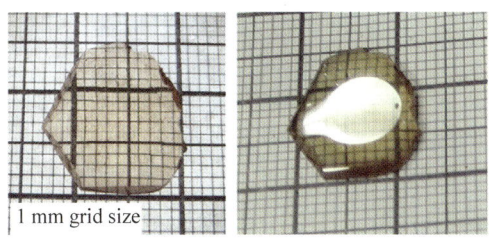

图 5.1.4　北卡罗来纳州立大学制备的 AlN 梨晶

北卡罗来纳州立大学的 Zlatko Sita 教授于 2001 年创立了美国 HexaTech 公司,该公司 2010 年开始向特定客户提供 AlN 单晶衬底,平均位错密度为 $10^2\sim 10^4$ cm^{-2},并可以提供同样级别的 AlN 外延材料。2012 年至今,HexaTech 公司在美国能源部先进能源研究计划局支持下开发 AlN 功率半导体技术,推动 20 kV 的 AlN 肖特基二极管(SBD)和晶体管(JFET、金属氧化物半导体场效应晶体管(MOSFET))的研究,验证了 AlN 在高压和高功率器件方面的应用,实现了电网革新。图 5.1.6 为美国 HexaTech 公司制备的 AlN 单晶。

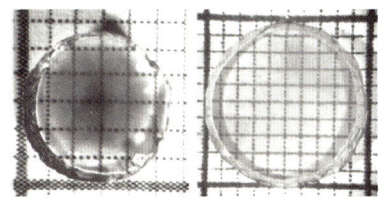

图 5.1.5　从梨晶切下的厚度 2 mm、直径 10 mm 的 AlN 单晶片

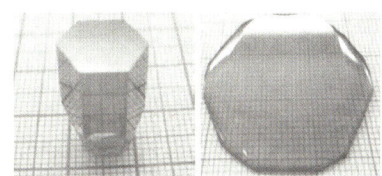

图 5.1.6　美国 HexaTech 公司制备的 AlN 单晶

2012 年,德国的埃尔朗根-纽伦堡大学和 Crystal-N 公司联合报道,可以制备出高质量的 AlN 单晶衬底(图 5.1.7),直径为 20 mm,高度为 15 mm,颜色呈黄褐色。其对表面切下的梨晶部分进行了杂质含量和紫外光吸收系数方面的研究。研究发现,顶面(0001)面呈黄色,O 杂质含量为 5.5×10^{18} cm^{-3},吸收带边为 290 nm;周围的六个面晶向为 $(10\bar{1}3)$ 呈无色,O 杂质含量为 0.4×10^{18} cm^{-3},吸收带边为 210 nm,如图 5.1.8 所示。

国内对 PVT 法生长 AlN 单晶的研究还处于起步阶段,且进展缓慢。2006 年,山东大学研究了在氮化硼(BN)坩埚内制备 AlN 单晶,着重分析了生长温度对晶体形貌的影响。其中,在 $2200\sim 2300$℃得到了长度为几毫米的块状晶体。2007

图 5.1.7 德国埃尔朗根-纽伦堡大学与 Crystal-N 公司制备的 AlN 单晶（直径为 20 mm，高为 15 mm）

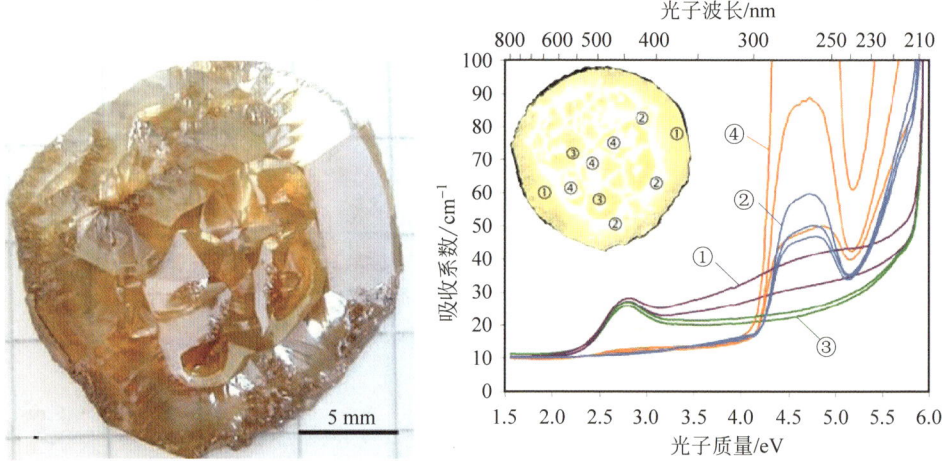

图 5.1.8 AlN 单晶的不同晶面对紫外光的吸收系数

年，中科院半导体研究所利用物理气相传输法制备出长为 40～50 mm，厚为 8～10 mm 的多晶锭。深圳大学郑瑞生教授的小组报道了一种制备 AlN 晶体的新方法，通过在钨坩埚盖中心位置开小孔来控制反应条件与结晶过程，制备出直径大于 2 mm 的 AlN 单晶。2009 年，中科院物理研究所通过气相升华法制备出长度为 50～100 nm 的 AlN 晶须，随后于 2011 年制备出几毫米的 AlN 单晶，并研究了籽晶的晶体取向对 AlN 晶体生长的影响。国内从事 PVT 法制备 AlN 单晶材料的企业有杭州奥趋光电技术有限公司、北京华进创威电子有限公司、上海昀丰新能源科技有限公司等。这些企业规模均较小，且没有关于 AlN 单晶材料产品的任何报道，只是申请了 PVT 法设备方面的国内发明专利，对相关知识产权进行了初步的布局。

2) HVPE 法制备 AlN 单晶的研究进展

由于 $AlCl_3$ 和蓝宝石反应强烈，限制了 AlN HVPE 工艺的发展。后来人们发现，可以利用 $AlCl_3$ 作为 Al 源，利用其不与 SiC 反应的特性来解决这一难题。美国 Transistor Devices Inc.(TDI)公司已经采用 HVPE 法在 4 in 的 SiC 衬底上生长出无裂纹、厚 10 μm 的 AlN 单晶膜,证明了此外延方法适合于生长 AlN 单晶材料。

目前国外在 HVPE 法制备 AlN 单晶材料方面,以美国、日本的发展水平为最高。美国的 TDI 公司和 Kyma 公司是目前完全掌握 HVPE 法制备 AlN 基片技术,并率先实现产业化的单位。其制备的 AlN 基片是在(0001)的 SiC 或蓝宝石衬底上淀积 10~30 μm 的电绝缘 AlN 层,主要用作低缺陷电绝缘衬底,用于制作高功率的 AlGaN 基 HEMT 以及深紫外发光器件,目前有 2 in、3 in、4 in 产品。日本的 AlN 技术研究单位主要有东京农工大学、三重大学、NGK 公司、名城大学等,已经取得了一定成果,但还没有成熟的产品出现。另外德国的埃尔朗根-纽伦堡大学、俄罗斯的约飞物理技术研究所、瑞典的林雪平大学在 HVPE 法生长 AlN 方面也有一定的研究。

虽然 1999 年埃尔朗根-纽伦堡大学的 Albrecht 等采用 HVPE 法生长出块状 AlN 晶体(图 5.1.9),但晶体中位错密度较高,晶体质量差。因此采用 HVPE 法生长 AlN 晶体,仍需要对工艺参数进行系统的改良,对生长系统进行改善,对衬底进行有效处理。

2009 年,三重大学 Katagiri 等通过反应离子刻蚀技术在蓝宝石衬底首先制备出 AlN 图形衬底,然后采用低压 HVPE 横向外延法,在图形化的 AlN 模板上,制备 30 μm 无裂纹 AlN(图 5.1.10)。其外延制备的 AlN 单晶材料的 XRD 摇摆曲线半高全宽分别为(002),132 arcsec 和(102),489 arcsec。

图 5.1.9　埃尔朗根-纽伦堡大学采用 HVPE 法生长出的 AlN 单晶,位错密度为 3.1×10^8 cm^{-2}

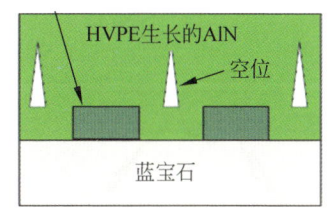
图 5.1.10　三重大学采用低压 HVPE 横向外延法

2015 年,三重大学 Watanabe 等通过 HVPE 法同质外延技术,获得高质量无裂纹的 AlN 晶体,其光致发光波长可达 206.9 nm。他们采用湿法腐蚀制作 PVT-AlN 的条形衬底,在此衬底上 HVPE 同质外延 AlN;采用在 H_2 和 NH_3 气氛下高温退火的方法,可以有效改善形貌,降低裂纹密度。从 SEM 及阴极荧光(CL)测试结果(图 5.1.11)看,AlN 材料在窗口区有效合并,带边发光在 207 nm 左右。

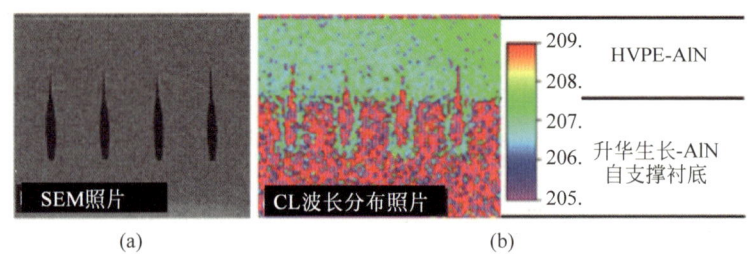

图 5.1.11 三重大学采用湿法腐蚀制作 PVT-AlN 的条形衬底 HVPE 法同质外延 AlN 材料的 SEM(a)及 CL 图(b)

国内的研究机构对 GaN 单晶材料生长方法和装备技术、应力和缺陷控制、材料物理和掺杂机理等一系列方向开展了系统研究。其中,苏州纳维科技有限公司依托中科院苏州纳米技术与纳米仿生研究所,已经可以采用 HVPE 技术制备 4 in GaN 单晶衬底。但对 HVPE 法制备 AlN 单晶衬底却鲜有研究报道。2015 年,中科院苏州纳米技术与纳米仿生研究所徐科等采用蓝宝石衬底制备 AlN 晶体,研究了衬底形貌与表面原子扩散之间的关系,发现衬底形貌对 AlN 晶体质量具有很大的影响。2016 年,该小组又报道了在不同衬底,分别是蓝宝石衬底、6H-SiC 衬底和 GaN/蓝宝石模板上,HVPE 外延生长 AlN 的研究。他们发现,采用蓝宝石衬底生长的 AlN 材料晶体质量更差,且表面粗糙。其结果表明,衬底与材料之间的晶格失配会极大地影响外延材料的晶体质量。同时他们也研究了 HVPE 法的生长参数,如生长压力、生长温度等对材料表面形貌和晶体质量的影响。其在 6H-SiC 衬底上 HVPE 外延生长制备的 AlN 单晶材料的 XRD 摇摆曲线半高全宽分别为(002),187 arcsec 和(102),662 arcsec(图 5.1.12)。

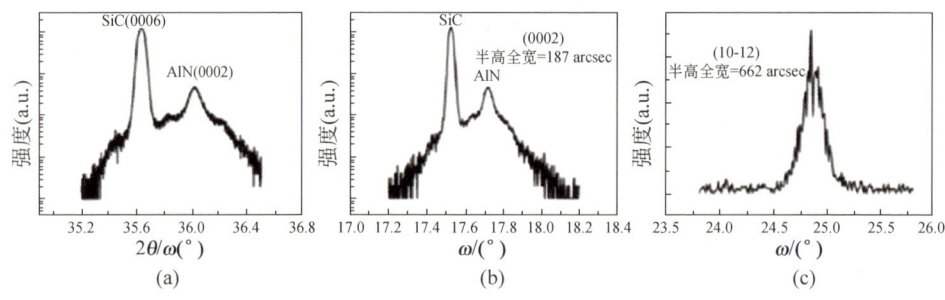

图 5.1.12 6H-SiC 衬底上 HVPE 外延生长制备的 AlN 材料的 XRD 曲线及半高全宽

3) AlN 单晶材料的国内外产业现状

PVT 法生长的晶体具有纯度高、缺陷密度低等优点,是首个制备 AlN 晶体产业化的方法。美国知名的业界巨头 Crystal IS 公司和 HexaTech 公司,以及俄罗斯

N-Crystals 公司,在生长用于内部制造深紫外 LED 器件的 AlN 衬底方面进展迅速,于 2008 年左右实现了 AlN 单晶衬底的产业化。德国的 Crystal-N 公司也不甘示弱,于 2010 年公布了 2 in 块状 AlN 单晶。上述欧美企业均已经可以生长出直径大于 2 in 的 AlN 晶锭,但其成本却在 5000 美元以上,因价格昂贵,AlN 衬底的产业化也一直没有大规模地铺开。此外,根据上文所述的 AlN 单晶材料进展来看,仍有一个最棘手的问题需要解决,就是 PVT 法生长过程中引入 C、O 等杂质,导致晶体不透明,不适于制备深紫外发光器件。

HVPE 法生长的晶体具有生长温度较低、杂质含量低等优点,也是 AlN 晶体产业化的主要方法之一。2016 年,TDI 公司已提供直径为 4 in 的 AlN 型半绝缘衬底样品,但同样价格高昂。2013 年,Kyma 公司宣布生产出直径为 10 in 的蓝宝石 AlN(AlN-on-sapphire)基板(图 5.1.13)。该蓝宝石上 AlN 基板使用了专利 PVDNC(PVD grown AlN nanocolumn)技术,可以提高蓝光、绿光和白光 LED 的产量、性能,并降低成本,可替代平面蓝宝石和图形蓝宝石作衬底。未来可以通过对 PVDNC 与 HVPE 这两个生长技术的结合,生产低成本、厚膜的 AlN 或 GaN 模板,LED 外延厂商将能够利用此技术对现有的 LED 生产线进行扩产;另外,由于降低了 MOCVD 生长时间,此举也可以降低 LED 的成本。

图 5.1.13 Kyma 公司采用 PVDNC 技术制备的蓝宝石 AlN 基板

此外,国际上也出现了多家机构合作开展研究工作,相关的研究机构有美国北卡罗来纳州立大学、HexaTech 公司;德国莱布尼茨晶体生长研究所;日本德山公司、东京农工大学、神户大学等。他们上下游通力合作、各取所长:采用 PVT 法制备 550 μm 厚 AlN 单晶衬底,然后在 AlN 衬底上 HVPE 同质外延 170 μm 厚 AlN 单晶,并在此衬底上 MOCVD 生长深紫外 LED 器件,结构如图 5.1.14(a)所示。从电致荧光(EL)的对比(图 5.1.14(b))来看,由于 PVT-AlN 的吸收边在 300 nm 左右,所以制备 LED 的 268 nm 发光均被吸收。由此可见,PVT-AlN 衬底对紫外光吸收的问题目前仍无法解决,需要采用化学机械抛光(CMP)的方法去除 PVT-AlN 衬底。综合集中外延技术制备得到的深紫外 LED 器件,发光面积为 400 $\mu m \times$ 600 μm,在 250 mA 驱动下,输出功率达到 28 mW,外量子效率达到 2.4%。此外,这个研究组合还研究了不同生长方法制备的 AlN 单晶,在杂质含量、紫外光透过率、热导率等物理性质方面的不同。这个工作预示了,由于 AlN 单晶制备的困难

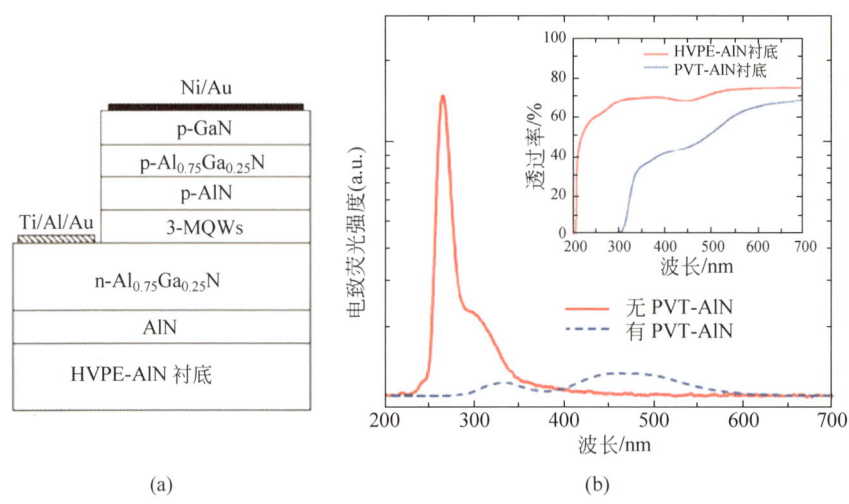

图 5.1.14 多家机构合作制备的 268 nm-UVLED 结构示意图(a),以及有/无 PVT-AlN 衬底器件的 EL@10 mA 对比图(b)

性,多家机构取长补短的合作式研究,以及多种生长技术的混合式研究,将是 AlN 单晶材料产业的发展趋势。

在 AlN 单晶材料产业领域,国内从事相关工作的企业有杭州奥趋光电技术有限公司、北京华进创威电子有限公司、上海昀丰新能源科技有限公司、东莞市天域半导体科技有限公司、东莞市中镓半导体科技有限公司、北京天科合达半导体股份有限公司、合肥科晶材料技术有限公司等。国内的相关产业可以说是一片空白,企业只是在相关技术领域进行了专利的初步布局。

目前从事该领域的国内主要研究单位有北京大学、哈尔滨工业大学、深圳大学、上海大学、中科院半导体研究所、中科院物理研究所、中科院上海硅酸盐研究所、中科院苏州纳米技术与纳米仿生研究所、中国电子科技集团公司第四十六研究所等。目前的研究在各个单项生长技术上取得了一定的进展,PVT 法制备的 AlN 单晶已经可以达到直径 1 in,HVPE 法制备 AlN 也有了一些系列性的研究报道。但总体来说,进展非常缓慢,且各单位都固守在自己的优势技术领域,开展技术合作的研究很少,研究成果较为单一、落后。

3) 国内外 AlN 知识产权分析

在 AlN 单晶衬底制备这个技术领域,国外的专利申请人主要来自美国、欧洲和日本。美国的 Crystal IS 公司在 PVT 法设备和工艺、AlN 衬底抛光处理、AlN 衬底的工艺优化、紫外 LED 的封装和光学设计方面申请了大量专利,其专利布局为本部分的重点研究内容。美国的 Kyma 公司在 HVPE 法设备、生长工艺、衬底自剥离技术、PVDNC技术等领域申请了大量专利,其专利布局亦为本部分的研究重点。此外,日本的住友电工公司和德山公司在AlN单晶衬底的制备、AlN的工艺优化及随后紫外发光器件的结构外延方面亦申请了大量专利。

1) 美国Crystal IS公司

美国Crystal IS公司一直致力于PVT法生长AlN,以及采用AlN衬底制作紫外发光器件的研究。早期诞生于伦斯勒理工学院的孵化项目,2012年其宣布与日本化合物半导体设备商旭化成(Asahi Kasei)公司合并,成为旭化成公司全资子公司。2015年,推出最新的具有平面窗TO-39型封装的深紫外LED。2016年,在第二轮融资中,获得了来自Lux Capital、3i、Arch Venture Partners、Harris&Harris Group、Credit Suisse和中国台湾地区Linkmore Ltd.的1060万美元资金。

其专利申请最早可追溯至2001年,其在PVT法生长AlN单晶衬底及制作紫外发光器件方面进行了周密的专利布局,其中申请美国专利52项,日本专利11项,欧洲专利10项,世界专利14项,中国专利11项。技术涵盖PVT法设备、AlN生长、掺杂工艺、AlN位错控制、赝势材料生长、衬底抛光方法、封装结构设计及紫外发光器件和液体净化系统等领域。

2) 美国Kyma

美国Kyma公司是一家专门生产GaN和AlN晶体材料的公司,这些材料在高性能的氮化物半导体器件方面具有广泛应用。图5.1.15中右侧的三个专利为其早期的申请专利,初始专利权人均是美国TDI公司,后变更专利权人为美国Kyma公司,申请范围为美国国内。其介绍了采用HVPE法生长pn法、pin同质法或异质结,以及相关的高温处理技术。

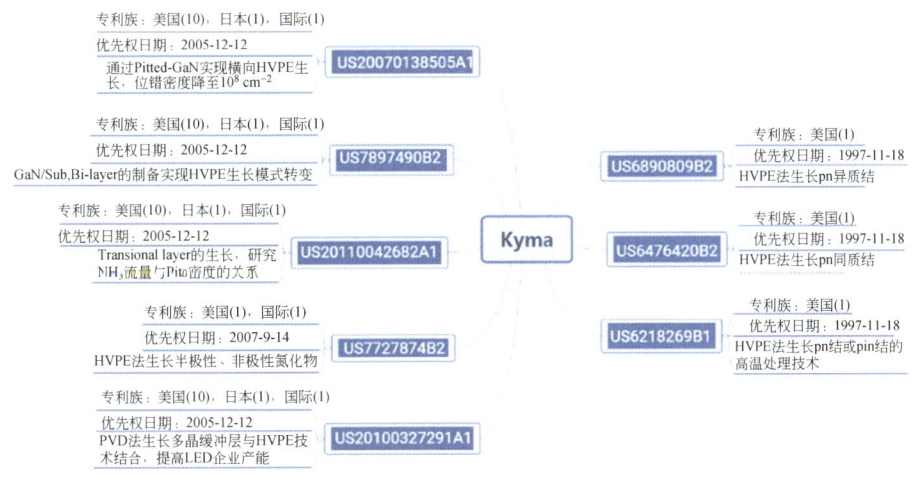

图5.1.15 美国Kyma公司专利树状图

此后,Kyma 公司在 2010 年之前申请了大量的 HVPE 法生长工艺方面的专利,其技术路线如图 5.1.16 所示。通过调节 NH_3 流量和温度,来调节晶点的大小和密度,实现点状 GaN 的生长;通过调节温度和 HCl、NH_3 流量,实现晶点的快速填平,实现从三维生长到二维生长的转变,此为"transitional layer";保持高温和 NH_3 流量实现 GaN 单晶的 HVPE 生长,后续降温生长多晶 GaN,形成单晶 GaN 的转移衬底,之后通过化学机械抛光方法去除转移衬底;衬底自剥离技术:降至室温后,由于 GaN 单晶与衬底(如蓝宝石)具有较大的热失配,这种热应力会在 GaN 单晶与衬底的界面处产生裂纹,横向的裂纹会导致 GaN 单晶与衬底自行分离。此外,其也申请了 PVD 法生长 AlN 纳米柱与 HVPE 法生长方法相结合制备 AlN/蓝宝石模板的技术相关专利(PVDNC)。

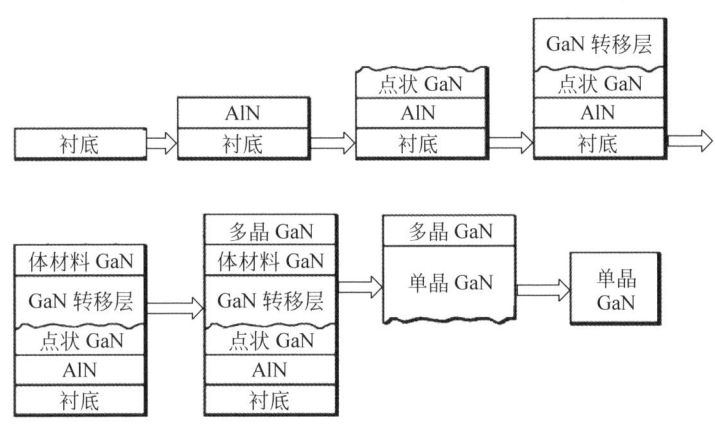

图 5.1.16　Kyma 公司 HVPE 法技术路线图

3) 日本住友电工公司

日本住友电气工业株式会社(Sumitomo Electric Industries Ltd.)是全球最著名的通信厂商之一,其光纤、光缆产销量多年来一直位居世界前列。其在 AlN 材料方面研究开发的历史也很长,在 20 世纪 90 年代,其专利主要为制作 AlN 的分体和陶瓷制品。随后,其开展了 PVT 法和 HVPE 法制备 AlN 的大量研究,在 AlN 单晶衬底生长工艺、掺杂工艺和清洗工艺方面申请了专利。其专利 US2010024833A1: AlN crystal and method of its growth,同族专利多、覆盖面广。此专利介绍了在 SiC 上气相传输法制备 AlN 的工艺,研究了 SiC 衬底中不同微管尺寸和深度对后续 AlN 材料外延的影响。

4) 日本德山公司

日本德山公司成立于 1918 年,是世界第四大半导体厂商。其申请的专利与日本的东北大学、东京农工大学和东京工业大学多有合作,早期专利主要围绕 AlN 粉体和陶瓷等热沉材料研究,后期专利主要围绕 HVPE 法生长 AlN 的研究,相比于PVT法生长的AlN,其在紫外波段透射性会更好,然后以此为衬底制作深紫外LED器件。值得一提的是,其专利US20120240845A1:Production method of an aluminum nitride single crystal,介绍了一种新型的制备AlN衬底的PVT生长方法,在N_2气氛下,铝或铝氧化物蒸气以碳体为成核区发生反应,高温下制备AlN单晶。

5) 美国HexaTech公司

美国HexaTech公司2010年开始向特定客户供应PVT-AlN单晶衬底。其专利申请数量不多,且未在我国布局。2012年开始,在美国能源部先进能源研究计划局支持下开发AlN功率半导体技术,推动20 kV的肖特基二极管和晶体管器件的研究。其最重要的两个专利布局就是用AlN衬底制备深紫外LED和功率半导体器件,但其没有申请中国专利。

6) 美国应用材料公司

美国应用材料公司在氮化物HVPE设备及生长工艺方面进行了详细的布局。其通过工艺优化降低位错密度,抑制AlN颗粒的产生,并采用HVPE法生长的氮化物单晶材料制备LED。此外,其也申请了PVD法生长AlN缓冲层的相关专利。通过工艺优化控制O杂质浓度,然后采用HVPE法生长方法制备AlN/蓝宝石厚膜模板。

7) 美国Nitride Solutions公司

美国Nitride Solutions公司申请的专利主要涉及PVT法生长工艺优化,提高AlN单晶的尺寸、平整度、晶体质量及单晶衬底对紫外波段的透光性;同时也介绍了其他生长AlN单晶的方法,如物理气相沉积和高温高压(HPHT)法。其申请的专利数量虽然不多,但是覆盖地区较为广泛。

8) 德国Crystal-N公司

德国Crystal-N公司于2013年开始量产2 in AlN单晶衬底,位错密度小于10^5 cm^{-2}。其申请专利数量不多,主要围绕如何优化PVT法生长工艺及单晶清洗、切割等处理方法。其核心专利US20110081549A1介绍了SiC衬底的偏角有利于降低位错的产生和传播。

9) 日本斯坦雷(Stanley)电子公司

日本斯坦雷电子公司与东京大学、名城大学合作,其专利主要围绕着各种发光器件如LED与LD布局,尤其是垂直结构(如VCSEL)以及隧道结级联多量子阱结构(无荧光粉白光LED)的发光器件,其中也有少数专利涉及AlN衬底。为考虑紫外波段的透光性,其衬底多为HVPE法生长。

10) 国内主要机构专利分析

在PVT法生长AlN单晶材料产业领域,国内从事相关工作的机构有北京大学、哈尔滨工业大学、深圳大学、上海大学、中科院半导体研究所、中科院物理研究所、中科院上海硅酸盐研究所、杭州奥趋光电技术有限公司、北京华进创威电子有限公司、上海昀丰新能源科技有限公司等。国内的企业对PVT设备进行了一定的专利布局，涉及新型坩埚结构或装置、AlN的PVT原料制备技术、温度压力的控制系统、保温装置、籽晶的选择及固定装置。中科院半导体研究所提出了采用多种外延生长技术制备AlN厚膜单晶材料的专利。

在HVPE法生长AlN单晶材料产业领域，国内从事相关工作的机构有北京大学、南京大学、山东大学、上海大学、中科院半导体研究所、中科院物理研究所、中科院苏州纳米技术与纳米仿生研究所、中国电子科技集团公司第四十六研究所、中科院上海微系统与信息技术研究所、东莞市天域半导体科技有限公司、东莞市中镓半导体科技有限公司、北京天科合达半导体股份有限公司、合肥科晶材料技术有限公司等。目前的研究进展缓慢，研究成果较为落后。山东大学布局了氮化物HVPE法外延自剥离技术，以及中科院苏州纳米技术与纳米仿生研究所布局了制备纳米孔复合模板以及半极性AlN生长技术方面的专利，也是相关专利中为数不多的亮点（图5.1.17）。

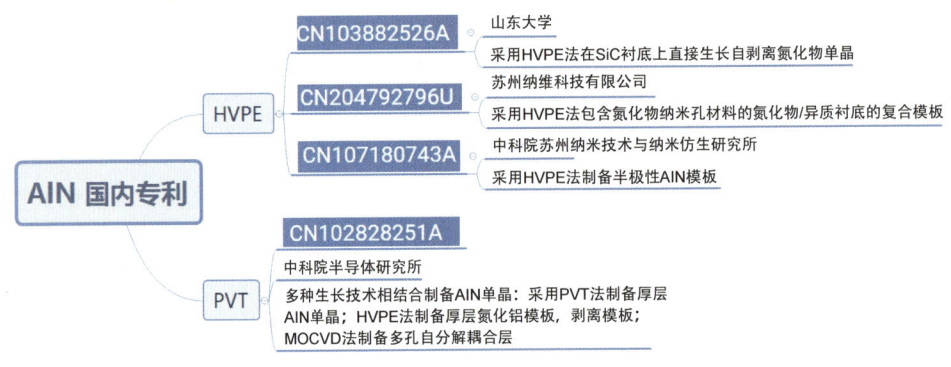

图 5.1.17　国内机构在AlN单晶生长方面专利布局的少数亮点

11) 知识产权宏观布局结论

从国外主要申请人的布局来看，2000—2010年关键专利的技术内容还是围绕着如何降低位错密度、提高晶体尺寸、平整度，来优化AlN的PVT生长工艺。在这方面，美国Crystal IS公司进行了路障式的组合专利布局，美国Nitride Solutions公司，日本德山公司、住友电工公司，德国Crystal-N公司也进行了一些有益的补充，比如住友电工公司的SiC衬底上控制微管密度的AlN PVT工艺，德山公司提出的新型的PVT工艺，Nitride Solutions公司提出的大温度梯度扩散技术，Crystal-N公司提出的衬底偏角阻断位错技术。

2010年以来专利多围绕紫外发光器件展开，关键技术有美国Crystal IS公司的调节温度工艺降低O含量提高紫外透光性，紫外封装材料和透镜设计；日本德山公司的采用 HVPE 法生长高透光性的 AlN；美国 Nitride Solutions 公司提出的降低 C 含量 AlN 的 PVT 法等。美国的 HexaTech 公司申请了用 AlN 单晶衬底制备功率半导体器件的专利。

美国 Kyma 公司和应用材料公司在 2010 年前申请了大量 HVPE 法生长工艺方面的专利。他们提出了衬底自剥离技术：降至室温后，由于 GaN 单晶与衬底（例如蓝宝石）具有较大的热失配，这种热应力会在 GaN 单晶与衬底的界面处产生裂纹，横向的裂纹会导致 GaN 单晶与衬底自行分离。此外，两家公司也申请了 PVD 法生长 AlN 纳米柱或缓冲层技术，后续与 HVPE 生长方法相结合制备 AlN/蓝宝石模板的技术，将会极大地提高 LED 企业的生产效率。

从专利布局看，PVT 法和 HVPE 法生长设备及生长工艺布局较为严密，如继续挖掘可能难度较大。在器件方面，紫外发光器件的布局也较多，可能可以从新型封装材料、结构和光学设计方面补强。在单晶材料研究方面，非极性和半极性 AlN 以及 N 极性面 AlN 衬底的专利挖掘可能是个不错的方向。德国莱布尼茨研究所已经有论文（Cryst. Eng. Comm.，2016，18：3488）报道，N 极性面 AlN 对深紫外 265 nm 波段的吸收系数较小，为 15 cm^{-1}。用多种生长技术相结合的集成技术或设备，如 PVT 法生长低位错 AlN 衬底，HVPE 法在单晶衬底上生长低 O 含量 AlN，MOCVD 脉冲供气技术生长高 Al 组分 LED、LD、HEMT 结构材料，取长补短制备 AlN 单晶材料及结构材料，会是未来一个重要的研究方向，可在此领域进行深入的专利挖掘。此外，PVD 法生长 AlN 纳米柱/缓冲层技术和 HVPE 法结合制备衬底上的 AlN（AlN/Sub）模板，也会是未来产业界提高产量的一个重要技术，目前相关的专利布局较少，是值得进一步进行专利挖掘的重要研究方向。

4. 我国发展 AlN 材料及器件产业面临的问题及优劣势分析

1) 面临的问题

材料：随着器件的功率化和高频化，迫切需要获得高质量的 AlN 衬底。目前，美国、俄罗斯和德国已经可以制备 2 in AlN 单晶衬底。国内从事 AlN 单晶衬底的研究机构和企业也有一些，但相关研究工作的前瞻性和战略性不足。且上下游没有合作，进展缓慢。据目前的报道，国内相关机构只能制备出直径为 10 mm 左右的 AlN 单晶，差距巨大。

设备：PVT 法、HVPE 法等的关键设备依赖进口，关键技术的知识产权布局滞后。

产业：AlN 单晶衬底的制造技术上仍处于低端水平，相关企业规模与国外大公司相比差距较大。

2) 优劣势分析

从 AlN 单晶材料、外延设备、应用及相关产业的现状分析，可以看出国内外在

AlN 单晶领域的技术水平差距很大,国内研究机构少,研究水平低下,产业一片空白,这些都是我们的劣势。

囿于 AlN 单晶的高昂制作成本,美国、俄罗斯和德国虽然已经可以制备 2 in AlN 单晶衬底,但相关产业在近 10 年内基本处于停滞状态。国际上仍缺乏低成本的 AlN 单晶制备技术,成为应用产品开发和市场推广的主要障碍。此外,大范围推广 AlN 单晶材料,潜在的最大市场还是在深紫外 LED 及短波长激光器领域。对于制备 AlN 同质外延的光电子器件,最大的瓶颈是还需要降低材料的杂质含量,解决 AlN 单晶吸光的问题。目前在国际上 AlN 材料体系、应用、产业、知识产权仍处于初期发展阶段,仍有巨大的原始创新和技术创新空间。

5. AlN 材料的装备、生长技术及应用方面颠覆性技术的预测分析

1) AlN 纳米结构材料

三维受限体系的零维纳米颗粒,会表现出新的特性,如压电效应、开关效应、场发射效应、敏感效应等特性。而 AlN 材料本身就具有高的表面声波传播速度和高压电常数,是一种理想的压电材料。那么低维 AlN 结构材料,如 AlN 纳米点、纳米线、纳米环、纳米柱等,可能会呈现更高的压电特性,可以应用于制备高频谐振器件。

2) 半极性和非极性 AlN 的生长

非极性和半极性 AlN 材料制备的深紫外发光器件消除了极化电场,克服了电子与空穴波函数空间分离的问题,能在较宽的量子阱条件下提高电子空穴辐射复合效率,有利于制备大注入、大功率的深紫外发光器件。此外,非极性 AlN 材料具有晶面内光学性质及晶体结构的各向异性,可以用于制备偏振敏感探测器。

3) N 极性面 AlN 材料的生长

N 面 AlN 材料,由于其极化方向与 Al 面材料相反,且表面活性较高,因此可以在增强型非离子注入(HEMT)、直流器件等领域展现自身的优势。同时,其带来的横向极性异质结(LPH)新结构可能会在隧穿器件、高速开关等领域取得突破性进展。

4) 多种生长技术的集成化外延生长设备

目前,国际上也出现了多家机构合作开展研究工作,他们上下游通力合作,各取所长:采用 PVT 法制备 550 μm 厚 AlN 单晶衬底,然后在 AlN 衬底上 HVPE 同质外延 170 μm 厚 AlN 单晶,并在此衬底上 MOCVD 生长深紫外 LED 器件。由于 AlN 单晶制备的困难性,多家机构取长补短的合作式研究,以及多种生长技术的混合式研究,将是 AlN 单晶材料产业的发展趋势。那么,多种生长技术集成化的生长设备也会是未来在 AlN 单晶生长设备的一个重要方向,如 PVT、PVD 设备与 HVPE、MOCVD、MBE 设备的前后端相结合的集成化外延生长设备。

5) AlN/Sub 模板技术

由于 AlN 单晶衬底制作成本过于高昂,不利于产业的发展。未来潜在可行的降低成本的方法,会是采用 AlN/Sub 模板代替单晶衬底。目前 Kyma 公司已经开发出了采用 PVD 法制备 AlN 纳米柱,然后 HVPE 法生长厚层 GaN 材料的方案。但 HVPE 法生长速率会限制模板的制作效率,且 HVPE 法生长的材料晶体质量不够理想。未来应该会有更有效率的其他替代方案,比如 PVD 法与 PVT 法相结合、PLD 法与 PVT 法相结合等方案的出现。

5.1.3 低温 GaN 材料外延技术

1. 低温 GaN 材料外延生长的必要性

金属有机物化学气相外延(MOVPE)法是 GaN 基半导体最常用的外延生长方法,目前人们普遍基于单晶衬底,通过单一的热场分解 MOVPE 的反应前驱物,高温(约 1000℃)外延生长 GaN 基半导体。单纯热场外延生长 GaN 基半导体,虽然可以获得高性能的 GaN 基半导体,但是衬底材料局限于 Al_2O_3、SiC、Si、GaN 等耐高温单晶衬底,这些基底尽管也是晶体且与 GaN 具有相似的面内原子排列方式,但是和 GaN 之间存在较大的晶格失配和热失配。按照传统的"共格"生长的观点,在这些异质衬底上很难获得高质量的 GaN 外延薄膜。然而,研究人员通过引入"缓冲层"技术,目前已经能够基于异质衬底获得晶体质量满足器件性能要求的外延薄膜。这一技术突破使人们对晶体生长的动力学过程有了新的认识。GaN 基材料对同质衬底依赖性低的这一特点,也使人们很自然地进一步思考"能否基于内部原子无序排列的非晶基底(如玻璃)制备 GaN",这个问题一旦解决,将对现有的 LED 照明技术产生革命性的影响。

现有的基于 GaN 基 LED 的半导体照明技术采用类似传统半导体器件的"芯片—封装—模组、灯具"技术链模式。在芯片端受限于高昂的材料外延代价,需要以较小尺寸的芯片获得尽可能高的光输出。目前最典型的芯片面积是 1 mm×1 mm,其工作时输入 350 mA 电流,在这个电流密度下 LED 的效率比峰值效率低 20%~30%。将芯片封装成白光器件,每颗白光器件可输出 130~140 lm 及以上的光通量。对于照明灯具,一般要求输出数百到上万流明的光通量,所以需要多颗白光器件拼装使用。同时对照明光源而言,单位面积的光通量不能过大,否则会引起眩光,引成人眼的不适。因此在制造 LED 灯具时,一般要在 LED 外部加装具有散光、匀光功能的光学系统(特征尺寸 10 cm 量级),达到增大出光面积的目的。但是,这一光学系统或多或少地会损耗部分光功率。可以看到,目前这种技术路线一方面在芯片端拼命追求高亮度,另一方面却在应用端又想方设法将单位面积的发光亮度降下来。这种传统的"芯片—封装—模组、灯具"技术链没有考虑照明的本质特点。

如果能够将外延生长温度降低到500℃左右,就能采用玻璃等廉价非单晶衬底进行GaN基半导体的外延生长,外延面积可以达到$1\ m^2$量级,从而可以像液晶面板和太阳能电池那样,制作廉价大面积的GaN基平板薄膜光电转换模块,对照明、显示等产业产生革命性的影响,产生巨大的经济和社会效应。对照明而言,最期望的理想光源就是大尺寸面光源。由于面积大,这种薄膜发光器件的工作电流密度可以较小,从而更接近峰值效率的工作点,同时也不需要额外的光学系统进行散光、匀光。从某种意义上说,这种薄膜发光器件将是照明技术的终极方案。

2. 低温GaN材料外延生长面临的问题

基于玻璃等无序非单晶衬底进行有序晶体薄膜的生长,在科学技术上具有很大的挑战性。对传统半导体外延而言,生长温度和单晶衬底表面的晶格排布是至关重要的因素。在MOCVD或等离子体辅助分子束外延(PA-MBE)等生长技术中,前者为反应物的裂解以及外延表面原子的迁移提供能量,后者则为半导体单晶薄膜的外延生长提供一个良好的晶格排列方式。

而采用玻璃等非单晶衬底进行生长时,存在以下两个亟待解决的科学问题。①玻璃等非单晶衬底可耐受的温度不高,要求薄膜的生长温度限制在远低于主流MOVPE外延生长温度的低温窗口,难以有效裂解所有的反应源,衬底表面吸附的反应源原子的迁移能力相对较低。②玻璃等非单晶衬底表面缺乏二维周期性的晶格排列方式,这使得在生长的初始阶段很难获得大面积晶格排列有序的薄膜。

3. 低温GaN材料外延生长方面的国内外进展

2008年,澳大利亚的BluGlass公司采用常压化学气相沉积(RPCVD)技术,在700℃下,采用玻璃衬底生长得到了GaN,光致荧光(PL)测试显示,该结果与市售的蓝宝石上高温生长的GaN有着可比的光谱。XRD极图中六个分立的峰表明生长的GaN在a面和c面有着规律的结晶。2012年,BluGlass公司在官网上公布了其低温外延获得的n-GaN的载流子浓度为$2\times10^{18}\ cm^{-3}$,迁移率为$297\ cm^2/(V\cdot s)$;2013年,进一步公布了获得的p-GaN的载流子浓度为$1\times10^{17}\ cm^{-3}$,电阻率为$1\ \Omega\cdot cm$。尽管他们已经通过RPCVD技术制备了具有单晶特性的GaN,但是很难获得大面积均匀等离子体,这成为实际应用的主要困难。

2013年,华南理工大学的李国强研究组报道了在$La_{0.3}Sr_{1.7}AlTaO_6$(LSAT)衬底上,采用PA-MBE外延方式在500℃温度下生长GaN的结果,LSAT在高温下会有严重的界面反应,因此需要在低温下进行生长,由于LSAT衬底与GaN只有1.0%和3.6%的晶格失配和热失配,因此在低温下也获得了较好的晶体质量。其表面粗糙度为1.2 nm,其摇摆曲线(0002)面和($10\bar{1}2$)面的半高全宽分别为198 arcsec和400 arcsec。然而,MBE需要超高真空,另外在实际应用中也很难获得大面积的LAST单晶衬底。

2014年,大连理工大学采用电子回旋谐振金属有机化合物气相外延(ECR-MOVPE)式的低温外延技术,在玻璃衬底上低温生长GaN,以镀镍的玻璃作为衬底,在480℃温度下生长GaN,表面粗糙度为6.9 nm。与RPCVD类似,ECR-MOVPE也难以实现大面积外延。

2014年,日本东京大学的Fujioka研究组报道了其利用PSD技术在多层石墨烯/非晶SiO_2衬底上在750℃温度下生长GaN的结果,摇摆曲线(0002)面的半高全宽为37 arcmin。同年又报道了在多层石墨烯/玻璃衬底上在550~760℃下制备了InGaN基红、绿、蓝LED,其变温PL测得的内量子效率为7.4%。然而,PSD技术是建立在MBE基础上的,需要和MBE相同量级的超高真空,这成为商业化应用的最大困难。

2017年,清华大学罗毅研究组采用PA-MBE技术在镀钛的石英玻璃上进行GaN的低温外延,在这种钛预取向层上生长的多晶低温GaN的晶体质量,比直接长在石英玻璃上的非晶低温GaN有了明显改善,具有(002)面最优结晶取向。然而,PA-MBE需要超高真空,难以实现大面积外延。

4. 低温GaN材料外延生长的发展方向

目前,国内外对低温外延的研究仍存在以下四个方面的问题。

(1) 所涉及的物理气相外延技术,普遍需要MBE的超高真空,难以实现大规模的量产。

(2) 所涉及的化学气相外延技术,电磁场耦合方式主要以微波电子回旋共振(ECR)来产生等离子体,难以实现大面积的外延生长。

(3) 大部分外延生长技术,还需要较高的温度(约600℃),金属衬底勉强能够耐受,但无法用于玻璃薄片和塑料衬底等柔性衬底。

(4) 低温外延生长动力学的研究相对滞后,且缺少对等离子体参与后的晶体外延的低温生长模型的研究。

总结目前主流的研究机构研究中的问题,虽然他们利用各种方式在低温非单晶衬底上都得到了GaN基的材料,但仍然存在应用上的问题。

为此,低温GaN材料的主要发展方向可以总结如下。

(1) 缺陷位错对载流子输运及复合的影响。

时至今日,在蓝宝石、SiC等异质衬底上生长的GaN基半导体仍然具有10^8~10^9 cm^{-2}的高位错密度。但事实上,在小注入条件下,InGaN量子阱的辐射复合效率最高可达80%~90%,而且当位错密度在10^6~10^9 cm^{-2}范围内变化时对效率的影响并不大。因此有必要对各类缺陷位错在载流子输运及复合过程中所起的作用作一个全面的了解,以期能够预测GaN基半导体在何种程度的缺陷位错密度下仍然能够实现较高的发光效率,为实验的优化提供明确的目标。

(2) 范德瓦耳斯外延机理及衬底制备。

由于非晶衬底上需要一层二维材料过渡层来为后续生长提供二维周期性的晶格排列方式,所以有必要对二维材料制备及范德瓦耳斯外延机理进行研究。二维材料的制备技术主要有在金属(Cu)上沉积后转印到非晶衬底、直接在非晶衬底上沉积、在非晶衬底上溅射金属(Cu)后再沉积等方式。不同的方式获得的二维材料的质量不一样,其完整性和层数对外延材料的质量有着重要影响,因此有必要对二维材料本身进行特性表征。二维材料的二维周期蜂窝状点阵结构本身具有周期性的表面势能,与六方晶系面内排布相同,可以为表面吸附原子提供合适的并入位点。此外,二维材料各层之间以及和衬底及外延层之间都是通过范德瓦耳斯力结合在一起的,利用这种方式可以在各种非单晶衬底上获得一定质量的外延薄膜(一般晶体质量较差),但可以不用考虑衬底和外延材料之间严格的晶格匹配。

(3) 低温生长动力学。

由于玻璃等非晶衬底难以承受传统半导体外延生长所需的高温,为在低温下实现满足发光要求的结晶质量,必须对低温外延的生长动力学过程进行深入的研究。即如何在低温下尽可能地提高表面原子的迁移能力,以获得满足 GaN 基光电子器件所需的晶体质量。原子在衬底表面迁移需要克服表面迁移势垒,这部分能量主要是由热场提供的。当原子的迁移能力不够高时,通常难以达到合适的并入位点,从而导致大量缺陷位错以及层错的出现。在低温下首先需要尽可能地提高原子的迁移能力,其次是在原子迁移能力较低的前提下获得满足光电子器件要求的 GaN 基半导体薄膜。前者可以通过采用迁移增强外延(MEE)的生长方式、加入表面活化剂(如 In)、控制Ⅲ(Ⅴ)族源流量等方式来实现。后者可以通过增加迁移时间从而增加迁移长度,以及增加低温插入层从而屏蔽由原子迁移能力较低带来的位错和层错等方法来实现。

(4) 材料生长工艺及物性表征。

在低温动力学研究的基础上,要针对 LED 的各层结构分别进行研究。对一个 LED 的基本结构来说,需要研究的重点包括缓冲层的生长工艺(如低温(LT)-GaN、LT-AlN、LT-AlN+LT-GaN 等插入层)、GaN 和 InGaN 的材料的生长工艺(如Ⅲ族元素/Ⅴ族元素数量比(Ⅲ/Ⅴ)、腔内气压、衬底温度、各项生长参数、低温 AlN 插入层等生长条件对材料质量及平整度的影响)以及 GaN 掺杂技术(如生长温度和掺杂剂流量对 n 型掺杂的影响、p 型掺杂的优化生长条件、p 型掺杂剂的活化条件等)。

5.1.4 MicroLED

1. MicroLED 的概念

MicroLED 技术,即将 LED 芯片微缩化和矩阵化的技术,具体是指在一个芯片上集成高密度微小尺寸 LED 阵列,阵列的每一个像素可定址、单独驱动点亮,像素点的尺寸和距离从厘米/毫米级缩至微米级。

MicroLED 的技术优势很明显,它继承了无机 LED 的高效率、高亮度、高可靠性及反应时间快等优点,并且具有自发光无需背光源的特性,更具有节能、结构简单、体积小、薄型等优势。MicroLED 的最大特性就是超高的分辨率,可以由 MicroLED 的尺寸和距离决定。例如,苹果公司 iPhone 手机如果采用 MicroLED 技术,解析度可达 1500 PPI 以上,比原来 Retina 显示的 400 PPI 要高出 3.75 倍。与目前有机发光二极管(OLED)技术相比,其色彩更容易准确调试,有更长的发光寿命和更高的亮度,以及具有材料稳定性高、寿命长、无影像烙印等优点。因此,MicroLED 是继 LCD、OLED 之后的又一代具有轻薄及省电优势的显示技术。

2. MicroLED 技术发展现状

2016 年在中国台湾地区召开的半导体照明研讨会上,法国 CEA-Leti 公司(Leti)、得克萨斯理工大学(Texas Tech University)和中国台湾地区 PlayNitride 公司皆展现了自己的 MicroLED 研发成果。Leti 推出了 iLEDmatrix,其蓝光外量子效率(EQE)9.5%,亮度可达 107 cd/m^2;绿光 EQE 为 5.9%,亮度可达 108 cd/m^2,采用量子点实现全彩显示,像素间距(pitch)只有 10 μm,未来目标是做到 1 μm。

另一项 WireLED 芯片技术是由法国的 Aledia 公司以及瑞典的 Glo 公司等共同开发的。Aledia 公司和 Glo 公司已经开发出一种通过在硅衬底上控制生长而制造纳米管 LED 的方法,其原理如图 5.1.18 所示,就是在晶圆硅上采用 MOCVD 进行生长纳米级的柱状 LED,改变平面 LED 的二维量子阱结构,成为柱状的三维量子阱结构。由于在纳米柱顶面和侧面都有量子阱结构,并且具有非/半极性面的特性,每根纳米柱的顶面和侧面都形成发光层,且亮度更高,分辨率更佳。因此,采用该立体工艺制备的 3D-LED,能够达到在同一个晶圆和同一个芯片上激发出多色彩的能力,实现单芯片白光发射的功能。根据瑞典媒体 Rapidus 透露,科技巨头谷歌(Google)公司以相当于 1.2 亿瑞典克朗(约合 9924 万元人民币)注资了 Glo 公司。第一批采用 Glo 技术的商业显示屏于 2018 年下半年推出。几年来,包括 Google 公司、英特尔(Intel)公司在内对 Glo 公司和 Aledia 公司的资金投入已超过 12 亿美元(约合 79.4 亿元人民币)。Aledia 公司的首席执行官表示:"现今有超过 30 亿人通过移动显示器上网,预计未来几年后 MicroLED 显示技术将会应用在大多数显示器中,而 3D-LED 技术带来的独特优势将会是下一代显示技术改朝换代的驱动力。"

为解决超高密度封装的三基色 LED 像素光源技术难题,探索发展三基色像素光源新材料、新结构成为发展 MicroLED 显示技术的研究热点。采用蓝光或紫外 MicroLED 激发量子点等色转化层实现红光、绿光的变换,可以获得 RGB 出射光。

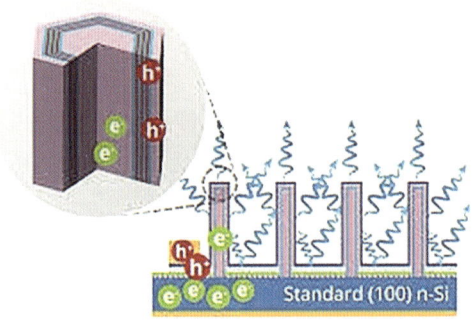

图 5.1.18　基于硅衬底上的纳米 LED(Nano-LED-on-Si)的 3D-LED 示意图
（图片来源：Aledia 公司）

VerLASE 公司宣布获取突破性的色彩转换技术专利,被称为"Chromover 波长变换技术",关键的薄膜变换层,VerLASE 公司是利用硒化镓、二硫化钨、二硫化钼等材料,在石墨烯上形成片状的薄膜。"Chromover 波长变换技术"的原理是,在蓝光 LED 芯片阵列上,采用将共振器腔面围绕在半导体量子阱,就能够在薄膜激发蓝光的时候进行绿光和红光的变换。这个构想是希望能够取代目前利用荧光粉以及量子点来进行发光颜色改变的构想。这项技术已经在美国取得技术专利。

目前最为看好的技术路线是,以蓝光或紫外 MicroLED 二维阵列作为激发光源,激发无机材料的三基色量子点薄膜,发射纯正 RGB 单色光。量子点采用Ⅱ-Ⅵ族(Zn、Cd、Se、S)等具有核壳结构的材料体系,稳定性佳,成本不高。量子点材料具有较大的斯托克斯波长移动(Stokes shift),发光效率高；量子点材料对可见光散射小,出光效率高；量子点材料对蓝光全吸收,可降低蓝光 LED 发射功耗,均对显示应用有利。图 5.1.19 为基于 MicroLED 显示屏的量子点全色发光的处理流程。

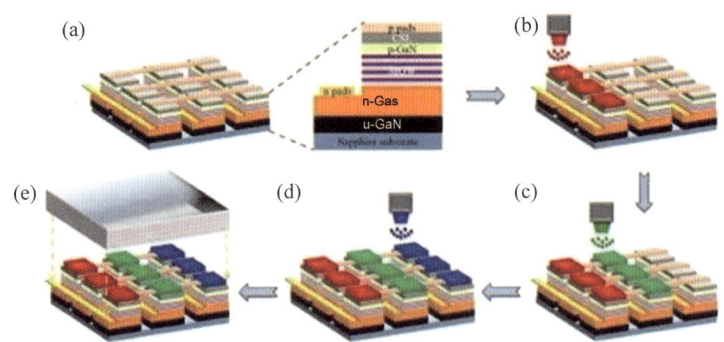

图 5.1.19　基于 MicroLED 显示屏的量子点全色发光的处理流程
（图片来源：OSA Publishing）

3. MicroLED 技术的发展趋势

随着 MicroLED 发光单元尺寸的变小,MicroLED 芯片的效率也会降低,且在小电流下其效率下降更为显著,这对小电流密度下工作的 MicroLED 较为不利。这应该是由小尺寸单元中芯片表面缺陷态密度占比增大导致的。针对这一问题,主要技术发展趋势是:尽量局限电流扩散范围在有效发光区域内,避免电流扩散到表面缺陷态区域;由于芯片尺寸缩小后电流扩散不再是 LED 效率瓶颈,可减少掺杂来降低缺陷态密度;此外采用湿法化学、退火或 ALD 致密介质材料绝缘钝化来减少表面缺陷态。

在芯片结构上,主要存在两种技术路线,一种是垂直结构;另一种是倒装结构。倒装结构需要两个共面的电极,其优点是电路设计更简单,可修复性更强。倒装结构的单元尺寸通常大于 30 μm。垂直结构的电极位于芯片上下两边,相对于倒装结构,其尺寸可以做得更小,键合的控制更容易,因而成本也更低。垂直结构可以采用 10 $\mu m \times$ 10 μm 的芯片单元,其成本约是倒装结构 30 $\mu m \times$ 30 μm 的 1/10。目前普遍认为,垂直芯片结构是 MicroLED 的发展趋势。

在外延衬底的选择上,目前主要的选择是蓝宝石或者硅。由于蓝宝石不导电,不适合作垂直结构,需要将衬底移除;而硅衬底吸光,也需要移除。蓝宝石衬底上的 LED 结构采用激光剥离技术去除蓝宝石,激光剥离导致的高温膨胀气体冲击会对氮化镓材料造成损伤,影响器件的性能和稳定性。而硅衬底去除技术,在硅减薄后用化学方法或者 ICP 刻蚀来去除硅材料,工艺成本较低,无损伤,对器件性能无影响,良率高。在材料的生长上,德国 ALLOS 公司 2017 年宣布在 8 in 硅衬底上实现了无裂纹、无回熔的晶圆,翘度低于 30 μm,波长均匀性小于 1 nm。而蓝宝石由于晶格失配和热失配大,其大尺寸外延生长难度较大,翘曲和均匀性也相对较差,目前 6 in 蓝宝石上 GaN 生长已经很困难。而大尺寸外延是未来降低成本的重要因素。因此有专家认为,硅上 GaN 是 MicroLED 未来发展的趋势。

MicroLED 显示由于使用大量的 LED 单元直接发光作为显示,其发光波长、亮度等的一致性直接决定了显示品质的好坏,所以对外延以及测试等提出了非常高的要求。目前大多数专家认为外延一致性要达到 1 nm 以内。当然也有部分专家认为可以通过驱动调节来改变输出波长,因此外延波长的一致性可以放宽。在外延生长技术方面,对外延生长的缺陷、颗粒污染等要求也非常高,希望做到零缺陷。随着外延片尺寸增大,以上要求对 MOCVD 设备和外延生长技术都是巨大的挑战,也是与 MicroLED 相关的 MOCVD 设备和外延技术今后发展的方向和趋势。

常规照明芯片工作的电流密度较大,通常大于 35 A/cm^2,并且希望在电流密度高的区间,效率维持在较高水平,减少能效降低(droop)效应的影响。MicroLED

用于显示时,工作在小电流区间,主要范围为 0.02～2 A/cm²。因此在外延材料和芯片工艺领域,需要作相应的改变。针对这一问题的技术发展趋势是,在外延结构设计方面针对小电流下的效率进行优化,使其发光效率的峰值移到更低电流密度区域,并且可以进一步提升芯片内量子效率。

5.1.5 纳米 LED 技术

1. 国内外纳米 LED 技术现状

氮化物半导体纳米结构的生长研究从 20 世纪 90 年代末就已展开,经过不断深入研究,人们发现,相较于传统的薄膜结构,其具有很多潜在的优势。对 LED 器件而言,相较于平面 LED 结构,纳米 LED 结构具有以下优势:纳米结构可以有效增加发光有源区的表面积,提升材料的辐射复合效率,提升 LED 的内量子效率(IQE)。同时,生长核壳结构的量子阱纳米柱阵列,在不同的驱动电压下发射红光、黄光和绿光,实现单芯片的白光 LED。最重要的是,对核壳结构的纳米柱而言,量子阱有源区覆盖整个纳米柱表面,大大增加了有源区的发光面积。而且这种核壳纳米柱侧壁和顶部常常存在非极性面和半极性面,这些非极性面和半极性面发光可以消除量子限制斯塔克效应(QCSE),提高 LED 的发光效率和稳定性。具有三维结构的纳米 LED,可以突破平面有源区发光结构的全反射极限,从而提升光出射效率。其次,纳米 LED 结构能够有效降低缺陷密度。对于氮化物大失配异质外延体系,InGaN/GaN 量子阱有源层具有较高密度的缺陷(一般在 $10^8 \sim 10^{10}$ cm^{-2}),主要包括螺位错、刃位错及点缺陷等。采用自下而上方法生长的纳米 LED 结构,应变可有效地释放,在纳米结构中有源层的位错密度大幅降低,甚至无位错。在自上而下的纳米结构制备工艺过程中,线位错会被选择性地刻蚀去除,因而,纳米柱 LED 结构有效降低了材料中的缺陷密度。

氮化镓纳米 LED 结构的制备方法主要分为两类:一类是自上而下(top-down)的方法,另一类是自下而上(bottom-up)的方法,具体如图 5.1.20 所示。

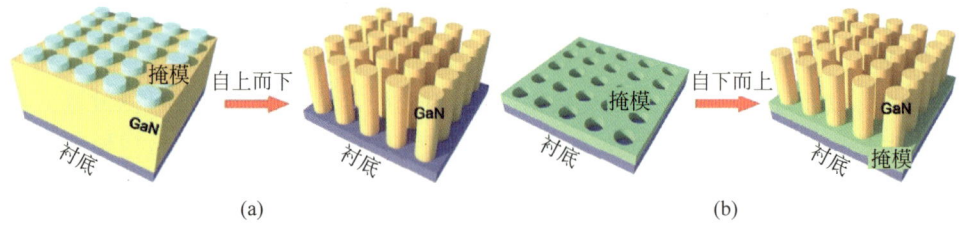

图 5.1.20 自上而下(a)以及自下而上(b)制备 GaN 纳米柱 LED 结构示意图

自上而下的方法主要是在平面氮化物薄膜的基础上,从上往下通过刻蚀技术制备出氮化镓纳米阵列结构,通常可以分为有掩模刻蚀技术和无掩模刻蚀技术。

这里主要介绍目前最为常见且使用最多的有掩模刻蚀技术。这种方法主要有两个关键步骤：第一，根据不同的应用要求，设计并制备各种纳米图形掩模；第二，使用刻蚀技术将纳米图形转移至氮化物薄膜上，制备得到氮化物纳米结构。

因为考虑到后续的刻蚀工艺，掩模需要具备很好的耐刻蚀性，通常情况下掩模主要是一些金属材料，如镍（Ni）、金（Au）、银（Ag）、铝（Al）和铬（Cr）等。除此之外，一些无机介质材料如二氧化硅、氮化硅等，以及一些有机胶如 AZ 系列光刻胶、SU8 光刻胶等，也被用作氮化物刻蚀的掩模材料。掩模纳米图形的制备是实现自上而下制备氮化物纳米结构的关键，目前已经发展了很多先进的微纳加工技术，如极紫外光刻技术、电子束曝光技术、激光全息光刻技术和纳米压印技术等。这些技术都可以实现大规模纳米图形的制备，且分辨率均可达到 100 nm 以下。另外，还有一些低成本的自组装技术，如自组装的镍岛、ITO 颗粒等，纳米小球技术，如二氧化硅小球、聚苯乙烯（PS）小球等，以及嵌段共聚物自组装技术，如两嵌段共聚物等。

关于刻蚀技术，主要分为湿法腐蚀和干法刻蚀两种。湿法腐蚀是一种各向同性的刻蚀技术，刻蚀选择性差，且刻蚀形貌不易控制、速率慢，一般应用于一些特殊晶面的腐蚀，比如使用热磷酸湿法腐蚀 N 面氮化镓薄膜，制备氮化镓纳米柱。而干法刻蚀是一种各向异性的刻蚀技术，通过改变刻蚀参数，如刻蚀气体及流量、腔体压强和刻蚀功率等，可以有效控制刻蚀形貌和刻蚀速率，因此是氮化物纳米结构自上而下制备的主要刻蚀技术。

而另一类自下而上的方法主要是通过外延生长的方法，在衬底上直接生长制备出氮化物纳米阵列结构。同样根据是否有掩模分为自组装无掩模生长和选择性外延生长两种方法。其中，自组装无掩模生长又分为催化剂辅助生长和无催化剂直接生长两种。催化剂辅助生长的主要原理是"气—液—固"（VLS）诱导生长，通常利用前面介绍的纳米图形加工技术制备出一些金属纳米颗粒，如金、镍等，并以此诱导生长得到纳米柱阵列结构。然而，通过这种方法生长得到的纳米柱，其高度和晶向很难控制，而且金属催化剂的引入会影响纳米柱的结构和光学性质，因此并不适合用于制备氮化镓纳米柱 LED。另一种无催化剂直接生长的方法则是通过控制生长条件，通常主要是改变 V/Ⅲ 比或加入 AlN 插入层等，在衬底上直接生长氮化物纳米柱结构，其物理生长过程如图 5.1.21 所示。

尽管这些自组装无掩模技术可以实现氮化镓纳米柱阵列结构的生长，但是对于纳米柱的尺寸、位置以及量子阱的组分控制等问题仍然面临很大的挑战，因此选择性外延生长法是目前更受关注的自下而上的方法。这种选择性外延生长方法一般是在同质衬底上利用前面介绍的纳米图形加工技术制备出图形化掩模，掩模通常是一些氮化物很难在其表面成核的材料，主要是钛（Ti）、二氧化硅和氮化硅等。通过控制不同的生长温度、V/Ⅲ 比、载气和掩模尺寸来生长得到不同形貌（包括顶

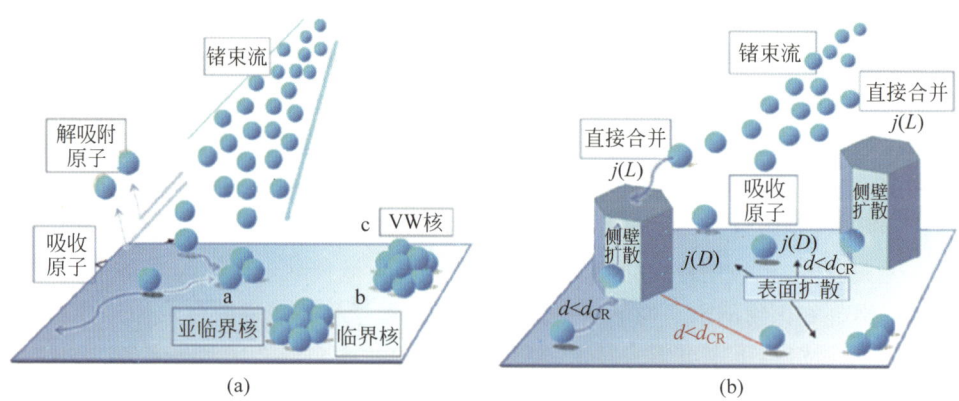

图 5.1.21　无催化剂辅助的自组装生长纳米线的物理过程示意图

部形状、高度和直径等)的纳米柱阵列结构。同时有研究发现,不同的极性面(N 极性和 Ga 极性)也会对选择性外延生长纳米柱结构有很大的影响。此外,这种选择性外延生长方法由于可以有效地控制纳米柱之间的间距,所以常被用来生长核壳结构的量子阱 LED 器件,实现增大有源区发光面积、非极性面和半极性面发光,以及无荧光粉的混合白光光源等重要应用。图 5.1.22 为采用 MBE 选择性外延生长的不同尺寸纳米 LED 形貌和发光照片。

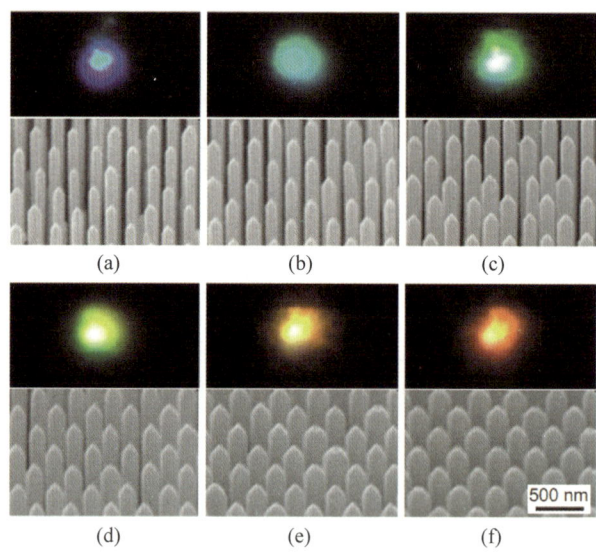

图 5.1.22　采用 MBE 选择性外延生长的不同尺寸纳米 LED 形貌和发光照片
(a) $D=143$ nm;(b) $D=159$ nm;(c) $D=175$ nm;
(d) $D=196$ nm;(e) $D=237$ nm;(f) $D=270$ nm

近些年来，由于具备新颖的物理特性和优异的光电性质，纳米阵列结构在光电领域的应用越来越受到研究者们的关注，基于纳米阵列结构的新型氮化镓基 LED 已经成为目前氮化物 LED 研究的热点。下面将介绍几种基于纳米阵列结构的新型氮化镓基 LED。

(1) 纳米柱阵列 LED。

这种新型氮化镓基 LED 主要分为两种，分别是三明治结构和核壳结构。三明治结构即有源区位于纳米柱中间，上下分别是 p 型和 n 型氮化镓，其制备主要利用以上介绍的自上而下的刻蚀方法或自下而上的生长方法。对自上而下的刻蚀方法而言，LED 的制备需要绝缘材料填充纳米柱间空隙，这些绝缘材料主要是光刻胶、有机物或液体玻璃等。研究发现，这些纳米柱阵列器件较平面薄膜结构而言，发光波长发生蓝移，有源区的内量子效率有所提高，电致发光或光致发光强度增强。而对自下而上的生长方法而言，若最后生长的 p 型氮化镓是分开的，那么为了防止 p 型氮化镓和 n 型氮化镓相连短路，同样需要使用绝缘材料将其填平。若 p 型氮化镓生长后连在一起形成层状薄膜，那么其器件制备就与传统平面器件完全兼容。另一种核壳结构即有源区包裹整个纳米柱，其制备主要是通过自下而上的生长方法，且多数采用选择性外延生长，当然也有采用自上而下刻蚀得到的氮化镓纳米柱进行二次外延生长的。由于其发光面积较三明治结构有显著提高，且有源区晶面会有一部分是非极性面或半极性面，具备非极性面或半极性面的发光特性。同时，这种核壳结构的发光波长可调，可以实现单芯片的白光 LED。因此，这种核壳结构的 LED 被研究者们广泛研究，是纳米柱型 LED 的热点。2011 年，韩国首尔大学与三星公司合作，他们采用 MOCVD 技术选择生长该核壳结构纳米柱结构，并研制出纳米柱 LED 器件，如图 5.1.23 所示。从纳米柱的截面透射电镜照片观察到，极性面

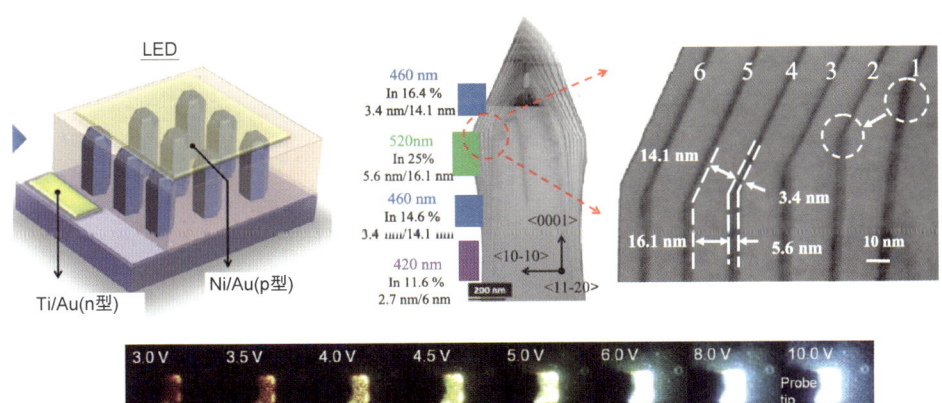

图 5.1.23　采用 MOCVD 技术选择外延生长核壳结构纳米 LED 的量子阱形貌

和非/半极性面量子阱的 In 组分和势阱宽度不一样,同时极化场大小也有差异,因此量子阱能够发射紫、蓝、绿、橙、红光,LED 器件在不同的外置偏压下能够实现多种颜色电注入发光,并最终实现白光发射。

(2) 光子晶体结构 LED。

前面提到,氮化镓和空气界面存在全反射,因此氮化镓基 LED 的光抽取效率很低。光子晶体作为一种介电常数在空间上具有周期性的人工调控光场的微纳结构,是提高氮化镓基 LED 光抽取效率的有效手段。光子晶体主要有两种类型,一种是形成光学带隙,一种是作为衍射光栅。由于氮化镓的折射率相对较低,且外延厚度较厚,很难实现全带隙的光子晶体结构,因此,目前大部分的研究工作主要集中于利用光子晶体结构作为衍射光栅,其主要机制是使自发辐射发光耦合到导模中,通过光子晶体结构将导模衍射出去而实现自发辐射发光的逃逸。通常,氮化镓基 LED 根据不同的氮化镓厚度可以存在几个到几十个导模,为了实现高的光抽取效率,需要将这些导模尽可能多地衍射出去,所以选用二维光子晶体结构将更为合适,且其结构尺寸需要进行合理优化。目前,已有报道在氮化镓基 LED 上制备了光子晶体衍射层,提高了光抽取效率,实现了辐射光场分布的控制。此外,光子晶体结构还被用于调控发光性质,实现一些特殊的发光应用,如偏振光 LED 等。

(3) 表面等离激元 LED。

表面等离激元(surface plasmon)是一种非局域的电子的集体共振,主要存在于金属和介质(或半导体)界面处。如果被局限在零维空间(如金属纳米颗粒),则这时的电子集体共振又叫作局域表面等离激元(localized surface plasmon)。当光子入射到金属表面时,且频率和动量满足一定的条件,表面等离激元将会与入射光子发生相互作用,耦合成新的能量粒子,叫作表面等离极化激元(surface plasmon polariton)。这种表面等离极化激元是一种表面波,可以沿着界面传播,其电磁场强度主要限制在界面处,在垂直于界面方向则指数衰减。对于氮化镓基 LED,正如前面介绍的,由于量子阱存在量子限制斯托克斯效应,且氮化物晶体缺陷密度较高,导致其内量子效率降低。而引入表面等离激元,可以同量子阱发生近场耦合,是提高氮化镓基 LED 的有效途径。其主要机制是当表面等离激元的共振频率同量子阱发光频率一致时,表面等离激元将与量子阱中的载流子(激子或电子空穴对)发生共振耦合,形成表面等离极化激元。因此除了辐射复合和非辐射复合,量子阱中的载流子还可以通过新的量子阱-等离激元耦合通道复合将能量转移给表面等离极化激元,从而实现量子阱自发辐射率的有效提高。然而,因为表面等离极化激元是一种非辐射波,如果金属/半导体表面非常平整的话,光子耦合形成表面等离极化激元后,光子无法退耦合而逃逸出来,将不利于 LED 的光抽取效率。因此,为了能够将表面等离极化激元的能量抽取出来,一般金属层会进行粗化或制备成纳米阵列结构。目前,已经有一些课题组在氮化镓基 LED 上引入了表面等离激元,提高了量子阱的内量子效率,实现了 LED 输出功率的增强。此外,表面等离激元同样可以像光子晶体一样,通过结构设计,调控光学性质,实现偏振光的 LED 等新型的器件应用。

(4) 单纳米线结构 LED。

近年来随着微纳加工水平的提升,以及研究者对新奇量子器件的追求,研究者开始制备单个纳米量子结构的 LED 器件。2011 年,Gwo 等制备了全光谱单纳米 LED 器件,GaN 基纳米线内部存在 InGaN 纳米盘,该纳米线形状类似火柴棒结构,如图 5.1.24 所示。这种非均匀纳米结构具有更大的随机性,不能作为大规模商业生产使用。近几年,单纳米柱 LED 器件的研究日益增多,Heo 等在 2013 年实现了单光子发射,主要是采用纳米线中量子点实现的,用电子束曝光和电子束蒸发制备纳米线两端的 Ti/Au 电极。Lee 等在 2014 年通过 MOCVD 制备了 GaN/InGaN 多量子阱层状结构和核壳结构两种纳米柱,并通过电子束蒸发制备纳米线两端电极。Tcherny Cheva 等则采用电子束曝光的方法获得了单根纳米柱 LED 器件的 p 型与 n 型接触,还利用石墨烯作为 p 型电极的电流传输层。

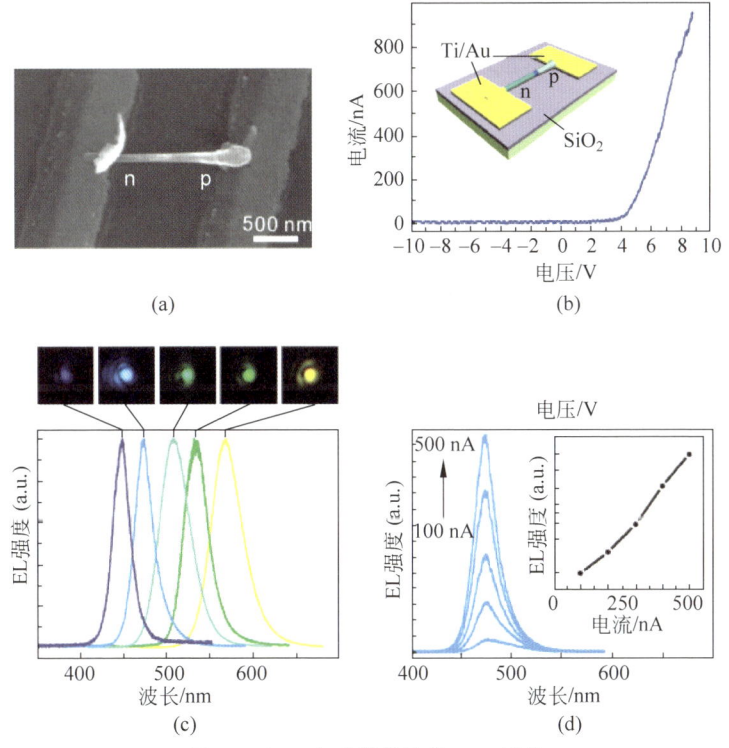

图 5.1.24　全光谱单纳米 LED 器件

(a) 单纳米 LED 器件的 SEM 图;(b) 器件的结构示意图和电流-电压曲线;(c),(d) 该纳米 LED 器件的光电性能

2. 纳米 LED 技术和产业的发展趋势

目前,LED 技术和产业发展从波段应用范围来看,正从高效率蓝绿光 LED 往紫外 LED、黄红光 LED 拓展,LED 芯片特征尺寸从 Mini-LED 向 MicroLED 缩小,以满足 LED 技术在超越照明、高品质显示、环境保护、生命健康等产业的新应用。纳米 LED 作为尺寸微缩手段的进一步发展,是目前 MicroLED 技术的技术储备。尽管国内外的研究界针对纳米 LED 的研究花了很大力气,涌现了一批新原理、新功能、部分性能有优势的纳米 LED 器件,但是从现有的结果上来看,纳米结构 LED 走向产业化应用,还有相当长的一段距离。其中主要的难点包括以下方面。

(1) 精确控制的纳米图形低成本制备。

自组装制备 GaN 基纳米结构的研究已经超过 10 年,对相关的生长机制也有一定的理解,但是自组装方式制备的纳米 LED,无论是尺寸可控性,还是器件发光性能等方面,都比较难满足产业化的需求。如果采用周期阵列结构,那么纳米图形加工的成本是目前主要考虑的问题。目前较为成熟的纳米图形加工技术是电子束曝光光刻、极深紫外步进式曝光光刻、纳米压印技术等,以上技术的成本都比较高,在纳米 LED 还没有建立绝对的技术优势情况下,采用上述加工手段在实验室研发是可行的,产业界还不能接受。因此,目前的发展趋势是寻找低成本的纳米图形加工技术,满足纳米 LED 器件的技术开发和应用需求。

(2) 外延生长工艺。

目前无论是 MBE 法还是 MOCVD 法,对纳米 LED 结构的生长工艺要求仍然很高。MBE 法和 MOCVD 法工艺成本较高,对大尺寸周期有序的纳米结构生长控制尤为重要,其主要工艺参数包括温度、压强、Ⅲ/Ⅴ比、束流等,量子阱结构的设计和生长工艺较平面结构 LED 更加复杂。因此,如何发展重复可控、高度均匀的纳米 LED 结构的生长工艺,尤为重要。另外,纳米结构的刻蚀工艺还有待优化,如何保持纳米图形转移、减低刻蚀损伤、钝化纳米线侧壁表面、减小表面态密度,都很重要。有的专家也提出,将自上而下和自下而上两种技术路线结合起来,先刻蚀纳米柱 GaN 核结构,再通过 MBE 法和 MOCVD 法二次生长量子阱壳层和 p 型层,同时提高纳米结构可控性和精确性,以降低工艺成本。

(3) 三维结构 LED 器件的制程。

三维结构的 LED 器件制程中,仍然普遍采用填充物将三维 GaN 基纳米结构转化为常规二维平面 LED 器件从而进行制程,工艺的难度比较大,可靠性不高。其中,仍然有很多需要改进的地方,尤其是针对表面钝化工艺以控制漏电流问题、p 型接触问题、填充物的选择以及光提取问题等。因此,目前在三维纳米 LED 结构生长相对比较成熟之后,应加强对纳米 LED 器件制程的研究,开发适合三维纳米结构的工艺流程,寻求合适的填充材料和封装保护材料,提高欧姆接触率,降低漏电,以发挥纳米LED的优势,超越平面LED的发光效率水平。

(4) 三维结构LED器件的封装。

目前,还没有专门针对纳米LED封装工艺的开发,大都是沿用平面结构LED的路线,因此纳米LED的优势还未发挥。建议加大针对MicroLED和纳米LED的封装和驱动的研究。

综上所述,纳米LED技术尚处于研发向产业转移阶段,尚有不少关键科学问题和技术问题亟待解决,包括精确控制的纳米图形低成本制备、选择外延生长工艺、三维结构的LED器件的制程与封装等,目前实验室的主要目标是实现2~4 in晶圆级纳米LED器件的实现,提升器件效率和稳定性。部分欧美国家的实验室已经孵化出一些科技创新小公司,专门从事纳米LED产品的研发。国际上的照明和科技公司对纳米LED技术抱有一定的兴趣,但还是比较谨慎,处于观望,等待学术界继续探索。

5.2 LED封装技术和市场发展趋势分析

5.2.1 荧光粉制备技术

发展多种类型的荧光粉:①全光谱照明用荧光材料,特别是单一基质白光发射体系;②激光照明与激光显示用荧光材料,主要是对材料的热稳定性提出了更高的要求;③特种LED光源照明,如蓝光激发的近红外发射荧光粉、农业照明所需的"蓝+红色"发射荧光粉;④高清显示等,如窄带蓝色、绿色和红色荧光材料的探索等。

5.2.2 大功率LED模块封装技术

随着半导体照明技术的发展,LED封装技术主要朝高发光效率、高可靠性、高散热能力、低成本等方向发展。比如晶圆级封装技术,荧光直接涂覆在整个晶圆片上,这样将荧光粉集成到上游芯片制造中,可以有效降低成本,实现直接白光芯片的制备。为了增加光通量,一般是通过提高LED封装模块的驱动电流来实现。但这样会产生更多的热,大约每提高20℃,LED效能就要降低5%。如果采用CoB封装方式,减少散热路径,就能有效增强散热能力。LED区别于传统照明光源,最大的特点之一就是其单色性,随着不同颜色LED技术的发展,可调色温LED封装模块愈发成为研究热点;这种封装模块可根据场合甚至人的心情,调节输出光的色温。此外,随着LED封装的集成化,也有人提出将驱动电路集成到LED封装中,实现系统级封装(system on package)。

5.2.3 晶圆级封装及直接白光技术

当前制约白光 LED 走向普及的障碍之一就是封装成本。目前封装技术工艺步骤多，产品的一致性较差，离理想的单 Bin 档还有距离，其中封装及测试成本占 LED 制造成本的近一半。然而封装成本下降是未来的一个趋势，所以研发低成本、大批量、高质量 LED 封装技术也成了亟待解决的难点和热点。

5.2.4 大功率 LED 封装散热设计

纵观目前的大功率 LED 封装散热设计，都是优化翅片散热结构、优化 LED 芯片结构等。未来的发展趋势可以预测的是，LED 灯具将朝模块化发展，因此散热设计也将从大型 LED 模块阵列发展成为小型 LED 模块阵列。对 LED 封装模块来说，散热设计也将从传统的仅是降低翅片与空气间的热阻（环境热阻），发展为降低整体热阻，包括芯片热阻、界面热阻、环境热阻等。所以未来将从芯片、封装结构、界面、翅片设计等方面降低 LED 封装热阻，提高 LED 散热能力。

5.2.5 LED 封装可靠性试验及寿命评估

LED 产品的使用寿命有许多部件需要考虑，如灯具、驱动或者透镜等。目前，人们越来越意识到，大功率 LED 的可靠性问题更多的是由封装引起的，对 LED 封装可靠性的快速评估是当前国际上的难点和热点问题之一。快速评估技术可以通过加速试验来进行，国际上通常采用电流、温度及机械等应力对 LED 模块或模组进行加速寿命试验，通过实验分析（光、电、热等物性参数表征，显微形貌表征和化学成分分析等）结合理论分析（数值模拟）的方法对 LED 可靠性机制进行有效的分析与预测。综合最近的国内外研究，许多机构期望使用可靠性强化测试方法来缩短 LED 可靠性试验时间，通过确定 LED 产品可靠性控制点和极限工作条件，进而对可靠性控制点进行局部评价，实现 LED 封装可靠性的快速评估。

5.3 LED 照明光源技术和市场发展趋势分析

应当看到，市场上已有的多种半导体照明系统可能都是过渡性的产品。未来半导体照明系统方面的技术将主要针对以下问题进行研发。

(1) 半导体照明灯具的照明效果和品质（包括显色性、色品一致性、人眼舒适度等）有待进一步提高。

基于目前封装技术的高效白光 LED 大多色温偏高、显色指数较低，而包括家居在内的室内照明、体育场馆照明和广告照明等领域要求有较高的显色指数；另外，目前的封装技术不同批次,甚至同一批次的不同个体之间的色品一致性较差。这些因素使得半导体照明灯具在室内照明等领域相对于传统光源尚不具备明显的优势。

LED具有的小体积、接近半空间180°发光的特性,使得可以利用多种手段对其发光的远场分布进行调控,从而形成人眼舒适、环境友好的新型照明光源。但是能够充分发挥LED上述优势的创新、实用的设计理念和设计方法还比较少。

(2) 半导体照明灯具的可靠性还存在一定问题。

半导体照明灯具的实际寿命与理论预期还有较大的距离,尚需从系统级散热、灯具制造工艺,以及高效率、长寿命的驱动电源技术等方面进行深入研究。LED驱动电源存在两个主要发展趋势:一是目前含有电解电容的恒流驱动电源向低成本、结构简单、高性能、高可靠性、功能增加的方向发展;二是研究无电解电容的脉冲驱动方式,向提高寿命方向发展。

(3) 节能优势尚需进一步提高。

目前市场上可获得的高水平功率型白光LED的发光效率已经超过了180 lm/W,但从市场上大批量获得的价格较低的白光LED其发光效率还没有那么高,由此构成的室内外照明灯具的效率还比较低,影响了客户的消费心理和市场规模的扩大。

(4) 高端产品成本高。

发光效率高、热阻低、寿命长的半导体照明产品,对材料外延、管芯制作工艺、后步封装工艺以及灯具制造工艺有较高的要求,造成了产品的制造成本高。加上国外和中国台湾地区对向中国大陆出口高端产品的限制,使得高端产品价格居高不下。目前,市场上可获得的高端产品每流明的成本远高于传统照明方式,是制约半导体照明发展的瓶颈之一。

(5) 半导体照明系统的模块化和互换性尚待突破。

不同厂家生产的半导体照明系统不可互换,同时目前的半导体照明可维护性较低。这些因素都制约了半导体照明系统的竞争力。

在几个新兴方向上的发展趋势如下所述。

5.3.1 智能LED照明

从LED智能照明应用的多个领域的情况看,LED智能照明系统发挥了巨大的作用,其通过建筑LED照明一体化等实现了室内外功能照明、景观照明以及智能家居,达到节能、生态和美观的目标。但是在应用和发展过程中,应充分重视并尽可能解决以下制约因素。

(1) 产品性价比的限制。

虽然目前LED通用照明产品的性价比已经达到比较高的水平,但是与传统照明相比,价格尚有一定差距,而且互换性也较差,比如智能路灯的运维不如传统钠灯、金卤灯替换便捷；智能家居诸多系统的价格也制约着其走入普通家庭；随着光环境对光品质提出的更高要求（如全光谱光源），相应地对 LED 产品的性能指标提出了新的挑战，同时目前 LED 技术所存在的理论发光效率瓶颈也是行业发展不可回避的问题。

（2）产品控制能力的限制。

随着 LED 照明与更多新技术的跨界融合，LED 产品将集成越来越多的智能控制设备，光环境应用的领域不断拓展，实现的智能控制功能日趋强大，对 LED 产品的物理尺寸、可靠性、效率、生产能力等边界条件提出了更高的要求。这些都有可能对半导体照明产品的控制能力产生限制，从而制约 LED 照明智能化发展的质量和速度。

（3）系统集成能力的限制。

基于 LED 智能照明的光环境是围绕人，由灯具、软件、空间和环境构成的闭环控制。数据在闭环内的采集、分析和利用，一方面必须在客观系统软硬件深度集成的条件下才有可能顺利完成和有效实现；另一方面，由人的生理条件、心理状态导致的主观感受及体验方面（如舒适度等主观评价），将成为制约系统功能的主要因素，应予以高度重视。

因此，基于 LED 智能照明的研究和应用，其未来的发展趋势应从 LED 照明产品、LED 照明智能系统和发挥功能等诸多方面综合考虑，并进一步加强光生物机理方面的基础研究，避免对人、生物和环境造成不良影响，这样才能满足人的需求，从智能真正进入到智慧时代。

（4）更高的调光与调色效率。

全数字化的 LED 照明系统使调节光强和调节色温、颜色变得更为便捷可靠，同时未来的场景化照明方式将成为照明应用的主流。因此，进一步提高 LED 照明产品在调节光强和调节色温、颜色时的系统效率，对 LED 照明的节能效率提高和可持续发展具有积极的意义。

（5）更高的电气性能指标，更好的节能效果。

目前的 LED 照明产品在电气性能指标上（如总谐波失真（THD）、闪烁等）仍然存在提升和改善的空间，这也意味着电气性能提升后的 LED 照明将可以进入更多原来对此类指标较为敏感的应用领域，如健康医疗、航空航天、特殊工业等。

智能照明系统通过传感器和物联网获取控制决策所需的关键信息，按照预设模式或人工智能自学习所形成的控制策略，根据实际照明使用需求进行控制，可在保证照明品质的前提下，实现更好的节能效果。

（6）新的供电方式和系统。

与大部分传统照明光源使用交流电供电不同，所有的 LED 光源均使用直流电进行驱动。实际应用中,交流电转换为直流电不仅存在效率上的损失,而且需要增加驱动电器设备,增加了灯具的成本并降低了 LED 照明系统的可靠性。同时,随着 LED 照明系统的智能化和物联化发展,数字信号在直流电路上的搭载也较交流电路更具优势。因此,LED 照明供电系统的创新开发与创新应用具有广阔的发展前景。

① 以太网配电。以太网供电(power over ethernet,PoE)是一种基于软件的系统,它以标准化方式通过同一电缆传输电力和数据,协调楼宇控制系统。这种集中式架构创建了一个"数字天花板",可用于数据通信,并为网络终端设备提供低压直流电源。利用思科公司的 IT 基础架构,可以从网络上融合和控制多个系统,从计算机、电话、照明到环境控制(HVAC)和安保,从而创建一个单一的连接环境,如图 5.3.1 所示。

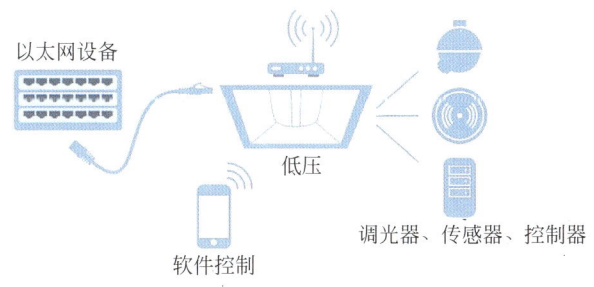

图 5.3.1　以太网配电系统

(图片来源:LEDs Magazine)

② 分布式低压配电。分布式低压配电(distributed low voltage power,DLVP)与 PoE 一样,是一种标准化系统,可通过标准连接电缆提供电力和通信。二者都基于相同的美国保险商试验所 UL 和国家电气规范(NEC)对两类低电压的要求;然而,DLVP 融合了交流线路电压和直流低压配电的优势,可最大限度地提高电气效率,并最大限度地降低安装和调试成本,如图 5.3.2 所示。

(7) 以应用为导向细分照明领域。

未来发展中,智能半导体照明应用毫无疑问将覆盖人工照明的全领域,数字化、网络化、个性化、有效节能和动态响应将成为进化发展的共性,并具体体现在以下各方面(包括但不局限于)。

① 智能工业照明:提高节能水平,提升生产效率。
② 智能办公照明:提高视觉舒适,提升工作效率。
③ 智能商业照明:提高门店销售,提升购物体验。
④ 智能停车照明:提高环境安全,提升使用效率。
⑤ 智能酒店照明:改善舒适体验,提升品牌价值。
⑥ 智能家居照明:提高环境安全,提升视觉舒适。

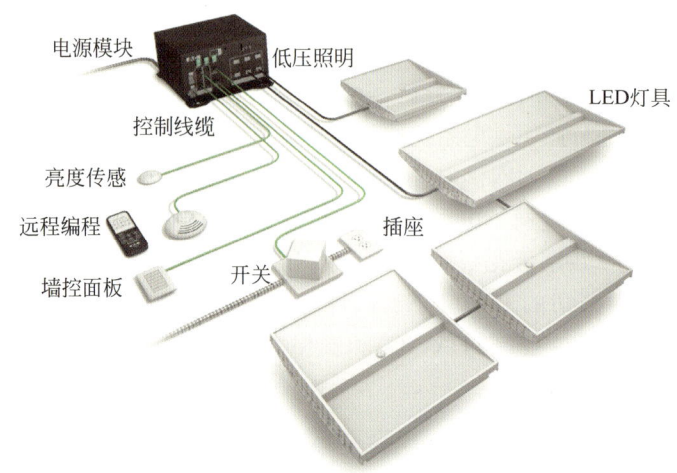

图 5.3.2 分布式低压配电

（8）LED 照明智能控制动态模型研究。

① LED 照明系统功能与情感平衡性模型研究。基于光环境参数的动态变化规律，研究在不同行为模式下，用户的视觉习惯、生理影响因子与室内空间照明的映射关系，建立动态情况下 LED 照明系统功能与情感平衡性的数学模型。

② 动态环境下的 LED 照明控制系统构建。针对现行国家、行业照明标准和规范中客观的、静态的照明质量评价指标，与人体生理参数和心理情绪影响等主观因素结合，研究动态情况下主观和客观评价指标，提出相应各分类行为的光环境评价指标体系，构建室内外动态环境下的 LED 照明智能控制系统。

LED 照明与生俱来的数字化特性，彻底改变了传统意义上智能照明的发展格局，一体化、智能化、人性化和个性化将贯穿照明应用的各个层面。未来智能照明的总体方向将继续向全面数字化与环境自适应等光环境应用方面发展；面向用户，以需求为导向，利用控制理论与控制技术，通过智能感知、信息融合、实时优化，构建"人-机协同"系统，实现从"智能"到"智慧"的飞跃。

如图 5.3.3 所示，新兴技术如人工智能（artificial intelligence，AI）、可见光通信（visual light communication，VLC）、先进传感器网络及 5G 通信，将成为 LED 照明智能化的重要推动，LED 智能照明与人工智能、物联网技术相结合，将成为人类开启"智慧生活"的最佳途径之一。

综上所述，LED 技术、LED 智能照明日渐成熟，应用领域广泛，满足了按需照明的要求，LED 智能照明正在成为照明领域的主角，取代传统照明趋势明显，并持续提升性能和发展功能，营造出舒适、愉悦的光环境，成为智慧城市、智享生活不可

图 5.3.3　LED 智能照明的发展

(图片资料来源:同济大学)

或缺的重要部分。未来 LED 智能照明将向一体化、人性化、个性化方向发展,全方位服务人类。

5.3.2　LED"可见光照明+通信"技术

可见光通信技术是国家实施"三网融合""宽带中国""智慧城市"等战略的重要抓手,也是下一代互联网接入等领域的革命性技术,能解决多网融合过程中带宽不够、业务同质、资源浪费等窘境,还具有高速传输、广阔覆盖、节能经济、绿色健康、可靠兼容等优势。可见光通信技术是未来信息产业领域一次巨大的革命,给人们带来从信息生活、信息生产到信息消费等的一系列改变。

现阶段,LED 可见光通信技术主要应用在室内局域网和智能交通系统中,未来 LED 可见光通信技术将向以下几方面发展。

(1) 室内 LED 可见光通信采用正交频分复用(OFDM)调制技术、码分多址(CDMA)接入技术及分组编码技术,具有良好的发展前景。但采用 OFDM 调制技术时,幅度不断变化的 OFDM 信号工作在大信号幅度时,可能会驱动功放进入非线性区产生失真。目前 LED 灯分多芯片和单芯片两种,在使用 OFDM 调制技术、CDMA 接入方式下,采用何种芯片能达到更高的传信率和更少的误码率,还有待研究。另外,目前 LED 可见光无线通信系统研究主要是针对下行链路,系统上行链路的研究还有待深入。

(2) 由于 LED 照明基站灯安装在天花板、公路两旁或交通枢纽上,铺设新的通信电缆成本太高,如与电力线载波通信结合在一起,利用电力线来传输通信信号可大幅降低投资成本。这在日本等发达国家已得到了广泛应用,中国联通南京分公司也在一些社区里开通了 10 M 带宽的电力线上网业务。LED 可见光无线通信与电力线载波通信相结合将是未来的发展趋势。

(3) LED 可见光无线通信技术可为城市车辆的移动导航及定位提供一种全新的方法。汽车照明大多数采用 LED 灯,将光接收机安装在道路边或汽车上,组成汽车至交通控制中心(连接着道路边的光接收机)、路灯至汽车或汽车至汽车的通信链路,可为夜间行驶车辆进行导航、定位,并且能够让驾驶员即时知道各条道路的车辆流量,这也是LED可见光无线通信在智能交通系统中的发展方向。

近期可见光通信技术预计将以中低速通信系统为核心,通过可见光通信产业化的关键和共性技术领域的突破,形成一批具有可见光通信技术自主知识产权的创新性成果;另外,随着政府示范工程的展开,围绕可见光通信技术产业化的应用突破口,在智能家居系统、博物馆展品讲解系统、室内定位系统、可穿戴设备、显示屏对手机发送信息、广告推送、移动支付等方面形成多项具有代表性的产品和服务,发展一批具有一定规模、优势突出、掌握核心技术的龙头企业。预期可见光通信将随之更加迅速地发展。

随着技术的进一步成熟,可见光通信的应用范围也会继续扩展,出现更多更重要的新的应用领域。可见光通信产业的发展将极大促进通信、半导体照明、集成电路等诸多行业的变革。

随着智慧城市的建设,教育、医疗、金融、安防、物流、政务等众多领域均对行业定制终端有着庞大的应用需求,对数据流量的更高要求为可见光通信产业带来了巨大的机遇,形成包括通信设备、无线通信设备、光通信设备、通信终端在内的完整的产业链。同时,雄厚的通信产业基础为可见光通信产业提供了丰富的资源。

中国作为世界LED封装与应用产品最重要的生产和出口基地,雄厚的产业基础为引领可见光通信产业发展提供了重要的保障。随着LED汽车照明、医疗照明、可穿戴电子、智慧照明等领域成为近年来LED行业发展的亮点,可见光通信的"通照两用"优势大大简化了通信网络的搭建过程,为广泛地解决通信末端介入和深度覆盖问题提供了一种便捷而自然的方式。

(4) 在集成电路领域,可见光通信芯片的研发、设计、制造等环节是产业发展的重要部分。目前,由于国际标准化制定工作并未完成,可见光通信专用芯片还未研发上市和量产,该技术本身所具有的成本优势将因为通用芯片的高昂价格而暂时无法体现。可见光通信专用芯片和模块是可见光技术产业链的基础,将来可见光通信芯片产业的发展与商用,将拉动半导体行业上下游整个产业网络,预期将会带来千亿量级的新兴产业规模。未来成熟的可见光通信产业将涉及硬件生产、软件服务以及系统方案解决。

5.3.3 车用 LED 照明

1. 汽车灯具发展总趋势

汽车灯具的发展趋势离不开整车发展趋势,在整车智能化、无人驾驶的大环境下,汽车灯具的使用环境及服务对象不断发生着变化。灯具的功能也在发生相应的变化,如图 5.3.4 所示。目前整车技术正处于"we drive"阶段,现代汽车照明灯具在照顾"人眼"的同时还需要更好地照顾"机器眼"。具体功能变化趋势如下。

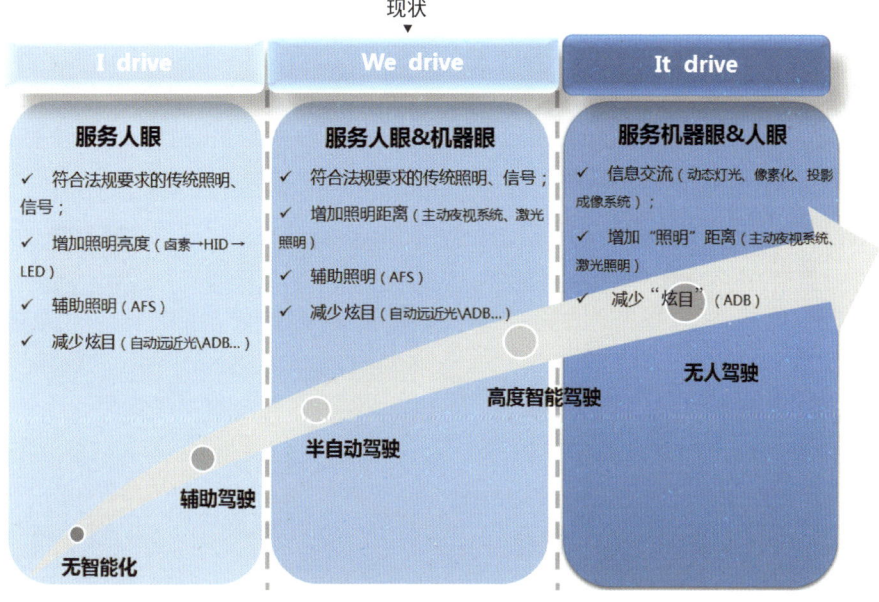

图 5.3.4　汽车灯具系统在智能汽车潮流下的发展趋势

(1) 提高夜间照明环境,更好地服务"人眼"。

研究表明,因为驾驶员在低亮度、低对比度的环境下,其反应速度比高亮度、高对比度的环境下低,驾驶员发现障碍物或危险时的制动响应时间和制动距离也会随之减少,所以夜间车辆发生事故的数量是白天的两倍,在没有路灯、照明严重不足的环境下车辆发生事故的概率比有良好夜间照明环境下上升 3 倍。在道路环境越来越复杂的今天,夜间采用 LED 光源灯具能够提供比卤素灯更高的亮度、对比度,提高驾驶安全性,减少严重事故发生率。

(2) 从服务"人眼"向服务"机器眼"转变。

随着高级驾驶辅助系统(ADAS)及后视环视系统的发展,汽车变得越来越智慧、安全,CMOS 图像传感器的性能将成为准确捕捉不同场景的关键因素。如果无法正确地捕捉场景信息,系统下游的其余部分数据处理就会建立在非准确信息的基础上,并导致错误的决定。在系统采集和处理之初,以基于视觉解决方案的 CMOS 图像传感器提供准确的信息作为开始,极其重要。

(3) 自动驾驶信息交流(车与车、车与人)。

在自然界中,人获得 90% 以上信息的途径均来自于视觉。自动驾驶条件下,车与行人、车与道路其他交通工具使用者的信息交流的任务,毋庸置疑地落到了汽车灯具上,数字化灯具将是未来的发展方向。

传统的卤素灯由于其发光原理的限制,无法为智能灯具提供实现的物理基础,LED作为汽车灯具光源,正好可以满足智能灯具及信息交互灯具的发展。

2. 全球汽车 LED 灯具的趋势预估

从图 5.3.5 和图 5.3.6 可以看到,LED 光源的车外前照灯及信号灯的使用量逐年增大,到 2025 年,前照灯的使用率将会超过 40%,信号类灯具的使用率将会超过 70%。主要有以下几大原因。

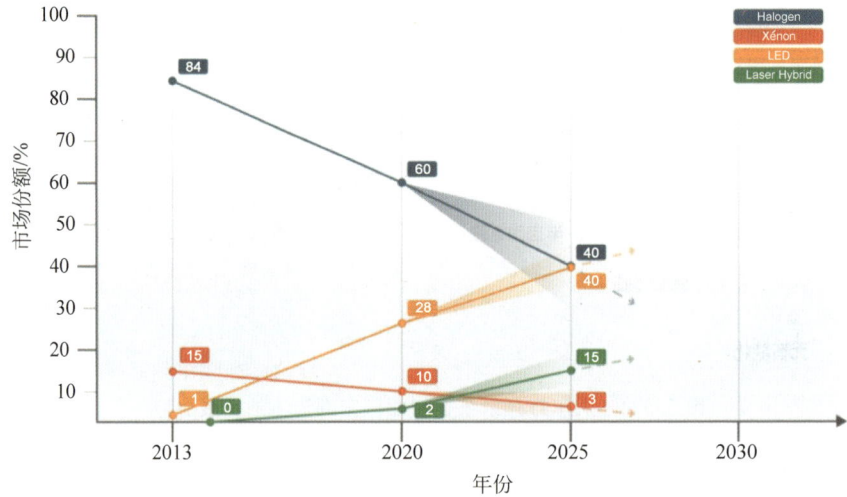

图 5.3.5　前照灯 LED 的使用趋势

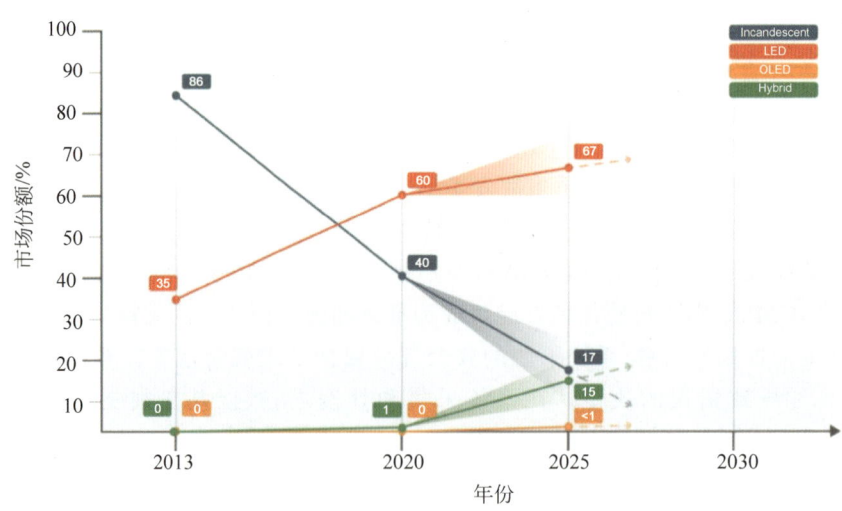

图 5.3.6　信号灯 LED 的使用趋势

(来源:DVN report "Automotive Lighting Technologies: Trends & Vision 2025")

(1) 氙气大灯虽然具有较高的光通量输出,但由于其技术成本过高,且不具备电子化智能控制的物理基础,故在前照明灯具系统,氙气灯很快就被 LED 灯所取代;

(2) LED 使用量的增加,也使其成本得到大幅度降低,在一定程度上会替代一部分中端车型的卤素灯前照明灯;

(3) LED 灯具和卤素灯具相比具有低能耗、长寿命、低工作温度、快响应速度的特性,这也符合社会倡导的节能降耗、绿色环保的理念;

(4) 车外灯具除肩负照明和发出信号两项安全功能,还是整车造型的关键部分,承担着提升美观度和打造品牌特征的责任;

(5) LED 在日用灯具方面得到广大消费者的广泛接受,汽车灯具采用 LED 灯具时,消费者往往会觉得车辆的级别更高端、更有科技含量,这也促使主机厂愿意采用 LED 照明灯具的配置来提升品牌。

这是全球的趋势,国内自主品牌走得更加激进:氙气灯的配置已经退出了市场,目前 10 万以上价位的车辆均会考虑配备 LED 前照灯,入门级的车辆也基本搭载了 LED 信号灯。根据 Ofweek 的数据显示,2016 年国内 LED 车灯的渗透率约为 10%～15%,LED 车灯的总体市场规模超过 50 亿元。按照 2022 年 LED 车灯渗透率为 60%,国内汽车市场未来几年销售量的年复合增长率(CAGR)为 5%估算,到 2022 年,国内 LED 车灯的市场规模有望达到 766 亿元,2016—2022 年的年复合增长率高达 57%。

随着智能化汽车的发展,汽车灯具不再是单纯的照明功能,还担负着信息交付的作用。如何能够让车与车、车与人(其他行人)更好地交流,减少事故发生率,是汽车照明的一个着力点。未来汽车灯具的功能由照明、简单指示进化为信息交付,这对底层 LED 芯片技术、驱动技术、控制技术及光学技术都会带来挑战及机遇。目前研究的主要方向为像素式汽车灯具及高亮度 LED 车外显示。

目前像素式大灯的实现方式主要有四种方式:激光扫描、LCD 技术、数字微镜阵列(DMD)技术、高清固态光源,其技术参数如图 5.3.7 所示。

将照明光线进行分区控制,从而达到既在最大范围为本车提供照明又避免对来车或前车炫目,是当前自适应光束(ADB)前大灯的主要用途。当像素达到 1000 以上,就可以在路面上投射出需要的指示图案,像素越高,投射出图像的质量越高,图像的自由度越高。通过投影到路面的指示图案完成车与人、车与车间的信息交付,如图 5.3.8 所示。

目前该项技术的应用有两大问题还待进一步研究和探讨:

(1) 投影图案在白天环境下无法辨识;

(2) 道路上有大量的道路使用者,道路作为公共交通设施,如果车辆均根据自

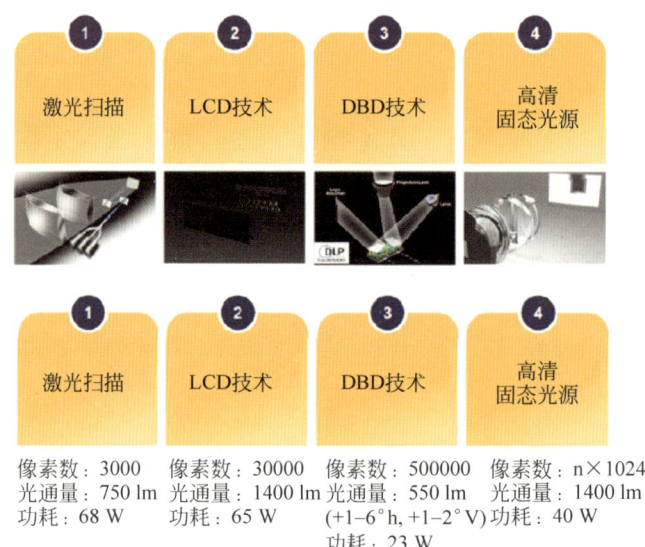

图 5.3.7 像素式大灯技术及技术参数

图 5.3.8 像素式大灯路面实例

己的控制逻辑向地面上投影图标,有可能会影响道路的其他使用者。

为提高车与道路其他使用者间的交付,有公司提出了高亮度 LED 车外显示技术,原理如图 5.3.9 所示。具体会采用什么样的图标显示,目前还在研究阶段。

图 5.3.9 高亮度 LED 车外显示原理

当汽车 LED 灯具升级为像素式或显示式信息交付工具时，LED 芯片、控制芯片均出现较大的变革。2017 年欧司朗公司发布了 μAFS 项目，即集成高分辨率 LED 光源，该项目由欧司朗公司开发 LED 模块，英飞凌公司在该 LED 芯片上开发智能驱动电路，使每一个像素（1024 像素）都可以单独使用，海拉公司根据戴姆勒公司的功能要求开发了整个光学系统、冷却系统以及原型车灯。此 μAFS 整合了 LED 芯片、CMOS 驱动芯片。μAFS 的每个微芯片尺寸是 115 μm，整个芯片尺寸为 4 mm×4 mm，共 30 W，输出 3000 lm。

随着智能化技术的发展，未来的灯具一定是电子化的发展方向，多领域的整合（将芯片、驱动、控制整合）将是一个趋势。

5.3.4 农业 LED 照明

(1) 降低成本。

成本是一个产品能否具有市场竞争力的关键因素，也决定了这种产品能否得到用户的认可，能否占据一定的市场份额。对 LED 农业照明光源来说，价格高是限制其发展的主要因素之一。与高压钠灯相比，一个功率为 400 W 的高压钠灯成本为 200~300 元，一个功率为 28 W 的普通荧光灯管成本为 20 元左右，而一个功率为 40 W 的白色 LED 光源需要 100~120 元。虽然 LED 光源的价格在以每年 20%~30% 的速度直线下降，但是与传统光源相比仍然存在较大的价格差，这在很大程度上限制了 LED 农业照明光源的应用与推广。近年来，国内各地新上了很多芯片产能，现在正处于建设期内，预计未来 2 年后这些产能的释放将大大降低芯片价格，高成本问题有望化解。

(2) 提高技术成熟度。

LED 在我国农业领域的应用才刚刚起步。目前，已有研究证明 LED 在农业领域应用的可行性，但是在农业 LED 光源开发方面仍缺乏适用于农业生产的精确可靠的光源技术指标的支持，这主要是由应用基础研究力度不足所致，其根源在于国家在 LED 农业应用研究方面的投入严重不足。因此需要国家加大支持力度，对其作进一步深入的研究，形成一套成熟完善的农用 LED 光源技术，为农业 LED 光源的进一步开发利用提供理论依据与技术支持。

(3) 提升产业化与标准化程度。

农用 LED 光源目前仍处于试验研究阶段，没有形成成熟的产业化产品，光源的开发和使用仅限于科研院所，缺乏能够将研究成果转化的专业性生产企业，也未能形成相应的产业。此外，对于 LED 农用光源的生产和使用，缺乏专业化和标准化的管理，这将不利于农业 LED 光源健康、合理、有序的发展。

5.3.5 医疗健康 LED 照明

与传统照明更多地聚焦于产品的物理性能不同,健康照明的研究是以光对人的影响研究——光致人体生物机理影响为基础,在传统照明的基础上集合了医学、生物医学工程、人因学、人工智能等多学科跨领域研究,其以定量化的光生物影响机理为准绳,利用生理指标与物理指标的匹配模型,通过智能控制的手段设计并实现以人为本的照明。

眼睛、大脑和皮肤是光对人体影响的主要器官,目前已明确对人体产生影响的灯具指标包括光谱能量分布、色温、显色指数、照度、亮度、频闪、炫光以及配光曲线,根据其对应关系可以总结如下的五大研究重点。

(1) 光谱能量分布对人的视觉、非视觉、脑功能、皮肤及代谢系统的关联机制研究,通过这一研究我们可以精准地研发设计出"健康"光谱,确定有益的色温变化范围,匹配适应的颜色质量系统。

(2) 以日常人体受光照的器官的有效接触面积为对象,研究人体光生物周期最佳曝光量,通过这一研究我们可以根据人体特点设计出满足健康需求的、集合了"光谱能量分布+色温+光强"等多指标的时间周期变化曲线。

(3) 从光的方向性出发,以视觉影响为主要方向,研究漫射、直射、反射、偏振对于光环境的影响,从而在水平均匀度和垂直均匀度上提升环境空间的光分布,在有效降低炫光的同时满足人的视觉和脑力负荷需求。

(4) 针对频闪-占空比问题,研究频闪对视觉系统和脑功能的影响,确定满足人体健康需求且兼顾性价比要求的频闪指标。

(5) 在以上四个方面研究的基础上,针对不同场景、模式等需求,以光生物机理研究为基础,实现对人体危害最小的光诱导和光胁迫的功能。

想实现这个目标,需要通过大样本量的人因实验、动物实验乃至细胞分子学实验,才能真正有效解读出光对人体生物机理的短期、中期、长期影响。事实上在光致人体生物机理影响的研究方面,国内外在该领域的研究方兴未艾,我国与国际的研究水平基本处于同步,这从与健康照明相关的标准研制方面就可以看出。

健康照明中可能出现的其他新兴技术预测:

(1) "智能化+健康"的全新照明产品模式;

(2) 在拟合太阳光谱的全光谱基础上,基于光生物机理研究所形成的健康光谱配比模型;

(3) 基于人体生理需求的"SPD+光强+时间周期"的健康照明光周期模型——面向不同年龄人群生理特点和生理需求的健康照明系统;

(4) 保障青少年视觉健康、延缓近视发育的健康照明系统;

(5) 降低视疲劳的健康照明系统;

(6) 提升视觉成像质量的健康照明系统;

(7) 面向老龄人群老花眼和黄斑变性的健康照明系统;

(8) 非视觉效应——生理节律健康照明系统;

(9) 延缓骨质疏松的健康照明系统;

(10) 提升作业效率的健康照明系统。

现阶段对健康照明的作用机制还不清楚,需要进一步研究照明对人体各个系统的生理、病理和治疗机制,快速建立照明健康标准体系,以大数据为基础,量化健康评估体系,在健康照明理论指导下,探索照明产业新的发展方向,抢占战略制高点。由于人们对照明需求多样化和便捷性的增加(比如看投影和电视时只需要低亮度的背景照明),智能控制成为实现的有效手段,同时智能控制与节能环保是天然紧密相连的,所以智能控制有可能成为健康照明的标配。

传统医疗照明灯具长期以来都是采用卤素灯作为光源,近年来一些医院开始采用金卤灯作为光源,但国内医院医疗灯具的主流仍是卤素灯。然而卤素灯存在以下不足:①寿命不长(相比 LED,在几百到 1000 h),更换灯泡频繁,辐射(热量)较大,价格混乱;②卤素灯、金卤灯都是光线向全空间发散的典型发散光源,这样高热辐射、全光谱、发散的光源,要达到医疗手术无影灯的特殊技术要求,必须采用一系列特种技术。比如,调光控制方面,卤素灯通过调整供电电压实现光强控制,但其光强变化又会影响其色温及显色性等。另外,采用卤素灯光源,如果滤光措施不当、效果不好,就会产生过量的红外光热辐射,加速患者手术区域的组织干燥,医生和护士也会产生炙热感。以 LED 作为光源的医疗照明灯具应运而生,将彻底解决卤素灯光源每隔 1~2 个月就需更换光源的先天缺陷。

与传统照明灯具相比,LED 灯具具有以下优点:①LED 在实现定点、定向照明、高强度照明、调光控制、实现高显色性、低光谱伤害等方面具有先天优势,可以有力克服常规照明的不足;②LED 的发射光谱可以全部在可见光区域没有紫外、红外等有害光谱成分,可以杜绝紫外光对人体组织的伤害以及红外光造成的体液挥发及组织灼伤等;③LED 光源作为新兴光源,寿命长(3 万~5 万小时),辐射较低,而且每个灯头通常使用多个 LED 灯珠,坏掉一两个灯珠也不会造成严重影响。

近年来,随着纳米技术和相关交叉学科的日趋成熟,许多分别用于诊断学与治疗学的分子标记物被集成于一体,形成了治疗诊断学,基于光子技术在医学诊断与治疗中扮演的多个重要角色,光诊断医学技术正在逐渐完善,这也是将来向医疗个性化方向发展的一个趋势。光诊断未来的发展目标是发展无辐射损伤、高分辨率的生物组织光学成像方法与技术,同时应具有非侵入式、实时、安全、经济、小型,且能监测活体组织内部处于自然状态下的化学成分的特点。

在光治疗医学技术方面,光与生物作用的基础研究的广度和深度还不够,其治疗机制有多种假说但无定论。绝大多数光医疗局限于定性研究,主要凭借经验对有限的样本进行对比实验,得出 LED 光学参数的搭配和其治疗效果。现有的光医疗尚存在界限模糊、靶向性差、实际治疗效果不明等问题,从而制约了光医疗产品的应用推广。因此,明确光子与生物组织分子相互作用机理、确定 LED 不同光学参数和生物学效应之间的量效关系、探索光医疗达到稳定治疗效果的条件和规律,是光子治疗医学中急需解决的重大科学问题和关键技术,对光医疗实现标准临床治疗和进一步推广其临床应用具有重要的意义。

纵观国内外 LED 技术研究及其应用的现状与进程,LED 健康照明与光医疗产业虽然刚刚起步,但已被各行业寄予厚望,而其技术已经从初期单纯将 LED 灯与透镜进行简单组合的雏形,向大功率芯片集成、灯具的光机电热一体化结构设计、高无影率与高均匀性的照明效果和色温的大范围连续可调的方向发展,这将是国际上 LED 健康照明与光医疗产业的最新发展趋势。

在光源配光设计上,为达到定点、高强度、高均匀、无影照明的效果,有以分离大功率 LED 单灯为主,通过专用聚焦透镜构成蜂巢或复眼式结构;也有采用大功率芯片矩阵模块,结合微透镜阵列进行配光聚焦。在色温调节上,早期是采用三个光强度可以独立控制的单色照明区,并使它们彼此同心地布置,通过控制三个独立照明区各自的光强,实现色温的调节;采用一个白光单元和几个有色光源组成大灯盘结构;采用不同颜色、色温的 LED 组合,通过各种 LED 光强比例的调节,实现在一定范围内调节色温。在整体结构设计上,从简单模仿传统卤素光源的整体灯盘式结构,逐步向模块化、平面化、流线型、分体多头式结构发展,探索将半导体的特性与健康照明特点结合的各种新形式。

5.3.6 人工智能中的 LED 技术

除了面向通用照明、汽车照明、农业照明等应用,LED 还可以作为探测或传感的核心部件,应用于人工智能领域。

1) 血氧检测设备

应用于智能手表、智能手环等人工智能设备中的血氧检测设备已经成为标配。近些年,随着社会经济的不断发展,人们的生活水平得到了显著的提高,衣食住行日益便利,生活却变得日益忙碌。高血压、糖尿病等"现代文明病"的发病率不断增加,人们的健康问题日益突出。心率、血氧饱和度、呼吸率等生理参数不仅具有传统意义上广泛的临床诊断意义,而且也是人们监控自身健康状况的重要参考标准。

人们常说的血氧就是血氧饱和度,主要是指血液中氧合血红蛋白(HbO_2)的容量占全部血红蛋白(Hb)容量的百分比,即血液中血氧的浓度。在正常情况下,在静态环境中人体的血氧饱和度一般保持在98%左右,不会低于94%,如果人体的血氧饱和度低于94%,说明人体身体健康状况不佳,人体组织器官缺氧,长时间缺氧将会影响人体的新陈代谢,对身体造成不可修复的严重损伤,甚至危及生命。氧气是人体新陈代谢必不可少的部分,血氧饱和度是判断人体供氧状况的重要指标。当人体血氧饱和度下降到85%的时候,会导致精神集中能力下降,肌肉协调能力下降;当血氧饱和度下降到75%的时候,会出现情绪不稳定和肌肉功能障碍等;当下降到60%左右的时候,人体会完全丧失意识。因此,监控血氧含量具有十分重大的意义。

最初是依靠化学分析来测量血氧饱和度,包括氰化高铁血红蛋白检测法和即时检验(POCT)法。这两种方法都需要对测量者进行血液采样,即有创方法。两种方法都能够很精准地测量出血氧饱和度,但是存在很多弊端:①抽血取样对人体是有创的,会带来一定的风险;②两种化学分析法都需要专业的医疗人员在特定的实验室进行,检测成本比较高;③这两种方法都无法实时监测血氧饱和度,在某些手术中需要实时监测血液中血氧浓度时,有创检测血氧饱和度方法便无能为力了。鉴于有创检测的种种弊端,无创可随机检测血氧饱和度的方法对提高医疗水平和人们的健康质量格外重要。目前已有的基于LED的无创血氧饱和度测量方法,包括如下两类。

(1) 透射式的测量方法。

在人体组织中,如指甲下端、耳垂、脚趾等组织的毛细血管丰富并且分布均匀,是透射式测量血氧饱和度的最佳位置。在透射式测量方法中,光电探测器和发光源分布在组织的两端,如图5.3.10所示,光线从单色LED光源透过手指中的毛细血管,经过吸收、散射后,剩余的光线会被附着在手指上的光电接收器接收。

(2) 反射式的测量方法。

在这种方式中,光电接收器和单色光源放在同一边,这样就可以在透射式不能检测的地方进行检测,如手臂、额头等。其测试方法如图5.3.11所示。

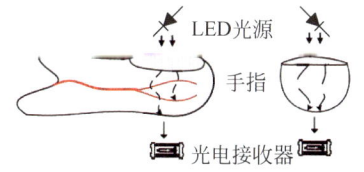
图5.3.10 透射式血氧饱和度测试方法

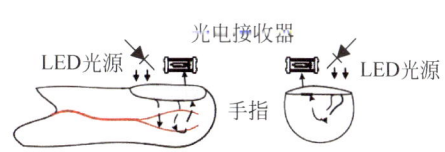
图5.3.11 反射式血氧饱和度测试方法

目前,反射式测量方法已经成为智能手表、智能手环等人工智能系统中的标配。基于LED等光电技术的实时无创血糖检测技术正在迅速发展中,但现有技术方案不够成熟,鲜有成功的报道。在研究 LED 发光特性与身体结构组织功能关系的基础上,不断开发基于 LED 的人体功能实施监测方法,是目前的重要发展方向。(参考:王佳乐.基于可穿戴设备的血氧饱和度检测及算法的研究.上海师范大学,2017 年 5 月)

2)光学编码器

在自动化生产中,工件或工作面的精密定位是必不可少的,其中基于 LED 的光学编码器发挥了重要作用。如图 5.3.12 所示为一种透射式的光学编码器结构。

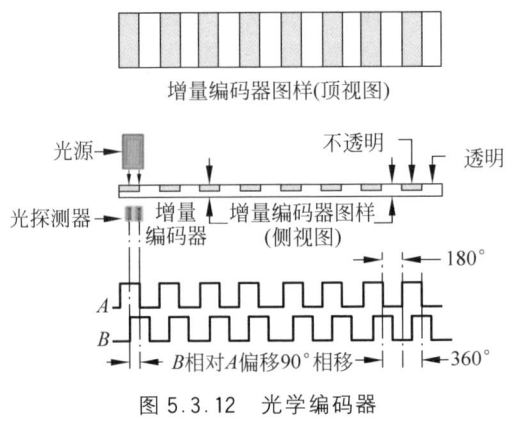

图 5.3.12　光学编码器

在上述结构中,光源和探测器分布在增量编码器图样的不同侧面,光源通常是一个或多个 LED。当有透明和吸光部分的轨道经过上述光源和探测器对时,可实时监控探测器接收的光的强弱,结合一定的算法就可以精确定位工件的位置。为了提升定位的精度,LED 发光的发散角必须严格控制。

目前,人们已经发展了多种光学编码器结构。面向特定用途的基于新原理的光学编码器正在迅速发展中。

3)LED 雷达和真三维测量技术

在自动驾驶、智能交通、无人机等技术领域,为准确感知周围环境信息,光学雷达常常是必不可少的。因 LED 的低成本,基于 LED 的雷达(图 5.3.13)成为学术和产业界研发的热点之一。目前,如何提高成像的分辨率、降低成本、提高可靠性和探测距离,是重要课题。

其次,面向短距离的人脸识别应用,美国苹果公司的 Iphone X 首次推出了带有"Trudepth"人脸识别功能的深度感应部件,引领了智能手机的发展潮流。普遍的看法是,该部件采用了 300 颗垂直腔面发射激光器,在人脸部位产生约 30000 个光斑,通过测量并计算光斑的分布特征提取人脸的深度信息,如图 5.3.14 所示。目前基于 LED 开发相应的立体扫描仪器成为智能平台的一个重要发展方向。

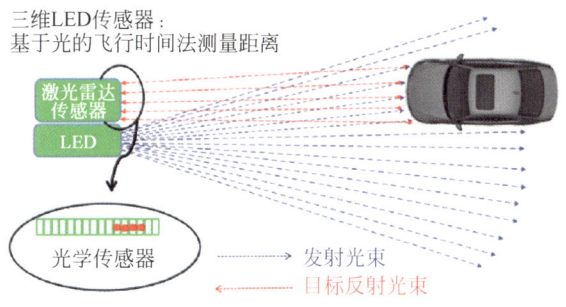

图 5.3.13　LED 雷达

图 5.3.14　苹果公司三维人脸识别示意图

5.4　LED 显示技术和市场发展趋势

5.4.1　常规 LED 显示屏

近年来，LED 显示屏行业格局较为稳定，以上市公司和大厂商为首的大型企业依然稳坐行业前茅，其后则是多家中型企业及众多小厂商，呈现阶梯状的行业格局。LED 显示屏向更节能、更高亮度、更高耐气候性、更高的发光均匀比、更高的可靠性、全色化、多媒体的方向发展，系统的运行、操作与维护也向集成化、网络化、智能化方向发展。

常规 LED 显示屏的主要发展趋势如下。

（1）小间距 LED 显示屏性能的进一步提升。

小间距 LED 显示屏，一般是指点间距在 2 mm 以下的室内 LED 显示屏。目前，小间距 LED 显示屏被广泛应用在安防监控、指挥控制中心、广播电视台、影剧院等中高端场所。

市场上主流的小间距 LED 显示屏型号有 P1.25、P1.5625、P1.667、P1.875、P1.923、P2 等。小间距 LED 显示屏和常规 LED 显示屏相比,像素点控技术更先进可靠,能很好地提高显示屏播放画面的亮度、还原性以及统一性。因此,小间距 LED 显示屏具备更高的使用价值,和传统 DLP 背投显示相比,优势也十分明显。

(2) 透明 LED 显示屏。

由于"光污染治理"和"市容整顿"等国家政策的影响,透明 LED 显示屏产品迅速崛起。为打造新城市形象助力,越来越多的透明 LED 显示屏产品出现在新城市的各个角落,商业综合体、商场、4S 店、橱窗等有玻璃的地方,都有透明 LED 显示屏的身影。而户内透明 LED 显示屏也不甘寂寞,随着技术的稳定成熟,高端商用显示、高科技领域等,甚至是数字舞美等领域都是透明 LED 显示屏存在的市场。

(3) LED 电影屏。

近来,三星公司在推出首款 LED 电影屏之后,又与泰国的影院展开合作,作为全球市场推进战略的"试水"首站,赚足了眼球。据悉,这款电影屏宽 10.24 m,高 5.4 m,屏幕以 4K 分辨率播放内容,像素为 4096×2160,行业媒体计算得出,此款显示屏为 P2.5 的小间距 LED 屏,对应的 LED 为 1010 封装,也是现在小间距的主流封装尺寸。诚然,电影市场几乎与 LED 显示屏行业不沾边,但单纯从此款小间距屏幕来看,点距要求并不高,相信业内能生产此类产品的企业数量只多不少。并且以目前国内企业的技术与产品品质来看,要胜任电影屏并非难事,而如今确实已有国内厂商成功打入中东电影屏市场,为当地二十多家影院生产、安装了 LED 电影屏。尽管不少人认为 LED 显示屏作为电影屏幕售价高、稳定性难以保证,但在人们对显示画质要求越来越高的趋势之下,市场对 LED 电影屏的接受程度更多的是与显示效果挂钩,而其他因素,相信随着技术的成熟和市场磨合,一切都将不成问题。

(4) LED 玻璃屏。

LED 玻璃屏是应用透明导电技术,将 LED 结构层胶合在两层玻璃之间的高端定制光电玻璃。可根据应用需求,将 LED 设计成星状、矩阵、文字、图案、花纹等各种不同排列方式。LED 玻璃显示屏属于亮幕的一种。

(5) LED 显示屏与智能技术相结合。

利用"显示+触控、语音交互""增强现实/虚拟现实(AR/VR)+手势/体感"等方式实现 LED 显示屏的人机交互,可令小间距 LED 显示屏在商用显示领域拥有更多优势。

(6) LED 显示屏制造技术的标准化。

在产业内各个厂家的产品标准能明确的不多。比如,业内都在说"灯珠几乎占硬件成本的一半",而灯珠的质量标准是奠定产品质量水准的基础,但业内对灯珠的验收却基本处于"蛮荒"时代,完全无法直观地从灯珠的性能参数等信息判断优劣,这也经常让很多下游屏企遭受打击,业内因为劣质灯珠也屡次陷入产品的"质量门"。LED 显示屏行业,很多市场客户对产品的标准概念是糊涂的,尤其是面对鱼龙混杂、新品层出不穷的复杂市场,更难区分产品优劣。推动 LED 显示屏的制造标准化,也有利于让市场形成有效、统一的产品衡量标准,客户和厂家双方之间的交易将会更容易。

5.4.2 MicroLED 显示技术

MicroLED 显示技术是采用金属有机物化学气相沉积方法生长的 LED 结构并且制作成 MicroLED 阵列,用正常的 CMOS 集成电路制造工艺制成 MicroLED 显示驱动电路阵列,通过转移与键合技术将两者结合,达到对 MicroLED 阵列定址、单独驱动点亮的目标,实现红、绿、蓝(RGB)可控发光,从而实现了超高分辨的显示屏。

MicroLED 显示技术的研究与开发至今已有多年历史,先后经历以下几个阶段。2001 年,美国堪萨斯州立大学的 Jiang 教授等研制了微尺寸的 III 族氮化物蓝色 LED 微显示器。同时,英国斯特拉思克莱德大学的 Dawson 教授领导的团队也在 MicroLED 显示以及可见光通信(VLC)方面提出概念,并制备器件和搭建系统,实现了概念的验证。2009 年,香港科技大学刘纪美教授领导的团队利用 UV MicroLED 阵列激发红绿蓝三色荧光粉,得到了全彩色的 MicroLED 显示芯片。上述三所大学被认为是 MicroLED 技术的三大发源地。随后研究界和以索尼公司、苹果公司等为代表的制造业界的投入,推动了 MicroLED 显示技术朝实用化发展,不断取得了重要进展。

老牌厂商以苹果公司为例,聚焦于手机和手表等中小尺寸显示,传出近期在小尺寸应用上准备 2 种 MicroLED 面板:①1.3~1.4 in 用于 Apple Watch 中;②0.7~0.8 in 用于 AR 可穿戴装置,可能是 AR 眼镜。苹果公司发展 MicroLED 主要是为了减少对一家独大的三星公司 OLED 的过度依赖,苹果公司从 2014 年并购 LuxVue 公司后便开始积极布局,至今苹果公司在 MicroLED 领域已取得相当多的专利,已基本完成 MicroLED 的技术储备。

而索尼公司产品布局是以高端商用型大尺寸显示屏幕产品为主要目标,主打高阶家庭和电影院投影场景应用,以与 OLED 竞争。在 2017 年国际消费类电子产品展览会(CES)上索尼公司展出的 CLEDIS 显示器,正是以 144 片 MicroLED 拼接而成,从而确立采用 MicroLED 专攻大尺寸显示器市场的策略。

三星公司虽然在 OLED 技术上遥遥领先,然而他们也强烈关注下一代 MicroLED 技术的产品研发。三星电子在 MicroLED 领域是以中大尺寸显示为重点发展方面,现以三星 VD 当中的商用显示器部门主导。三星公司于 2018 年国际消费类电子产品展览会上推出全球首款模组化拼接 146 in MicroLED 电视——"TheWall",引起业界的强烈反响。为了抢占 MicroLED 市场,三星公司也与中国芯片厂商签订预付款协定,该协议有一定排他性,协议生效后 3 年内中国芯片厂商将供应三星公司约定的 LED 芯片。

韩国另一家公司 LG 集团,目前由 LG 电子部门主导 MicroLED 技术的研发,2015 年已完成 MicroLED 全彩化显示产品,采用 RGB MicroLED 和软性基板,完成约 3 in 屏幕大小、3000 PPI 的产品。LG 公司正在积极布局,于 2018 年 3 月向欧盟申请三项与 MicroLED 面板有关的新商标,并于 2018 年 9 月推出首款 MicroLED 电视。

中国大陆 LED 芯片巨头三安光电公司在 LED 芯片产业的市场集中度不断提升,下游领域呈现系统整合与多样化技术发展,同时积极布局 MicroLED 产业链。2018 年 2 月三安光电公司与三星公司展开长期商业合作关系,三星公司将支付三安光电公司 1683 万美元预付款,以换取厦门三安光电公司产线生产一定数量用于显示产品的 LED 芯片。一旦厦门三安光电公司达到大规模量产能,三星公司将考虑以厦门三安光电公司为首要供应商,届时三安光电公司可能将引领 MicroLED 芯片市场。

除上述苹果公司、索尼公司、三星公司、三安光电公司等巨头大力布局 MicroLED,还有大量的中小厂商加入该产业。其中比较有特色的厂商包括中国台湾地区的錼创科技公司。该公司拥有开发和设计 MicroLED 的能力,其 MicroLED 显示技术称为"PixeLED Display",通过转移技术将 MicroLED 芯片转移至面板,宣称"转移良率可达 99.9%";此外,PixeLED Display 耗电仅为一般 LCD 的 10%、OLED 的 50%。MicroLED 厂商大多开发蓝光单色,錼创科技公司则开发 RGB 三色,色彩显示更完美,但良率挑战更大。该公司已于 2017 年下半年开始试产 MicroLED;在 2018 年 4 月国际显示技术大会(ICDT)上,更展出 MicroLED 显示器,共分白光、绿色以及全彩三种色彩显示。

加拿大新创公司 VueReal 以 MicroLED 技术开发高性能和超低耗的微型显示屏幕。VueReal 公司专有的 10 μm 以下高效率 MicroLED 和专利巨量转移工艺,被称为"Continuous Pixelation"技术,能以高产量和实惠价格实现 PPI 大于 4000 的显示屏幕。基于该技术,VueReal 公司开发出一款 4K MicroLED 显示屏幕,画素密度高达 6000 PPI,有助于缩小头戴式显示器(HMD)和抬头显示器(HUD)等 AR 设备的体积。在资本方面,2018 年 3 月 VueReal 公司获得逾 1050 万美元的融资,用于团队扩编,并推出先进微型元件开发和特性研究中心,加速 MicroLED 技术发展,当时预计在 2021 年达到量产水准。

综上所述,尽管 MicroLED 牵涉的产业广泛,包含精密机械、半导体制程、测试与检修等,巨量转移技术难度很大亟待突破,短期内无法达到量产水准,但从目前发展态势来看,龙头厂商积极参与研发 MicroLED,部分技术已得到突破性进展。因此,MicroLED 未来具有很大潜力成为下一代显示技术,应用市场广泛,商机可期。

除了 MicroLED 芯片的制备,在 MicroLED 显示领域,关键技术还包括芯片的巨量转移、面板与终端应用等环节。

在较早 LuxVue 公司公布的有源矩阵 MicroLED 显示专利中,一面是正常的 CMOS 集成电路制造工艺制成的 LED 显示驱动电路,另一面是采用 MOCVD 制备的 LED 阵列。如图 5.4.1 所示,我们看到有从蓝宝石衬底转移 LED 到硅衬底上的步骤,也就意味着制作一块屏幕至少需要两套衬底和互相独立的工艺,这会导致成本的大幅上升。MicroLED 显示技术要求把 RGB MicroLED 像素管芯逐个转移,有序安放在微米级周期的 TFT 电路基板上。对于第一代 LED 显示,点间距为 6 mm,则 3 万像素每平方米,9 万颗 LED 每平方米。对于第二代 LED 显示,点间距为 1.2 mm,则 64 万像素每平方米,192 万颗 LED 每平方米,这就是目前业界所称的"MiniLED"技术。我们认为,它是一项走向 MicroLED 显示的过渡技术。因此,MicroLED 作为第三代 LED 显示技术,芯片的典型尺寸在 $100\sim10~\mu m$,需要转移的 MicroLED 芯片无疑是巨量的,尤其是针对大面积应用时,良率和成本会有巨大的挑战,这就是产业界提及最多的"巨量转移"(mass transfer)瓶颈。

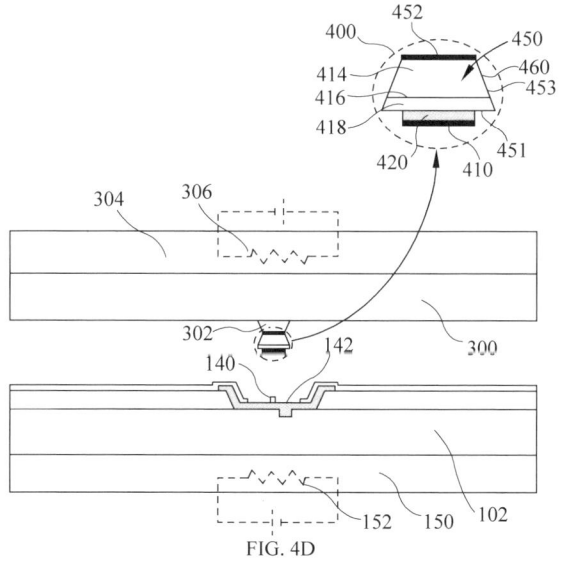

图 5.4.1 LuxVue 公司的有源矩阵 MicroLED 显示专利

(图片来源:LuxVue 公司)

针对上述 MicroLED 显示器的量产瓶颈——巨量转移,各家公司和研发单位也都加紧开发独特的技术,来提升小时产能(unit per hour,UPH,每小时能够生产的单位数量)、巨量转移的良率以及最佳与适用的 LED 芯片尺寸,希望能够领先群雄迈入量产的阶段,拔得市场的头筹。目前,研究者主要采取的技术路线包括"静电力""范德瓦耳斯力"和"磁力"。巨量转移的技术路线还包括选择性释放(selective release)、转印、自组装等方式。特别是利用图案化激光辅助的转移释放的技术,可以实现批量转移、避开不良芯片、修复缺失芯片等优势,具有非常大的潜力。自组装则利用流体力悬浮 MicroLED,并使其选择性地落到制定的位置。转印技术则通过类似印刷方式的方式实现 MicroLED 芯片的连续快速转移。

在转移基板的选择上,存在 PCB 基板、玻璃基板、硅基板等不同的技术方向,针对不同的应用场景,各有一定的优势。

玻璃基板相较于 PCB 基板而言,平整度较高,较容易实现巨量转移,已成为众厂商们的技术优化方向,是手机、智能手表等中小尺寸 MicroLED 显示器的首选方案。同时,由于 MicroLED 在透明显示方面具有独特的优势,玻璃基板也是透明显示的必然选择。PCB 基板的平整度不高,因此 MicroLED 晶粒难以直接转移至 PCB 基板。以索尼公司小于 $30~\mu m$ 的晶粒尺寸而言,在晶粒转移至 PCB 基板的过程中,必须要先转移至一个暂时的基板,才有可能再次转移至 PCB 基板上。

由于 PCB 基板的降低成本潜力较大,目前已有研究开发出被动矩阵式驱动"超小间距 MicroLED 显示模块",LED 晶粒尺寸在 $50\sim80~\mu m$,间距(pitch)约在 $800~\mu m$ 以下,模块尺寸为 $6~cm\times6~cm$,分辨率为 80×80 像素,能自由拼接大小并应用于电视墙(video wall)、室内显示屏(indoor signage)等。不过现阶段还是有部分技术瓶颈需要克服,超小间距 MicroLED 显示模块虽然已做到彩色,但还不是"RGB 全彩",主要原因在于红光 LED 受限于自身材料特性,加上传统 PCB 基板有一定粗糙度,转移后色彩呈现容易受到影响。可见,MicroLED 直接转移到 PCB 基板的难度相当高,均匀度不易掌控,目前有关技术障碍仍待克服。

硅基板则可以直接做好 CMOS 驱动电路,实现主动阵列驱动,也是一种重要的技术路线,单芯片上为 MicroLED 阵列,通过单次键合可以实现较多像素与驱动的直接结合,键合次数减少从而避免巨量转移的技术困难,并适合较高像素密度的应用。

驱动电路的形式方面,结合基板不同,芯片键合以及转移工艺的不同,也有不同的技术路线。主要有被动式驱动和主动式驱动。驱动器件工艺包括 CMOS 驱动芯片并与 LED 阵列键合,玻璃基板上的 TFT,LED 阵列上生长 TFT 等。

MicroLED 的发光单元与驱动电路的连接方式,即芯片与基板的焊接/转移技术,是 MicroLED 技术的核心技术和难点,可分为三种类型。第一类是芯片级焊接

(chip-bonding),将 LED 直接切割成微米量级的 MicroLED 芯片,再利用表面贴装(SMT)技术或基板上芯片(CoB)键合技术,将微米等级的 MicroLED 芯片一颗一颗键合在显示基板上。第二类是外延级焊接(wafer-bonding),在 LED 的外延层上用感应耦合等离子(ICP)蚀刻及其他芯片工艺,形成 MicroLED 单元,再将 LED 外延片(含外延层和衬底)直接键合到驱动电路基板上,最后使用物理或化学机制剥离基板,仅剩 MicroLED 生长薄膜结构于驱动电路基板上,形成显示像素。第三类是薄膜转移,完成台面刻蚀及大部分芯片电极工艺,剥离 LED 衬底,并以一临时基板承载 LED 外延薄膜层,然后实现键合和转移。相关技术路线都在积极探索中。

MicroLED 在中大屏幕显示领域从成本和良率上是否具有竞争力,其关键在于 MicroLED 的巨量转移技术能否成功实现。以一个 4K 电视为例,需要转移的晶粒就高达 2400 万颗(以 $4000 \times 2000 \times RGB$ 三色计算),即使一次转移 1 万颗,也需要重复 2400 次。

传统的 LED 在封装时采用的真空吸取极限只能做到吸附约 80 μm 的芯片,而 MicroLED 的尺寸基本小于 50 μm,因此必须采取新的吸附方式。巨量转移技术仍然是 MicroLED 参与企业重点研究的方向。如何提高巨量转移的键合精度、效率和良率是需要重点解决的问题。

三原色混色是 MicroLED 显示的另一关键技术。颜色混合方面,目前存在多种技术路线:①R、G、B 三色 MicroLED 芯片转移混色;②"紫外芯片+红绿蓝光转换材料"或蓝光芯片结合红绿色光转换材料混色;③通过外延或与芯片工艺结合实现三色 LED;④晶片级或者基板级混色。采用三种芯片混合,在亮度、效率、稳定性和颜色显示效果方面最优,调频响应时间最快,但是缺点是需要三次巨量转移,成本高,工艺良率挑战大,驱动匹配难度较大。通过外延或者外延结合芯片工艺实现三色 LED,可控性差,较难实现。第二种方法,特别是采用蓝光芯片结合红绿色光转换材料,只需要一种芯片的巨量转移,也适用于不采用巨量转移的外延级焊接或薄膜转移类型的 MicroLED 显示屏。传统荧光粉由于颗粒尺寸较大,已不适用于 MicroLED。目前部分学者认为纳米尺寸的量子点光转化材料是 MicroLED 显示的终极解决方案。量子点的精确涂覆方法也是一项待解决的课题。

与液晶显示或者 OLED 等传统显示不同,MicroLED 显示采用很多颗自发光的 MicroLED 拼接组成,除了需要测量每个像素点的光学性能,还需要检测每个像素点的电学性能;在转移实现拼接之前,还需要检测挑选芯片单元,包括自动光学检测(AOI)、电性、发光性能等;焊接/转接质量方面,还需要做剪切/拉力测试;由于存在一定的不良概率,还需要在批量转移之后,检测发现缺陷之后清除缺陷,并选择性转移并测试,这个过程即修复过程。检测方面,由于单元尺寸小,自动光学检测、发光的检测速度较慢,发展的方向就是用多探测头来提高单位时间测试能力,并需要矩阵式点测技术,采用高精度探针卡或者 MEMS 探针头。由于单元发光面积小、发光强度较弱,因此需要优化相关测试精度,或者重新定义相关测试标准,并且需要高精度、小探测面的光学探测器或探测器阵列。修复工艺也是一个需要重点发展的方向,目前较有前景的技术路线包括激光辅助选择清除与转移等。

总之,MicroLED 与 MicroLED 显示技术的发展,结合了外延衬底选择、外延结构优化、基板选择、芯片结构类型、驱动技术、转移/键合技术、混色技术、检测与修复技术多方面技术的发展,各方面技术互相影响,各技术发展的成熟度影响了 MicroLED 技术的成熟度,并共同决定了 MicroLED 应用的优势领域。其中巨量转移技术决定了 MicroLED 的成本、良率等,是最为关键和最受关注的一个技术。

如果技术问题得以解决,那么 MicroLED 显示对外延片的需求将是照明的数倍。而 MicroLED 显示在应用端具有高亮度、低功耗、高对比度等优势。目前以上游芯片和下游应用端的推动力度为最大。比如,上游厂商晶元光电、鍂创科技、三安光电、国星光电等公司都积极参与,下游有苹果、索尼、三星等公司积极布局或展示其样机并计划量产。相关设备和物料厂商也乐见 MicroLED 显示拉动相关方面的需求,因此也较为积极参与。中游如面板厂商,则由于 MicroLED 与现有显示产品技术是替代竞争关系,参与力度不大,但都保持关注或跟进。中游相关企业有 LuxVue 公司与我国台湾的工业技术研究院(工研院),多属研发单位或者初创型企业。从区域来看,欧美厂商偏重终端应用产品开发,亚太厂商则聚焦关键零组件的发展。未来的发展还是会保持上游和设备厂商,以及应用厂商一起推动的格局。

从产业发展角度来看,关键问题的解决,需要产业链各环节的充分配合,共同解决。相关厂商协作推动,也是 MicroLED 产业链发展的一个要素和趋势。

比如,外延方面,MOCVD 厂家正配合外延芯片厂家,针对 MicroLED 的需求,从设备和工艺角度,提高波长和亮度均匀性、降低外延颗粒等;在巨量转移关键工艺技术方面,也是设备厂商和相关芯片厂商或者封装厂商一起协同解决。

5.5 小结

光既可以携带能量,也可以携带信息。作为发光的使能器件,LED 具有电光转换效率高、调制速率快、光场分布可控等诸多优点。更节能、更友好、更舒适、更智能是半导体照明相关技术发展的主流方向。未来随着人们认识的进一步提升,半导体照明技术和产业的发展一定会更加五彩缤纷。

第 6 章

与半导体照明技术竞争的其他照明技术分析

6.1 其他竞争性照明技术概述

除了基于Ⅲ-Ⅴ族化合物半导体的 LED,还有其他发光效率较高的光源,比如 GaN 基蓝光激光器、有机物发光二极管(OLED)等。本章对这些竞争的技术作一概述,探讨其优缺点和发展方向。

6.2 激光照明技术

6.2.1 激光照明的概念和方案

1. 激光照明的概念

在激光照明中,激光只是作为光的能量来源,其相干性、快速响应等特性一般得不到利用。基于激光能量,产生用于照明等应用的白光,即激光照明(图 6.2.1)。

2. 激光照明的方案:PC LD 和 RGB-LD

(1) LED 照明有三种产生白光的方式,如图 6.2.2 所示。与之类似,只要把 LED 换成激光二极管(LD),就是激光照明的三种实现方式。其中,PC-LD(phosphor converted LD)和 RGB-LD 是已经实现的技术方案。"UVLD+phosphor"的方案目前还在开发中,这个方案可以避免激光出射,从而有更高的安全性且没有激光安全的法规风险。

如图 6.2.3(a)所示为 RGB-LD 的常用光学结构。RGB 三色激光经过滤光片

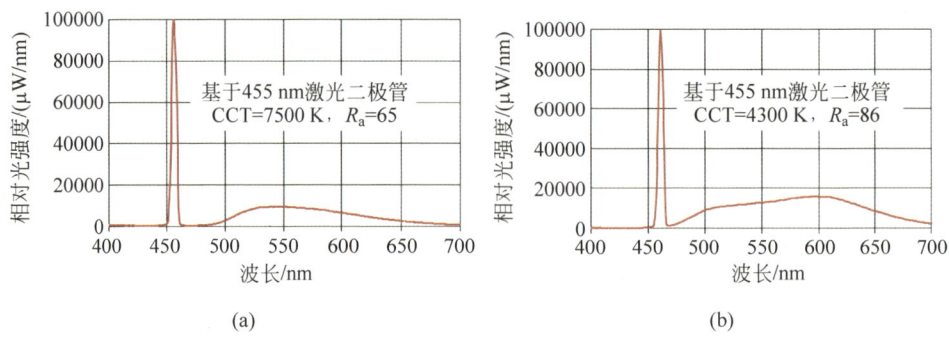

图 6.2.1 激光激发

（a）黄色荧光材料产生 7500 K 白光；（b）红绿双色荧光材料产生高显指暖白光

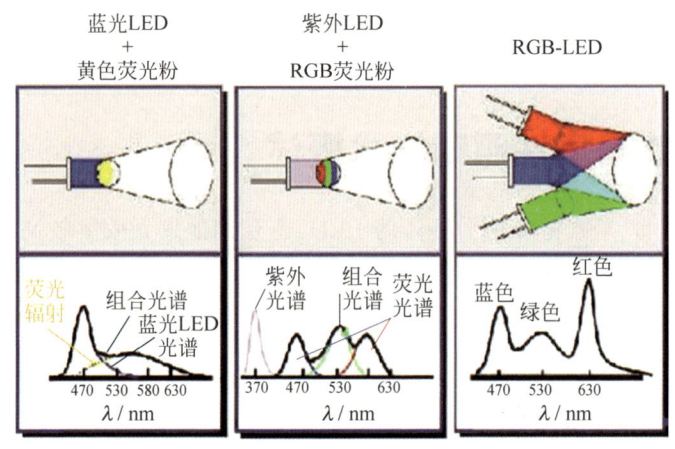

图 6.2.2 LED 产生白光的三种方式

合成一束后，入射于一根光纤中进行匀光、整形以及消除相干性，光纤出射端即白光发光源。

如图 6.2.3(b)所示为 PC-LD 的一种光学结构。其中，黄色荧光涂覆于反射型的金属衬底上，蓝光激光聚焦于荧光涂层表面，两者混合出射白光。金属衬底反射黄色荧光，同时起到为荧光涂层散热的作用。

图 6.2.4 是上海蓝湖照明科技有限公司提出的一种结构紧凑的 PC-LD 的结构，使用了透射式的荧光材料（图 6.2.4(b)和(c)），其中蓝宝石用作荧光材料的基底。在透明材料中，热导率最高的是金刚石；但高透明金刚石（即使是复合金刚石）的成本过高，目前并不适用于批量产业化应用。蓝宝石虽然导热性能比金刚石差得多，但是目前性价比最适合的选择。当然，随着产业化拉动和金刚石成本的下降，未来金刚石替换蓝宝石作为基底的话，激光照明光源的性能显然还可以大幅提

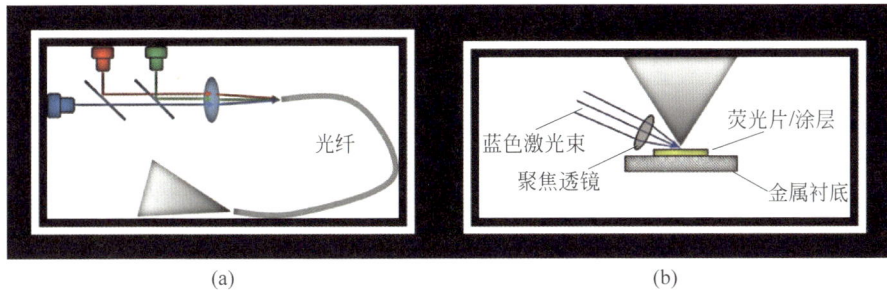

图 6.2.3　RGB-LD(a)和 PC-LD(b)的结构示意图

升。如图 6.2.4(a)所示的这种结构可以直接和激光二极管(LD)的封装相结合,使晶体管外形(TO)激光封装直接发射白光,这个成果发表在 *Applied Optics* 上。

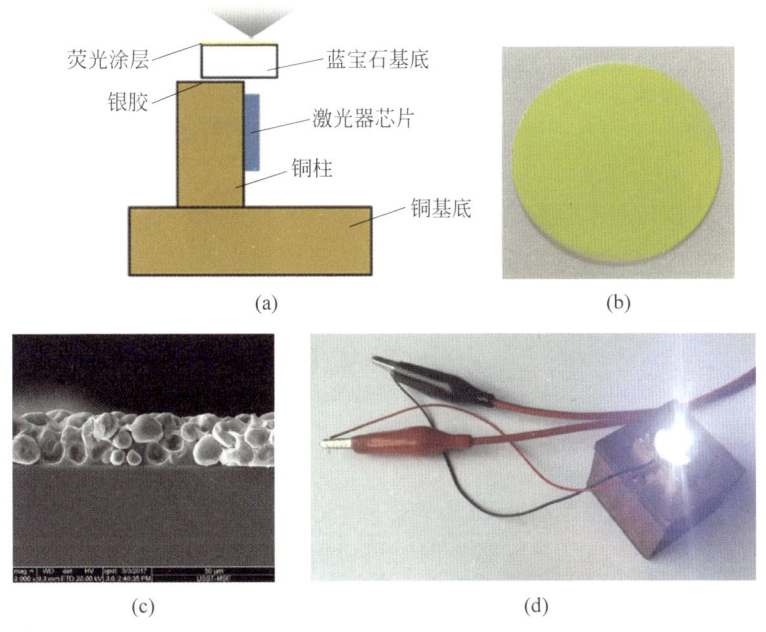

图 6.2.4　一种紧凑的 PC-LD

(a) 结构示意图；(b) 蓝宝石基荧光涂层；(c) 截面 SEM 照片；(d) 点亮照片

(2) PC-LD 和 RGB-LD 的结构、性能比较。

表 6.2.1 比较了 RGB-LD 和 PC-LD 的优缺点。从表 6.2.1 可以看出,PC-LD 成本低、体积小、激光安全等级高,在大多数市场应用中,会成为主流的激光照明方案。目前已经推向市场的激光照明光源,也都不约而同地采用了 PC-LD 方案。事实上,中村修二教授所提出并倡导的激光照明,也是基于 PC-LD 方案的。因此本

章主要以 PC-LD 为代表来分析激光照明。

表 6.2.1　RGB-LD 和 PC-LD 的优缺点比较

	RGB-LD	PC-LD
优点	• 光亮度高,且几乎无上限 • 光斑光形锐利	• 成本相对低 • 小型化、模组化相对容易 • 激光安全等级较高
缺点	• 成本高:激光器成本＋生产成本＋较低的效率 • 体积较大,小型化、模组化存在障碍 • 激光安全等级较低	• 光亮度介于纯激光和 LED 之间,难以应用于超高亮度场合 • 光斑光形较散

3. PC-LD 和 PC-LED 的比较

1) 效率

图 6.2.5(a)和(b)分别为 PC-LED 与 PC-LD 的结构。

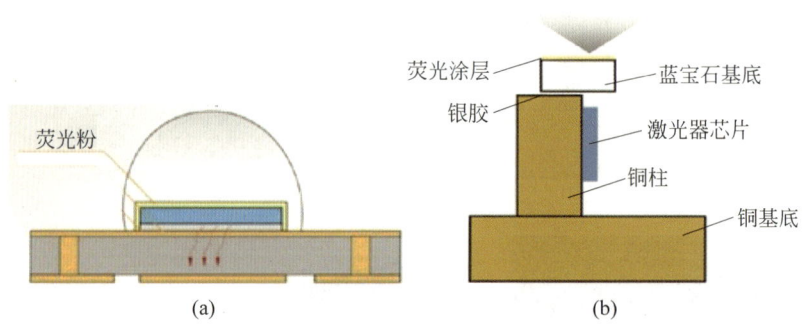

图 6.2.5　PC-LED 的结构(a)与 PC-LD 的结构(b)之一

容易看出,这两种结构的原理几乎相同。所不同的是,在 PC-LED 中,荧光粉是涂覆在 LED 芯片上的,LED 芯片同时可以起到反射荧光和为荧光粉散热的作用。而在 PC-LD 中,荧光涂层不能直接涂覆于激光芯片表面,而是涂在蓝宝石基底上的,蓝宝石基底上有透射蓝光反射荧光的镀膜,因此同样可以起到反射荧光并为荧光涂层散热的作用,甚至蓝宝石基底的镀膜对荧光的反射率可以更高,达到 99%。

$$\eta = \eta_{\text{source}} \cdot \eta_{\text{conversion}} \cdot \eta_{\text{package}} \tag{6.2.1}$$

上式为影响发光器件效率 η 的几个因素:激发源效率 η_{source},荧光材料转化效率 $\eta_{\text{conversion}}$ 和封装效率 η_{package}(为了简化分析,这里只考虑了主要因素)。PC-LD 和 PC-LED 的激发波长接近,目前成熟的荧光材料也可以应用于激光照明中,因此荧光材料转化效率 $\eta_{\text{conversion}}$ 是相同的。而封装效率的关键是光提取技术,LED 中的成熟方案同样可以应用于激光照明,因此封装效率 $\eta_{package}$ 也可以认为是相同的。因此,PC-LD 与 PC-LED 之间的效率对比主要取决于激发源的效率 η_{source}。

首先看蓝光 LED 的效率(表 6.2.2)。

表 6.2.2　蓝光 LED 效率与电流密度的关系

电流密度/(A/cm^2)	效率/%	电流密度/(A/cm^2)	效率/%
35	66	150	32
100	39		

再看蓝光激光的效率(表 6.2.3)。日亚化学公司 TO9 蓝激光目前代表蓝光 LD 的世界最高水平,其芯片电流注入面的面积是 0.8 mm×0.6 mm。可以计算得到其效率与电流密度的关系(表 6.2.3)。

表 6.2.3　蓝光 LD 效率与电流密度的关系

电流密度/(A/cm^2)	效率/%	电流密度/(A/cm^2)	效率/%
208	35.5	521	37
417	36.4	730	36.8

比较表 6.2.2 和表 6.2.3 可以得到结论,由于显著的能效降低(droop)效应,LED 工作在 35 A/cm^2 的小电流密度下才能有高效率的表现。当电流密度上升,其效率与 LD 接近甚至低于后者。与之相对应的,LD 完全不受垂边(Droop)效应的影响,随驱动电流上升效率不会下降。两者的效率-电流密度曲线的比较如图 6.2.6 所示。

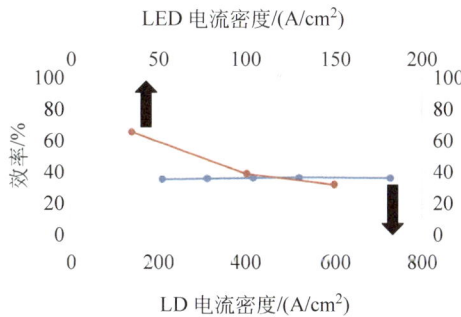

图 6.2.6　蓝光 LED 和蓝光 LD 效率比较

随着技术的进步,就像 LED 的发展轨迹一样,LD 的效率也在不断上升。据日亚化学公司工程师消息,其实验室 LD 已经实现 55% 的效率,未来的目标是达到 80% 以上的效率。届时,从效率角度来说,激光将不弱于 LED;与低电流下的 LED 可以持平,同时并不受垂边效应的影响而效率下降。

2) 成本

从表 6.2.4 可以看出,当前激光照明光源的成本是 LED 照明的 20～40 倍,因此目前激光照明不可能与 LED 照明在通用照明市场竞争。

表 6.2.4 PC-LED 和 PC-LD 单位发光效率的价格比较

当前成本(元/lm)	PC-LED	PC-LD
	0.01～0.02	0.3～0.4

目前,PC-LD 的成本中,80% 的成本来自于 LD。如图 6.2.7 所示为 LD 目前的采购成本构成。芯片成本和芯片封装成本各占 30% 左右,而激光供应商的利润占比高达 40%。

封装成本:目前的激光封装主要采用 TO-Can 封装形式,封装成本比较高。而在激光照明中激光作为能量源使用,实际上完全可以采用 CoB 的封装形式,后者的封装成本会显著下降。欧司朗公司最新推出的 MDP 蓝色激光就是采用 CoB 封装(图 6.2.8(a)),封装成本降低 60% 以上,而且体积小,集成度高。

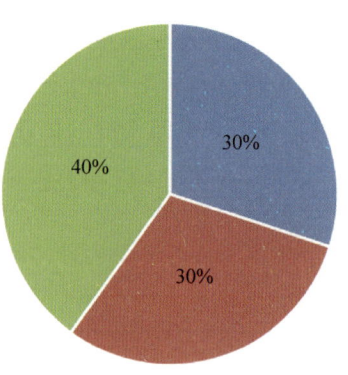

图 6.2.7 LD 采购成本构成

芯片成本:随着激光芯片生长技术的成熟和良率的提升,激光芯片的成本必然可以大幅下降。更重要的是,比较表 6.2.2 和表 6.2.3 可知,激光工作在 730 A/cm² 电流密度下效率不降低,而 LED 在 35 A/cm² 电流密度下能够保持高效率,在 100 A/cm² 下的效率与激光接近。这意味着要产生同样的光功率并在同样的功耗下,激光芯片的发光面积只需要 LED 芯片发光面积的 1/7;也就是说,一个激光晶片(wafer)上产生的总光通量,等于 7 个 LED 晶片

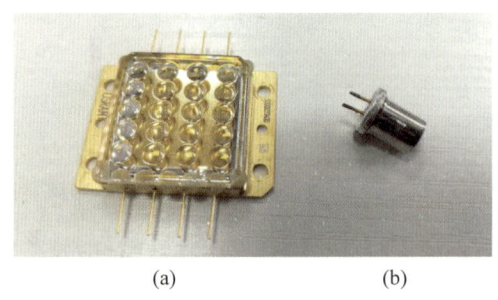

(a)　　　　　　　(b)

图 6.2.8 欧司朗公司 CoB 激光封装(a),50 W 光输出和日亚公司 TO-Can 激光封装(b),4 W 光输出

上产生的总光通量。

因此,激光芯片的生产成本将可能远低于 LED 芯片的生产成本。激光芯片的单位晶片产能也要比 LED 高得多,这意味着激光芯片的价格可能会低于 LED 芯片的价格。这也是中村修二教授称"激光照明将成为下一代主流照明技术"的主要理由。

3) 亮度

日亚化学公司激光芯片的发光端面面积是 0.15 mm×0.6 mm,要产生同样的光功率,激光芯片的发光面积只有 LED 芯片的发光面积的 1/40。再考虑到激光芯片发光角度(全角 24°@快轴)远小于 LED 芯片(全角 180°),那么 LD 的亮度(cd/mm^2)能够达到 LED 芯片发光亮度的 1000 倍——这就使激光照明用于特种照明时具有了得天独厚的优势。同时,由于激发荧光材料时的光功率密度也大幅度提升,所以对荧光材料的导热性、耐热性也提出了非常高的要求。因此在高亮度激光照明应用场合中,在设计上必须考虑荧光材料局部热量的耗散,例如图 6.2.3(b)的反射式激光光源结构中,金属衬底在反射光的同时还起到为荧光层散热的作用,图 6.2.4(a)中则有蓝宝石衬底起到为荧光层散热的作用。

即使外部散热良好,荧光材料本身还必须具有相当好的导热率和耐热性,这样才能把热量充分地导出到外部散热装置上。在这种情况下,在 LED 照明中广泛使用的荧光粉-硅胶混合物,就不能作为荧光材料的主体,因为硅胶本身导热性很差,而且硅胶是有机物,长期耐热性和耐光性都不能满足要求。

一个解决方案是使用 YAG 荧光陶瓷,德国欧司朗公司、日本京瓷公司、中科院上海硅酸盐研究所都有这方面的技术。还有一个解决方案是使用荧光粉和无机材料烧结的荧光涂层,两种方案的成本都不高。目前,前者应用于汽车大灯中,后者应用于上海蓝湖照明科技有限公司的激光光源产品中。

激光本身发光的亮度能够达到 LED 芯片的 1000 倍,和荧光材料结合后所实现的激光照明光源的亮度可以达到白光 LED 的 5~10 倍。

4) PC-LD 的技术壁垒

PC-LD 在原理上包括两个部分:LD 和荧光转化元件,这两个部分也构成了 PC-LD 的主要技术壁垒。

LD。高功率的蓝光 LD 目前在世界范围内只有两个供应商:日亚化学公司和欧司朗公司。中科院苏州纳米技术与纳米仿生研究所在 LD 产业化上做出了很好的尝试,但目前在发光功率上还存在较大的差距。我国的固态激光器很成熟,但由于体积较大,在照明应用中非常不便。

荧光转化元件。前文已经提到,由于需要承受激光的大功率激发,荧光转化元件本身就需要具有非常良好的导热性和耐热性,其技术要求比 LED 照明中使用的荧光粉要高得多。该技术掌握在少数几个公司手中。我国在这方面技术并不落后。

5) 小结

如表 6.2.5 所示，在现阶段，与 PC-LED 相比，PC-LD 的成本和效率上是短板，而在发光亮度上是长板，这直接决定了目前激光照明仍然只能应用于细分领域。而未来，激光照明的效率和成本都会大幅度下降，在特种照明领域中将彻底取代传统的汞灯、氙灯光源。

表 6.2.5　主流照明方案的商业化产品现状比较

光源类型	发光效率/(lm/W)	亮度/(cd/mm^2)	成本/(元/lm)	使用寿命/h
汞灯/氙灯	15～35	～1000	0.01～0.02	2000
白光 LED	>100	～200**	0.01～0.02	50000
激光+荧光转化	55	～1500	0.4～0.6	20000
RGB 激光合光	25～30*	>10000	6***	20000

* G 激光 75 lm/W，B 激光 10 lm/W，R 激光 47 lm/W，合成白光流明比 G∶R∶B=6∶3∶1。耦合效率为 60%～80%；

** 1 mm 芯片，发光 700 lm，222 cd/mm^2；

*** 按照激光成本估算。

6.2.2　激光照明产业的现状

基于发光亮度上的优势，目前 PC-LD 主要应用于 LED 照明的亮度不能满足要求的特殊照明场合，如图 6.2.9 所示。这些应用场景很多已经与 LED 照明相交叉，但由于其对光源亮度的要求很高，激光照明在细分市场可以得以应用，这些应用的总产值达千亿元，市场体量大约是 LED 照明的 1/10。

图 6.2.9　现阶段激光照明的主要应用场合

一种照明技术的普及，首先必须有标准化的光源出现。例如，梨形的白炽灯灯泡、直管形的荧光灯灯管、子弹头 LED 灯珠或大功率 LED 封装等（图 6.2.10），都是在有了标准化光源后，才能被各个行业所应用，其应用范围才可能被不断扩展。按照这个标准来判断，激光照明目前还处于非常早期的阶段。即使激光显示的产业化已经开始，但是至今也并没有一款用于激光显示的标准化光源出现。究其原因，如图 6.2.11 所示，光源结构太复杂，以至于不容易标准化。

图 6.2.10　LED 的几种常见封装形式

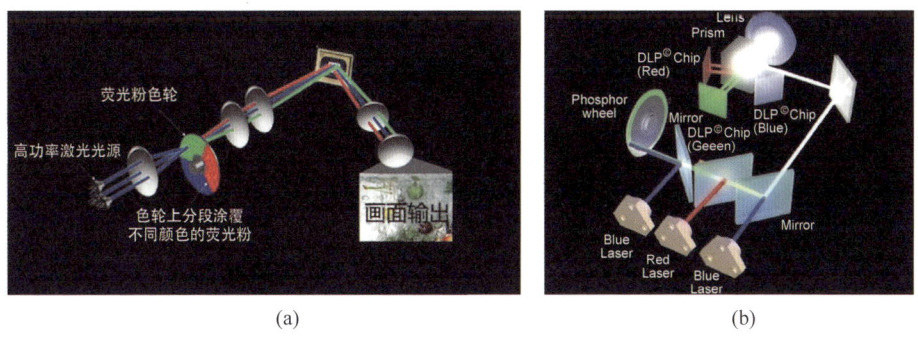

(a)　　　　　　　　　　　　(b)

图 6.2.11　激光显示的两种光学构架

宝马公司于 2015 年推出了应用激光大灯车型，很多人认为激光大灯会成为汽车大灯的未来终极解决方案。可是后来的两年多时间，都没有应用于激光大灯的商业化激光光源模组推出。其原因也是光学结构复杂而不容易标准化。激光大灯的结构如图 6.2.12 所示。

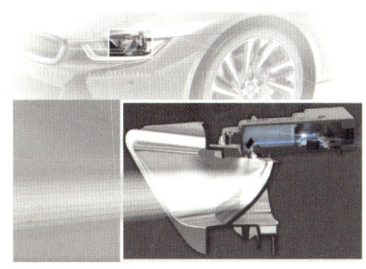

图 6.2.12　宝马 I8 系列激光大灯的光学结构示意图

没有通用化、标准化的光源,就意味着一个技术只能针对某一个特定领域定制开发(如投影显示和激光大灯),而不能迅速地推广到其他领域,极大地限制了这个技术的普及。

到2017年,标准化、小型化的商业化激光光源开始推出,2017年可以视为激光照明发展的元年。深圳光峰光电技术有限公司、上海蓝湖照明科技有限公司、欧司朗公司等三家先后推出了4款激光照明光源产品,其基本情况见表6.2.6,照片如图6.2.13所示。

表6.2.6 目前市场上激光光源的基本情况

型号	发光效率	功耗/W	面向市场	价格/元	成本/(元/lm)	推出时间
光峰光电激光光源	4000	100	舞台灯	10000	2.5	2017年年初
蓝湖照明 WP-Rx	450	12	战术照明/汽车大灯等	300	0.67	2017年8月
蓝湖照明 WP-R1	2200	36	搜索灯/内窥镜	1200	0.54	2017年8月
欧司朗 uLARPGen2	350	10	汽车大灯	约7000	20	2017年12月

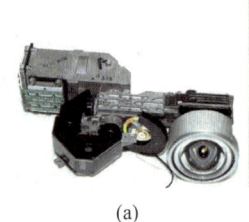   

(a)　　　　　　(b)　　　　　(c)　　　　　　(d)

图6.2.13　4款激光照明光源

(a) 光峰光电激光光源;(b) WP-R1;(c) WP-Rx;(d) uLARPGen2 照片

6.2.3　激光照明的技术和市场发展趋势

1. 效率提升、价格下降发展趋势

如图6.2.14所示。封装效率的提升、激光芯片效率的提升、荧光材料转化效率的提升,将是激光照明效率提升的主要来源。而LD价格的下降,是伴随着封装方式的改变、芯片良率的上升以及产能的拉升而发生的。

2. 激光照明产业产值发展趋势

激光照明市场目前只有激光显示方向全面进入了产业化阶段。然而可以预见的是,激光照明会逐渐与LED照明的市场相交叉,即逐渐进入LED照明的市场。预计到2032年,激光照明总产值将超过2500亿元(图6.2.15)。以下对主要市场作简单说明。

激光显示:1200万台60 in以上大屏电视需求和1000万台投影机需求,提供

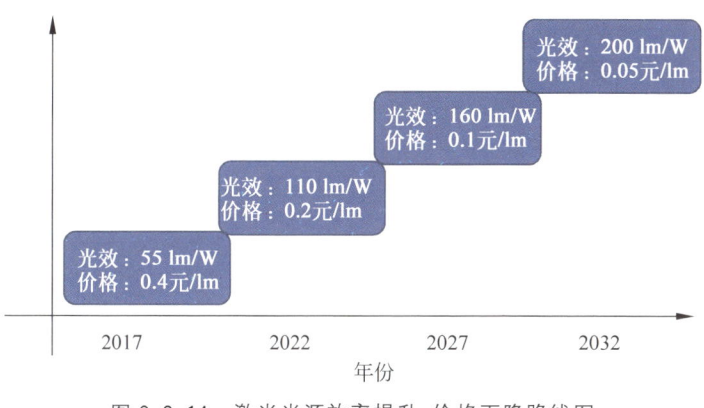

图 6.2.14 激光光源效率提升、价格下降路线图

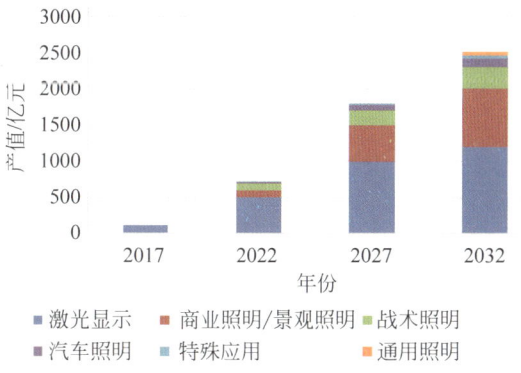

图 6.2.15 激光照明产品产值分布

了激光显示的主要产值,传统的汞灯和氙灯灯泡将被彻底淘汰。

商业照明/景观照明:包括舞台照明、装饰照明、景观照射、亮化工程、光纤照明、灯光表演等需求(图 6.2.16)。这个领域目前 LED 照明每年有 800 亿元的产值,而激光照明以其高亮度的优势会逐渐进入并主导这个市场。随着激光照明成本的下降和效率的提升,这个市场未来将以激光照明为主。

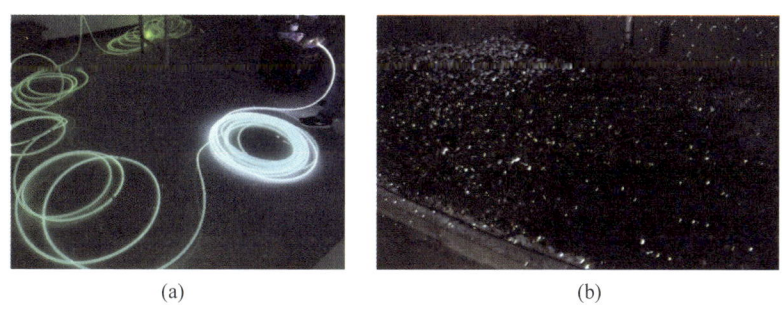

图 6.2.16 基于激光光源的光纤照明(a)和白色激光光点装饰的树丛(b)

战术照明：包括手电、探照灯、搜索灯等市场需求（图 6.2.17）。每年高亮度 LED 手电全球出货达 2 亿支，产值达 200 亿元。探照灯和搜索灯以汞灯和氙灯光源为主，每年产值超过 100 亿。这个数百亿的市场对亮度要求很高，必将以激光照明为主。

汽车照明：除了汽车远光灯和一些装饰灯，LED 照明会成为汽车照明的主流。

特殊应用：如农业照明等。

通用照明：随着激光照明的价格持续降低，降到可以和 LED 照明相比时，会有一些高端、特殊场合应用激光照明。

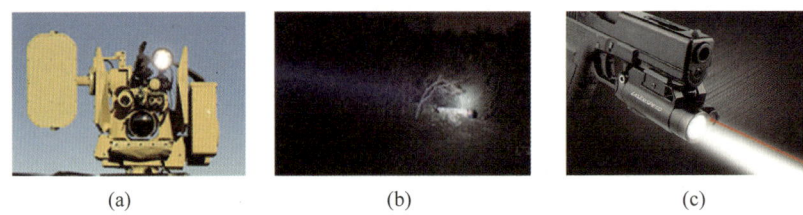

图 6.2.17　战车用激光探照灯(a)，搜救应用(b)和枪支应用(c)

6.2.4　激光照明与 LED 照明的比较

激光照明会逐渐从高亮度要求的市场应用切入，并逐渐扩大市场份额。而且随着新技术的不断进化和价格下降，一些现在未知的新市场应用会涌现出来。LED 照明和激光照明同属于半导体照明，都具有高效率、长寿命、绿色无污染、即开即关等优点；而 LED 照明成本低廉，激光照明则具有亮度优势，两者相互补充。可以想象，在数年后 LED 照明占领通用照明领域，激光照明占领特种照明领域，两者将长期共存并共同构成照明领域的终极解决方案，其他照明方案会逐渐退出历史舞台。

6.3　OLED 照明技术

6.3.1　OLED 照明的工作原理

1. OLED 的基本原理

OLED 由最初的经典三明治结构经过多年的发展，经历了由简入繁，效率由低至高的过程。其结构中除了最初的发光层（emitting layer，EML），又逐渐引入了空穴注入层（hole-injecting layer，HIL）、空穴传输层（hole-transporting layer，HTL）、电子传输层（electron-transporting layer，ETL）、电子注入层（electron-injecting layer，

EIL)等有机功能层。而实际应用的时候,为了实现激子的最大化利用率,具有适当能级的电子阻挡层(electron-blocking layer,ETL)或者空穴阻挡层(hole-blocking layer,HBL)也会被引入其中。如图 6.3.1 所示为常用的底发射 OLED 器件结构不断丰富发展的过程。

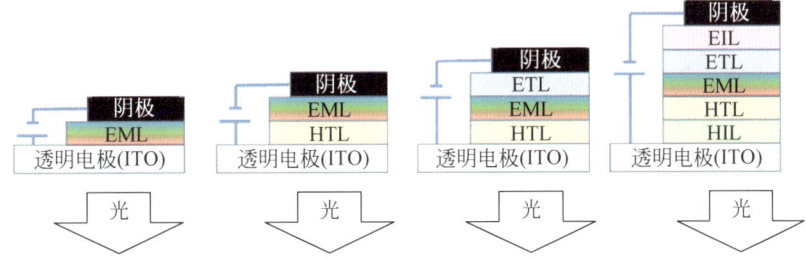

图 6.3.1 OLED 器件结构不断丰富与发展的过程

当 OLED 器件被施加一个正向的偏压时,空穴就从器件的阳极注入 HIL 的最高已占有分子轨道(highest occupied molecular orbital,HOMO),从而在器件内部的电场力作用下,不断靠近 EML 的 HOMO;而电子从金属阴极注入 EIL 的最低未占有分子轨道(lowest unoccupied molecular orbital,LUMO),同样在电场力的约束下,不断靠近 EML 的 LUMO。当电子和空穴在 EML 相遇时,两者即受到库仑力的约束,形成电子-空穴对,也即激子(图 6.3.2)。此时的激子是处于高能激发态的,因此极不稳定,当它向低能态跃迁的时候,将释放出能量,从而回到基态稳定状态。而释放能量的过程,又分为辐射跃迁和非辐射跃迁两种:辐射跃迁是指以光子的形式释放能量,非辐射跃迁一般则以振荡热能等形式释放能量。

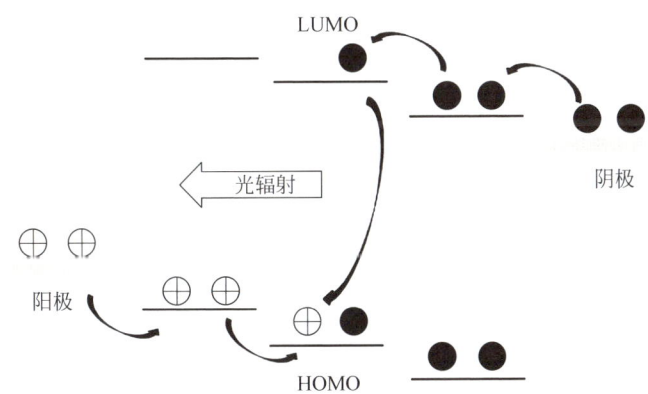

图 6.3.2 激子的形成与辐射跃迁过程

OLED 的电致发光过程归属为上述的辐射跃迁过程,处于不稳定的激发态的激子,通过辐射的方式向基态跃迁,同时以光的形式释放出能量。此时光色由激发

态与基态之间的能极差决定,并且满足下面的公式:

$$h\nu = E_1 - E_0 \tag{6.3.1}$$

式中,E_1 与 E_0 分别代表激子所处的激发态与基态的能级,h 为普朗克常量,ν 为出射光子的频率,并满足公式

$$\lambda = \frac{c}{\nu} \tag{6.3.2}$$

式中,c 为光速。因此激发态与基态之间的能极差,直接决定了出射光的波长,也即决定了出射光的光色。

发生辐射跃迁的同时,也会伴随着以振动弛豫为表现的非辐射跃迁,此时能量以声子或热能形式消耗掉。因此想要获得 100% 的激子利用率,就需要降低非辐射跃迁占比。

为了避免有机荧光分子在高浓度下的分子间相互振动从而导致淬灭效应,通常需要利用主体-客体掺杂的方式来分散发光染料,这也是提升激子利用率的方式之一。通过改变掺杂染料,可以使器件发出相应颜色的光。通过复合三原色,使发光光谱相互补充并覆盖 400~800 nm 的可见光区(图 6.3.3),则可以实现白光。从器件的结构上来说,白光通常有如图 6.3.4 所示的四种实现方式:其一为单发光层结构(图 6.3.4(a)),发光层的主体掺杂了至少两种光色的发光材料,这对发光材料的掺杂比例要求近乎苛刻;其二为多发光层结构(图 6.3.4(b)),即发光层由多个单色发光层相连而成,这可以通过调控发光层的厚度实现光色调控;其三为

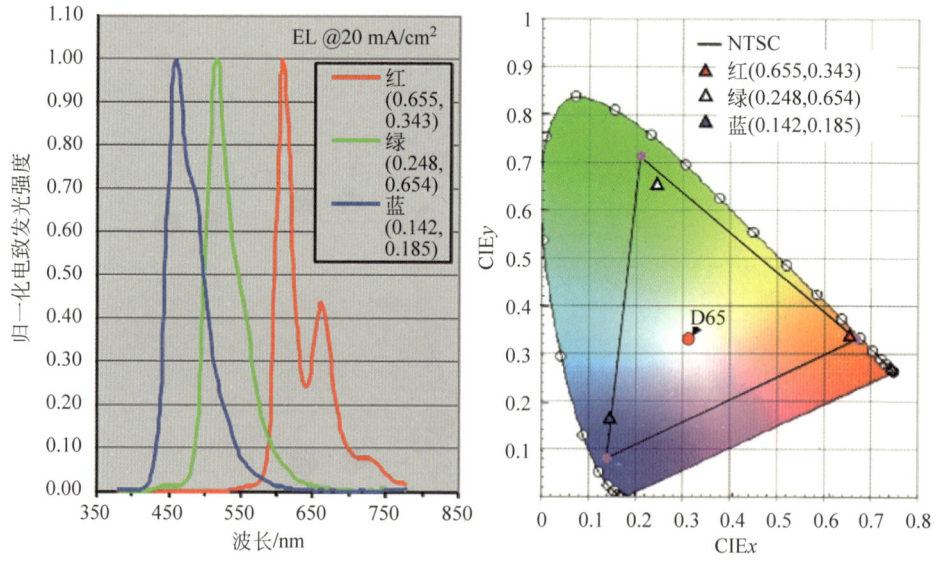

图 6.3.3 三原色互补产生白光

叠层结构(图 6.3.4(c)),即在发光层之间加入连接层(通常为 pn 结结构),连接层之间为一个完整的器件结构,激子在各个子器件的界面连接层处产生并被发光材料捕获而跃迁发光,通过调节不同发光材料间的比例,可以轻易获取白光;其四为像素点结构(图 6.3.4(d)),这种方式通常在可穿戴式设备、手机等配备小型显示屏的电子设备中得到广泛的应用。其原理是将肉眼不可见的单色发光像素点按照规则排列,通过控制不同像素点的亮度以及设计像素点排列方式,实现显示功能,当所有像素点全部亮起的时候,表现为白光。

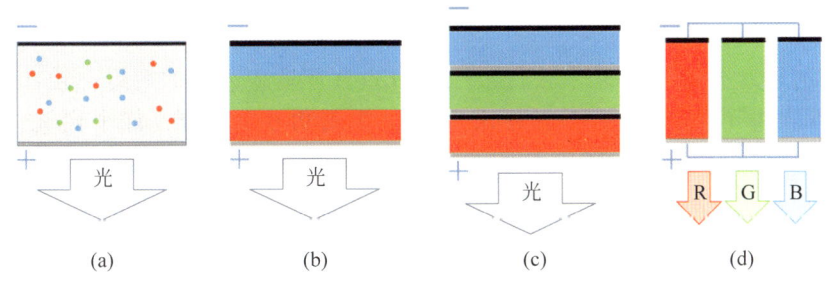

图 6.3.4 实现白光的四种 EML
(a) 单发光层;(b) 多发光层;(c) 叠层;(d) 像素点结构

除了上述多色互补发光,还有依靠具有多个激发态的单客体发光方式,亦可以获得白光。此外,依靠主体材料与传输材料间的能级差形成的激基复合物或者激基缔合物,同时结合单一客体互补发光,同样可以获得白光。

2. OLED 技术的发展历史

20 世纪的 50 年代,Bernanose 等科学家通过在蒽单晶片的两侧加上高达 400 V 的直流电压,观测到了有机材料的电致发光现象,而过低的发光效率并没有引起太多关注。

直到 1987 年,华人科学家邓青云与同事 van Slyke 于偶然间发现了有机材料在低电压状态下的发光现象,随后利用真空热蒸镀技术,将有机材料均匀地覆盖在阳极与阴极材料之间,从而研发出首个真正意义上的有机电致发光(EL)器件。当时能够利用的有机材料非常有限,仅有 N,N′-二(1-萘基)-N,N′-二苯基-联苯二胺(NPB)和 8-羟基喹啉铝(Alq3),其中 NPB 作为空穴传输层,Alq3 兼作电子传输层和发光层。该器件具有双层结构,在 10 V 的直流工作电压驱动下,实现了亮度为 1000 cd/m^2 的绿光(图 6.3.5)。这个效率在现在看来微乎其微,但却足以照亮之后 30 年 OLED 研究领域的道路。

随后几年,OLED 技术迎来了飞速发展阶段。1990 年,*Nature* 杂志报道了首个有机聚合物 PPV 的电致发光现象,从此开启了聚合物有机发光二极管(PLED)的研究;不久以后,Heeger 研究团队首次将聚合物制备在柔性衬底上,并获得了当

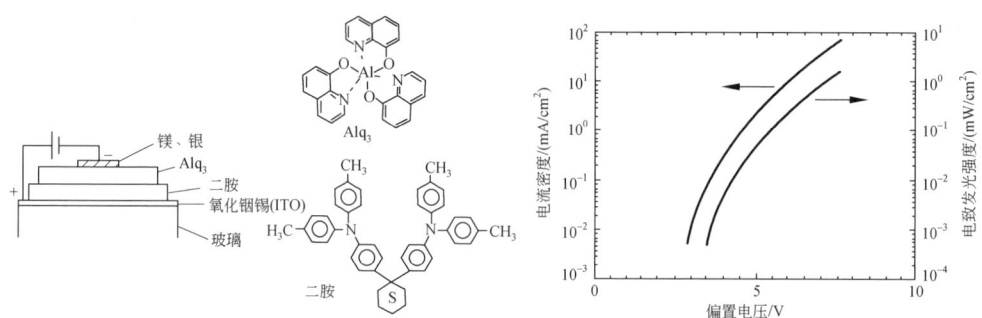

图 6.3.5 经典三明治结构的 OLED 及其光电性能曲线

时极高的外量子效率(EQE),使得柔性 OLED 逐渐进入人们的视野;至 1994 年,Kido 团队将不同的染料掺杂进入主体中并成功获得白光,首个白光 OLED (WOLED)的问世使 OLED 在照明方面的应用成为可能;到 1998 年,高效 OLED 实现了跨越式发展,Forrest 团队首次将重金属原子应用于发光染料中,利用其轨道杂化效应,打破了三线态到单线态的跃迁禁阻,从而使 OLED 实现 100%的内量子效率(IQE)成为可能。

2004 年,廖良生教授和 OLED 发明人 C. W. Tang 报道了具有实用价值的叠层 OLED,真正使 OLED 的高效与长寿命成为可能。叠层 OLED 是指具有不止一层发光单元,使用了独特的连接层将发光层串联起来的 OLED 器件。连接层的独特之处在于,其双层结构兼具 n 型和 p 型半导体性能,从而能够同时促进器件内部载流子的产生与注入。较单层器件而言,叠层器件有以下几点优势:器件的电流效率(current efficiency,CE)随着层数线性上升;器件的功率效率(power efficiency,PE)也有一定的增长;器件寿命显著延长;器件内部载流子平衡性显著提高;更适用于大面积器件的制备;更适用于多色器件的制备等。叠层结构亦成为国际公认的大面积、长寿命、高效率 OLED 照明面板的首选结构。

2012 年,日本九州大学的 Adachi 教授课题组首先研发出一种热活化延迟荧光(thermally activated delayed fluorescence,TADF)材料,为实现激子的 100%利用率提供了一种新思路和解决方案。当激子的三线态能量与单线态能量之间的能量差(ΔE_{ST})非常小的时候,三线态激子吸收周围的热量就足以通过反隙间穿越(reverse inter-system crossing,RISC)的过程重回单线态,从而跃迁至基态发出延迟荧光。尽管目前来看,TADF 材料往往效率滚降非常大,这主要是由高亮度下材料内部的三线态-三线态激子淬灭(triplet-triplet annihilation,TTA)导致的,但 TADF 材料作为三线态激子无辐射跃迁或者磷光出射之外的新型利用途径,其意义无疑是巨大的。

2014 年以来,研究者们又逐渐将眼光放至一种新型的高效主体——激基复合物上。这是一种具有天然 TADF 效应的主体结构,其由两种不同分子组合而成,但激基复合物的发光峰会明显区别于上述两种分子组分的发光峰,并发生明显红移。激基复合物与 TADF 材料的区别在于,激基复合物的给体和受体来源于两个不同分子,而 TADF 材料的给体和受体是在同一个分子内的。因此,激基复合物又称为分子间的电荷转移态(intermolecular charge-transfer),TADF 材料则被称为分子内的电荷转移态(intramolecular charge-transfer)。通过对激基复合物材料的合理选择与应用,研究者们成功实现了超过 100 lm/W 的超高效白光 OLED 器件,这一结果已接近不含任何光取出技术的白光 OLED 器件功效的理论极限。

6.3.2 OLED 照明的产业现状

目前而言,OLED 照明尚处于产业化的初期阶段,欧美日韩等为了抢占行业制高点,已逐步从战略高度制定了发现路线。例如,欧盟建立了"OLED-100 计划"等战略项目;美国能源部已实施了近十年的半导体照明计划;韩国政府计划在 2027 年将光源全部替换为半导体照明;日本政府则期望在 2030 年整体实现第四代高效照明。

1. 国外 OLED 照明产业现状

2008 年,德国欧司朗公司首次推出全球第一款 OLED 照明产品,该面板在 1000 cd/m^2 的亮度下,发光效率达到 46 lm/W,寿命达到 5000 h;次年开始,包括飞利浦公司、Lumiotec 公司、LG 公司在内的企业随之相继推出了 OLED 照明产品或样品。日本的松下、柯尼卡美能达(Konica Minolta)和 NEC 等公司在随后的几年内,将白光 OLED 的发光效率分别突破至 114 lm/W、131 lm/W 和 156 lm/W。在 OLED 照明技术稳步提升的今天,全球各大厂家也在积极推进 OLED 照明的市场化进度;而 OLED 照明的应用并不局限于传统照明领域,各大厂家也在寻求 OLED 照明在新兴技术领域的拓展。

目前来看,全球范围内,在 OLED 照明领域,以韩国 LG 公司以及日本住友化学公司、EL Techno 公司、柯尼卡美能达公司等企业实力最为强劲。

其中,韩国方面,LG 化学公司在 2015 年宣布了与韩国首尔国立大学的 OLED 照明合作项目,为该校图书馆提供 1100 块 320 mm×110 mm 的 OLED 照明面板(图 6.3.6),该面板效率为 60 lm/W,使用寿命达 4 万小时。随后 LG 显示器(LGD)公司推出照明代表品牌"Luflex",并计划将其发展成为全球照明市场第一品牌。2016 年,该公司宣布推进世界第一条五代 OLED 照明生产线(1100 mm×1250 mm)的建设(图 6.3.7),已投入量产。这与原有每月生产 4000 片的第二代生产线(370 mm×470 mm)相比,可生产约为 30 倍以上的数量。LGD 公司计划以 1.5 万片为初始生产量,之后逐步扩大产量,通过大量生产,有望在提高质量的同时,确保价格竞争力,并加速扩大市场份额。LGD 公司更是在伦敦 Design

Junction 展上公开展示了利用五代线生产的 3 款台灯,并称其"发光寿命在 3 万～4 万小时",相当于在 13 年的时间里每天开灯 10 h,该样品已于 2018 年全面投产。

图 6.3.6　LG 化学公司为首尔国立大学图书馆安装的 OLED 照明面板

图 6.3.7　LG 显示器公司 OLED 照明第五代线工厂

日本方面,在德国法兰克福举行的 2016 年国际照明暨建筑技术展("Light+Building 2016")上,日本住友化学公司展示了其名为"空中花园"的聚合物 OLED 照明产品。这意味着住友化学公司在布局 OLED 显示之外,将开拓 OLED 照明市场,并实现聚合物 OLED 照明面板的生产与销售。日本 EL Techno 公司于 2010 年创立,并于 2013 年夏开始量产边长为 100 mm 的 OLED 照明产品。

此外,日本柯尼卡美能达公司开发的 OLED 照明具有革新特点,其 OLED 照明面板厚度仅为 0.35 mm,采用树脂基板,因此厚度仅为原来采用玻璃基板制品的约 1/5。质量也非常轻,一片 150 mm×60 mm 的面板仅重约 5 g。由于使用柔软的树脂基板,还可以弯曲(图 6.3.8)。柯尼卡美能达公司的 OLED 技术研发始于 20 世纪 90 年代中期,并于 2000 年年初制定了专注于开发 OLED 照明的方针,该企业于 2014 年宣

图 6.3.8　日本柯尼卡美能达公司展示的可弯曲超薄 OLED 照明样品

布投入100亿日元,以期达到月产能100万片的目标,并准备向OLED在办公室、汽车及飞机上的照明应用进军。

欧洲方面,德国欧司朗公司同样不容小觑。自2013年以来,欧司朗公司一直致力于汽车照明应用近图形显示OLED技术的研发,其汽车OLED照明面板已于2016年实现量产,为宝马M4GTSOLED供应尾灯,该车成为第一款应用OLED车尾灯的商用汽车。而在此前的2015年,欧司朗公司就公布了为期五年的20亿欧元战略性投资规划,其投资瞄准当前和未来照明应用,包括激光器、汽车LED以及OLED等。欧司朗公司预计,2025年汽车激光器和OLED市场规模将达到11亿欧元。日前,欧司朗公司更是承诺投资10亿欧元用于研发OLED技术。

美国方面,OLED Works公司于2015年宣布完成收购飞利浦公司的OLED业务,包括其设在德国亚琛的生产工厂及相关的知识产权。作为由前柯达公司业务专员于2010年成立的一家公司,OLED Works公司是美国第一家OLED照明生产商。该公司完成了Lumibladc产品整合,OLED面板继续在亚琛生产,并于2015年4月宣布Lumiblade FL300L(色温约2900 K,发光功效近50 lm/W)已经出货。此外,该公司开发了一种专有的低成本生产工艺,并收到了三笔美国能源部提供的拨款用于研发OLED技术。

此外,美国GE公司宣布2017年量产一款如纸般薄的软性照明板(lighting panels);该产品是在软性的聚合物基板上,将OLED组件印刷上去,并用超高屏障的涂层(coating)把它们包覆起来。GE公司声称,通过利用廉价的软性基板以及滚动条式(roll-to-roll)OLED制造技术,可同时降低新产品的成本,并提高设计的灵活度。GE公司表示,该公司使用的超高屏障涂层能媲美传统用于保护脆弱印刷有机组件的刚性玻璃板(stiff glass panels),对软性OLED材料提供妥善保护。

总之,国际上针对OLED照明技术的发展已经到了全面产业化的前夜,各国在政府层面上都予以高度支持,各公司亦是向OLED照明行业投入极大的研发精力。因此OLED照明行业在可以预期的未来5~10年内将实现大规模的大尺寸面板量产。

2. 中国台湾地区OLED照明产业现状

2017年中国台湾地区举办的国际照明科技展上,台湾工业技术研究院(工研院)打造了三大照明主题馆,其中"OLED照明主题馆"以"智慧生活居家照明"为主题,首度公开柔性OLED(flexible OLED)光引擎"FOLED"技术,其可通过挠曲设计将OLED轻薄、类自然光、平面、可挠曲的特色展现出来。过去OLED主要在玻璃基板上进行开发,而工研院创新研发使用软板技术,质量只有8 g,厚度小于0.6 mm(图6.3.9)。

图 6.3.9　台湾工业技术研究院展示的柔性 OLED 照明灯具样品

中国台湾友达光电公司则早在 2008 年就已切入 OLED 照明领域,并在 2010 年日本横滨国际平板显示器展中展出过项目成果。由于 OLED 显示器与照明的生产材料和设备能够兼容 80% 以上,所以友达光电公司在利用 3.5 代线的剩余产能布局 OLED 照明专利与制程技术,并已进入试产阶段。此外,友达光电公司致力发展 OLED 照明的同时,亦积极研发设计创新的平面、内嵌式与可挠式灯具,进而提升 OLED 灯具的总体价值。

3. 中国大陆 OLED 照明产业现状

对中国大陆而言,OLED 照明技术起步较晚,技术方面也缺乏足够的支持,因此前期发展较缓,多数企业仍处于积累期。总的来说,整体技术水平与国际平均水平有一定的差距;但市场面极其广阔,能够从一定程度上推动 OLED 行业水平的迅猛发展。

作为世界首批专门从事 OLED 照明产业化的企业,南京第壹有机光电有限公司于 2017 年主办了首届 OLED 健康照明(南京)洽谈会,并在该洽谈会上宣布了"OLED 五年行动计划"。根据该计划,2017 年至 2019 年,该公司的 2 代线实现满产盈利,同时布局 6 代线;2020 年至 2021 年,该公司的 6 代线成为引爆产业。该公司创造的民族品牌"宁壹"OLED 于 2016 年就推出了首款读写 OLED 护眼灯具;随后,更是主打婴儿护眼灯市场,于 2017 年推出了一系列婴幼儿护眼功能灯具(图 6.3.10),成功为 OLED 照明的推广应用开辟了崭新的局面。

图 6.3.10 "宁壹"OLED 品牌婴幼儿护眼灯系列

基于超过 10 年的技术积累,北京翌光科技有限公司亦跻身为全球为数不多的实现 OLED 量产的企业之一。其产品线已经囊括了住宅、商用、汽车等项目在内的多元照明应用。其研发团队已在有机半导体照明领域打通了制约产业化的关键技术,依靠自主创新实现了多项技术突破,在白光 OLED 照明、红光 OLED 照明、柔性 OLED 照明、多色 OLED 照明、透明 OLED 照明方向取得不凡的创新成果。例如,其柔性 OLED 车灯屏体厚度仅 0.1 mm,比蓝色火车票还薄一半,质量不到 1 g,是目前国内已知最薄、最轻的 OLED 灯(图 6.3.11)。其 OLED 照明 2.5 代线已于 2016 年正式投产,能够生产发光效率大于 70 lm/W、曲率半径小于 5 mm(柔性面板)、透光率超过 50%(透明 OLED)的多样化 OLED 照明面板,满足各种需求。

图 6.3.11 北京翌光科技有限公司展示的透明 OLED 汽车尾灯

作为清华大学产学研相结合的成功典型,维信诺公司是国内第一家集 OLED 研发、生产于一体的高新技术企业。早在 2009 年深圳举办的第六届国际半导体照明展览会暨论坛上,其就展示了最新的 OLED 照明产品,这标志着维信诺公司在主流 OLED 显示产品之外,正式进军照明领域。在 2014 年,该公司与美国 OLED 照明产品生产商 ALKILU Enterprises 公司签订了独家合作协议。

依托于苏州市吴江区人民政府、苏州大学研发团队以及江苏省产业研究院,于 2016 年成立的江苏集萃有机光电技术研究所有限公司,重点聚焦有机光电材料、设备、器件,加强技术人才的培养,加快成果专利的转移孵化,致力于推动院校、政府、技术、人才、产业、资金等要素的有机融合。其母公司苏州方昇光电股份有限公司,早在2015年就已研制出多色以及白光照明面板样品(图6.3.12)。随后,该公司参与了国家"十三五"规划重点研发计划-战略性先进电子材料专项所属项目——"高效大面积OLED照明器件制备的关键技术及生产示范项目"。该项目旨在开展OLED照明产业化重大共性关键技术研究,从材料设计、器件结构,到制备工艺一体化协同创新,力求全面提高白光OLED性能,获得高品质、高效率、长寿命、大面积的OLED照明面板,计划于2028年完成8.5代线,实现具备自主知识产权的OLED照明样品的规模制备,以填补国内行业空白。

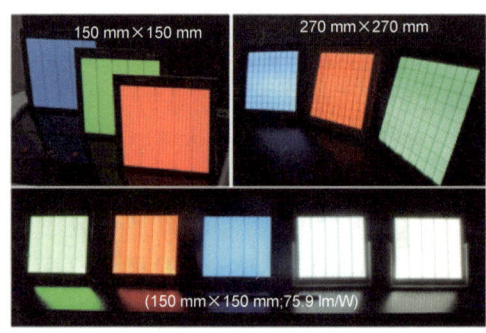

图6.3.12 苏州方昇光电股份有限公司展示的OLED照明面板样品

总的来说,目前国内的OLED照明产业化发展与国际上前沿水平相比尽管稍显落后,但包括技术、材料、设备在内的产业关键节点均在稳步发展,并向高端市场进军。可以预见,在不久的将来,国内OLED照明行业亦能跻身世界一流水平。

6.3.3 OLED照明技术面临的问题

OLED以其自身独特的性质,在照明和显示方面有着巨大的潜力,因而引起人们的广泛关注。OLED在照明领域具备明显的技术优势:①OLED不含汞等有毒物质,绿色环保符合可持续发展理念;②OLED是平面光源,光线柔和,满足人眼的舒适度要求(图6.3.13);③OLED照明可实现柔性化,大面积弯曲光源可以实现现代人对艺术美感的追求。此外,OLED在效率、色纯度、显色指数、色温等性能参数上也有很好的表现。

下面以不同类型的照明灯的功率效率(可以衡量照明设备对电能利用程度的参数)及使用寿命为例进行对比。普通的白炽灯功率效率为15 lm/W左右,平均寿命为1000 h,其中大部分能量以热的形式被浪费;荧光灯的功率效率一般是40~60 lm/W,平均寿命为3000 h,但是荧光灯含汞,会危害人体健康且对环境造成污染;而OLED白光的功率效率为40~150 lm/W,寿命可超过1万小时,未来OLED白光的功率效率更可能高达200 lm/W,是一种更加节能、环保且寿命长的发光光源。

图 6.3.13　OLED 应用于书房照明

然而,OLED 若要在照明方面获得广泛应用,现阶段 OLED 必须突破以下两个主要的技术困境:①在实现高发光效率、好显色质量的同时,制备长寿命的器件;②低成本、高成品率的大面积制造技术。

1) 在实现高效、好显色质量的同时,制备长寿命的器件的技术困境

OLED 在照明方面要比显示方面对器件性能有更高的要求,同时要求成本控制得更低。对于照明的 W-OLED 器件,要求发出的白光的显色指数在 80 以上,合适的色温范围为 3000~7500 K,具备较好的色纯度且颜色不随驱动电压的变化而改变。此外,该器件的效率至少要达到 70 lm/W,以及 2 万 h 以上的使用寿命。在制备 W-OLED 器件时,若要实现以上某一个或者某几个性能指标都很容易,但要在一个器件上同时实现这些性能指标,是目前所面临的关键性的技术难题。

为了推动 OLED 照明产业的发展,美国、日本、欧洲都实施了很大的投入,并且取得了不错的成绩。美国柯达公司在 2010 年以前就已经开发出了功率效率为 56 lm/W,寿命为 1 万小时,显色指数为 83.6,色温为 4000 K 的白光 OLED 器件。2008 年,欧洲的飞利浦公司基于 Novaled PIN OLED 技术,研发出初始亮度 1000 cd/m^2 下发光效率为 50.7 lm/W 的白光 OLED,且在 2010 年率先实现量产。2009 年,美国 UDC 公司研发出在 1000 cd/m^2 时,效率达到 102 lm/W 的磷光 OLED 器件,其显色指数为 70,色温为 3900 K,寿命为 8000 h。同时,日本也开发出了效率达到 64 lm/W 的高效白光 OLED。

目前,在满足高效率器件的条件下,器件的寿命成为其发展的最大短板,而影响 OLED 白光器件寿命的主要因素是蓝光寿命问题。目前白光器件结构包括单层发光结构、多层发光结构、叠层结构。其中,多发光层结构是目前制备 OLED 照明器件时应用最多的一种结构,工艺比较成熟,器件性能也是最好的。但复杂的工艺流程可能会影响它在未来 OLED 照明器件的产率和生产成本,并且这种结构的器件有时还存在光谱和色度坐标随驱动电压变化的缺点。而单发光结构虽然可以在一定程度上避免色纯度随驱动电压的变化,也可能在生产过程中简化工艺流程,但效率和稳定性的不理想也使得这种结构无法得到实际应用。叠层结构则同时具

备单层发光和多层发光结构的特点,是通过电荷产生层将多个发光单元串联起来的一种器件结构,因而叠层结构的器件有非常好的光谱稳定性以及高的发光效率。如果要提高叠层器件的寿命,则提高蓝光单元寿命是至关重要的。另一种制备白光的方法是利用蓝光作为发光源,经由光色转换膜将蓝光转换成绿光和红光,从而合成白光的技术。这两种方案都要求制备出高效且长寿命的蓝光OLED。

解决蓝光寿命问题,可以从两个方面进行改进:①合成更加稳定适用的主体材料和蓝色客体发光材料;②设计出更加合适的器件结构。材料方面,为了保持器件的高效率,目前可供选择的材料主要有磷光材料、热激活延迟荧光(TADF)材料、可实现上转换荧光材料,或者是合成新的种类的高效材料。若能通过设计材料的分子结构,合成十分稳定适用的主体材料和蓝色客体材料,将会极大提高OLED蓝光器件的寿命。例如,在2017年,苏州大学廖良生教授课题组与日本Adachi课题组合作,合成一种电子传输型主体TADF材料SF3-TRZ,其分子结构以及HOMO和LUMO的分布如图6.3.14所示。由于在OLED器件中,空穴的迁移率要比电子迁移率高好几个数量级,因而使用电子传输型的n型主体材料能使电子空穴注入更加平衡,最终该团队得到了在 1000 cd/m² 亮度下寿命达到 454 h 的TADF蓝光器件,该成果已在国际期刊 *Nature Communications* 上发表。虽然文中所述的器件寿命还远达不到实用的程度,但是与之前的工作相比已实现了一个很大的提高。

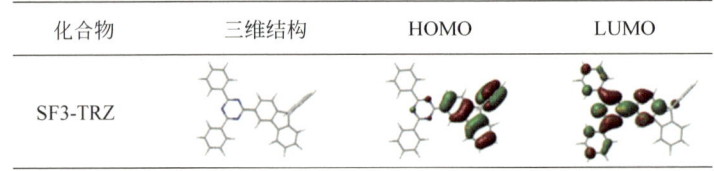

图 6.3.14　电子传输型主体 TADF 材料 SF3-TRZ

在器件结构方面,通过设计合理的器件结构也能极大提高OLED器件的寿命。例如,Forrest等在 *Nature Communications* 发表的一篇文章证实,通过增加发光层厚度、去掉NPB层、采用梯度掺杂以及使用叠层结构,使得器件的寿命提高了10倍之多。如图6.3.15(b)所示,通过在接近空穴注入层一侧采用更高的浓度,可使空穴直接注入掺杂分子,避免高能激子的产生(高能激子对有机材料有致命的破坏),同时采用更厚的发光层和变化的梯度掺杂浓度使激子主要形成于发光层的中间位置,并且可以拓宽激子的形成区域,从而避免三重态-三重态湮灭和三重态-极化子湮灭的发生。

综上所述,现阶段蓝光寿命问题是影响OLED在照明领域进一步应用亟需解决的难题,而解决蓝光寿命问题,可以以优化材料性能和器件结构为技术出发点,

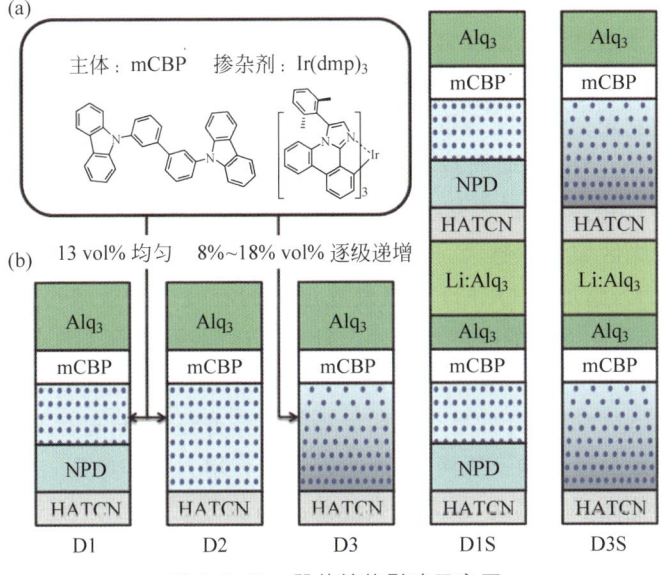

图 6.3.15 器件结构影响示意图

这个技术困境的解决对 OLED 在照明领域的应用有着直接且至关重要的作用。

2）实现低成本、高成品率的大面积照明面板的制作工艺的技术困境

除了上述蓝光寿命问题，对于符合要求的大面积 OLED 照明面板的制备，现阶段我们面临着光提取效率低、寿命受热效应影响、成品率低以及制备工艺复杂等众多技术性难题。

在现有技术条件下制备出的大尺寸照明面板，其光提取效率低于小尺寸照明面板的。造成这一现象的原因是，在普通透明基底上制备的 OLED 器件，器件内部产生的光大部分由于光折射和吸收而被限制或损耗在器件的各个层。若要得到高效率的 OLED 照明，器件的出光效率必须大幅度提高。但是对于那些光提取效果很好的结构，将该结构有效地转移到大尺寸的面板上却又是一个技术难题。此外，对小尺寸照明面板可以忽略的热效应，在大尺寸照明面板上将是一个不能忽略的因素。因为对大尺寸 OLED 照明面板而言，影响其寿命的最主要因素就是工作温度。关于热效应对大尺寸 OLED 照明面板的影响，研究表明，可以通过优化结构设计、使用高效磷光发光材料等方法，来降低 OLED 照明面板的工作温度，从而延长照明面板的寿命。

与小尺寸 OLED 相比，OLED 大尺寸照明面板除了性能受到限制，成品率也面临着巨大的挑战。成品率的影响因素主要可以归纳为以下几点。①由于 OLED 是在低电压、大电流下工作，而 ITO 透明电极的导电性能较差，不具备对较大面积区域传输大电流的能力，大电流将在电流传输路径上形成较大的电压降，这将导致

OLED 面板发光不均匀。②OLED 中薄膜总体厚度只有数百纳米,器件制作过程中异常引入的导电性粒子以及薄膜粗糙度较大,都将造成 OLED 阴极和阳极之间短路,这使得大部分电流流经该短路区域,其他发光区域只有部分小电流通过,造成发光区域的发光亮度大大降低。③OLED 制作中形成的短路区域是很难完全避免的,但是制作 OLED 照明面板又必须避免局部短路区域对整个发光区域造成影响,否则一个微小的颗粒都将使整个照明面板失效,这也导致了 OLED 面板的成品率低。④发光区域面积越大,电流流过的路径也就越长,在 ITO 透明电极上形成电压降就越大,施加在 OLED 有机发光层上的有效电压就越小,发光亮度大大降低,严重影响照明面板的亮度均匀性。针对上述问题,美国 GE 公司提出了一种解决方案——将一块大的 OLED 照明面板分割成小的面板,然后通过一定工艺将它们串连起来,这样既可降低整个照明面板的工作电流,又可避免短路区域对整个照明面板造成毁灭性影响。然而,上述串连方法将增大工作电压,这就要求串连的 OLED 个数不能太多。因此,该方法只能解决小部分 OLED 大尺寸照明面板在应用中的问题,并没有从根本上解决大尺寸 OLED 的制备工艺中的技术问题。若要推动 OLED 大尺寸照明面板的产业化进程,还需通过优化工艺流程及结构设计来解决上述技术问题。

对于 OLED 照明面板在照明领域的市场推广,除了上述的性能优化、寿命延长及成品率的提高,生产成本对于 OLED 照明产品在市场的竞争处于极其重要的地位。目前关于 OLED 的制备成本主要涉及以下两种方案。

(1) 采用蒸镀法。

制备大的发光面板就需要能蒸镀大面板的设备,昂贵的蒸镀设备的缺乏也是影响其量产的一个因素,而且该设备材料的利用率十分低下。除了蒸镀设备,材料本身昂贵的成本也是一个不可忽视的因素,由于这些材料的合成步骤复杂或者提纯难度大,导致了有机材料的价格比较昂贵。例如,日本出光公司的蓝光材料即使在月用量超过 1kg 时价格还超过每克 100 美元。因此降低材料的成本,可从根本上降低产品的成本。另外,现在液晶显示产品的价格比较低,使得 OLED 照明产品在市场的竞争中不存在优势。

(2) 使用喷墨打印技术来制备大面积 OLED 照明器件。

该设备制备器件速度快,原料利用率 100%,已经实现了部分产业化。日本面板商 JOLED 在 2017 年 4 月发布全球首款以喷墨印刷方式打造的 OLED,中国面板巨擘京东方科技集团股份有限公司也在 2017 年 5 月于洛杉矶举办的国际信息显示学会(SID)面板周上展示了一款喷墨印刷出来的 OLED,相较之下,三星 Display 公司、LG Display 公司至今还未发表任何采用类似技术的 OLED,目前仍在积极研发相关科技。也许喷墨打印技术可以成为中国在 OLED 的产业化进程中赶超日本、韩国的一个途径。然而,此技术还存在很多需要解决的技术难题,例如如何减少昂贵复杂的程序以及很难将发光材料均匀涂布,需要对喷墨打印设备进行完善。图 6.3.16 为使用喷墨打印技术制作的 OLED 面板。

综上所述,OLED 照明在产业化进程中还有很多技术难题有待解决。不仅有蓝光寿命问题,将器件发光效率提高到 200 lm/W 的技术问题,还存在如何完善大尺寸 OLED 的制作工艺问题,以及如何降低成本,简化复杂的制作工艺,提高成品率等,这些都关乎 OLED

图 6.3.16　使用喷墨打印技术制作的 OLED 面板

在照明行业能否真正实现大规模的量产。因此,一方面需要加快推进对材料的研发优化,合成新的稳定适应的主体材料、客体发光材料以及高的电子迁移率的电子传输材料,优化器件结构,从而制备出更加高效、长寿命的 OLED 照明器件。另一方面需要对目前主要的两种制作工艺——蒸镀和喷墨打印进一步改善,想办法减少设备成本、提高材料利用率、克服成品率低的问题,同时通过把光提取的结构有效转移到大尺寸 OLED 制备工艺中来提高其发光效率。虽然 OLED 照明要想真正实现产业化还需要一段时间,但随着时代的发展和社会的进步,这些技术难题不久后将被解决,OLED 在照明领域也会迎来更大的发展。

6.3.4　OLED 照明技术和市场的未来发展预测

成本和性能是 OLED 照明能够实现普及的关键因素。因此,在不牺牲寿命或色彩质量的前提下,提高白色 OLED 的器件效率仍然是重中之重。前期很多进展是通过使用复杂结构和高昂的制造成本来实现的,但现在人们倾向于开发更为简单的叠层结构和实现更高的产能来降低材料成本。另外,可通过改进光提取技术以提高器件功效。尽管之前已开发出合理的内光提取法和外光提取法,但是许多光子在表面等离子体激发时仍然被损耗,因此要想实现 100 lm/W 以上的性能指标,需要开发新型高质量的光提取技术。同样,也需要新的制造技术来提高性能并降低成本。改进材料均匀性,高沉积质量,高产量和低成本的设备等均需要时间来实现。尤其是必须开发出能使 OLED 照明器件实现卷对卷制造的工艺和设备。表 6.3.1 总结了目前的核心目标任务,其中目标任务 A 和任务 B 是为降低高性能 OLED 的成本而提出的新材料的开发及生产工艺,任务 C 则是通过新颖的光提取技术而提高器件功效。

表 6.3.1　OLED 照明产业的核心任务

A. 稳定的白光器件

　　说明：制备高效、稳定的白光器件结构和高性能的新型材料。即使在高亮度下，OLED 面板也应具有良好的色彩、长寿命和高效率。该方法包括开发高效蓝光主体、客体材料，以及寿命更长的器件结构等。任何可行性的解决方案都应当考虑成本和量产可行性。新型材料/结构应在 OLED 器件中进行验证，确定可实现以下指标性能。新材料/结构应该表现出高稳定性，同时保持或改进其他指标。

指　标	2015 年	2020 年	2030 年
1000 lm/m^2 下发光效率维持时间/h	40000	>50000	>100000
无提取技术的发光效率/(lm/W)	35	50	100
CRI	87	>90	>95

B. 生产工艺研究

　　说明：开发新型实用技术来支持 OLED 照明量产。例如，改进材料沉积方法，提升器件制备或高性能 OLED 面板的封装工艺等。特别是具有可扩展性、能降低成本的潜在技术（例如可使产量、质量控制、基板尺寸、处理时间或材料利用率等取得重大进展的技术）。除了对传统制造方法的改进，还考虑更为有效的有机材料或电极沉积、柔性衬底制备、柔性封装和新颖图案化方案等解决方案。例如，大力支持与卷对卷制造开发相关的项目，这将有助于实现大面积器件在柔性基板上的低成本制造。这些新方案需通过制造性能优异的 OLED 照明器件来验证该制备技术的可行性，同时考虑合理的成本与效益问题。

指　标	2015 年	2020 年	2030 年
降低成本	参照成本	1/10 成本	1/30 成本
性能改进		用户自定义	用户自定义
产率/%	90	95	98

C. 新型光提取和利用技术

　　说明：设计新的光学和器件结构以改善现有 OLED 光提取技术，同时保持 OLED 面板的轻薄和性能。相应的解决方案涉及 OLED 叠层、电极及电极附近以及器件外层的改进。新方案应考虑由波导和等离子体激元模式引起能量损失的因素，建模或定量分析其可行性。解决方案也可以探索可将光提取技术集成的光耦合技术，以提高光利用率。这种方法应考虑控制光强的分布角度，但应使颜色随角度变化的影响最小化。该方法应考虑低成本，应该在尺寸至少为 1 cm^2 的 OLED 器件中进行验证，以说明其在大面积 OLED 器件中的适用性和潜在可扩展性。

指　标	2015 年	2020 年	2030 年
光提取效率（外量子效率/内量子效率）/%	40	70	80

1. OLED 产品开发任务

OLED 具有的特性（柔性、轻薄、可透明化、颜色可调节，且色彩鲜艳、光线均匀)可为灯具制造商提供创造新颖独特产品的能力。然而,产业界在向市场推出 OLED 照明产品方面出现了延迟和犹豫。灯具制造商面临的挑战是 OLED 模组组装问题,主要是由于缺少 OLED 特定的驱动器和连接器。表 6.3.2 中,任务 D 和任务 E 要求新型灯具具备高效率、长寿命的 OLED 光驱动。

表 6.3.2 OLED 产品的开发任务

D. OLED 灯具

说明:开发通用 OLED 照明灯具以提高市场接受度。灯具首先应基于 OLED 光源优势,并配备独特功能以证明其适用性和产品需求。应用产品特征如高性能(效率高、长寿命、颜色鲜艳),低成本,颜色可调,可模块化,造型多样(轻薄、灵动),高效率(节能),并改进了电源连接方案。终端应用产品需要根据这些特性考虑量化目标。

指标	2015 年	2020 年	2030 年
发光效率/(lm/W)	51	106	130
流明维持率(L70)/h		50000	70000

E. OLED 照明驱动

说明:开发高效率、长寿命的 OLED 照明驱动,将一个或多个高性能 OLED 面板与驱动器相结合。驱动器应有效地将线路功率转换与 OLED 光源连接,并保证器件工作的稳定性。理想状态是流量稳定,颜色可调,操作范围内效率高。驱动设计应该具备用户良好的可配置性和合理的光输出方式,以便灯具制造商可利用该驱动更快速地生产出 OLED 照明产品。

指标	2015 年	2020 年	2030 年
驱动效率/%		90	98
寿命/h		50000	70000
可调光性		持续下降至 1%	持续下降至 0.5%

F. 面板光提取和利用技术

说明:通过生产工艺来提高 OLED 面板的光提取效率。该工艺仍应保持 OLED 面板轻薄和其他最新性能(例如提取层不应导致驱动电压升高,器件效率降低以及色彩的角度依赖性)。此外,新工艺也不可影响面板产量、寿命、性能和成本等。解决方案涉及 OLED 叠层、电极及电极附近以及器件外层的改进。该工艺应在高性能、大面积的 OLED 器件($>25\ cm^2$)中进行验证,并且必须满足低成本制造。

指标	2015 年	2020 年	2030 年
光提取效率(外量子效率/内量子效率)/%	40	70	80
成本增量/美元每平方米		<10	<5
色彩变化角度	$\Delta u'v' \leqslant 0.004$	$\Delta u'v' \leqslant 0.002$	$\Delta u'v' \leqslant 0.001$

开发 OLED 面板仍是必要的,特别是光提取技术。尽管目前已提出许多方法,但大多数并不适用于大面积、低成本的生产制造。现有技术包括可增强 1.6 倍

光提取效率的外部提取技术,同时具有成本效益可扩展,将光提取效率提升 2 倍以上的内部提取技术,但这些技术均需要实际应用到面板产品中。

2. OLED 生产的研发任务

目前 OLED 照明面板的生产工艺多样,但均没有可快速降低生产成本的方案。生产工艺和设备需要提高质量和产量,降低面板成本。任务 G 将重点致力于低成本生产高质量面板,特别是面板产量、均匀性和可靠性。任务 H 着重于改进高性能 OLED 面板的材料工艺。降低成本至关重要,应在材料质量和成本间建立最佳平衡。可利用集成内光取出层的衬底,这对面板厂来说不需要投资生产光提取层和合适透明导电层所需的设备和技术。由于提取方案和叠层结构紧密相关,完全集成基底的解决方案可能并不能实现最佳效果。封装也是工艺的薄弱环节,需要更好和更便宜的薄膜封装技术,特别是未来柔性 OLED 照明技术产品(表 6.3.3)。

表 6.3.3 OLED 生产的研发任务

G. OLED 基底和封装工艺

说明:支持低成本集成基底(基板、光提取层、阳极或其组合)和封装材料的开发工作。新方案应证明材料在最先进的 OLED 照明器件中的性能,并且通过分析成本效益来证明其合理性。

	指　　标	2020 年	2030 年
基底	总成本-附着基材/美元每平方米	60	40
	提取效率/%	50	80
	发光均匀性/%	90	95
封装	水的透过率/(g/(m^2·d))	10^{-6}	10^{-6}
	氧的透过率/(g/(m^2·d))	10^{-4}	10^{-6}
	成本/美元每平方米	35	15

H. OLED 面板生产

说明:支持开发 OLED 面板制造工艺,合适的开发项目可能集中在以下一个或多个领域:

- 可靠性;
- 良率与产能;
- 改变设计或工艺流程以降低制造成本;
- 优化高效率、低成本生产的设计或流程。

这项工作应该能够实现更高质量的面板,改善色彩均一性,降低生产成本和提高产量。提出的方案应在具有市场性能水平的面板中进行验证。通过比较该方法和最先进的制造方法以得出合理的方案。实际产能的详细分析包括致命性故障,主要缺陷,产距时间,材料利用率,设备正常运行时间,有助于降低成本和提高性能的流程。

续表

指　标	2015 年	2020 年	2030 年
面板产能/良率/%	—	≥80	≥90
可靠性(致命性故障率)	<1/1000	<1/10000	<1/50000
面板间色彩差异－$\Delta u'v'$	±0.004	±0.002	±0.002
面板价格/美元每千流明	<200	<100	<10

对 OLED 室内照明应用来说,可能形成的主流产品有 OLED 台灯、OLED 吊灯、OLED 壁灯、OLED 橱柜灯、OLED 窗户灯、OLED 窗帘灯。以目前 OLED 效率来看,OLED 台灯会最先进入市场,OLED 作为台灯的光源,具有无频闪、无炫光、无辐射、高显色指数、无"蓝光危害",色温不超过 4000 K 的优势。随着 OLED 器件效率的提高和人们对光品质的关注,OLED 吊灯、OLED 壁灯、OLED 橱柜灯将会占领室内照明市场。当柔性 OLED 技术以及透明 OLED 技术发展到一定程度,透明的 OLED 壁灯以及 OLED 窗户灯、OLED 窗帘灯将会出现,从而使室内照明进入"见光不见灯"的智能照明时代。那时的 OLED 光源将会变成一张透明的塑料纸,可以贴在任何墙壁或者天花板上,开灯后会亮,关灯后则看不到灯具的存在。

OLED 交通工具的照明应用对光源的成本不太敏感,主要是关注光的品质和产品稳定性。OLED 的深红光让汽车尾灯显得更高端,因此现阶段已经有 OLED 进入汽车尾灯领域。随着柔性 OLED 技术和 OLED 耐候性的提高,因为超薄抗振的 OLED 面光源非常适合应用于汽车室内照明,所以 OLED 将会被大量用于汽车室内照明。由于 OLED 优良的光品质以及轻薄的特性,飞机、高铁、潜艇的内部照明也将大量采用 OLED 面光源。

如图 6.3.17 所示,2016 年,据美国加利福尼亚州的市场调研公司 Electroni Cast

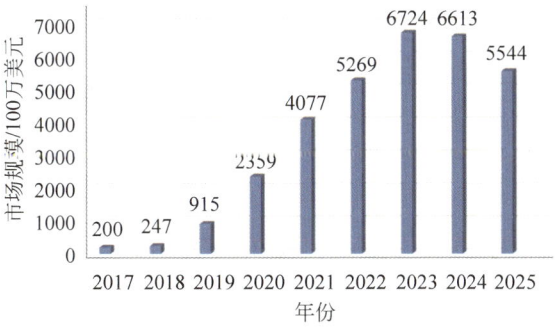

图 6.3.17　全球 OLED 照明市场发展规模预测

(来源:Electroni Cast Consultants)

Consultants 预测,OLED 照明将以 75% 的年均增长率增长,到 2023 年,OLED 照明总产值预计将飙升至最高值 67 亿美元。

2016 年,市场调研机构 UBI Research 研究指出,OLED 照明市场将在 2017—2025 年间保持 66% 的复合年增长率。其中,LG 显示公司以 53%(以营业额计算)的市场份额引领该市场,通用型室内照明和汽车照明将成为 OLED 照明市场最大的两个领域。此外,OLED 照明业务还将向户外、医疗、展览等领域延伸。到 2025 年,OLED 汽车照明市场销售额将达 27 亿美元,室内照明市场销售额将达 34 亿美元。

6.3.5 OLED 照明的竞争力分析

可以看出,不论从发光效率还是市场规模上看,短期内 OLED 照明都不能对 LED 半导体照明形成绝对优势。

OLED 灯具由于具备特殊的光电特性,其最佳的应用场景是室内照明;而由于其发光亮度和寿命的劣势,导致其在室外照明市场上与 LED 照明相比仍然不占优势,而局限于部分景观装饰照明应用。但由于 OLED 具有高均匀性,所以在一些光学检测仪器的背光源上具有显著优势。此外,柔性 OLED 的可绕曲特征,使其在光源外光设计、军事和车载等领域,与 LED 光源相比具有明显的优势。因此,半导体照明产业将是 LED 和 OLED 长期共存的局面,OLED 主要是在室内和场景照明以及特殊精密设计中得到充分应用,而 LED 则将会在室外和其他领域获得广泛应用。

6.4 小结

本章总结了激光照明和 OLED 照明的原理、发展趋势,将其与半导体照明进行了对比分析。可以看出,基于 GaN 基的半导体照明在发光效率、成本、可靠性等方面将长期占据优势地位,但其他照明技术在特定领域也有自己的特色,这些照明技术将互为补充,长期共存。

第 7 章

我国半导体照明技术和产业发展的目标预测与面临的挑战

7.1 我国半导体照明技术和产业发展的目标预测

7.1.1 技术目标预测

2018 年,三安光电公司主页显示,其灯丝灯的发光效率已经达到了 210 lm/W,相比 2017 年提高了约 30 lm/W。预计未来 5 年,我国白光 LED 的发光效率将超过 250 lm/W。

7.1.2 产业目标预测

在国家节能减排政策的鼓励下,在世界节能减排意识不断强化的大背景下,预计我国半导体照明产业仍将保持较高的增长速率,未来 5 年,预计我国半导体照明产业的总体规模将达到 15000 亿元的规模。

7.1.3 市场占有率预测

随着 LED 发光效率的不断提升,LED 将是效率最高的照明光源。预计未来 5 年,我国半导体照明的市场占有率将达到 90% 以上。

7.1.4 照明节电率预测

预计 5 年后,相对于白炽灯,半导体照明光源的节电量将达到 90% 以上,半导体照明每年的节电量相当于 20 个三峡大坝的年发电量。

7.2 我国半导体照明技术和产业面临的挑战

7.2.1 我国 MicroLED 和 MicroLED 显示技术面临的问题

我国虽然产业链齐全,外延、芯片、显示屏等多环节的产业规模在全球占绝对优势,但是产业链融合度不高是我国 MicroLED 发展的瓶颈。LED 厂商对显示的下游厂商并不熟悉,显示器和面板厂商没有外延和 LED 器件生产经验。而从衬底、基板和驱动选择,到巨量转移技术开发,MicroLED 产品的技术路线交互影响,需要多个产业链高度整合才有望成功。

同时,缺乏在市场和技术上都有足够影响力的企业来整合行业,推动技术和市场发展。

另外,我国产业链环节虽然在规模上占优势,但是占据市场高端的不多,利润相对较低,这也限制了其投入新技术研发的力度。而 MicroLED 这样的新技术要得以成熟,还有大量的技术需要突破,需要大量的资源投入。尤其是面板企业,技术和产品处在追赶阶段,企业面临竞争激烈,盈利情况并不乐观,也影响了其在 MicroLED 显示新技术上的投入。

此外,由于 MicroLED 有较多的工程问题亟待解决,需要巨大的硬件和人力投入,而高校和研究所等科研单位限于条件以及投入产出比,目前参与力度还不够大。而关键技术的解决,不可缺少产学研合作。如小电流下效率提升、波长偏移控制、缺陷控制与钝化,科研单位参与会更有效率,而巨量转移等则适合企业整合产业链资源共同开发。如何整合促进产学研合作也是面临的一个问题。

7.2.2 发展纳米 LED 技术和产业方面面临的问题

在纳米 LED 技术研发上,欧美和日本的起步比较早,从 2000 年前后就已经开展研究。我国在科研条件大幅改善、材料外延生长工艺和微纳加工水平大幅提升、LED 产业在国内迅猛发展的大背景下,纳米 LED 这一前沿技术也获得了相当的重视。中科院半导体研究所、清华大学、北京大学、南京大学等相关研究组也陆续开展研发工作,多年得到国家科技部"863 计划""973 计划"、自然科学基金等项目的支持,目前也获得了国家重点研发计划的资助。台湾地区的台湾大学、台湾交通大学等展开研究较早,在纳米 LED 的探索性工作上取得了较多的创新成果。目前,我国已有十余家科研院所正在开展纳米 LED 方面的研究,已经积累了一定的技术和经验,培养了一批专业化人才,同时大陆科研机构也正在与港台地区,以及欧美日积极交流,展开合作研究。我国部分研究机构也尝试通过产学研方式,将技术转化到产业平台。

从产业来看,我国半导体照明产业发展较为成熟,同时具有产业链较为完整和部分产业集中的优势。据半导体照明产业及技术研发联盟《2017第三代半导体产业发展报告》,2017年我国半导体照明产业的整体产值达到6538亿元,同比增长25.3%。2017年,我国LED外延核心装备MOCVD保有数量超过1700台,其中国产MOCVD的市场占有率为15%左右,且出货量目前仍保持较大幅度的提升。2017年,中国LED外延片产能占全球产能的50%以上,除个别高端应用,国产化芯片已经覆盖绝大部分应用领域,芯片国产化率超过80%。目前,中国的LED公司正在大力布局Mini-LED和MicroLED产业。例如,三安光电公司也已布局MicroLED,并将MicroLED当作未来的重点发展方向,公司在两三年前就开始进行研发。华灿光电公司在MicroLED项目取得初步成果,从背光应用的Mini蓝光芯片到显示应用的Mini-RGB芯片都已经推出较为成熟的芯片产品。乾照光电公司也在2017年表示将投入战略研发资源,加强Mini-LED和MicroLED产业链合作。中国在Mini-LED和MicroLED产业应用愈加明确,技术水平不断提升,这为纳米LED技术和产业的发展提供了很好的契机。因为,从平面LED到Mini-LED、MicroLED,再进一步到纳米LED,其发展应是一脉相承的,类似于目前的硅基集成电路器件的发展,从平面到立体三维化,其尺寸不断缩减至100 nm,但相关的工艺技术是共通的、可以借鉴的。另外,随着微纳加工技术和外延生长技术的更加成熟,成本降低,也将进一步促进纳米LED技术的发展。

目前,纳米LED技术和产业所面临的问题有以下几方面:首先是纳米LED产业应用目标不明确。目前MicroLED热度很高,是由于在显示应用找到明确的目标和市场,如高分辨可穿戴智能显示、超大尺寸平面显示等。而纳米LED进一步缩小尺寸至纳米量级之后,主要的优势还没有完全发挥。在照明应用端,纳米LED在单芯片白光芯片方面有可行性,但目前器件水平还未达到较高水平,发光效率(lm/W)还相对较低,主要原因是器件三维化之后,制备的难度增加,尚有关键技术问题需要解决。在显示应用端,MicroLED已经完全达到了人眼可分辨的最小精度,催生了在虚拟现实等方面的应用,而纳米LED的应用还不明确。有研究初步显示,纳米LED有望在量子通信、神经元传感等生命科学方面打开应用,但至少还有5~10年的时间才能走向实际应用。因此,企业对纳米LED的投入意愿不强,科研单位的技术落地产业化的难度大。其次,中国大陆还比较缺乏关键的装备和材料,例如图形化制备的高精度光刻机、电子束曝光机等关键设备技术还受制于人,材料生长、刻蚀、原子层沉积等加工设备(MOCVD和MBE等)虽然已经有所发展,但与国外先进设备的性能还有一定的差距。另外,关键的材料,如MBE用7N(99.99999%)高纯度金属、MOCVD用高纯度氨气(蓝氨)、光刻胶、电子束曝光胶等还无法国产化。更为重要的是，人才和经验的积累。欧美发达国家，在半导体科研和产业方面已经有了数十年的积累，产生了一大批科研和应用的成果，同时培养了一批人才，在科学界和产业界都有相当的话语权。他们提出的新的想法和概念，有相当的先进性，主导着相关科研和产业的发展。中国的科研工作者，目前正在从跟踪研究（跟跑）向自主研究（并跑）方式转变，还需要以问题为导向，解决纳米LED技术的关键科学和技术问题。最后，相关技术的研发需要巨大的硬件和人力投入，而高校和研究所等科研单位限于条件以及投入产出比，主要的目标是在解决科学问题上，注重的是原创性研究成果。而关键技术的解决，特别是工艺的开发和良率的提升，不可缺少地需要通过产学研合作，需要更多的企业来参与，特别是有足够影响力的龙头企业（如美国Google公司，德国欧司朗公司等），对纳米LED前沿技术加大投入。因此，整合促进产学研合作也是一个面临的问题。

7.2.3　健康照明技术方面面临的挑战

其一是健康照明的研发问题。由于健康照明是光生物机理研究在照明上的具象应用，而光生物机理研究涉及多学科和多领域，仅靠单个单位自主研发实现该研究的难度极大，而目前国内在该领域的研究机构寥寥，这直接造成健康照明研究的供需矛盾十分突出。

其二是健康照明的检测问题。不同于传统产品只聚焦于物理指标检测，健康照明的检测更多地聚焦于产品对人体的生理影响效果，因此人因检测、细胞分子学检测、脑功能检测、生化检测是健康照明检测的主要手段。目前国内仅少数单位具有上述检测能力和检测资质，伴随健康照明的国家"十三五"科技及产业项目的全面推进，百姓和政府对"光健康"需求的不断提升，企业对健康照明检测和效果证明的需求愈发强烈，健康照明检测的供需矛盾问题愈发突出。

其三是健康照明的标准问题。健康照明作为产业新兴热点，目前相关标准极度匮乏，在国际标准领域，欧美日韩等发达国家均已开始全面布局，希望占领健康照明这一半导体照明产业重点发展领域的制高点。而在国家标准领域，缺少相关标准已成为阻碍产业快速发展的重要问题。

现阶段健康照明技术有以下难点。

（1）照明对健康的作用机制不清。

人体是一个复杂的、多层次的有机整体，光的各个参数（波长、强度、能谱、光照的时空模式）对人体的各个层面（生理学、功能学、细胞生物学、认知心理学等指标）有着复杂的影响。

（2）缺乏健康照明标准体系。

现阶段缺乏针对中国人研制的标准，亚洲人与高加索人的色素上皮细胞的吸收谱存在差异;缺乏针对特殊人群的标准,如儿童与老人,患病人群(如近视、抑郁症、糖尿病、高血压等);缺乏成体系的照明器件标准,光源的各个参数(波长、强度、能谱等)均对人体有着庞杂、繁复的影响。

(3) 健康照明的评估体系尚不完善。

需要运用最新的数据挖掘、深度学习等分析方法,来寻找关键性、特征性的健康指标。

(4) 当前照明产品同质性较高,缺乏创新。

现阶段健康照明产品同质性较高,急需产品规范和产业标准,需要应用示范,需要新产品、新思路。

7.2.4 农业照明方面面临的挑战

(1) LED 农业照明研究投入不足。

随着节能环保越来越受到人们的重视,LED 这一节能环保光源也成为国家节能产业发展的重点工程。我国各级政府出台了一系列政策措施推动和鼓励半导体照明产业的发展,其中政府研发资金的投入为我国半导体照明产业的发展发挥了巨大的作用。例如,南昌市从 2009 年起,每年安排不低于 2000 万元专项资金支持半导体照明产品的研发与产业化、公共服务平台建设与维护、示范应用等;宁波市将 LED 与半导体照明产业列入宁波"十一五"期间五大优势产业科技专项,设立 2000 万元专项资金重点实施;石家庄市设立了 1000 多万元的半导体照明研发专项。尽管如此,所有这些项目中涉及农业领域的投入还很少。"十二五"期间,国家科技项目中 LED 农业应用的科研经费投入也不到 2000 万元。"十三五"期间,国家启动了 2 项国家重点研发计划"用于设施农业的 LED 关键技术研发应用示范"和"用于设施家禽与水产养殖的 LED 关键技术研发应用示范",总经费约 4500 万元。但总体来看,研发经费投入明显不足,难以满足快速发展的农业 LED 产业应用需求。

(2) LED 农业照明企业竞争力不强。

目前,我国 LED 产业已初步形成比较完整的产业链,高亮度 LED 的外延生长和芯片制造技术不断获得突破,产品应用领域不断扩大,应用产品也不断增多。据国家半导体照明工程研发与产业联盟产业研究院统计,2016 年我国半导体照明产业整体产值已达 5216 亿元,景观装饰、显示屏、家电仪表等应用市场是国内最大的应用市场,占据了约 60% 的份额。目前我国半导体照明产业整体产值中农业照明的份额不到 2%,在所有生产 LED 农业照明灯具的企业中,生产中低端产品的中小企业占大多数,缺乏核心自主知识产权和系统性研究。LED 农业照明产品良莠不齐,没有统一标准,价格相对高,缺乏市场竞争力,企业规模仍然偏小。

(3) 面临来自国外电光源巨头的竞争。

飞利浦公司、欧司朗公司、三星公司等国际著名电光源公司已经开始涉足 LED 农业照明应用市场，他们以雄厚的资本布局这一领域的研发、制造和推广应用。如果我们应对不及时或者力度不够，很可能会在不久的将来遭遇痛失话语权的尴尬境地。

(4) 缺乏有效的政策扶持。

作为一种新型节能光源，LED 照明应用在初期的发展很大程度上是依靠政府政策扶持，为此国家亦制定颁布了一系列促进 LED 照明产业发展的政策措施，也的确极大地推动了该产业的发展。相对而言，LED 农业照明领域还未得到国家的重视，缺乏有效的政策支持，这也是 LED 农业照明未得到广泛应用的重要因素。

7.2.5 汽车照明发展面临的挑战

(1) 低端产品多，质量参差不齐，技术及生产控制有待升级；

(2) 汽车用 LED 标准还是以几大国际供应商制定，参与性较低，对汽车 LED 灯具了解不足，标准、检测、认证和服务支撑体系尚待完善；

(3) 车外灯具可靠性及各项性能要求高，国内 LED 芯片的结温限值、发光效率、分选技术、色品漂移、可靠性等整体质量、性能还有待提升，汽车照明光源的驱动电路及可靠性、集成技术还难以满足需求，国内灯具厂的设计整合及质量控制能力也需要进一步提升；

(4) 目前车外灯具 LED 芯片被国际公司所垄断，国内 LED 企业参与该领域的较少，参与国内国际标准制定的更少。

7.2.6　LED 可见光通信面临的问题

从学科范围来看，在可见光通信方向，传统通信技术的概念移植较多（OFDM、DMT 等相关调制技术），而收发设备原创性成果相对较少（如光照两用 LED 的非线性改进等）。在应用技术上，对可见光技术本身发展诸多问题的前瞻和实践，美、日、英等国的诸多机构做了大量的前期工作并积累了丰富的经验。国内如深圳、重庆、上海等地，尽管有单位就某些领域进行了一定的研究和拓展，但实际操作经验较为有限。深圳作为中国信息通信业和 LED 产业发展的桥头堡，如何对可见光通信技术发展进行精确引导和合理布局，如何形成通照技术跨接融合和立体竞争，是一个艰巨的现实挑战。

图 7.2.1 对比了国际和国内可见光通信应用的先行性研究开展时间点，可以看出：①国内当前的研究思路过窄；②开展时间普遍滞后约 5 年以上。一方面需要在已知的智能交通、水下通信、电力载波、机舱通信等领域尽快实现自主知识产

图 7.2.1 可见光通信技术应用研发时间表

权；另一方面需要结合市场需求探索更大应用空间，立足于经济性和实用性。

目前在广东省推广可见光通信产业化的条件中，技术基础仍是制约可见光通信产业化的主要瓶颈，企业对可见光通信技术目前的市场前景也存有较大疑虑。除这两个因素，可见光通信技术的其他因素已经基本达到了可以产业化的基础条件。

具体来说，我国可见光通信产业发展中面临如下问题。

(1) 技术。

可见光通信仍面临一些技术问题：在高速传输方面，可见光频段带宽为 400 THz，而现有 LED 照明器件的可用调制带宽仅为 35~200 MHz，所以需要不断优化 LED 及其驱动电路，以提升信息传输能力；在系统集成方面，涉及上下行链路的设计与现有网络的融合、通信距离与覆盖范围扩展的问题；同时还有其他相关问题，如作用距离、覆盖范围、成本、方向对准等。

(2) 应用。

无论是国外还是国内，对可见光通信的具体应用大多数处于实验室研究阶段，并未形成规模化的试应用。从产业结构上来看，待技术成熟到一定阶段后，早日开始可见光的试点规模化应用，可以占领应用产业链结构的上游与先机。具体来说，现在可以面向矿下通信与定位、地下停车场车辆定位、大型楼宇室内人员三维定位、超市物品展示与导购、博物馆展品无线讲解、手机安全支付等典型行业应用需求，充分挖掘可见光通信的核心价值，抢占通信与定位芯片上游产业链，积极培育可见光通信产业的初级市场。后期则面向针对我国家庭信息网络绿色节能、高速传输、移动接入、智能物联的典型需求，以可见光通信新一代绿色信息技术为牵引，遵循绿色照明与绿色通信共生发展的原则，在室外三网融合的基础上，依托泛在的电力网与移动通信网，实现室内末端网络的深度融合，构建未来新型家庭绿色信息网络应用示范系统，促进可见光通信这一战略性新兴产业的快速发育。

可见光通信在产业化推广中被认为会取代现有的无线通信技术,并被取名为与WiFi类似的LiFi。然而,目前WiFi和4G均十分成熟,热点和基站建设日益密集,用户体验越来越好,这就使得可见光通信在民用领域的应用意愿并不强烈。

(3)芯片。

芯片的研究处于整个产业链的核心部分,国内外暂时还没有成熟的芯片组设计。针对芯片组的设计可以沿着可见光通信基础特性的研究路线,从针对低速率不同典型应用场景的专用芯片设计,再到高速率高需求应用场景下的芯片设计。

目前芯片集成化较低,可见光通信系统的研发目前以原型机为主,设备体积庞大,缺少专用集成电路(ASIC)或SoC芯片来提高系统的集成度。将芯片植入移动设备相对较困难,携带不方便。

(4)标准。

应该以推动可见光通信技术产业的快速发展为目标支持对等网络随机竞争多址方式、中心控制无竞争多址接入以及混合网络的高端芯片设计。具体来说,按照"政产学研用"五位一体的组织模式,联合政府部门、企业公司、高等院校、研究院所、运营商及金融机构,重点推动可见光通信标准化工作。

我国目前尚无可见光通信相关的产品标准和技术标准,企业推出的产品在传输协议和接口等方面不统一,使得互连互通存在困难,针对通信用的LED也没有统一的技术标准。而国际上对可见光通信技术的标准制订的步伐却在不断加快。2011年,电子电气工程师学会(IEEE)标准委员会制定了IEEE 802.15.7。

(5)成本与性能。

影响可见光产业发展的某些关键共性技术尚需进一步攻关,这些关键共性技术主要包括可见光产品的可靠性、高成本等。以LED路灯为例,大规模推广应用的困难主要是成本高,一方面芯片成本高,另一方面电源等配套产品与传统灯具相比成本也高。一般认为,目前灯具的光源部分可靠性可以做得较好,但是电源的可靠性差,寿命一般只有两年左右。

(6)研发投入。

企业研发投入不足,缺乏"拳头产品"和核心竞争力,对未来产业技术发展方向缺乏足够的引导。目前,虽然广东省的可见光企业具有一定数量的专利,但是能够和国际大厂竞争的核心专利技术不多。因此,如何突破国外的专利壁垒,是广东省可见光产业发展面临的一个重大问题。其次,除个别企业能够针对市场自主研发可见光应用产品,广东省大多数可见光企业生产的产品档次还不够高,在研发上的投入不够多,缺乏具有核心技术的、具有市场竞争力的拳头产品。另外,有些地区的企业对未来的产业技术发展方向感到很迷茫,接下来如何发展没有思路。

(7) 技术人才。

技术研发人才不足,发展后劲不够强,是可见光企业普遍存在的问题。企业在技术人才的聘用上存在恶性竞争,技术人才的非正常流动也不利于企业的技术积累。

(8) 行业引领。

产业集聚度还较小,龙头企业还不够突出。虽然在某些领域已经有一些企业显示出龙头的实力,如东莞勤上光电公司在LED路灯应用方面,中山木林森公司、深圳瑞丰光电公司和佛山国星光电公司在封装领域,深圳康佳公司和联腾科技有限公司在显示屏领域等,但总体上说还缺乏能够带动整个行业的龙头企业。

(9) 市场与政策。

部分地区信息流通不畅,对政府扶持政策和技术发展趋势认识不深。一些企业主要靠自己的力量在市场上打拼,对政府的扶持政策、项目资金支持等不够了解,对周围企业的发展、市场和技术发展趋势等也不够了解。另外,有些企业反映对专利的查询有困难。

(10) 权威认证。

缺乏产品标准体系,存在恶性竞争行为。现在还没有形成衡量可见光通信产品的客观标准,有些企业为了降低成本,采用低质材料降低了产品的质量和可靠性,影响了产品的进一步推广,使得可见光通信产业市场发展混乱。

缺少检测认证平台,缺乏能够得到大家公认的检测认证系统。一些产品必须拿到国外去做认证才能进入国外市场,增加了成本,耽误了宝贵的时间。

(11) 产业链。

目前,可见光通信产业链的各环节之间存在脱节,通信系统开发企业需要高调制速率的LED光源,而LED生产企业在产品规范中并没有调制速率的检测指标。

7.3 人才培养与有序流动面临的挑战

根据福建信息职业技术学院江吉彬等专家的统计,我国每年毕业的光源与照明、电子科学与技术、微电子等相关专业本科生约7000人;光电显示技术、光电技术应用方向高职毕业生1400多人;博士和硕士研究生200余人。

本书对大专、本科专业的对口率进行了调研,结果见表7.3.1。可以看出,大专、本科毕业生的总体就业率为77.8%,升学率为12.5%,在就业人员中专业就业对口率在85.1%。也就是说仅有66%的毕业生是专业对口就业的。

表 7.3.1 大专、本科专业的对口率

专 业	就业率/%	就业对口率/%	升学率/%
光源与照明	76.3	85.3	20.2
微电子科学与工程	73.1	79.2	21.6
微电子制造工程	82.5	91.3	10.5
电子科学与技术	68.3	92.6	28.3
集成电路设计与集成系统	76.9	80.4	17.2
光电显示技术(LED智慧照明技术方向)	82.6	88.4	7.3
光电技术应用(LED方向)	84.8	78.6	10.5
平 均 值	77.8	85.1	12.5

即使在就业的学生中,就业企业的技术先进性也不是学生选择企业的第一选择要素。学生就业选择决定因素的调研见表 7.3.2。可见薪资水平是第一选择要素,住宿是第二选择要素,就业企业技术先进性仅排在第五位。

表 7.3.2 学生就业选择决定因素及比率

决定因素	薪资	地理位置	上市公司	就业企业技术先进性	岗位	住宿	五险一金
比率/%	20.50	14.70	11.30	13.60	14.30	15.40	10.20

在所调研的毕业生的就业群体中,毕业生的薪资期望水平与实际薪资水平差距明显,而且学历越高,差距越大,调研结果见表 7.3.3。因此可以看出,本领域的就业满意度不是很高。

表 7.3.3 毕业生的薪资期望水平与实际薪资水平 单位:元

学历层析	大专	本科	硕士研究生	博士研究生
期望平均月薪资	4500	7000	11000	18000
实际就业平均月薪资	3800	5950	7700	13000

另一方面,本书还对国内半导体照明部分企业的人才需求做了调研分析。2017—2019 年度需求总人数(技术类)见表 7.3.4。

可见半导体照明产业对人才的需求逐年快速增长。2018 年较 2017 年增长 22.3%;2019 年较 2018 年增长 22.9%。

部分上市企业 2016—2018 年的人才缺口率见表 7.3.5。可见半导体照明产业人才缺口率比较大,人才缺口由来已久,而且缺口率逐年变大。

第7章 我国半导体照明技术和产业发展的目标预测与面临的挑战

表 7.3.4 国内半导体照明部分企业的人才需求

序号	企 业 名 称	人 数		
		2017年	2018年	2019年
1	三安光电公司	764	822	1000
2	华灿光电公司	152	144	180
3	珠海艾派克微电子有限公司	320	385	452
4	北京兆易创新科技股份有限公司	123	140	140
5	江苏长电科技股份有限公司	268	321	380
6	天水华天科技股份有限公司	63	58	70
7	深圳市联建光电股份有限公司	121	135	220
8	南通通富微电子有限公司	45	124	150
9	利亚德公司	78	140	180
10	扬州扬杰电子科技股份有限公司	160	165	240
11	深圳万润科技股份有限公司	41	60	60
12	上海贝岭股份有限公司	35	28	40
13	有研新材股份有限公司	50	50	50
14	国民技术股份有限公司	120	86	100
15	杭州士兰微电子股份有限公司	185	264	380
16	珠海欧比特宇航科技股份有限公司	65	80	90
17	北京弘高创意建筑设计股份有限公司	415	523	600
18	国星光电公司	186	220	260
19	盈方微电子股份有限公司	300	320	400
20	吉林华微电子股份有限公司	230	480	600
21	苏州固锝电子股份有限公司	67	121	140
22	聚飞光电公司	235	300	280
23	乾照光电公司	132	166	140
24	深圳市长方集团股份有限公司	101	120	150
25	深圳新亚电子制程股份有限公司	45	50	50
26	江苏南大光电材料股份有限公司	81	124	200
27	宁波康强电子股份有限公司	23	38	50
28	广东惠伦晶体科技股份有限公司	56	98	80
29	湖北台基半导体股份有限公司	27	33	38
30	木林森公司	250	336	480
31	鸿利智汇公司	70	78	90
32	瑞丰光电公司	35	30	25
33	深圳市兆驰股份有限公司	230	335	520
34	厦门光莆电子股份有限公司	68	120	300
35	深圳市洲明科技股份有限公司	330	400	380

续表

序号	企 业 名 称	人 数		
		2017年	2018年	2019年
36	勤上光电公司	65	40	50
37	广东雪莱特光电科技股份有限公司	70	83	90
38	欧普照明公司	90	124	160
39	太龙(福建)商业照明股份有限公司	220	200	250
40	三雄极光公司	45	68	50
41	海洋王照明公司	180	220	300
42	雷士照明公司	46	60	60
43	聚灿光电公司	21	45	70
44	远方光电信息股份有限公司	129	145	180
45	雷曼光电公司	251	180	180
	合　　计	6588	8059	9905

表 7.3.5　部分上市企业 2016—2018 年的人才缺口率

序号	企 业 名 称	比率/%		
		2016年	2017年	2018年
1	三安光电公司	25	28	35
2	华灿光电公司	33	29	32
3	江苏长电科技股份有限公司	35	32	45
4	扬州扬杰电子科技股份有限公司	40	40	45
5	杭州士兰微电子股份有限公司	29	36	40
6	国星光电公司	22	30	29
7	聚飞光电公司	18	23	33
8	乾照光电公司	45	33	35
9	深圳市洲明科技股份有限公司	20	41	29
10	远方光电信息股份有限公司	31	38	40
	平　　均　　值	30	33	36

在所调研的 45 家企业中,结构工程师的缺口达到 51%,芯片工程师的缺口达到 44%,总体缺口在 36%(图 7.3.1)。这个数据说明半导体照明企业的人才需求还是很强烈的。

本书还对我国半导体照明企业的技术人才构成进行了分析。首先来看人才的来源,见表 7.3.6。由表 7.3.6 可以看出,约 40% 的企业人才是社会上人才流动的结果。另外,从学历结构上看,我国企业的高层次人才明显不足,拥有博士和硕士学位的人才比例比较低,仅为约 22%。人才的学历结构见表 7.3.7。

第 7 章 我国半导体照明技术和产业发展的目标预测与面临的挑战

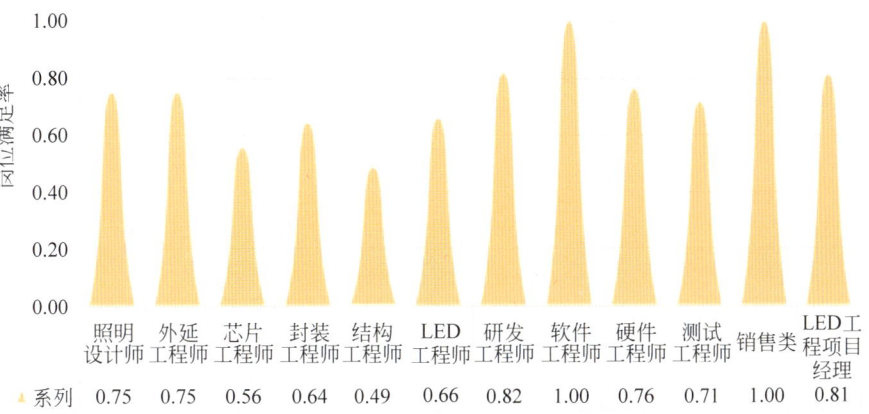

图 7.3.1 45 家企业岗位需求分布

表 7.3.6 我国半导体照明企业的技术人才构成

岗 位	人 数				
	调研总数	企业自主培养	社招	校招	设备商培养输出
照明设计师	324	62	89	128	45
外延工程师	170	45	45	42	38
芯片工程师	190	23	68	69	30
封装工程师	256	58	63	90	45
结构工程师	172	29	80	63	0
LED 工程师	204	46	102	56	0
研发工程师	300	108	89	103	0
软件工程师	242	46	72	124	0
硬件工程师	336	33	93	210	0
测试工程师	252	89	63	100	0
销售类	204	45	96	63	0
LED 工程项目施工类	330	108	125	97	0
平均比例/%	100.00	23.22	33.05	38.42	5.30

表 7.3.7 我国半导体照明企业人才的学历构成

岗 位	人 数					
	调研总数	中专	大专	本科	硕士	博士
照明设计师	324	38	56	122	79	29
外延工程师	170	9	27	77	38	19
芯片工程师	190	12	45	62	39	32
封装工程师	256	68	89	53	32	14

续表

岗 位	人 数					
	调研总数	中专	大专	本科	硕士	博士
结构工程师	172	16	56	80	13	7
LED 工程师	204	69	65	50	15	5
研发工程师	300	45	78	80	39	58
软件工程师	242	21	65	78	45	33
硬件工程师	336	8	35	49	28	16
测试工程师	252	70	88	65	23	6
销售类	204	48	69	49	8	2
LED 工程项目施工类	330	165	120	40	5	0
平均比例/%	100	20.44	27.95	29.46	14.36	7.79

在企业人才中,专业对口率普遍不高,仅为56.2%。约43.76%的人才是从其他专业转行过来的。专业对口率的分析见表7.3.8。

表7.3.8 我国半导体照明企业人才的专业对口率

岗 位	人 数		
	调研总数	相近专业毕业	其他专业转行
照明设计	324	68	256
外延工程师	170	126	44
芯片工程师	190	133	57
封装工程师	256	88	168
结构工程师	172	102	70
LED 工程师	204	142	62
研发工程师	300	176	124
软件工程师	242	189	53
硬件工程师	336	295	41
测试工程师	252	102	150
销售类	204	26	178
LED 工程项目施工类	330	229	101
平均比例/%	100	56.24	43.76

本书还专门针对企业人才的流动特性进行了调研。按工种分类,一线工人的年流动率高达33%,研发人员年流动率达到15.37%,见表7.3.9。

表7.3.9 企业人才的流动特性

岗位类别	研发岗位	一线工人
年流动率/%	15.37	33.35

人员的流动与工作岗位和产业链密切相关。产业链从上游到下游,人员流动性有加重的趋势。这个现象似乎与我国半导体照明企业的分布状况有关。另外一个突出特点是,研发工程师的流动率接近1/4,比较高,对企业的技术研发不利。按岗位分类的流动率见表7.3.10。

表7.3.10 企业人才按岗位分类的流动特性

岗位	照明设计	外延工程师	芯片工程师	封装工程师	结构工程师	LED工程师
流动率/%	18.91	10.32	14.6	16.35	21.2	17.45
岗位	研发工程师	软件工程师	硬件工程师	测试工程师	销售类	LED工程项目施工类
流动率/%	23.38	22.12	20.35	16.89	38.3	27.6
平均流动率/%			16.46			

调研还发现,学历越低流动率越高,学历越高流动率越低。按学历分的人才流动率见表7.3.11。

表7.3.11 企业人才按学历分类的流动特性

学历层次	中专	大专	本科	硕士	博士
流动率/%	34.23	28.73	22.64	18.3	10.67

本书还对人才的流动原因进行了统计,见表7.3.12。

由表7.3.12可见,薪资是人才流动的主要原因。在具有博士学位的人才中位居第二位,其他层次的人才中位居第一位。在具有博士学位的人才中,自己创业是主要的流动原因。

表7.3.12 企业人才流动原因及比率

	比率/%				
	中专	大专	本科	硕士	博士
工资待遇	33.20	33.20	31.50	28.34	15.22
晋升空间不足	20.30	22.62	13.34	13.45	10.35
工作环境	12.30	12.23	12.55	12.11	14.65
竞争压力	13.52	10.68	12.33	13.86	14.35
家庭、身体原因	10.50	7.60	7.69	10.22	12.37
自己创业	2.10	5.80	12.30	15.49	21.51
企业兼并重组	6.40	6.00	8.20	3.56	8.63
企业倒闭	1.68	1.87	2.09	2.97	2.92

从上述调研结果可以看出,一方面我国相关专业学生的总体专业就业对口率低,另一方面,企业迫切需要各类型的人才。加上从事至关重要的技术研发的人才

的流动性较大,造成了我国半导体照明企业的人才的教育层次不高,企业的创新能力不是很强,严重制约了我国半导体照明企业的发展。

7.4 标准及其执行方面面临的挑战

半导体照明的优势是可调、可控,越来越多地应用于智能照明系统中,因此今后标准的制定将围绕智能照明系统开展,如智能控制系统、传感器系统、传输系统、接口系统。

另外,2017年11月4日新修订的《中华人民共和国标准化法》第二十七条中规定:"国家实行团体标准、企业标准自我声明公开和监督制度。企业应当公开其执行的强制性标准、推荐性标准、团体标准或者企业标准的编号和名称;企业执行自行制定的企业标准的,还应当公开产品、服务的功能指标和产品的性能指标。国家鼓励团体标准、企业标准通过标准信息公共服务平台向社会公开。

企业应当按照标准组织生产经营活动,其生产的产品、提供的服务应当符合企业公开标准的技术要求。"

然而,如何促进企业向社会公开其企业标准,如何使其公开的企业标准符合国家标准,这需要加强标准宣传贯彻,以提升企业标准水平。

据某标准咨询机构统计,截至2017年11月9日,在企业标准信息公共服务平台上公开企业标准的企业有124910家,涉及829385个产品的标准505024个。其中:

企业自主制定的企业标准有383038项,占标准总数的75.8%;
企业声明符合的国家标准有77128项,占标准总数的15.3%;
企业声明符合的行业标准有42654项,占标准总数的8.4%;
企业声明符合的地方标准有2196项,占标准总数的0.4%。

该标准咨询机构针对"普通照明用自镇流LED灯",在企业标准信息公共服务平台上遴选了47家有代表性的企业,对相关的企业标准信息进行分析,基于大数据理念,以国家标准要求为准绳,全要素、逐一比对了48个技术指标的质量水平,得出以下几点结论。

(1) 企业标准信息公开与产业发展现状相匹配:LED灯是照明光源类产品中公开企业标准信息最为活跃的产品子类,占50%,而普通照明用非定向自镇流LED灯则是LED灯中公开企业标准信息的主力,占44%。

(2) 26家企业直接采用了国家标准(GB 24906—2010、GB/T 24908—2014),占54%。19家企业自行制定并发布了自己企业的企业标准,占40%。

(3) LED灯行业领军企业率先公开企业标准信息,如佛山电器照明股份有限公司、四川长虹电器股份有限公司、松下电气(中国)有限公司、厦门通士达照明有限公司、三思电子公司、TCL照明公司、飞利浦公司等。浙江、福建、广州是普通照明LED灯企业标准公开的核心省份,占比超过78%。

(4) 行业能够紧跟公开标准最新动态,及时采标最新版本:在注日期引用的标准中,引用的是最新版本的标准占89%,引用老版本标准的占11%。这说明,整个LED灯相关企业对公开标准的关注度非常高,紧跟标准最新进展,及时制定和修订企业的产品标准,以此满足国家和行业的最新要求。

(5) LED灯的标准体系比较健全:普通照明用LED灯企业标准全面对标国家标准,国标占引用文件的90%以上,采标最新版本较为及时,标龄基本在10年内,安全和电磁兼容标准重视度高。

然而,企业自行制定的标准还是存在一些问题,例如,关键技术指标要求与国家标准规定普遍存在缺漏项,参数设置参差不全,部分企业标准明显滞后国家标准。7个关键指标全部满足国家标准要求的企业仅为10%,只有佛山电器照明股份有限公司全部超出国标要求。企业标准中检验规则覆盖率虽然达到100%,但检验项目的完备性、抽样方案的合理性,还需要全面大幅改进。

因此,需要标准的宣传贯彻、推广,也需要对已公开的企业标准进行与国家标准的符合性评价工作,提升企业标准的水平,提高产品的质量。

7.5 高端装备方面面临的挑战

国家产业政策时序安排不当使得LED高端制造装备产业化发展远未达到预期。在国内生产总值(GDP)导向下,一些地方政府出台竞相攀比的产业政策,大力扶持LED芯片制造企业建设,对LED高端制造装备直接补贴(如每台MOCVD的补贴额度最高达1000万元,占采购价的50%),进口高端装备成为主流,导致不公平的市场竞争,变相阻碍了国产装备的发展,钳制国产装备的发展。

国际和国内的经济形势压缩LED高端制造装备的市场规模。2008年至今,主要经济大国尚未走出金融危机阴影,国际市场需求大幅压缩。同时,我国宏观经济在今后较长一段时期内处于结构调整期,国内产能过剩严重,内需不旺。国内外购买力降低,压缩了LED高端制造装备的总体市场规模。

LED高端制造装备的国内需求遭遇"进口替代"。在经济全球化背景下,国内和国际市场加速融合,我国LED生产企业可以在全球范围采购设备。与此同时,受世界贸易组织(WTO)规则的限制,我国政府为国产装备发展提供支持的手段非常有限(仅限于研发投入支持),导致我国LED生产企业需大量进口设备,这种"进口替代"使国产装备面临不利局面。

LED生产企业使用设备习惯及用户信心影响国产装备的应用。我国LED高端制造装备发展也面临来自产业链下游LED生产企业的挑战,技术人员在长期使用进口设备的过程中养成了特定的使用习惯,部分生产企业对国产设备信心不足或者存在偏见,使得国产装备失去了进入生产线检验和改进设备性能的机会。

LED照明产业链自身不足。LED照明产业链上、中、下游环节缺乏协作,没有形成良好的产业生态。国外LED高端制造装备发展处在一个良性的产业共生网络中,装备企业与LED生产企业、零部件供应商之间紧密协作,形成上、中、下游企业共生发展模式。例如,日本LED生产企业所使用的MOCVD设备有80%以上来自其本土装备企业,即便是性能更优的美国Veeco公司设备在进入日本市场时也异常艰难,销售量有限。同样,韩国三星电子公司、海力士集团公司为了降低制造装备的对外依存度,获得稳定的后备供应来源,非常强调设备采购本地化,并通过股权投资、合作开发或产品采购等多种方式培育本土装备企业。相反地,我国的LED生产企业、装备企业以及零部件供应商等,其上、中、下游环节协作关系非常少,LED生产企业不愿意协助装备企业完成"中试"工作,装备企业不培育本土零部件供应商。

第 8 章

发展我国半导体照明技术和产业的战略建议

为使我国从半导体照明产业大国转变成半导体照明强国,更加充分展示节能潜力,在未来产业变革和风云变幻的国际竞争中占据有利地位,本书提出以下建议。

8.1 半导体照明技术和产业下一步发展的重点

(1) 高端装备。

目前用于红黄光 LED 材料外延的 MOCVD 设备,事实上处于禁运状态,而国内没有一家单位生产。对 LED 性能提升至关重要的 ALD 设备,国内没有经过性能验证可靠的生产厂家。其他设备还包括高精密光刻、电子束曝光等。建议政府补贴购置国产化设备,提升设备国产化率,激发国产设备厂商的技术研发和换代积极性,引导和鼓励设备厂商和科研单位合作开发新设备。

(2) 高端原材料。

高纯金属有机化合物源材料,如三甲基镓(TMG)、三甲基铝(TMA)、三乙基镓(TEG)等长期依赖日韩美等国供应。若贸易战加剧,这些原材料将是产业链中卡脖子的环节。

(3) 高质量 GaN 材料和高端芯片。

发展高质量 GaN 材料外延技术和其他新型外延技术,制备发光效率大于 250 lm/W 的芯片、农业照明专用芯片、汽车照明专用芯片和高性能微电子芯片等高端芯片。

(4) 高端封装。

研发面向高端显示背光源、显示屏的高端 LED 封装技术,力争进入高端显示产品供应链。

(5) 高端、下一代显示和照明系统。

包括 MicroLED 显示、智慧照明系统、照明通信一体化系统、人工智能与 LED 相结合系统、汽车照明系统、健康照明系统、光医疗系统、农业 LED 照明系统等。

8.2 半导体照明市场环境建设

(1) 加强标准和制度建设。

目前的半导体照明标准体系尚不完备,特别是半导体照明产品的回收和无害化处理标准还是空白。建议加强农业照明光源标准、智能照明标准、健康照明标准、光医疗等标准的建设,加强半导体照明全性能标签规范管理,加强全生命周期半导体照明灯具的绿色生产、销售、回收标准和责任制度建设。

(2) 强化标准实施。

加强产品质量抽查,建设半导体照明产品质量预警平台,建立产品黑名单制度。

(3) 明确淘汰含汞照明产品的时间表,加强公众的照明知识宣传教育。

制定比《关于汞的水俣公约》更加严格、明确绝大部分含汞照明产品的退市时间表,营造 LED 照明产品应用的良好氛围;在中央广播电视总台、省部级广播电视系统、新闻网站等制作照明环保节能知识宣传节目、宣传海报。

(4) 规范各类半导体照明产品的财政补贴制度。

明确家庭、学校、设施农业部门等购买半导体照明产品的补贴机制。

8.3 半导体照明重点推广的地区和领域

(1) 打造雄安新区半导体照明高端应用示范区。

为实现雄安新区中国特色、高点定位、世界眼光、国际标准的崇高发展目标,更好保护白洋淀的自然环境,建议从半导体室内照明、户外照明、景观照明入手,规划实施雄安新区半导体照明高端应用示范区。

(2) 农村的离网照明。

国务院第三次全国农业普查领导小组办公室和国家统计局 2017 年年底公布的统计数据表明,农村村内主要道路安装路灯的村占比仅为 61.9%。而且全国的占比差别很大,东部、西部、中部和东北地区的占比分别为 85.9%、59.8%、35.5% 和 54.1%。建议在中西部、东北地区的农村大力发展离网路灯照明,提高当地的夜间照明水平,促进平安、秀美乡村建设。

(3) 城市的道路照明。

综合各类数据来源,目前城市道路照明光源仅有 20% 为半导体照明光源产品,80%的照明灯具为高压钠灯,光能浪费严重。高压钠灯含汞,对环境不利。建议在新建城市道路全部安装 LED 路灯,并制定计划有步骤地替换现有高压钠灯。

(4)学校照明。

本书的调研结果表明,学校照明中荧光灯占很大比例。建议教育部联合有关学会、协会,制定半导体照明在教室照明、实验室照明、图书馆照明等的试点规划,制定相关标准,推动半导体照明进教室、进实验室、进办公室、进图书馆。

8.4 半导体照明技术人才培养

在高职院校设立半导体照明专业,建设半导体照明全产业链培训基地;设立基金和制定子女入托入学优惠政策,鼓励各类人才到半导体照明行业长期稳定工作,支撑我国半导体照明产业的健康发展。

索　　引

AlN 紫外材料　232
CoB 集成封装　41
LED "可见光照明＋通信" 技术　267
LED 背光源　3
LED 可见光通信技术　86
LED 路灯　187
LED 显示　1
LED 显示屏　4
MicroLED　250
MicroLED 显示技术　281
OLED 照明　299
p 型掺杂技术　19
RDMX 控制技术　107
Si 基 LED　187
白光 LED　187
半导体照明　1
表面粗化技术　21
材料外延　130
常规 LED 显示屏　279
车用 LED 照明　268
大电流注入效率　20
低温 GaN 材料外延技术　247
电子阻挡层　18
封装技术　209
光度学　62
光健康　80
发光效率　47

光医疗　211
光子晶体结构　24
激光照明　288
健康照明　211
健康照明　65
节电量　139
晶圆级封装　261
量子点　33
纳米 LED 技术　254
农业 LED 照明　273
驱动技术　59
散热技术　54
色度学　62
失效分析　45
贴片工艺　37
透镜成形工艺　38
芯片外形技术　23
芯片制备　209
新型透明电极　25
虚拟仿真技术　46
医疗健康 LED 照明　274
荧光粉制备技术　261
照明光源　141
照明用电量　139
智慧 LED 路灯　112
智能 LED 照明　91

院士建议：发展固态照明 改善生活质量 节约电力资源

陈良惠等14位院士
2004年3月1日

世界面临能源危机,中国能源形势更加严峻,化石燃料本世纪内将面临枯竭。节电与开发新能源同等重要,而节电则更经济、更环保,应放在首位。在节电中照明节电效果十分显著。以半导体发光二极管(LED)和有机物发光二极管(OLED)为代表的固态照明通过提高光转换效率,降低成本,终将成为最有效的通用照明节能的技术途径。

为达到节电的目标,建议将固态照明的研发列入国家科技中长期规划重大专项和"十一五"计划,用15年时间(2020年前),加强固态照明的研发和生产,推动绿色照明运动,通过节约照明用电,达到年节电1000亿 kW·h,其效果相当再建一座"照明节电的三峡电力工程"。在此同时,也可大大改善人民生活质量。

从世界能源危机和环保看照明节能

从20世纪至今,世界能源的主体仍是化石燃料。若没有惊人的新矿藏的发现,按目前的开发速度,全球的化石燃料会在本世纪迅速枯竭,而且化石燃料的使用需要付出巨大的环保代价。

解决能源危机的出路首先是开发新的绿色能源,如太阳能、核能、风力、水力等。待三期工程全面完工,三峡水电站总装机容量1820万 kW,年平均发电量846.8亿 kW·h,成绩极其可观。正如权威人士形象的说法：三峡发电可以照亮半个中国。鉴于我国经济建设的高速发展,人民生活的不断提高,即使三峡工程全面完工供电,中国能源的缺口和有效利用的潜力仍然很大。

在世界电力的使用结构中,对美国、日本和欧洲等发达国家而言,其照明用电约占总用电量的20%,而据中国绿色照明工程促进项目办公室的专项调查表明,中国照明用电在整个用电中的比例,约为12%左右。2003年全国发电量为19107亿kW·h,较2002年增长15.52%。暂按用电增长速度低于GDP发展速度的5%保守计算,到2010年,我国发电量可望达到27000亿kW·h,照明用电估计就需3000亿kW·h以上。如果照明用电节约一个百分点,即可节约20亿～30亿kW·h电,如果照明用电节约三分之一,则可节电1000亿kW·h。把照明节电看成最有效的环保工程和节电手段之一是毫不为过的。

固态照明是指用全固态发光器件作为光源的照明技术,目前主要包含半导体照明的发光二极管(LED)和有机物发光二极管(OLED)。

LED灯作为照明光源,其优越性在于:光电转换效率高,低压供电,使用寿命长,既可以有选择地发出单色光,也可以高效地发出白光,所以可以大大地节约电能。LED灯目前发电转换效率已超过白炽灯,尚不及荧光灯,但在十年后,其电光转换效率和使用寿命将分别是荧光灯的1.5倍和10倍。

国内外半导体LED发展现状

氮化镓(GaN)基LED的发展大大推动了LED产业的形成,并正向全色、高亮度的方向发展。传统照明业巨头已经进入固态照明行业,如飞利浦公司和惠普公司组建的Lumiled,通用电器公司和EMCORE公司组建的Gemcore,西门子公司组建的Osram等。

国际高亮度LED市场从1995年起,每年平均以58.5%的速度增长,2002年达到18.4亿美元,估计2003年将达到25亿美元,比2002年再增长33%。

中国科学院早在20世纪60年代,就开展了发光科学的研究。80年代,我国LED开始从研究走向生产,至21世纪已形成规模。2002年我国LED生产企业数达到420家,员工3万余人,产量超过150亿只,产值超过80亿元。2003年LED产值预计超过100亿元,产量约200亿只,其中超高亮度LED有几十亿只。近几年LED的发展速度超过30%,其中超高亮度LED的发展超过50%。

我国LED产业早期是引进管芯进行封装,技术门槛低,属劳动密集型产业,在20世纪末,国内先是引进外延片进行加工,进而开展技术含量很高的外延片的研发和小批量生产。目前,除使用液相外延生长低亮度的红光LED外,AlGaInP红、橙、黄光LED和InGaN蓝绿和紫外光LED外延片和管芯已进入生产,但规模尚小。

固态照明的意义重大,但真要进入通用照明市场,在技术和成本上要有重大突破,还要有很大的投资和长时间的努力,而这是一般以赢利为目的的公司所不能独立承担的,因此世界各国都启动了国家项目给予引导和支持。

美国能源部设立半导体照明国家研究项目,他们制定的时间表是:2002年20lm/W(流明/瓦),2007年75lm/W,2012年150lm/W,2020年200lm/W(目前荧光灯是80lm/W)。他们预计到2025年,固态照明光源的使用将使照明用电减少一半。从 2000 年到 2020 年,累计的功效和节约潜力就可以达到:减少 2.58 亿吨碳污染物的排出;少建 133 座新的电站(每座 1000MW);累计节约财政开支 1150 亿美元;形成一个新的每年产值超过 500 亿美元的光源产业,还会带来高质量的百万计的工作机会。

日本已经完成了"21 世纪照明"发展计划的第一期目标,正在组织实施第二期计划,至 2010 年的目标为 120lm/W;原欧共体正在开展多色光源的彩虹计划;韩国的"固态照明计划"经政府审议批准,2004~2008 年国家投入 1 亿美元,企业提供 30%的配套资金,近期开始实施,预期 2008 年达到 80lm/W;我国台湾地区也推动"次世纪照明光源开发计划",投资约 6 亿~10 亿新台币,2005 年目标是 40lm/W 的 LED 投入生产,而实验室目标为 100lm/W。

随着我国经济建设高速的持续增长,人民生活水平的不断改善,新住宅的建设和人均使用面积的大幅度提高,照明灯具增加了装饰功能,这大大提高了照明用电的需求和照明节电的空间。科技部紧急启动的半导体照明工程,动作快,效率高,为我国固态照明的发展争得了时间。制定我国固态照明战略发展计划,已是刻不容缓的任务。

特殊照明是半导体 LED 灯应用的先驱

LED 在仪器仪表的指示、手机和数码相机的背光照明、全色显示中的应用早已为人们所知悉。LED 灯用于照明,将会首先在特殊照明上得到应用。除了交通灯、信号灯、标志灯、汽车灯已经成为商品得到大量的应用外,随着人民生活水平的提高,室内的夜间长明灯、吊顶灯池的变色灯、公共绿地和别墅花园的草坪灯也备受人们青睐。高层建筑的轮廓灯,桥梁、高速公路、隧道的导引路灯将为 LED 的照明灯提供了广阔的舞台,将为城市景观的美化作出贡献。如果能够把低压节电的 LED 灯用作煤矿工人兄弟井下用的矿灯,将会大大改善矿工的安全度和工作环境。在如太空照明、机载照明、舰载照明以及军用照明等要求低压节电的特殊场合,LED 灯有很好的应用,它可与太阳电池相结合,还将衍生出很多新的照明产业,为未来半导体 LED 灯在通用照明中的应用打下基础。

可以预期,2008 年的北京奥运会和 2010 年的上海世博会,将是我国固态照明作为特殊照明大显身手的舞台。

有机物发光二极管(OLED)应该是固态照明计划的组成部分

一个 OLED 是通过把有机薄膜夹在两个电极之间而做成的光电子器件,当电流通过时会发出亮光。与目前处于主流地位的显示器件,如 CRT 和 LCD 相比,OLED 有诸多的优越性:如重量轻、可靠性高、可以实现红光到蓝光的任何单色的显示及彩色显示、低压供电、电光转换效率较高(可达 23lm/W)、响应速度快(是 LCD 的 1000 倍)、视角范围宽、可以制作在柔软的衬底上等,而且目前寿命已经可以达到 20000h 以上。特别因为 OLED 制作过程简单，成本很低，价格可以做到十分低廉，是显示器市场的有力竞争者，可望通过进一步提高转换效率和亮度，进入照明市场。应该说，可以作为点光源的 LED 和可以作为面光源的 OLED，发挥各自的优势，相得益彰，所以，把聚合物发光二极管纳入固态照明计划是合适的，不过目前尚处前期预研阶段。

对我国固态照明发展总体战略的设想

固态照明发展总体战略目标的建议：在 2006—2020 年的 15 年时间，投资 50 亿～100 亿元，发展固态照明技术，形成自主知识产权，半导体 LED 灯达到 150～200lm/W，15 元/klm，建立固态照明产业，全面进入通用照明市场，占有 30%～50% 的市场份额，推动绿色照明，实现照明节电 30% 以上，年照明节电 1000 亿 kW·h 以上，相当于再建一座三峡电力工程。使用经费建议由科技、高技术产业、能源和环保等主管部门分别从国家财政列项筹资，积极适时引导企业介入，由政府组织，集中领导，并制定阶段目标，分期实施。

"十一五"期间，**固态照明阶段目标的建议**：形成一个中心，两条链，实现技术突破，配合绿色照明的普及和深入人心，形成我国固态照明的坚实技术基础和朝阳产业的雏形。

1) **一个中心——国家固态照明工程研究中心**：以新的机制，集中全国研究所、高校和产业界的人才精英，以国家投资为主，吸收产业界和金融界的投入，形成成果共享机制，和国际接轨的具有世界一流水平的固体照明研究、开发和成果转化的平台。

2) **固态照明技术研发、攻关链**：即以固态照明工程研究中心为中坚力量和参谋部，在国家支持和领导下把全国研发和攻关工作组织起来，形成举国体制，加强国际合作，以期在创新基础上，达到世界一流水平，也注意适当的技术引进和消化吸收，满足产业发展的需要。

3) **固态照明产业链**：以适应不同应用目标的照明灯具系统产业为主体，建立芯片—磷光剂—密封剂—LED 灯封装—驱动电路—控制程序—灯具系统的产业链。注意形成自主知识产权和核心专利，以固态白光照明的特殊应用为突破口，做好性能、成本、标准等方面的准备，并真正进入通用白光照明光源市场。

在一个中心两条链形成的基础上，2010 年产品水平达到 80～100lm/W，实验室水平达到 120lm/W。以与传统照明更有竞争力的价格，全面进入照明市场。

对发展固态照明的几点建议

1. 将发展固态照明列入国家中长期科技发展规划和十一五计划：由国家相关部委组织固态照明技术与产业发展战略研究，并将固态照明的研究和产业发展列入国家中长期科技发展规划和"十一五"计划。

2. **新的组织机制**：政府主导，统筹全国在固态照明领域的科技力量，并引导企业早期参与，形成成果共享和可持续发展的机制，攻克关键技术。

3. **专利的分析和突破**：鉴于截至今日的固态照明专利几乎为日本和美国所垄断，除要专门组织专利的分析、研究，寻找突破对策外，对可能突破国外专利形成自主知识产权的项目，给予特殊经费和政策支持。

4. **从政策上推动绿色照明**：建议在国家、地方的环保和能源开发经费列支，对包括固态照明在内的节能灯具的研发、生产、销售和推广，给予政策性补贴。

5. **发展基础材料和制造业**：打造独立的有竞争力的民族工业，注意关键材料和设备的自主开发，是我国电子工业发展的教训和共识。发展固态照明产业，一定要着力发展配套的可提供优质廉价产品的衬底材料、磷光材料和封装材料产业，和外延生长用的MOCVD设备以及器件工艺和封装、测试设备等制造产业。

6. **人才竞争是成功的关键**：固态照明是一项需要长期发展的技术和产业，人才的培育、吸引和交流是该事业成败的关键，要引导院校设置相关专业，培养专门人才，包括现在极为短缺的高级技术工人，也注意国外学业有成，特别是照明企业成功人士回国效力，或共同创业。

7. **集中领导统一组织**：由于固态照明工程涉及的专业包括基础物理、材料科学、有机与无机化学、半导体、光度学与发光学、照明技术以及环保、能源等多学科、多部门，涉及研究、开发、产业化的组织和节能、环保等政策性很强的问题，建议由国务院集中领导，统一组织，分工实施，有力协调，使能确实奏效，为我国的科技发展、节约能源和环境保护作出实质性的贡献。

建议人：

陈良惠	工程院院士	半导体光电子专家	中科院半导体研究所
邬贺铨	工程院院士	光纤传送网与宽带信息网专家	工程院副院长
杜祥琬	工程院院士	应用核物理与强激光技术专家	工程院副院长
庄松林	工程院院士	光学专家	上海理工大学光学仪器研究所
金国藩	工程院院士	光学仪器专家	清华大学精密仪器系
牛憨笨	工程院院士	物理电子学专家	深圳大学光电子学研究所
薛鸣球	工程院院士	光学专家	苏州大学
梁骏吾	工程院院士	半导体材料专家	中科院半导体研究所
黄尚廉	工程院院士	光电技术与精密仪器及机械专家	重庆大学
李同保	工程院院士	光学与计量学专家	同济大学声学研究所
陆建勋	工程院院士	通信工程专家	船舶重工集团第七研究所
吴澄	工程院院士	自动控制专家	清华大学自动化系
范滇元	工程院院士	光电子与激光技术专家	中科院上海光学精密机械研究所
李国杰	工程院院士	计算机专家	中科院计算技术研究所